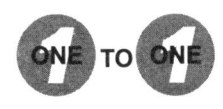

Bilingual Dictionary

English-Croatian
Croatian-English
Dictionary

Compiled by
Vesna Kazanegra

STAR Foreign Language BOOKS

© Publishers

ISBN : 978 1 908357 93 9

All rights reserved with the Publishers. No part of this publication may be reproduced or transmitted in any form or by any means, electronic, mechanical, photocopying, recording or otherwise, without the prior written permission of the Publishers.

This Edition : 2024

Published by
STAR Foreign Language BOOKS
a unit of
Star Books
56, Langland Crescent
Stanmore HA7 1NG, U.K.
info@starbooksuk.com
www.bilingualbooks.co.uk

Printed in India at
Star Print-O-Bind, New Delhi-110 020

About this Dictionary

Developments in science and technology today have narrowed down distances between countries, and have made the world a small place. A person living thousands of miles away can learn and understand the culture and lifestyle of another country with ease and without travelling to that country. Languages play an important role as facilitators of communication in this respect.

To promote such an understanding, **STAR Foreign Language BOOKS** has planned to bring out a series of bilingual dictionaries in which important English words have been translated into other languages, with Roman transliteration in case of languages that have different scripts. This is a humble attempt to bring people of the word closer through the medium of language, thus making communication easy and convenient.

Under this series of *one-to-one dictionaries*, we have published almost 59 languages, the list of which has been given in the opening pages. These have all been compiled and edited by teachers and scholars of the relative languages.

Publishers

Bilingual Dictionaries in this Series

Dictionary	Author
English-Afrikaans / Afrikaans-English	Abraham Venter
English-Albanian / Albanian-English	Theodhora Blushi
English-Amharic / Amharic-English	Girun Asanke
English-Arabic / Arabic-English	Rania-al-Qass
English-Bengali / Bengali-English	Amit Majumdar
English-Bosnian / Bosnian-English	Boris Kazanegra
English-Bulgarian / Bulgarian-English	Vladka Kocheshkova
English-Burmese (Myanmar) / Burmese (Myanmar)-English	Kyaw Swar Aung
English-Cambodian / Cambodian-English	Engly Sok
English-Cantonese / Cantonese-English	Nisa Yang
English-Chinese (Mandarin) / Chinese (Mandarin)-Eng	Y. Shang & R. Yao
English-Croatian / Croatain-English	Vesna Kazanegra
English-Czech / Czech-English	Jindriska Poulova
English-Danish / Danish-English	Rikke Wend Hartung
English-Dari / Dari-English	Amir Khan
English-Dutch / Dutch-English	Lisanne Vogel
English-Estonian / Estonian-English	Lana Haleta
English-Farsi / Farsi-English	Maryam Zaman Khani
English-French / French-English	Aurélie Colin
English-Georgian / Georgina-English	Eka Goderdzishvili
English-Gujarati / Gujarati-English	Sujata Basaria
English-German / German-English	Bicskei Hedwig
English-Greek / Greek-English	Lina Stergiou
English-Hindi / Hindi-English	Sudhakar Chaturvedi
English-Hungarian / Hungarian-English	Lucy Mallows
English-Italian / Italian-English	Eni Lamllari
English-Japanese / Japanese-English	Miruka Arai & Hiroko Nishimura
English-Korean / Korean-English	Mihee Song
English-Latvian / Latvian-English	Julija Baranovska
English-Levantine Arabic / Levantine Arabic-English	Ayman Khalaf
English-Lithuanian / Lithuanian-English	Regina Kazakeviciute
English-Malay / Malay-English	Azimah Husna
English-Malayalam - Malayalam-English	Anjumol Babu
English-Nepali / Nepali-English	Anil Mandal
English-Norwegian / Norwegian-English	Samuele Narcisi
English-Pashto / Pashto-English	Amir Khan
English-Polish / Polish-English	Magdalena Herok
English-Portuguese / Portuguese-English	Dina Teresa
English-Punjabi / Punjabi-English	Teja Singh Chatwal
English-Romanian / Romanian-English	Georgeta Laura Dutulescu
English-Russian / Russian-English	Katerina Volobuyeva
English-Serbian / Serbian-English	Vesna Kazanegra
English-Sinhalese / Sinhalese-English	Naseer Salahudeen
English-Slovak / Slovak-English	Zuzana Horvathova
English-Slovenian / Slovenian-English	Tanja Turk
English-Somali / Somali-English	Ali Mohamud Omer
English-Spanish / Spanish-English	Cristina Rodriguez
English-Swahili / Swahili-English	Abdul Rauf Hassan Kinga
English-Swedish / Swedish-English	Madelene Axelsson
English-Tagalog / Tagalog-English	Jefferson Bantayan
English-Tamil / Tamil-English	Sandhya Mahadevan
English-Thai / Thai-English	Suwan Kaewkongpan
English-Tigrigna / Tigrigna-English	Tsegazeab Hailegebriel
English-Turkish / Turkish-English	Nagme Yazgin
English-Twi / Twi-English	Nathaniel Alonsi Apadu
English-Ukrainian / Ukrainian-English	Katerina Volobuyeva
English-Urdu / Urdu-English	S. A. Rahman
English-Vietnamese / Vietnamese-English	Hoa Hoang
English-Yoruba / Yoruba-English	O. A. Temitope

STAR Foreign Language BOOKS

ENGLISH-CROATIAN

A

aback *adv.* po krmi
abaction *n* krađa stoke
abactor *n* kradljivac stoke
abandon *v.t.* napustiti
abase *v.t.* poniziti
abasement *n* poniženje
abash *v.t.* postidjeti
abate *v.t.* smanjiti
abatement *n.* smanjenje
abbey *n.* opatija
abbreviate *v.t.* skratiti
abbreviation *n* kratica
abdicate *v.t,* odreći se
abdication *n* odricanje
abdomen *n* stomak
abdominal *a.* stomaćni
abduct *v.t.* oteti
abduction *n* otmica
abed *adv.* u postelji
aberrance *n.* nenormalnost
abet *v.t.* nagovoriti
abetment *n.* nagovaranje
abeyance *n.* neizvjesnost
abhor *v.t.* gnušati se
abhorrence *n.* gnušanje
abide *v.i* trpjeti
abiding *a* trajan
ability *n* sposobnost
abject *a.* bijedan
ablaze *adv.* goruće
ablactate *v. t* odbiti dojenče
ablactation *n* odbijanje dojenčeta
able *a* moguć
ablepsy *n* sljepilo
ablush *adv* pocrvenelo
ablution *n* pranje
abnegate *v. t* poricati
abnegation *n* poricanje
abnormal *a* nenormalan
aboard *adv* ukrcano
abode *n* prebivalište
abolish *v.t* ukinuti
abolition *v* ukidanje
abominable *a* gnusan
aboriginal *a* urođenik
aborigines *n. pl* urođenici
abort *v.i* prekinuti
abortion *n* pobačaj
abortive *adv* neuspio
abound *v.i.* obilovati
about *adv* otprilike
about *prep* o
above *adv* povrh
above *prep.* gornji
abreast *adv* uporedo
abridge *v.t* skratiti
abridgement *n* skraćivanje
abroad *adv u* inozemstvu
abrogate *v. t.* poništiti
abrupt *a* naglo
abruption *n* prekid
abscess *n* apsces
absonant *adj* neskladan
abscond *v.i* pobjeći od zakona
absence *n* odsutnost
absent *a* odsutan
absent *v.t* biti odsutan
absolute *a* potpun
absolutely *adv* potpuno
absolve *v.t* osloboditi
absorb *v.t* upiti
abstain *v.i.* uzdržati se
abstract *a* apstraktan
abstract *n* sažetak
abstract *v.t* sažeti
abstraction *n.* apstrakcija

absurd *a* apsurdan
absurdity *n* apsurd
abundance *n* obilje
abundant *a* obilan
abuse *v.t.* zlostavljati
abuse *n.* zlostavljanje
abusive *a.* uvredljiv
abutted *v.* naslanjati se
abyss *n* bezdan
academic *a* akademski
academy *n* akademija
acarpous *adj.* jalovo
accede *v.t.* pristupiti
accelerate *v.t* ubrzati
acceleration *n* ubrzanje
accent *n* naglasak
accent *v.t* naglasiti
accept & prihvatiti
acceptable *a* prihvatljiv
acceptance *n* prihvaćanje
access *n* pristup
accession *n* pristupanje
accessory *n* pribor
accident *n* nesreća
accidental *a* slučajan
accipitral *adj* sokolovski
acclaim *v.t* odobriti
acclaim *n* odobravanje
acclamation *n* klicanje
acclimatise *v.t* prilagoditi se
accommodate *v.t* smjestiti
accommodation *n.* smještaj
accompaniment *n* pratnja
accompany *v.t.* pratiti
accomplice *n* saučesnik
accomplish *v.t.* ostvariti
accomplished *a* ostvaren
accomplishment *n.* dostignuće
accord *v.t.* slagati se
accord *n.* suglasnost

accordingly *adv.* prema tome
account *n.* račun
account *v.t.* izvijestiti
accountable *a* odgovoran
accountancy *n.* računovodstvo
accountant *n.* računovođa
accredit *v.t.* opunomoćiti
accrete *v.t.* srasti
accrue *v.i.* nagomilati se
accumulate *v.t* akumulirati
accumulation *n* akumulacija
accuracy *n.* točnost
accurate *a.* točan
accursed *a.* proklet
accusation *n* optužba
accuse *v.t.* optužiti
accused *n.* optuženik
accustom *v.t.* privići se
accustomed *a.* naviknut
ace *n* as
acentric *adj* bezsredišnji
acephalous *adj.* bezglav
acephalus *n.* bezglavi fetus
acetify *v.* oksidisati
ache *n.* bol
ache *v.i.* boljeti
achieve *v.t.* postići
achievement *n.* uspjeh
achromatic *adj* bezbojan
acid *a* kiseo
acid *n* kiselina
acidity *n.* kiselost
acknowledge *v.* priznati
acknowledgement *n.* priznanje
acne *n* bubuljice
acorn *n.* žir
acoustic *a* akustično
acoustics *n.* akustika
acquaint *v.t.* upoznati
acquaintance *n.* poznanstvo

acquest *n* tekovina
acquiesce *v.i.* prećutna saglasnost
acquiescence *n.* pomirenje
acquire *v.t.* steći
acquirement *n.* postizanje
acquisition *n.* akvizicija
acquit *v.t.* osloboditi
acquittal *n.* oslobađajuća presuda
acre *n.* jutro (jedinica za površinu)
acreage *n.* površina u jutrima
acrimony *n* ljutina
acrobat *n.* akrobata
across *adv.* preko
across *prep.* preko puta
act *n.* djelo
act *v.i.* postupati
acting *n.* djelovanje
action *n.* akcija
activate *v.t.* aktivirati
active *a.* aktivan
activity *n.* djelatnost
actor *n.* glumac
actress *n.* glumica
actual *a.* stvaran
actually *adv.* zapravo
acumen *n.* sposobnost
acute *a.* oštar
adage *n.* poslovica
adamant *a.* nepopustljiv
adamant *n.* tvrdoća
adapt *v.t.* prilagoditi
adaptation *n.* prilagođavanje
adays *adv.* danju
add *v.t.* dodati
addict *v.t. biti* ovistan
addict *n.* ovisnik
addiction *n.* ovisnost
addition *n.* dodatak
additional *a.* dodatni
addle *adj.* pokvareno

address *v.t.* obratiti se
address *n.* adresa
addressee *n.* primatelj
adduce *v.t.* navesti
adept *n.* vještina
adept *a.* vješt
adequacy *n.* adekvatnost
adequate *a.* adekvatan
adhere *v.i.* držati se
adherence *n.* privrženost
adhesion *n.* adhezija
adhesive *n.* ljepljiva materija
adhesive *a.* ljepljiva materija
adhibit *v.t.* dopustiti
adieu *n. pozdraviti* se
adieu *interj.* zbogom
adjacent *a.* susjedni
adjective *n.* pridjev
adjoin *v.t.* graničiti se
adjourn *v.t.* odgoditi
adjournment *n.* odlaganje
adjudge *v.t.* dosuditi
adjunct *n.* dodatak
adjuration *n* preklinjanje
adjust *v.t.* prilagoditi
adjustment *n.* prilagođavanje
administer *v.t.* upravljati
administration *n.* uprava
administrative *a.* upravni
administrator *n.* administrator
admirable *a.* za divljenje
admiral *n.* admiral
admiration *n.* divljenje
admire *v.t.* diviti se
admissible *a.* prihvatljiv
admission *n.* pristup
admit *v.t.* priznati
admittance *n.* pristupanje
admonish *v.t.* upozoriti
admonition *n.* upozorenje

ado *n.* buka
adobe *n.* ćerpić
adolescence *n.* mladost
adolescent *a.* mlad
adopt *v.t.* usvojiti
adoption *n* usvajanje
adorable *a.* neodoljiv
adoration *n.* obožavanje
adore *v.t.* obožavati
adorn *v.t.* uljepšavati
adscititious *adj* dopunski
adulation *n* pretjerano laskanje
adult *a* odrastao
adult *n.* odrasla osoba
adulterate *v.t.* krivotvoriti
adulteration *n.* kvarenje
adultery *n.* preljuba
advance *v.t.* unaprijediti
advance *n.* predujam
advancement *n.* napredovanje
advantage *n.* prednost
advantage *v.t.* iskoristiti
advantageous *a.* povoljan
advent *n.* pojava
adventure *n* avantura
adventurous *a.* pustolovan
adverb *n.* prilog
adverbial *a.* priložna
adversary *n.* protivnik
adverse *a* suprotan
adversity *n.* nesreća
advert *v.* skrenuti pozornost
advertise *v.t.* oglašavati
advertisement *n* oglas
advice *n* savjet
advisable *a.* preporučivo
advisability *n* preporučivost
advise *v.t.* savjetovati
advocacy *n.* advokatura
advocate *n* odvjetnik

advocate *v.t.* zastupati
aerial *a.* zračni
aerial *n.* antena
aeriform *adj.* vazdušast
aerify *v.t.* isparavati
aerodrome *n* zračna
aeronautics *n.pl.* aeronautika
aeroplane *n.* zrakoplov
aesthetic *a.* estetski
aesthetics *n.pl.* estetika
aestival *adj* ljetni
afar *adv.* izdaleka
affable *a.* ljubazan
affair *n.* afera
affect *v.t.* utjecati
affectation *n* prenemaganje
affection *n.* naklonjenost
affectionate *a.* nježan
affidavit *n* pismena izjava
affiliation *n.* pridruženje
affinity *n* sklonost
affirm *v.t.* potvrditi
affirmation *n* potvrda
affirmative *a* potvrdan
affix *v.t.* pričvrstiti
afflict *v.t.* ožalostiti
affliction *n.* žalost
affluence *n.* bogatstvo
affluent *a.* bogat
afford *v.t.* priuštiti
afforest *v.t.* pošumiti
affray *n* kavga
affront *v.t.* uvrijediti
affront *n* uvreda
afield *adv.* vani
aflame *adv.* zapaljeno
afloat *adv.* ploveći
afoot *adv.* pješice
afore *prep.* prije
afraid *a.* uplašen

afresh *adv.* ponovo
after *prep.* nakon
after *adv* nakon
after *conj.* pošto
after *a* zadnji
afterwards *adv.* kasnije
again *adv.* opet
against *prep.* nasuprot
agamist *n* neženja
agape *adv.* zapanjeno
agaze *adv.* zagledano
age *n.* doba
aged *a.* ostario
agency *n.* agencija
agenda *n.* dnevni red
agent *n* agent
aggravate *v.t.* pogoršati
aggravation *n.* pogoršavanje
aggregate *v.t.* nagomilati
aggression *n* agresija
aggressive *a.* agresivan
aggressor *n.* agresor
aggrieve *v.t.* ožalostiti
aghast *a.* prestravljen
agile *a.* agilan
agility *n.* agilnost
agitate *v.t.* uzrujati
agitation *n* uzrujanost
agist *v.t.* iznajmiti pašnjak
aglow *adv.* užaren
agnus *n* janje
ago *adv.* prije
agog *adj.* nestrpljiv
agonist *n* natjecatelj
agonize *v.t.* mučiti
agony *n.* agonija
agronomy *n.* agronomija
agrarian *a.* agrarni
agree *v.i.* složiti se
agreeable *a.* suglasan

agreement *n.* sporazum
agricultural *a.* poljoprivredni
agriculture *n.* poljoprivreda
agriculturist *n.* poljoprivrednik
ague *n.* malarična groznica
ahead *adv.* ispred
aheap *adv.* u gomili
aid *n.* pomoć
aid *v.t* pomagati
aigrette *n.* kresta
ail *v.t.* bolovati
ailment *n.* oboljenje
aim *n.* cilj
aim *v.i.* ciljati
air *n.* zrak
aircraft *n.* letjelica
airy *a.* vazdušast
ajar *adv.* pritvoren
akin *a.* srodan
alacrious *adj* živahan
alacrity *n.* živahnost
alamort *adj.* smrtno
alarm *n* uzbuna
alarm *v.t* uzbuniti
alas *interj.* avaj
albeit *conj.* iako
albion *n* albion
album *n.* album
albumen *n* bjelančevina
alchemy *n.* alhemija
alcohol *n* alkohol
ale *n* pivo
alegar *n* ocat
alert *a.* oprezan
alertness *n.* opreznost
algebra *n.* algebra
alias *n.* pseudonim
alias *adv.* zvano
alibi *n.* alibi
alien *a.* stranac

alienate v.t. otuđiti
aliferous adj. krilat
alight v.i. osvijetljen
align v.t. poravnati
alignment n. poravnanje
alike a. nalik
alike adv. jednako
aliment n. izdržavanje
alimony n. alimentacija
aliquot n. delilac bez ostatka
alive a. živ
alkali n. baza
all a. sav
all n. cijeli
all adv. svo
all pron. svi
allay v.t. ublažiti
allegation n. navod
allege v.t. izjaviti
allegiance n. vjernost
allegorical a. alegorijski
allegory n. alegorija
allergy n. alergija
alleviate v.t. olakšati
alleviation n. olakšanje
alley n. uska ulica
alliance n. savez
alligator n aligator
alliterate v. koristiti aliteraciju
alliteration n. aliteracija
allocate v.t. dodijeliti
allocation n. raspodjela
allot v.t. odrediti
allotment n. dodjeljivanje
allow v.t. dopustiti
allowance n. dozvola
alloy n. legura
allude v.i. aludirati
allure v.t. privlačiti
allurement n privlačnost

allusion n nagovještaj
allusive a. skriven
ally v.t. ujediniti se
ally n. saveznik
almanac n. almanah
almighty a. svemoguć
almond n. badem
almost adv. umalo
alms n. milostinja
aloft adv. visoko
alone a. sam
along adv. uzduž
along prep. duž
aloof adv. daleko
aloud adv. naglas
alp n. planinski vrh
alpha n. alfa
alphabet n. abeceda
alphabetical a. abecedno
alpinist n. alpinista
already adv. već
also adv. također
altar n. oltar
alter v.t. izmijeniti
alteration n izmjena
altercation n. prepirka
alternate a. naizmjenično
alternate v.t. zamjenjivati
alternative n. alternativa
alternative a. alternativan
although conj. iako
altimeter n visinomjer
altitude n. visina
alto n alt
altogether adv. sveukupno
aluminium n. aluminij
alumna n svršena učenica
always adv. uvijek
am sam
amalgam n legura žive

amalgamate v.t. miješati sa živom
amalgamation n miješanje
amass v.t. nagomilati
amateur n. amater
amatory adj ljubavni
amaze v.t. zadiviti
amazement n. zadivljenost
ambassador n. veleposlanik
amberite n. vrsta baruta
ambient adj. ambijent
ambiguity n. dvosmislenost
ambiguous a. dvosmislen
ambition n. ambicija
ambitious a. ambiciozan
ambry n. ormar
ambulance n. hitna pomoć
ambulant adj putujući
ambulate v.t kretati se
ambush n. zasjeda
ameliorate v.t. poboljšati
amelioration n. poboljšanje
amen interj. amin
amenable a nadležan
amend v.t. popraviti
amendment n. amandman
amends n.pl. odšteta
amenorrhoea n amenoreja
amiability n. ljubaznost
amiable a. ljubazan
amicable adj. prijateljski
amid prep. među
amiss adv. loše
amity n. prijateljstvo
ammunition n. municija
amnesia n amnezija
amnesty n. amnestija
among prep. među
amongst prep. između
amoral a. nemoralan
amount n iznos

amount v.i iznositi
amount v. iznos
amorous a. zaljubljiv
amour n ljubavna afera
ampere n amper
amphibious adj amfibijski
amphitheatre n amfiteatar
ample a. opsežan
amplification n pojačanje
amplifier n pojačalo
amplify v.t. pojačati
amuck adv. bjesomučno
amulet n. amajlija
amuse v.t. zabavljati
amusement n zabava
an art neodređeni član
anabaptism n anabaptizam
anachronism n anakronizam
anaclisis n ovisnost od drugih
anadem n vijenac za glavu
anaemia n malokrvnost
anaesthesia n anestezija
anaesthetic n. anestetik
anal adj. analni
analogous a. analogan
analogy n. analogija
analyse v.t. analizirati
analysis n. analiza
analyst n analitičar
analytical a analitički
anamnesis n anamneza
anamorphous adj anamorfan
anarchism n. anarhizam
anarchist n anarhista
anarchy n anarhija
anatomy n. anatomija
ancestor n. predak
ancestral a. naslijeđen
ancestry n. porijeklo
anchor n. sidro

anchorage *n* usidrenje
ancient *a.* drevni
ancon *n* konzola
and *conj.* i
androphagi *n.* ljudožderi
anecdote *n.* anegdota
anemometer *n* anemometar
anew *adv.* iznova
anfractuous *adj* krivudav
angel *n* anđeo
anger *n.* bijes
angina *n* angina
angle *n.* kut
angle *n* stanovište
angry *a.* ljut
anguish *n.* bol
angular *a.* kutni
anigh *adv.* blizu
animal *n.* životinja
animate *v.t.* oživjeti
animate *a.* živahan
animation *n* animacija
animosity *n* neprijateljstvo
animus *n* zlonamjernosti
aniseed *n* anisovo sjeme
ankle *n.* članak
anklet *n* ukras za nogu
annalist *n.* ljetopisac
annals *n.pl.* letopisi
annectant *adj.* spojni
annex *v.t.* dodati
annexation *n* pripajanje
annihilate *v.t.* uništiti
annihilation *n* uništenje
anniversary *n.* obljetnica
announce *v.t.* objaviti
announcement *n.* objava
annoy *v.t.* dosađivati
annoyance *n.* dosađivanje
annual *a.* godišnji

annuitant *n* rentijer
annuity *n.* renta
annul *v.t.* poništiti
annulet *n* prstenčić
anoint *v.t.* mazati
anomalous *a* nepravilan
anomaly *n* nepravilnost
anon *adv.* odmah
anonymity *n.* anonimnost
anonymity *n.* bezimenost
anonymous *a.* nepoznat
another *a* drugi
answer *n* odgovor
answer *v.t* odgovoriti
answerable *a.* odgovorljiv
ant *n* mrav
antacid *adj.* antacid
antagonism *n.* protivljenje
antagonist *n.* protivnik
antagonize *v.t.* protiviti se
antarctic *a.* antarktički
antecede *v.t.* prethoditi
antecedent *n.* prošlost
antecedent *a.* prethodni
antedate *n* . raniji datum
antelope *n.* antilopa
antenatal *adj.* prenatalni
antennae *n.* antene
antenuptial *adj.* predbračni
anthem *n.* himna
anthology *n.* antologija
anthropoid *adj.* čovjekoliki
anti *pref.* anti
anti-aircraft *a.* protuzračni
antic *n* lakrdijaš
anticipate *v.t.* predvidjeti
anticipation *n.* predviđanje
antidote *n.* protuotrov
antinomy *n.* kontradikcija
antipathy *n.* antipatija

antiphony *n.* antifonija
antipodes *n.* antipodi
antiquarian *a.* starinski
antiquarian *n* antikvar
antiquary *n.* starinar
antiquated *a.* zastario
antique *a.* starinski
antiquity *n.* antika
antiseptic *n.* antiseptik
antiseptic *a.* antiseptički
antithesis *n.* antiteza
antitheist *n* ateist
antler *n.* rog
antonym *n.* antonim
anus *n.* čmar
anvil *n.* nakovanj
anxiety *a* uznemiren
anxious *a.* zabrinut
any *a.* svaki
any *adv.* ma koji
anyhow *adv.* u svakom slučaju
apace *adv.* hitro
apart *adv.* odvojeno
apartment *n.* stan
apathy *n.* apatija
ape *n* majmun
ape *v.t.* oponašati
aperture *n.* otvor
apex *n.* vrh
aphorism *n* aforizam
apiary *n.* pčelinjak
apiculture *n.* pčelarstvo
apish *a.* majmunski
apnoea *n* dišne smetnje
apologize *v.i.* izviniti se
apologue *n* basna
apology *n.* izvinjenje
apostle *n.* apostol
apostrophe *n.* apostrofiranje
apotheosis *n.* obožavanje

apparatus *n.* aparat
apparel *n.* odjeća
apparel *v.t.* obući
apparent *a.* prividan
appeal *n.* žalba
appeal *v.t.* žaliti se
appear *v.i.* pojaviti se
appearance *n* izgled
appease *v.t.* umiriti
appellant *n.* apelant
append *v.t.* dodati
appendage *n.* dodatak
appendicitis *n.* upala slijepog crijeva
appendix *n.* slijepo crijevo
appendix *n.* dodatak
appetence *n.* požuda
appetent *adj.* željno
appetite *n.* apetit
appetite *n.* nagon
appetizer *n* predjelo
applaud *v.t.* aplaudirati
applause *n.* aplauz
apple *n.* jabuka
appliance *n.* uređaj
applicable *a.* primjenjiv
applicant *n.* kandidat
application *n.* primjena
apply *v.t.* primijeniti
appoint *v.t.* imenovati
appointment *n.* imenovanje
apportion *v.t.* raspodijeliti
apposite *adj* prikladan
apposite *a.* primjeran
appositely *adv* prikladno
approbate *v.t* odobriti
appraise *v.t.* procijeniti
appreciable *a.* primjetan
appreciate *v.t.* cijeniti
appreciation *n.* zahvalnost
apprehend *v.t.* shvatiti

apprehension *n.* razumijevanje
apprehensive *a.* pronicljiv
apprentice *n.* šegrt
apprise *v.t.* obavijestiti
approach *v.t.* pristupiti
approach *n.* pristup
approbation *n.* odobrenje
appropriate *v.t.* primijeniti
appropriate *a.* prikladan
appropriation *n.* prisvajanje
approval *n.* odobrenje
approve *v.t.* odobriti
approximate *a.* približan
apricot *n.* kajsija
appurtenance *n* pripadanje
apron *n.* kecelja
apt *a.* sposoban
aptitude *n.* sposobnost
aquarium *n.* akvarij
aquarius *n.* vodolija
aqueduct *n.* akvadukt
arable *adj.* obradiv
arbiter *n.* sudaca
arbitrary *a.* proizvoljno
arbitrate *v.t.* presuditi
arbitration *n.* arbitraža
arbitrator *n.* arbiter
arc *n.* luk
arcade *n* svod
arch *n.* svod
arch *v.t.* zasvoditi
arch *a* prepreden
archaic *a.* drevan
archangel *n* arhanđeo
archbishop *n.* arhiepiskop
archer *n.* strijelac
architect *n.* arhitekt
architecture *n.* arhitektura
archives *n.pl.* arhive
Arctic *n* Arktik

ardent *a.* užaren
ardour *n.* vrućina
arduous *a.* energičan
area *n* područje
areca *n* ukrasna palma
arena *n* arena
argil *n* glina
argue *v.t.* raspravljati
argument *n.* rasprava
argute *adj.* oštrouman
arid *adj.* suh
aries *n.* ovan
aright *adv* pravilno
aright *adv.* pravedno
arise *v.i.* ustati
aristocracy *n.* plemstvo
aristocrat *n.* aristokrata
aristophanic *adj.* aristofanski
arithmetic *n.* aritmetika
arithmetical *a.* aritmetički
ark *n.* kovčeg
arm *n.* ruka
arm *v.t.* naoružati
armada *n.* armada
armament *n.* naoružanje
armature *n.* armatura
armistice *n.* primirje
armlet *a.* narukvica
armour *n.* oklop
armoury *n.* oružarnica
army *n.* vojska
around *prep.* oko
around *adv.* okolo
arouse *v.t.* pobuditi
arraign *v.* optužiti
arrange *v.t.* urediti
arrangement *n.* uređenje
arrant *n.* opak
array *v.t.* rasporediti
array *n.* red

arrears *n.pl.* dugovi	**aside** *n.* strana
arrest *v.t.* zaustaviti	**asinine** *adj.* tvrdoglav
arrest *n.* uhićenje	**ask** *v.t.* pitati
arrival *n.* dolazak	**asleep** *adv.* u snu
arrive *v.i.* doći	**aspect** *n.* aspekt
arrogance *n.* oholost	**asperse** *v.* ukaljati
arrogant *a.* ohol	**aspirant** *n.* pretendent
arrow *n.* strijela	**aspiration** *n.* težnja
arrowroot *n.* strelast korijen	**aspire** *v.t.* težiti
arsenal *n.* arsenal	**ass** *n.* magarac
arsenic *n* arsen	**assail** *v.* nasrnuti
arson *n* podmetanje požara	**assassin** *n.* atentator
art *n.* umjetnost	**assassinate** *v.t.* ubiti
artery *n.* arterija	**assassination** *n* atentat
artful *a.* lukav	**assault** *n.* napad
arthritis *n* artritis	**assault** *v.t.* napasti
artichoke *n.* artičoka	**assemble** *v.t.* sastaviti
article *n* članak	**assembly** *n.* sklop
articulate *a.* raščlanjen	**assent** *v.i.* pristati
artifice *n.* izigrati	**assent** *n.* pristanak
artificial *a.* umjetno	**assert** *v.t.* tvrditi
artillery *n.* artiljerija	**assess** *v.t.* procijeniti
artisan *n.* zanatlija	**assessment** *n.* procjena
artist *n.* umjetnik	**asset** *n.* imovina
artistic *a.* umjetnički	**assibilate** *v.* asibilant
artless *a.* neumetnički	**assign** *v.t.* dodijeliti
as *adv.* tako	**assignee** *n.* punomoćnik
as *conj.* kao	**assimilate** *v.* izjednačiti
as *pron.* koji	**assimilation** *n* izjednačavanje
asbestos *n.* azbest	**assist** *v.t.* pomoći
ascend *v.t.* uzdizati se	**assistance** *n.* pomoć
ascent *n.* uspon	**assistant** *n.* asistent
ascertain *v.t.* utvrditi	**associate** *v.t.* surađivati
ascetic *n.* asket	**associate** *a.* udružen
ascetic *a.* asketski	**associate** *n.* suradnik
ascribe *v.t.* pripisati	**association** *n.* udruženje
ash *n.* pepeo	**assoil** *v.t.* oprostiti
ashamed *a.* posramljen	**assort** *v.t.* svrstavati
ashore *adv.* na obali	**assuage** *v.t.* ublažiti
aside *adv.* po strani	**assume** *v.t.* pretpostaviti

assumption *n.* pretpostavka
assurance *n.* uvjerenje
assure *v.t.* uvjeriti
astatic *adj.* nestabilan
asterisk *n.* zvjezdica
asterism *n.* sazvežđe
asteroid *adj.* zvjezdolik
asthma *n.* astma
astir *adv.* u pokretu
astonish *v.t.* začuditi
astonishment *n.* čuđenje
astound *v.t* zapanjiti
astray *adv.*, zalutao
astrologer *n.* astrolog
astrology *n.* astrologija
astronaut *n.* astronaut
astronomer *n.* astronom
astronomy *n.* astronomija
asunder *adv.* nadvoje
asylum *n* azil
at *prep.* u
atheism *n* ateizam
atheist *n* ateista
athirst *adj.* žedan
athlete *n.* sportaš
athletic *a.* atletski
athletics *n.* atletika
athwart *prep.* poprijeko
atlas *n.* atlas
atmosphere *n.* atmosfera
atoll *n.* koraljno ostrvo
atom *n.* atom
atomic *a.* atomski
atone *v.i.* popraviti
atonement *n.* pokajanje
atrocious *a.* okrutan
atrocity *n* okutnost
attach *v.t.* pričvrstiti
attache *n.* ataše
attachment *n.* prilog

attack *n.* napad
attack *v.t.* napasti
attain *v.t.* postići
attainment *n.* dostignuće
attaint *v.t.* osramotiti
attempt *v.t.* pokušati
attempt *n.* pokušaj
attend *v.t.* prisustvovati
attendance *n.* pohađanje
attendant *n.* pratilac
attention *n.* pažnja
attentive *a.* pažljiv
attest *v.t.* potvrditi
attire *n.* odjeća
attire *v.t.* obući
attitude *n.* stavak
attorney *n.* zastupnik
attract *v.t.* privući
attraction *n.* privlačnost
attractive *a.* privlačan
attribute *v.t.* dodijeliti
attribute *n.* karakteristika
auction *n* licitacija
auction *v.t.* licitirati
audible *a* glasan
audience *n.* publika
audit *n.* revizija
audit *v.t.* revidirati
auditive *adj.* slušni
auditor *n.* revizor
auditorium *n.* gledalište
auger *n.* svrdlo
aught *n.* išta
augment *v.t.* povećati
augmentation *n.* povećanje
August *n.* August
august *n* kolovoz
aunt *n.* tetka, strina, ujna
auriform *adj.* u obliku uha
aurora *n* zora

auspicate v.t. proricati
auspice n. proricanje
auspicious a. povoljan
austere a. strog
authentic a. autentičan
author n. autor
authoritative a. zapovjednički
authority n. vlast
authorize v.t. ovlastiti
autobiography n. autobiografija
autocracy n autokratija
autocrat n autokrata
autocratic a autokratski
autograph n. autogram
automatic a. automatski
automobile n. automobil
autonomous a autonoman
autumn n. jesen
auxiliary a. pomoćni
auxiliary n. pomoćnik
avale v.t. umanjiti
avail v.t. pomoći
available a dostupan
avarice n. škrtost
avenge v.t. svetiti se
avenue n. avenija
average n. prosjek
average a. prosječan
average v.t. naći srednju vrijednost
averse a. protivan
aversion n. averzija
avert v.t. spriječiti
aviary n. kavez za ptice
aviation n. avijacija
aviator n. avijatičar
avid adj. pohlepan
avidity adv. pohlepno
avidly adv lakomo
avoid v.t. izbjegavati
avoidance n. izbjegavanje

avow v.t. priznati
avulsion n. nasilno odvajanje
await v.t. čekati
awake v.t. probuditi
awake a budan
award v.t. nagraditi
award n. nagrada
aware a. svjestan
away adv. daleko
awe n. strahopoštovanje
awful a. užasan
awhile adv. časkom
awkward a. nezgodan
axe n. sjekira
axis n. osovina
axle n. osovina

B

babble n. brbljanje
babble v.i. brbljati
babe n. dijete
babel n metež
baboon n. pavijan
baby n. beba
bachelor n. neženja
back n. natrag
back adv. unazad
backbite v.t. ogovaranje
backbone n. oslonac
background n. pozadina
backhand n. bekhend
backslide v.i. ponovno zapasti u grijeh
backward a. unazad
backward adv. unazad
bacon n. slanina
bacteria n. bakterija
bad a. loše
badge n. značka

badger *n.* jazavac
badly *adv.* gore
badminton *n.* badminton
baffle *v. t.* zbuniti
bag *n.* torba
bag *v. i.* nateći
baggage *n.* prtljaga
bagpipe *n.* gajde
bail *n.* jemstvo
bail *v. t.* jemčiti
bailable *a.* sposoban za jamstvo
bailiff *n.* sudski izvršitelj
bait *n* mamac
bait *v.t.* namamiti
bake *v.t.* ispeći
baker *n.* pekar
bakery *n* pekara
balance *n.* ravnoteža
balance *v.t.* uravnotežiti
balcony *n.* balkon
bald *a.* ćelav
bale *n.* bala
bale *v.t.* pakirati u bale
baleful *a.* štetan
baleen *n.* kitova kost
ball *n.* lopta
ballad *n.* balada
ballet *sn.* balet
balloon *n.* balon
ballot *n* glasački listić
ballot *v.i.* glasovati
balm *n.* melem
balsam *n.* balzam
bam *n.* prijevara
bamboo *n.* bambus
ban *n.* zabrana
ban *n* anatema
banal *a.* banalan
banana *n.* banana
band *n.* grupa

bandage *n.* zavoj
bandage *v.t* zaviti
bandit *n.* razbojnik
bang *v.t.* lupiti
bang *n.* prasak
bangle *n.* narukvica
banish *v.t.* protjerati
banishment *n.* protjerivanje
banjo *n.* bendžo
bank *n.* banka, nasip
bank *v.t.* nagomilati
banker *n.* bankar
bankrupt *n.* bankrot
bankruptcy *n.* stečaj
banner *n.* zastava
banquet *n.* banket
banquet *v.t.* ugostiti
bantam *n.* kokoš
banter *v.t.* zadirkivati
banter *n.* zadirkivanje
bantling *n.* dijete
banyan *n.* indijska smokva
baptism *n.* krštenje
baptize *v.t.* krstiti
bar *n.* šipka
bar *v.t* zabraniti
barb *n.* bodlja
barbarian *a.* divljački
barbarian *n.* divljak
barbarism *n.* divljaštvo
barbarity *n.* surovost
barbarous *a.* barbarski
barbed *a.* bodljikav
barber *n.* berberin
bard *n.* bard
bare *a.* nag
bare *v.t.* razgolititi
barely *adv.* jedva
bargain *n.* cjenkanje
bargain *v.t.* cjenkati se

barge *n.* barka	**bath** *n* kupanje
bark *n.* kora	**bathe** *v. t* kupati se
bark *v.t.* lajati	**baton** *n* palica
barley *n.* ječam	**batsman** *n.* igrač koji udara u kriketu
barn *n.* ambar	**battalion** *n* bataljun
barnacles *n* školjke	**battery** *n* baterija
barometer *n* barometar	**battle** *n* bitka
barouche *n.* fijaker	**battle** *v. i.* boriti se
barrack *n.* baraka	**bawd** *n.* podvodačica
barrage *n.* brana	**bawl** *n.i.* vika
barrator *ns.* svadljivac	**bawn** *n.* štala
barrel *n.* bačva	**bay** *n* zaljev
barren *n* neplodnost	**bayard** *n.* vrsta konja
barricade *n.* barikada	**bayonet** *n* bajonet
barrier *n.* barijera	**be** *v.t.* biti
barrister *n.* odvjetnik	**be** *pref.* biti
barter1 *v.t.* trampiti	**beach** *n* plaža
barter2 *n.* trampa	**beacon** *n* svjetionik
barton *n.* seosko dvorište	**bead** *n* perla
basal *adj.* osnovni	**beadle** *n.* poslužitelj
base *n.* baza	**beak** *n* kljun
base *a.* osnovni	**beaker** *n* pehar
base *v.t.* zasnovati	**beam** *n* snop
baseless *a.* neosnovan	**beam** *v. i* zračiti
basement *n.* podrum	**bean** *n.* grašak
bashful *a.* stidljiv	**bear** *n* medvjed
basic *a.* osnovni	**bear** *v.t* nositi
basil *n.* bosiljak	**beard** *n* brada
basin *n.* bazen	**bearing** *n* krevet
basis *n.* osnova	**beast** *n* zvijer
bask *v.i.* uživati	**beastly** *a* zvjerski
basket *n.* korpa	**beat** *v. t.* udarati
baslard *n.* ornamentni nož	**beat** *n* udarac
bass *n.* bas	**beautiful** *a* lijep
bastard *n.* kopile	**beautify** *v. t* uljepšati
bastard *a* vanbračan	**beauty** *n* ljepota
bat *n* šišmiš	**beaver** *n* dabar
bat *n* motka	**because** *conj.* jer
bat *v. i* udariti motkom	**beck** *n.* mig
batch *n* serija	**beckon** *v.t.* namignuti

beckon v. t dati znak
become v. i postati
becoming a pristojan
bed n krevet
bedevil v. t opčiniti
bedding n. posteljina
bedight v.t. ukrasiti
bed-time n. vrijeme za spavanje
bee n. pčela
beech n. bukva
beef n govedina
beehive n. košnica
beer n pivo
beet n repa
beetle n buba
befall v. t zadesiti
before prep prije
before adv. ranije
before conj prije nego
beforehand adv. unaprijed
befriend v. t. sprijateljiti se
beg v. t. moliti
beget v. t začeti
beggar n prosjak
begin n početi
beginning n. početak
begird v.t. opasati
beguile v. t obmanuti
behalf n korist
behave v. i. ponašati se
behaviour n ponašanje
behead v. t. odrubiti glavu
behind adv iza
behind prep iza
behold v. t opaziti
being n postojeći
belabour v. t izlupati
belated adj. zakašnjelo
belch v. t podrigivanje
belch n podrignuti

belief n vjerovanje
believe v. t vjerovati
bell n zvono
belle n ljepotica
bellicose a ratoboran
belligerency n ratno stanje
belligerent a ratoboran
belligerent n zaraćena strana
bellow v. i urlati
bellows n. meh
belly n trbuh
belong v. i pripadati
belongings n. svojina
beloved a drag
beloved n dragi
below adv dolje
below prep ispod
belt n pojas
belvedere n vidikovac
bemask v. t maskirati se
bemire v. t uprljati
bemuse v. t zbuniti
bench n klupa
bend n savijanje
bend v. t saviti
beneath adv niže
beneath prep ispod
benefaction n. dobročinstvo
benefice n dar
beneficial a koristan
benefit n korist
benefit v. t. imati korist
benevolence n blagonaklonost
benevolent a blagonaklon
benight v. t biti neprosvjetljen
benign adj blag
benignly adv dobroćudno
benison n blagoslov
bent n sklonost
bequeath v. t. zaveštati

bereave *v. t.* ucveliti
bereavement *n* ucveljenost
berth *n* vez
beside *prep.* pored
besides *prep* u usporedbi sa
besides *adv* sem toga
beslaver *v. t* balaviti
besiege *v. t* opsjedati
bestow *v. t* zbrinuti
bestrew *v. t* zasipati
bet *v.i* kladiti se
bet *n* oklada
betel *n* betel
betray *v.t.* izdati
betrayal *n* izdaja
betroth *v. t* veriti
betrothal *n.* veridba
better *a* bolji
better *adv.* bolje
better *v. t* poboljšati
betterment *n* poboljšanje
between *prep* između
beverage *n* napitak
bewail *v. t* žaliti
beware *v.i.* čuvati se
bewilder *v. t* zbuniti
bewitch *v.t* začarati
beyond *prep.* izvan
beyond *adv.* dalje
biangular *adj. sa* dva kuta
bias *n* kosina
bias *v. t* naginjati ukoso
biaxial *adj* dvoosni
bibber *n* pijanac
bible *n* biblija
bibliography *n* bibliografija
bibliographer *n* bibliograf
bicentenary *adj* dvjestogodišnji
biceps *n* biceps
bicker *v. t* prepirati se

bicycle *n.* bicikl
bid *v.t* ponuditi
bid *n* ponuda
bidder *n* ponuđač
bide *v. t* čekati
biennial *adj* dvogodišnji
bier *n* mrtvačka nosila
big *a* velik
bigamy *n* bigamija
bight *n* omča
bigot *n* pobornik
bigotry *n* revnost
bile *n* žuč
bilingual *a* dvojezični
bill *n* priznanica
billion *n* milijarda
billow *n* val
billow *v.i talasati* se
biliteral *adj* biliteralan
bilk *v. t.* prevariti
bimonthly *adj.* dvomjesečni
binary *adj* binarni
bind *v.t* vezati
binding *a* obvezujuće
binocular *n.* dvogled
biographer *n* biograf
biography *n* biografija
biologist *n* biolog
biology *n* biologija
bioscope *n* životopisac
biped *n* dvonožac
birch *n.* breza
bird *n* ptica
birdlıme *n* ljepilo za ptice
birth *n.* rođenje
biscuit *n* keks
bisect *v. t* prepoloviti
bisexual *adj.* biseksualan
bishop *n* biskup
bison *n* bizon

bisque *n* porculan
bit *n* komadić
bitch *n* kuja
bite *v. t.* ugristi
bite *n* ugriz
bitter *a* gorak
bi-weekly *adj* dvotjedni
bizarre *adj* bizaran
blab *v. t. & i* izbrbljati
black *a* crno
blacken *v. t.* potamnjeti
blackmail *n* ucjena
blackmail *v.t* ucijeniti
blacksmith *n* kovač
bladder *n* mjehur
blade *n.* oštrica
blain *n* plik
blame *v. t* kriviti
blame *n* odgovornost
blanch *v. t. & i* blanširati
bland *adj.* blag
blank *a* prazan
blank *n* praznina
blanket *n* pokrivač
blare *v. t* trubiti
blast *n* eksplozija
blast *v.i* razoriti
blaze *n* plamen
blaze *v.i* gorjeti
bleach *v. t* izbjeljivati
blear *v. t* zamagliti
bleat *n* blejanje
bleat *v. i* blejati
bleb *n* plik
bleed *v. i* krvariti
blemish *n* mana
blend *v. t* umiješati
blend *n* miješati
bless *v. t* blagosloviti
blether *v. i* besmislica

blight *n* štetan utjecaj
blind *a* slijep
blindage *n* bunker
blindfold *v. t* staviti povez preko očiju
blindness *n* sljepilo
blink *v. t. & i* treptati
bliss *n* blaženstvo
blister *n* žulj
blizzard *n* mećava
bloc *n* blok
block *n* panj
block *v.t* blokirati
blockade *n* blokada
blockhead *n* tikvan
blood *n* krv
bloodshed *n* krvoprolice
bloody *a* krvav
bloom *n* cvijet
bloom *v.i.* cvjetati
blossom *n* procvat
blossom *v.i* procvjetati
blot *n.* mrlja
blot *v. t* umrljati
blouse *n* bluza
blow *v.i.* duvati
blow *n* puhanje
blue *n.* plava boja
blue *a.* plav
bluff *v. t* blefirati
bluff *n* strmina
blunder *n* omaška
blunder *v.i* omašiti
blunt *a* tup
blur *n* mrlja
blurt *v. t* izbrbljati
blush *n* rumenilo
blush *v.i* porumeneti
boar *n* vepar
board *n* odbor
board *v. t.* ukrcati

boast *v.i* hvaliti se
boast *n* hvalisanje
boat *n* brod
boat *v.i* ploviti
bodice *n* prsluk
bodily *a* tjelesni
bodily *adv.* u cijelosti
body *n* tijelo
bodyguard *n.* tjelohranitelj
bog *n* močvara
bog *v.i* zaglibiti
bogle *n* avet
bogus *a* prividan
boil *n* ključanje
boil *v.i.* ključati
boiler *n* bojler
bold *a.* hrabar
boldness *n* hrabrost
bolt *n* reza
bolt *v. t* učvrstiti
bomb *n* bomba
bomb *v. t* bombardirati
bombard *v. t* bombardirati
bombardment *n* bombardiranje
bomber *n* bombarder
bonafide *adv* dobronamjerno
bonafide *a* u dobroj namjeri
bond *n* veza
bondage *n* ropstvo
bone *n.* kost
bonfire *n* lomača
bonnet *n* kapa
bonus *n* bonus
book *n* knjiga
book *v. t.* uknjižiti
book-keeper *n* knjigovođa
book-mark *n.* obilježeno mjesto
book-seller *n* prodavač knjiga
book-worm *n* knjiški moljac
bookish *n.* knjiški

booklet *n* brošura
boon *n* blagodat
boor *n* seljak
boost *n* podizanje
boost *v. t* pojačati
boot *n* čizma
booth *n* kabina
booty *n* plijen
booze *v. i* pijančiti
border *n* granica
border *v.t* graničiti
bore *v. t* bušiti
bore *n* bušotina
born *v.* roditi
born *rich adj.* rođen bogat
borne *adj.* nošen
borrow *v. t* posuditi
bosom *n* grudi
boss *n* šef
botany *n* botanika
botch *v. t* zakrpiti
both *a* oba
both *pron* oba
both *conj* oba
bother *v. t* dosađivati
botheration *n* dosađivanje
bottle *n* boca
bottler *n punilac* boca
bottom *n* dno
bough *n* grana
boulder *n* stijena
bouncer *n* izbacivač
bound *n.* granica
boundary *n* međa
bountiful *a* darežljiv
bounty *n* darežljivost
bouquet *n* buket
bout *n* nastup
bow *v. t* pokloniti se
bow *n* luk

bow *n* naklon	**breath** *n* dah
bowel *n.* crijevo	**breathe** *v. i.* disati
bower *n* sjenica	**breeches** *n.* hlače
bowl *n* zdjela	**breed** *v.t* roditi
bowl *v.i* kuglati se	**breed** *n* pasmina
box *n* kutija	**breeze** *n* povjetarac
boxing *n* boks	**breviary** *n.* molitvenik
boy *n* dječak	**brevity** *n* kratkoća
boycott *v. t.* bojkotovati	**brew** *v. t.* variti
boycott *n* bojkot	**brewery** *n* pivara
boyhood *n* dječaštvo	**bribe** *n* mito
brace *n* spona	**bribe** *v. t.* podmiti
bracelet *n* narukvica	**brick** *n* cigla
brag *v. i* hvalisati se	**bride** *n* nevesta
brag *n* hvalisanje	**bridegroom** *n.* mladoženja
braille *n* Brailleovo pismo	**bridge** *n* most
brain *n* mozak	**bridle** *n* uzda
brake *n* kočnica	**brief** *a.* kratak
brake *v. t* kočiti	**brigade** *n.* brigada
branch *n* grana	**brigadier** *n* brigadir
brand *n* marka	**bright** *a* svijetao
brandy *n* vinjak	**brighten** *v. t* razvedriti
brangle *v. t* prepirka	**brilliance** *n* blistavost
brass *n.* mesing	**brilliant** *a* blistav
brave *a* hrabar	**brim** *n* obod
bravery *n* hrabrost	**brine** *n* rasol
brawl *v. i. & n* svađa	**bring** *v. t* donijeti
bray *n* njakanje	**brink** *n.* rub
bray *v. i* njakati	**brisk** *adj* žustar
breach *n* prodor	**bristle** *n* čekinja
bread *n* kruh	**british** *adj* britanski
breaden *v. t. & i* napraviti od kruha	**brittle** *a.* krt
breadth *n* širina	**broad** *a* širok
break *v. t* prekinuti	**broadcast** *n* emisija
break *n* odmor	**broadcast** *v. t* emitirati
breakage *n* lom	**brocade** *n* brokat
breakdown *n* slom	**broccoli** *n.* brokula
breakfast *n* doručak	**brochure** *n* prospekt
breakneck *n* opasan	**brochure** *n* brošura
breast *n* grudi	**broker** *n* broker

brood *n* leglo	**bullock** *n* june
brook *n.* potok	**bully** *n* siledžija
broom *n* metla	**bully** *v. t.* zastrašivati
bronze *n. & adj* bronca	**bulwark** *n* bedem
broth *n* juha	**bumper** *n.* branik
brothel *n* bordel	**bumpy** *adj* neravan
brother *n* brat	**bunch** *n* hrpa
brotherhood *n* bratstvo	**bundle** *n* snop
brow *n* obrva	**bungalow** *n* bungalov
brown *a* smeđa	**bungle** *v. t* pobrkati
brown *n* smeđa boja	**bungle** *n* petljanje
browse *n* pregledavanje	**bunk** *n* ležaj
bruise *n* modrica	**bunker** *n* bunker
bruit *n* glasina	**buoy** *n* bova
brush *n* četka	**buoyancy** *n* potisak
brustle *v. t* pucketati	**burden** *n* teret
brutal *a* brutalan	**burden** *v. t* natovariti
brute *n* nečovjek	**burdensome** *a* tegoban
bubble *n* mjehurić	**bureau** *n.* biro
bucket *n* kanta	**Bureacuracy** *n.* birokracija
buckle *n* kopča	**bureaucrat** *n* birokrata
bud *n* pupoljak	**burglar** *n* provalnik
budge *v. i. & n* mrdnuti	**burglary** *n* provala
budget *n* budžet	**burial** *n* pokop
buff *n* volovska koža	**burn** *v. t* gorjeti
buffalo *n.* bizon	**burn** *n.* opeklina
buffoon *n* lakrdijaš	**burrow** *n.* jazbina
bug *n.* buba	**burst** *v. i.* prasnuti
bugle *n* vojnička truba	**burst** *n* prasak
build *v. t* graditi	**bury** *v. t.* zakopati
build *n* građa	**bus** *n* autobus
building *n* zgrada	**bush** *n* grm
bulb *n.* žarulja	**business** *n* posao
bulk *n* hrpa	**businessman** *n* biznismen
bulky *a* glomazan	**bustle** *v. t* žuriti
bull *n* bik	**busy** *a* zauzet
bulldog *n* buldog	**but** *prep* ali
bull's eye *n* meta	**but** *conj.* osim da
bullet *n* metak	**butcher** *n* kasapin
bulletin *n* bilten	**butcher** *v. t* klati

butter *n* puter
butter *v. t* namazati puterom
butterfly *n* leptir
buttermilk *n* surutka
buttock *n* stražnjica
button *n* gumb
button *v. t.* zakopčati
buy *v. t.* kupiti
buyer *n.* kupac
buzz *v. i* zujati
buzz *n.* zujanje
by *prep* kod
by *adv* blizu
bye-bye *interj.* zbogom
by-election *n* naknadni izbori
bylaw, bye-law *n* lokalni propis
bypass *n* zaobilaznica
by-product *n* nusproizvod
byre *n* štala
byword *n* krilatica

C

cab *n.* taksi
cabaret *n.* kabare
cabbage *n.* kupus
cabin *n.* koliba
cabinet *n.* kabinet
cable *n.* kabel
cable *v. t.* vezati kabelom
cache *n* skladište
cachet *n* pečat
cackle *v. i* kokodakati
cactus *n.* kaktus
cad *n* nitkov
cadet *n.* kadet
cadge *v. i* prositi
cadmium *n* kadmij
cafe *n.* kafić

cage *n.* kavez
cain *n* bratoubica
cake *n.* torta
calamity *n.* nesreća
calcium *n* kalcij
calculate *v. t.* izračunati
calculator *n* kalkulator
calculation *n.* proračun
calendar *n.* kalendar
calf *n.* tele
call *v. t.* pozvati
call *n.* poziv
caller *n* pozivač
calligraphy *n* kaligrafija
calling *n.* poziv
callow *adj* nezreo
callous *a.* okoreo
calm *n.* mir
calm *n.* spokoj
calm *v. t.* smiriti
calmative *adj* sredstvo za umirenje
calorie *n.* kalorija
calumniate *v. t.* klevetati
camel *n.* kamila
camera *n.* kamera
camlet *n* kamelot
camp *n.* kamp
camp *v. i.* kampirati
campaign *n.* kampanja
camphor *n.* kamfor
can *n.* limenka
can *v. t.* konzervirati
can *v.* moći
canal *n.* kanal
canard *n* lažna vijest
cancel *v. t.* otkazati
cancellation *n* otkazivanje
cancer *n.* rak
candid *a.* iskren
candidate *n.* kandidat

candle n. svijeća	captivity n. ropstvo
candour n. iskrenost	capture v. t. uhvatiti
candy n. slatkiš	capture n. hvatanje
candy v. t. zasladiti	car n. automobil
cane n. trska	carat n. karat
cane v. t. šibati	caravan n. karavan
canister n. kanister	carbide n. karbida
cannon n. top	carbon n. ugljik
cannonade n. v. & t kanonada	card n. kartica
canon n kanon	cardamom n. vrsta biljke
canopy n. baldahin	cardboard n. karton
canteen n. kantina	cardiacal adjs srčani
canter n laki galop	cardinal a. kardinalan
canton n kanton	cardinal n. kardinal
cantonment n. naselje od baraka	care n. briga
canvas n. platno	care v. i. brinuti
canvass v. t. raspraviti	career n. karijera
cap n. kapa	careful a oprezan
cap v. t. poklopiti	careless a. neoprezan
capability n. sposobnost	caress v. t. milovati
capable a. sposoban	cargo n. teret
capacious a. prostran	caricature n. karikatura
capacity n. kapacitet	carious adj truo
cape n. rt	carl n momak
capital n. kapital	carnage n pokolj
capital a. glavni	carnival n karneval
capitalist n. kapitalista	carol n pjesma
capitulate v. t kapitulirati	carpal adj koji se tiče zapešća
caprice n. hir	carpenter n. stolar
capricious a. kapriciozan	carpentry n. stolarija
Capricorn n jarac	carpet n. tepih
capsicum n paprika	carriage n. kočija
capsize v. i. prevrnuti	carrier n. nosač
capsular adj čaurast	carrot n. mrkva
captain n. kapetan	carry v. t. nositi
captaincy n. čin kapetana	cart n. kolica
caption n. naslov	cartage n. cestarina
captivate v. t. zarobiti	carton n karton
captive n. zarobljenik	cartoon n. crtani film
captive a. zarobljen	cartridge n. patrona

carve *v. t.* rezbariti
cascade *n.* kaskada
case *n.* slučaj
cash *n.* gotovina
cash *v. t.* unovčiti
cashier *n.* blagajnik
casing *n.* kućište
cask *n* bure
casket *n* kovčeg
cassette *n.* kaseta
cast *v. t.* baciti
cast *n.* bacanje
caste *n* kasta
castigate *v. t.* kazniti
casting *n* bacanje
cast-iron *n* izdržljiv
castle *n.* dvorac
castor *oil n.* ricinusovo ulje
casual *a.* ležeran
casualty *n.* žrtva nesreće
cat *n.* mačka
catalogue *n.* katalog
cataract *n.* katarakt
catch *v. t.* uloviti
catch *n.* ulov
categorical *a.* kategoričan
category *n.* kategorija
cater *v. i* opskrbljivati hranom
caterpillar *n* gusjenica
cathedral *n.* katedrala
catholic *a.* katolički
cattle *n.* stoka
cauliflower *n.* karfiol
causal *adj.* uzročan
causality *n* uzročnost
cause *n.* uzrok
cause *v.t* uzrokovati
causeway *n* nasip
caustic *a.* oštar
caution *n.* oprez

caution *v. t.* upozoriti
cautious *a.* oprezan
cavalry *n.* konjica
cave *n.* pećina
cavern *n.* pećina
cavil *v. t* cepidlačiti
cavity *n.* duplja
caw *n.* graktanje
caw *v. i.* graktati
cease *v. i.* prestati
ceaseless *a.* neprestan
cedar *n.* kedar
ceiling *n.* strop
celebrate *v. t. & i.* slaviti
celebration *n.* slavlje
celebrity *n* slavna osoba
celestial *adj* nebeski
celibacy *n.* celibat
celibacy *n.* celibat
cell *n.* ćelija
cellar *n* podrum
cellular *adj* stanični
cement *n.* cement
cement *v. t.* cementirati
cemetery *n.* groblje
cense *v. t* kaditi
censer *n* kadionica
censor *n.* cenzor
censor *v. t.* cenzurirati
censorious *adj* kritičan
censorship *n.* cenzura
censure *n.* kritika
censure *v. t.* kritizirati
census *n.* cenzus
cent *n* cent
centenarian *n* stogodišnjak
centenary *n.* stogodišnjica
centennial *adj.* stogodišnji
center *n* centar
centigrade *a.* sto stupnjeva

centipede *n.* stonoga
central *a.* centralni
centre *n* centar
centrifugal *adj.* centrifugalni
centuple *n. & adj* ustostručiti
century *n.* stoljeće
ceramics *n* keramika
cerated *adj.* voštana mast
cereal *n.* žitarica
cereal *a* žitni
cerebral *adj* moždani
ceremonial *a.* svečan
ceremonious *a.* obredni
ceremony *n.* ceremonija
certain *a* određeni
certainly *adv.* sigurno
certainty *n.* izvjesnost
certificate *n.* certifikat
certify *v. t.* potvrditi
cerumen *n* ušna mast
cesspool *n.* septička jama
chain *n* lanac
chair *n.* stolica
chairman *n* predsjednik
chaise *n* stolica
challenge *n.* izazov
challenge *v. t.* izazvati
chamber *n.* komora
chamberlain *n* viši dvorski službenik
champion *n.* šampion
champion *v. t.* braniti
chance *n.* šansa
chancellor *n.* kancelar
chancery *n* arhiv
change *v. t.* promijeniti
change *n.* promjena
channel *n* kanal
chant *n* pjesma
chaos *n.* kaos
chaotic *adv.* haotičan

chapel *n.* kapela
chapter *n.* poglavlje
character *n.* karakter
charge *v. t.* puniti
charge *n.* punjenje
chariot *n* kočija
charitable *a.* dobrotvorno
charity *n.* milosrđe
charm1 *n.* šarm
charm2 *v. t.* šarmirati
chart *n.* grafikon
charter *n* povelja
chase1 *v. t.* juriti
chase2 *n.* potera
chaste *a.* nevin
chastity *n.* nevinost
chat1 *n.* čavrljanje
chat2 *v. i.* čavrljati
chatter *v. t.* brbljati
chauffeur *n.* šofer
cheap *a* jeftin
cheapen *v. t.* pojeftiniti
cheat *v. t.* varati
cheat *n.* varanje
check *v. t.* provjeriti
check *n* provjera
checkmate *n* mat
cheek *n* obraz
cheep *v. i* pijukati
cheer *n.* bodrenje
cheer *v. t.* bodriti
cheerful *a.* veseo
cheerless *a* neveseo
cheese *n.* sir
chemical *a.* kemijski
chemical *n.* kemikalija
chemise *n* ženska košulja
chemist *n.* kemičar
chemistry *n.* kemija
cheque *n.* ček

cherish v. t. njegovati
cheroot n vrsta cigare
chess n. šah
chest n grudi
chestnut n. kesten
chew v. t žvakati
chevalier n konjanik
chicken n. kokoš
chide v. t. psovati
chief a. glavni
chieftain n. poglavica
child n dijete
childhood n. djetinjstvo
childish a. djetinjast
chill n. jeza
chilli n. čili
chilly a prohladno
chiliad n. tisuća
chimney n. dimnjak
chimpanzee n. čimpanza
chin n. brada
china n. Kina
chirp v.i. cvrkutati
chirp n cvrkut
chisel n dlijeto
chisel v. t. klesati
chit n. klica
chivalrous a. viteški
chivalry n. viteštvo
chlorine n klor
chloroform n kloroform
choice n. izbor
choir n hor
choke v. t. gušiti se
cholera n. kolera
chocolate n čokolada
choose v. t. izabrati
chop v. t seći
chord n. akord
chorus n. refren

Christ n. hrist
Christendom n. hrišćanstvo
Christian n hrišćanin
Christian a. hrišćanski
Christianity n. hrišćanstvo
Christmas n Božic
chrome n krom
chronic a. kroničan
chronicle n. letopis
chronology n. kronologija
chronograph n kronograf
chuckle v. i prigrušeno se smijati
chum n pobratim
church n. crkva
churchyard n. groblje
churl n grubijan
churn v. t. & i. mućkalica
churn n. mućkati
cigar n. cigara
cigarette n. cigareta
cinema n. kino
cinnabar n cinober
cinnamon n cimet
cipher, cipher n. cifra
circle n. krug
circuit n. kruženje
circumspect adj. obazriv
circular a kružni
circular n. cirkular
circulate v. i. cirkulirati
circulation n cirkulacija
circumference n. raspon
circumstance n. okolnost
circus n. cirkus
cist n kripta
citadel n. tvrđava
cite v. t citirati
citizen n građanin
citizenship n državljanstvo
citric adj. limunski

city *n* grad
civic *a* građanski
civics *n* građansko pravo
civil *a* civilni
civilian *n* civil
civilization *n.* civilizacija
civilize *v. t* civilizirati
clack *n. & v. i* klopotati
claim *n* potraživanje
claim *v. t* zahtijevati
claimant *n* tužitelj
clamber *v. i* pentrati se
clamour *n* galama
clamour *v. i.* galamiti
clamp *n* stega
clandestine *adj.* tajan
clap *v. i.* pljeskati
clap *n* pljeskanje
clarify *v. t* razjasniti
clarification *n* razjašnjenje
clarion *n. zvuk* trube
clarity *n* jasnoca
clash *n.* sudar
clash *v. t.* sudariti se
clasp *n* kopča
class *n* klasa
classic *a* klasičan
classic *n* klasik
classical *a* klasičan
classification *n* klasifikacija
classify *v. t* razvrstati
clause *n* klauzula
claw *n* kandža
clay *n* glina
clean *adj.* čist
clean *v. t* čistiti
cleanliness *n* čistoca
cleanse *v. t* očistiti
clear *a* jasno
clear *v. t* razjasniti

clearance *n* čišćenje
clearly *adv* očigledno
cleft *n* rascjep
clergy *n* svećenstvo
clerical *a* svećenički
clerk *n* službenik
clever *a.* pametan
clew *n.* klupko
click *n.* škljocaj
client *n.* klijent
cliff *n.* litica
climate *n.* klima
climax *n.* vrhunac
climb1 *n.* penjanje
climb *v.i* penjati se
cling *v. i.* prilijepiti se
clinic *n.* klinika
clink *n.* zveket
cloak *n.* ogrtač
clock *n.* sat
clod *n.* gruda
cloister *n.* samostan
close *n.* ograda
close *a.* zatvoren
close *v. t* zatvoriti
closet *n.* plakar
closure *n.* zatvaranje
clot *n.* ugrušak
clot *v. t* zgrušati
cloth *n* tkanina
clothe *v. t* oblačiti
clothes *n.* odjeća
clothing *n* odjeća
cloud *n.* oblak
cloudy *a* oblačno
clove *n* češanj
clown *n* klaun
club *n* klub
clue *n* indicija
clumsy *a* nespretan

cluster *n* skupina
cluster *v. i.* nagomilati
clutch *n* kvačilo
clutter *v. t* zakrčiti
coach *n* kočija, trener
coachman *n* kočijaš
coal *n* ugljen
coalition *n* koalicija
coarse *a* grub
coast *n* obala
coat *n* kaput
coating *n* oblaganje
coax *v. t* navesti
cobalt *n* kobalt
cobbler *n* obućar
cobra *n* kobra
cobweb *n* paučina
cocaine *n* kokain
cock *n* pijetao
cocker *v. t* maziti
cockle *v. i* kukolj
cock-pit *n.* kokpit
cockroach *n* bubašvaba
coconut *n* kokos
code *n* kod
co-education *n.* koedukacija
coefficient *n.* koeficijent
co-exist *v. i* koegzistirati
co-existence *n* koegzistencija
coffee *n* kava
coffin *n* mrtvački sanduk
cog *n* zubac
cogent *adj.* ubjedljiv
cognate *adj* krvni srodnik
cognizance *n* spoznaja
cohabit *v. t* zajedno živjeti
coherent *a* dosljedan
cohesive *adj* priljubljen
coif *n* kapa
coin *n* novčić

coinage *n* kovanica
coincide *v. i* podudarati
coir *n* kokosovo vlakno
coke *v. t* koks
cold *a* hladan
cold *n* hladnoća
collaborate *v. i* surađivati
collaboration *n* suradnja
collapse *v. i* kolabirati
collar *n* okovratnik
colleague *n* kolega
collect *v. t* prikupiti
collection *n* kolekcija
collective *a* kolektivno
collector *n* kolekcionar
college *n* koledž
collide *v. i.* sudariti se
collision *n* sudar
collusion *n* tajni sporazum
colon *n* debelo crijevo
colon *n* dvotočka
colonel *n.* pukovnik
colonial *a* kolonijalan
colony *n* kolonija
colour *n* boja
colour *v. t* bojiti
colter *n* nož pluga
column *n* stupac
coma *n.* koma
comb *n* češalj
combat1 *n* borba
combat *v. t.* boriti se
combatant1 *n* borac
combatant *a.* pobornik
combination *n* kombinacija
combine *v. t* kombinirati
come *v. i.* doći
comedian *n.* komičar
comedy *n.* komedija
comet *n* kometa

comfit *n.* poslastica
comfort *n.* utjeha
comfort *v. t* utješiti
comfortable *a* udoban
comic *a* komičan
comic *n* komičar
comical *a* duhovit
comma *n* zarez
command *n* naredba
command *v. t* narediti
commandant *n* zapovjednik
commander *n* zapovjednik
commemorate *v. t.* pomen
commemoration *n.* komemoracija
commence *v. t* početi
commencement *n* početak
commend *v. t* pohvaliti
commendable *a.* uzoran
commendation *n* pohvala
comment *v. i* komentirati
comment *n* komentar
commentary *n* komentar
commentator *n* komentator
commerce *n* trgovina
commercial *a* trgovački
commiserate *v. t* suosjećati
commission *n.* provizija
commissioner *n.* povjerenik
commit *v. t.* obavezati se
committee *n* odbor
commodity *n.* roba
common *a.* zajednički
commoner *n.* prost čovjek
commonplace *a.* svakidašnji
commonwealth *n.* komonvelt
commotion *n* metež
commove *v. t* uznemiriti
communal *a* komunalan
commune *v. t* komuna
communicate *v. t* komunicirati

communication *n.* komunikacija
communiqué *n.* priopćenje
communism *n* komunizam
community *n.* zajednica
commute *v. t* zamijeniti
compact *a.* kompaktan
compact *n.* sporazum
companion *n.* suradnik
company *n.* tvrtka
comparative *a* komparativno
compare *v. t* usporediti
comparison *n* poređenje
compartment *n.* odjel
compass *n* busola
compassion *n* saosjećanje
compel *v. t* prisiliti
compensate *v.t* nadoknaditi
compensation *n* kompenzacija
compete *v. i natjecati* se
competence *n* sposobnost
competent *a.* sposoban
competition *n.* natjecanje
competitive *a* konkurentan
compile *v. t* sastaviti
complacent *adj.* samozadovoljan
complain *v. i* žaliti se
complaint *n* žalba
complaisance *n.* uslužnost
complaisant *adj.* uslužan
complement *n* dopuna
complementary *a* dopunski
complete *a* kompletan
complete *v. t* kompletirati
completion *n.* završetak
complex *a* složen
complex *n* kompleks
complexion *n* ten
compliance *n.* udovoljavanje
compliant *adj.* popustljiv
complicate *v. t* komplicirati

complication *n.* komplikacija
compliment *n.* kompliment
compliment *v. t* dati kompliment
comply *v. i* udovoljiti
component *adj.* sastavni
compose *v. t* sastaviti
composition *n* sastav
compositor *n.* skladatelj
compost *n* gnojivo
composure *n.* pribranost
compound *n* sastav
compound *a* složen
compound *n* mješavina
compound *v. i* sastaviti
compounder *n.* sastavljač
comprehend *v. t* obuhvatiti
comprehension *n* obuhvaćanje
comprehensive *a* sveobuhvatan
compress *v. t.* sažeti
compromise *n* nagodba
compromise *v. t* nagoditi se
compulsion *n* prinuda
compulsory *a* obavezan
compunction *n.* griža savjesti
computation *n.* računanje
compute *v.t.* računati
comrade *n.* drug
conation *n.* aspekt ponašanja
concave *adj.* udubljen
conceal *v. t.* prikriti
concede *v.t.* ustupiti
conceit *n* uobraženost
conceive *v. t* začeti
concentrate *v. t* usredotočiti
concentration *n.* usredotočenost
concept *n* koncept
conception *n* koncepcija
concern *v. t* brinuti
concern *n* briga
concert *n.* koncert

concert2 *v. t* dogovoriti se
concession *n* olakšica
conch *n.* školjka
conciliate *v.t.* pomiriti se
concise *a* koncizan
conclude *v. t* zaključiti
conclusion *n.* zaključak
conclusive *a* zaključni
concoct *v. t* izmisliti
concoction *n.* izmišljotina
concord *n.* sloga
concrescence *n.* srastanje
concrete *n* beton
concrete *a* konkretan
concrete *v. t* betonirati
concubinage *n.* konkubinat
concubine *n* konkubina
conculcate *v.t.* gaziti
condemn *v. t.* osuditi
condemnation *n* osuda
condense *v. t* kondenzirati
condite *v.t.* vrsta ponošanja
condition *n* uvjet, stanje
conditional *a* uvjetni
condole *v. i.* izjaviti sućut
condolence *n* saučešće
condonation *n.* oproštenje
conduct *n* upravljanje
conduct *v. t* upravljati
conductor *n* kondukter
cone *n.* šišarka
confectioner *n* poslastičar
confectionery *n* slastičarnica
confer *v. i* dodijeliti
conference *n* konferencija
confess *v. t.* priznati
confession *n* priznanje
confidant *n* povjerenik
confide *v. i* povjeriti
confidence *n* povjerenje

confident *a.* samouvjeren
confidential *a.* povjerljiv
confine *v. t* ograničiti
confinement *n.* ograničenje
confirm *v. t* potvrditi
confirmation *n* potvrda
confiscate *v. t* konfiskovati
confiscation *n* konfiskacija
conflict *n.* konflikt
conflict *v. i* sukobiti se
confluence *n* ušće
confluent *adj.* koji se sastavlja
conformity *n.* suglasnost
conformity *n.* sklad
confraternity *n.* bratstvo
confrontation *n.* suočenje
confuse *v. t* zbunjenost
confusion *n* zabuna
confute *v.t.* opovrgnuti
conge *n.* otpust
congenial *a* srodan
conglutinate *v.t.* slijepiti
congratulate *v. t* čestitati
congratulation *n* čestitanje
congress *n* kongres
conjecture *n* pretpostavka
conjecture *v. t* pretpostavljati
conjugal *a* bračni
conjugate *v.t. & i.* sjediniti
conjunct *adj.* združeno
conjunctiva *n.* sluznica
conjuncture *n.* konjukcija
conjure *v.t.* prizivati
conjure *v.i.* bajati
connect *v. t.* povezati
connection *n* veza
connivance *n.* popustljivost
conquer *v. t* osvojiti
conquest *n* osvajanje
conscience *n* savjest

conscious *a* svjestan
consecrate *v.t.* posvetiti
consecutive *adj.* uzastopni
consecutively *adv* uzastopno
consensus *n.* konsenzus
consent *n.* pristanak
consent *v. i* pristati
consent3 *v.t.* privoljeti
consequence *n* posljedica
consequent *a* dosljedan
conservative *a* konzervativan
conservative *n* konzervativanost
conserve *v. t* očuvati
consider *v. t* razmotriti
considerable *a* važan
considerate *a.* promišljen
consideration *n* razmatranje
considering *prep.* uzimajuci u obzir
consign *v.t.* izručiti
consign *v. t.* povjeriti
consignment *n.* pošiljka
consist *v. i* sastojati se
consistence,-cy *n.* dosljednost
consistent *a* dosljedan
consolation *n* utjeha
console *v. t* konzola
consolidate *v. t.* konsolidirati
consolidation *n* konsolidacija
consonance *n.* sklad
consonant *n.* suglasnik
consort *n.* bračni drug
conspectus *n.* pregled
conspicuous *a.* upadljiv
conspiracy *n.* zavjera
conspirator *n.* konspirator
conspire *v. i.* kovati zavjeru
constable *n* policajac
constant *a* stalan
constellation *n.* sazvežđe
constipation *n.* zatvor

constituency n izborna jedinica
constituent n. birač
constituent adj. sastavni
constitute v. t ustanoviti
constitution n ustav
constrict v.t. stegnuti
construct v. t. konstruirati
construction n konstrukcija
consult v. t konzultirati
consultation n konzultacije
consume v. t trošiti
consumption n potrošnja
consumption n konzumacija
contact n. kontakt
contact v. t kontaktirati
contagious a zarazan
contain v.t. sadržavati
contaminate v.t. kontaminirati
contemplate v. t razmišljati
contemplation n razmišljanje
contemporary a suvremen
contempt n prezir
contemptuous a prezriv
contend v. i boriti se
content a. zadovoljan
content v. t zadovoljiti
content n sadržaj
content n. zadovoljstvo
contention n tvrdnja
contentment n zadovoljstvo
contest v. t natjecati se
contest n. natjecanje
context n kontekst
continent n kontinent
continental a kontinentalni
contingency n. slučajnost
continual adj. neprestan
continuation n. nastavljanje
continue v. i. nastaviti
continuity n kontinuitet

continuous a neprekidan
contour n kontura
contra pref. protiv
contraception n. kontracepcija
contract n ugovor
contract v. t ugovoriti
contrapose v.t. suprotstaviti
contractor n izvođač radova
contradict v. t proturječiti
contradiction n kontradikcija
contrary a suprotno
contrast v. t suprotstaviti
contrast n kontrast
contribute v. t doprinijeti
contribution n doprinos
control n kontrola
control v. t kontrolirati
controller n. kontrolor
controversy n polemika
contuse v.t. kontuzovati
conundrum n. pitalica
convene v. t sazvati
convener n sazivač
convenience n. pogodnost
convenient a pogodan
convent n manastir
convention n. konvencija
conversant a upoznat
conversant adj. upućen
conversation n razgovor
converse v.t. razgovarati
conversion n pretvorbe
convert v. t pretvoriti
convert n preobraćenik
convey v. t. prenositi
conveyance n prijenos
convict v. t. osuditi
convict n osuđenik
conviction n osuda
convince v. t ubediti

convivial *adj.* druželjubiv	**cornea** *n* rožnjača
convocation *n.* sazivanje	**corner** *n* kut
convoke *v.t.* sazivati	**cornet** *n.* kornet
convolve *v.t.* namotati	**cornicle** *n.* vrsta tijela
coo *n* gukanje	**coronation** *n* krunisanje
coo *v. i* gukati	**coronet** *n.* vijenac
cook *v. t* kuhati	**corporal** *a* tjelesni
cook *n* kuhar	**corporate** *adj.* poduzeca
cooker *n* štednjak	**corporation** *n* korporacija
cool *a* hladan	**corps** *n* korpus
cool *v. i.* hladiti	**corpse** *n* leš
cooler *n* hladnjak	**correct** *a* točan
coolie *n* nosač	**correct** *v. t* ispraviti
co-operate *v. i* surađivati	**correction** *n* korekcija
co-operation *n* suradnja	**correlate** *v.t.* poklapati se
co-operative *a* zadružni	**correlation** *n.* korelacija
co-ordinate *a.* usklađen	**correspond** *v. i* odgovarati
co-ordinate *v. t* rasporediti	**correspondence** *n.* prepiska
co-ordination *n* koordinacija	**correspondent** *n.* dopisnik
coot *n.* glupan	**corridor** *n.* koridor
co-partner *n* partner	**corroborate** *v.t.* potkrijepiti
cope *v. i* dorastI	**corrosive** *adj.* korozivan
coper *n.* trgovac konjima	**corrupt** *v. t.* korumpirati
copper *n* bakar	**corrupt** *a.* korumpiran
coppice *n.* šumarak	**corruption** *n.* korupcija
coprology *n.* koprologija	**cosier** *n.* vrsta krojača
copulate *v.i.* pariti se	**cosmetic** *a.* kozmetički
copy *n* kopija	**cosmetic** *n.* kozmetika
copy *v. t* kopirati	**cosmic** *adj.* kosmički
coral *n* koral	**cost** *v.t.* koštati
cord *n* kabel	**cost** *n.* cijena
cordial *a* srdačan	**costal** *adj.* rebreni
corbel *n.* podupirač	**cote** *n.* staja
cordate *adj.* srcolik	**costly** *a.* skupo
core *n.* jezgra	**costume** *n.* kostim
coriander *n.* korijander	**cosy** *a.* udoban
Corinth *n.* Korint	**cot** *n.* krevetac
cork *n.* pluta	**cottage** *n* koliba
cormorant *n.* kormoran	**cotton** *n.* pamuk
corn *n* kukuruz	**couch** *n.* kauč

cough *n.* kašalj
cough *v. i.* kašljati
council *n.* savjet
councillor *n.* vijećnik
counsel *n.* savjet
counsel *v. t.* savjetovati
counsellor *n.* savjetnik
count *n.* račun
count *v. t.* računati
countenance *n.* izraz lica
counter *n.* brojilac
counter *v. t* uzvratiti
counteract *v.t.* suprotstaviti
countercharge *n.* protutužba
counterfeit *a.* krivotvoren
counterfeiter *n.* falsifikator
countermand *v.t.* opozvati
counterpart *n.* duplikat
countersign *v. t.* lozinka
countess *n.* grofica
countless *a.* bezbrojan
country *n.* zemlja
county *n.* kotar
coup *n.* udar
couple *n* par
couple *v. t* spojiti
couplet *n.* kuplet
coupon *n.* kupon
courage *n.* hrabrost
courageous *a.* hrabar
courier *n.* kurir
course *n.* tečaj
court *n.* sud
court *v. t.* udvarati se
courteous *a.* uljudan
courtesan *n.* kurtizana
courtesy *n.* učtivost
courtier *n.* dvoranin
courtship *n.* udvaranje
courtyard *n.* dvorište

cousin *n.* rođak
covenant *n.* ugovor
cover *v. t.* pokriti
cover *n.* poklopac
coverlet *n.* prekrivač
covet *v.t.* žudjeti
cow *n.* krava
cow *v. t.* zastrašiti
coward *n.* kukavica
cowardice *n.* kukavičluk
cower *v.i.* sakriti se
cozy *adj.* udoban
crab *n* kraba
crack *n* prasak
crack *v. i* pucketati
cracker *n* kreker
crackle *v.t.* pucketati
cradle *n* kolijevka
craft *n* obrt
craftsman *n* zanatlija
crafty *a* lukav
cram *v. t* natrpati
crambo *n.* igra stihovima
crane *n* dizalica
crankle *v.t.* savijati
crash *v. i* sudariti se
crash *n* sudar
crass *adj.* potpun
crate *n.* sanduk
crave *v.t.* žudjeti
craw *n.* guša
crawl *v. t* puziti
crawl *n* puzanje
craze *n* pomama
crazy *a* lud
creak *v. i* škripati
creak *n* škripanje
cream *n* krema
crease *n* brazda
create *v. t* kreirati

creation *n* stvaranje
creative *adj.* kreativan
creator *n* tvorac
creature *n* stvorenje
credible *a* vjerodostojan
credit *n* kredit
creditable *a* zaslužan
creditor *n* vjerovnik
credulity *adj.* lakovjernost
creed *n.* vjera
creed *n* kredo
creek *n.* potok
creep *v. i* puzati
creeper *n* puzavac
cremate *v. t* kremirati
cremation *n* kremiranje
crest *n* grb
crevet *n.* retorta
crew *n.* posada
crib *n.* krevetac
cricket *n* cvrčak
crime *n* zločin
crimp *n* vrbovnik
crimple *v.t.* naborati
criminal *n* kriminal
criminal *a* kazneno
crimson *n* tamno-crven
cringe *v. i.* puzati
cripple *n* bogalj
crisis *n* kriza
crisp *a* hrskav
criterion *n* kriterij
critic *n* kritičar
critical *a* kritičan
criticism *n* kritika
criticize *v. t* kritizirati
croak *n.* graktanje
crockery *n.* zemljano posuđe
crocodile *n* krokodil
croesus *n.* krez

crook *a* prevarantski
crop *n* usjev
cross *v. t* prekrstiti
cross *n* križ
cross *a* ukršten
crossing *n.* prijelaz
crotchet *n.* kuka
crouch *v. i.* čučnuti
crow *n* vrana
crow *v. i* graktati
crowd *n* gomila
crown *n* kruna
crown *v. t* krunisati
crucial *adj.* presudan
crude *a* sirov
cruel *a* okrutan
cruelty *n* okrutnost
cruise *v.i.* krstariti
cruiser *n* krstarica
crumb *n* mrvica
crumble *v. t* izmrviti
crump *adj.* hrskav
crusade *n* križarski pohod
crush *v. t* gnječiti
crust *n.* kora
crutch *n* štaka
cry *n* uzvik
cry *v. i* vikati
cryptography *n.* kriptografija
crystal *n* kristal
cub *n* mladunče
cube *n* kocka
cubical *a* kockast
cubiform *adj.* cilindričnog oblika
cuckold *n.* rogonja
cuckoo *n* kukavica
cucumber *n* krastavac
cudgel *n* toljaga
cue *n* tak
cuff *n* manžeta

cuff *v. t* ćušnuti
cuisine *n.* kuhinja
cullet *n.* otpaci stakla
culminate *v.i.* kulminirati
culpable *a* kriv
culprit *n* krivac
cult *n* kult
cultivate *v. t* obrađivati
cultrate *adj.* šiljat
cultural *a* kulturni
culture *n* kultura
culvert *n.* odvodni kanal
cunning *a* lukav
cunning *n* lukavost
cup *n.* šolja
cupboard *n* ormar
Cupid *n* kupidon
cupidity *n* pohlepa
curable *a* izlječiv
curative *a* ljekovit
curb *n* ivičnjak
curb *v. t* obuzdati
curcuma *n.* egzotična biljka
curd *n* surutka
cure *n* lijek
cure *v. t.* liječiti
curfew *n* policijski čas
curiosity *n* radoznalost
curious *a* radoznao
curl *n.* uvojak
currant *n.* ribizla
currency *n* valuta
current *n* struja
current *a* trenutni
curriculum *n* nastavni plan
curse *n* kletva
curse *v. t* prokleti
cursory *a* površan
curt *a* odsečan
curtail *v. t* skratiti

curtain *n* zavjesa
curve *n* krivina
curve *v. t* kriva
cushion *n* jastuk
cushion *v. t* obložiti jastucima
custard *n* fil
custodian *n* staratelj
custody *v* skrbništvo
custom *n.* običaj
customary *a* uobičajen
customer *n* kupac
cut *v. t* rezati
cut *n* rez
cutis *n.* koža
cuvette *n.* laboratorijska posuda
cycle *n* krug
cyclic *a* kružni
cyclist *n* biciklist
cyclone *n.* ciklon
cyclostyle *n* ciklostil
cyclostyle *v. t* umnožavati na ciklostilu
cylinder *n* cilindar
cynic *n* cinik
cypher *n* cifra
cypress čempres

D

dabble *v. i.* umakati
dacoit *n.* razbojnik
dacoity *n.* razbojništvo
dad, daddy *n* tata
daffodil *n.* zelenkada
daft *adj.* lud
dagger *n.* bodež
daily *a* dnevni
daily *adv.* dnevno
daily *n.* dnevnik
dainty *a.* nježan

dainty *n.* poslastica
dairy *n* mljekara
dais *n.* podijum
daisy *n* krasuljak
dale *n* dolina
dam *n* brana
damage *n.* šteta
damage *v. t.* oštetiti
dame *n.* dama
damn *v. t.* prokleti
damnation *n.* prokletstvo
damp *a* vlažan
damp *n* vlaga
damp *v. t.* vlažiti
damsel *n.* gospođica
dance *n* ples
dance *v. t.* plesati
dandelion *n.* maslačak
dandle *v.t.* ljuljati
dandruff *n* perut
dandy *n* kicoš
danger *n.* opasnost
dangerous *a* opasan
dangle *v. t* klatiti
dank *adj.* vlažan
dap *v.i.* pecati
dare *v. i.* usuditi se
daring *n.* smjelost
daring *a* smio
dark *a* taman
dark *n* mrak
darkle *v.i.* sakriti se
darling *n* dragi
darling *a* drag
dart *n.* strelica
dash *v. i.* jurnuti
dash *n* navala
date *n* datum
date *v. t* datirati
daub *n.* mazarija

daub *v. t.* zamazati
daughter *n* cerka
daunt *v. t* uplašiti
dauntless *a* neustrašiv
dawdle *v.i.* traćiti vrijeme
dawn *n* zora
dawn *v. i.* svitati
day *n* dan
daze *n* zapanjenost
daze *v. t* zapanjiti
dazzle *n* blesak
dazzle *v. t.* zasjeniti
deacon *n.* đakon
dead *a* mrtav
deadlock *n* ćorsokak
deadly *a* smrtonosan
deaf *a* gluh
deal *n* dogovor
deal *v. i* dogovoriti se
dealer *n* trgovac
dealing *n.* poslovanje
dean *n.* dekan
dear *a* drag
dearth *n* nestašica
death *n* smrt
debar *v. t.* uskratiti
debase *v. t.* osramotiti
debate *n.* debata
debate *v. t.* debatovati
debauch *v. t.* pijančiti
debauch *n* pijančenje
debauchee *n* razvratnik
debauchery *n* razvrat
debility *n* iznurenost
debit *n* zaduženje
debit *v. t* zadužiti
debris *n* ruševina
debt *n* dug
debtor *n* dužnik
decade *n* desetljeća

decadent *a* dekadentan
decamp *v. i* napustiti logor
decay *n.* raspadanje
decay *v. i* raspadati
decease *n* smrt
decease *v. i* preminuti
deceit *n* prijevara
deceive *v. t* obmanuti
december *n* prosinac
decency *n* pristojnost
decennary *n.* desetogodišnjica
decent *a* pristojan
deception *n* prijevara
decide *v. t* odlučiti
decimal *a* decimal
decimate *v.t.* desetkovati
decision *n* odluka
decisive *a* odlučujući
deck *n* paluba
deck *v. t* ukrasiti
declaration *n* deklaracija
declare *v. t.* proglasiti
decline *n* propadanje
decline *v. t.* propadati
declivous *adj.* strm
decompose *v. t.* razložiti
decomposition *n.* rastavljanje
decontrol *v.t.* ukinuti ograničenje
decorate *v. t* ukrasiti
decoration *n* dekoracija
decorum *n* pristojnost
decrease *v. t* smanjiti
decrease *n* smanjenje
decree *n* dekret
decree *v. i* narediti
decrement *n.* opadanje
dedicate *v. t.* posvetiti
dedication *n* posveta
deduct *v.t.* odbiti
deed *n* djelo

deem *v.i.* smatrati
deep *a.* duboko
deer *n* jelen
defamation *n* kleveta
defame *v. t.* klevetati
default *n.* prekršaj
defeat *n* poraz
defeat *v. t.* poraziti
defect *n* nedostatak
defence *n* odbrana
defend *v. t* braniti
defendant *n* optuženi
defensive *adv.* odbrambeno
deference *n* priklanjanje
defiance *n* prkos
deficit *n* deficit
deficient *adj.* nedovoljan
defile *n.* tjesnac
define *v. t* definirati
definite *a* određen
definition *n* definicija
deflation *n.* deflacija
deflect *v.t. & i.* odvratiti
deft *adj.* spretan
degrade *v. t* degradirati
degree *n* stupanj
dehort *v.i.* obeshrabriti
deist *n.* deist
deity *n.* božanstvo
deject *v. t* onerasploožiti
dejection *n* utučenost
delay *v.t. & i.* odložiti
delibate *v.t.* gucnuti
deligate1 *n* vezivanje
delegate *v. t* delegat
delegation *n* delegacija
delete *v. t* izbrisati
deliberate *v. i* razmatrati
deliberate *a* namjeran
deliberation *n* razmatranje

delicate *a* delikatan
delicious *a* ukusan
delight *n* uživanje
delight *v. t.* uživati
deliver *v. t* dostaviti
delivery *n* isporuka
delta *n* delta
delude *n.t.* obmanuti
delusion *n.* obmana
demand *n* zahtjev
demand *v. t* zahtijevati
demarcation *n.* razgraničenje
dement *v.t* izludjeti
demerit *n* nedostatak
democracy *n* demokracija
democratic *a* demokratski
demolish *v. t.* demolirati
demon *n.* demon
demonetize *v.t.* demonetizirati
demonstrate *v. t* pokazati
demonstration *n.* pokazivanje
demoralize *v. t.* demoralisati
demur *n* oklijevanje
demur *v. t* oklijevati
demurrage *n.* prekoračenje
den *n* jazbina
dengue *n.* denga
denial *n* poricanje
denote *v. i* označavati
denounce *v. t* oglasiti
dense *a* gust
density *n* gustoća
dentist *n* stomatolog
denude *v.t.* ogoliti
denunciation *n.* potkazivanje
deny *v. t.* poricati
depart *v. i.* otici
department *n* odjel
departure *n* odlazak
depauperate *v.t.* nedovoljno razviti

depend *v. i.* ovisiti
dependant *n* ovisnik
dependence *n* ovisnost
dependent *a* ovisan
depict *v. t.* prikazivati
deplorable *a* jadan
deploy *v.t.* pregrupisati
deponent *n.* svjedok
deport *v.t.* deportovati
depose *v. t* svrgnuti
deposit *n.* depozit
deposit *v. t* založiti
depot *n* stovarište
depreciate *v.t.i.* obezvrijediti
depredate *v.t.* opljačkati
depress *v. t* pritisnuti
depression *n* depresija
deprive *v. t* lišiti
depth *n* dubina
deputation *n* ovlaštenje
depute *v. t* ovlastiti
deputy *n* zamjenik
derail *v. t.* izbaciti iz kolosijeka
derive *v. t.* izvesti
descend *v. i.* spuštati se
descendant *n* potomak
descent *n.* silazak
describe *v. t* opisati
description *n* opis
descriptive *a* opisni
desert *v. t.* napustiti
desert *n* pustinja
deserve *v. t.* zaslužiti
design *v. t.* dizajnirati
design *n.* dizajn
desirable *a* poželjan
desire *n* želja
desire *v.t* željeti
desirous *a* željan
desk *n* radni sto

despair *n* očajanje
despair *v. i* očajavati
desperate *a* očajan
despicable *a* dostojan prezira
despise *v. t* prezirati
despot *n* despot
destination *n* destinacija
destiny *n* sudbina
destroy *v. t* uništiti
destruction *n* razaranje
detach *v. t* odvojiti
detachment *n* odvajanje
detail *n* detalj
detail *v. t* detaljisati
detain *v. t* zadržati
detect *v. t* otkriti
detective *a* detektivski
detective *n.* detektiv
determination *n.* odlučnost
determine *v. t* odrediti
dethrone *v. t* zbaciti
develop *v. t.* razviti
development *n.* razvoj
deviate *v. i* odstupati
deviation *n* odstupanje
device *n* uređaj
devil *n* đavo
devise *v. t* izmisliti
devoid *a* lišen
devote *v. t* posvetiti
devotee *n* privrženik
devotion *n* privrženost
devour *v. t* proždirati
dew *n.* rosa
diabetes *n* dijabetes
diagnose *v. t* postaviti dijagnozu
diagnosis *n* dijagnoza
diagram *n* dijagram
dial *n.* brojčanik
dialect *n* dijalekt

dialogue *n* dijalog
diameter *n* promjer
diamond *n* dijamant
diarrhoea *n* dijareja
diary *n* dnevnik
dice *n.* kocke
dice *v. i.* kockati
dictate *v. t* diktirati
dictation *n* diktiranje
dictator *n* diktator
diction *n* dikcija
dictionary *n* rječnik
dictum *n* izreka
didactic *a* didaktički
die *v. i* umrijeti
die *n* umiranje
diet *n* dijeta
differ *v. i* razlikovati se
difference *n* razlika
different *a* različit
difficult *a* težak
difficulty *n* teškoća
dig *n* kopanje
dig *v.t.* kopati
digest *v. t.* svariti
digest *n.* pregled
digestion *n* varenje
digit *n* cifra
dignify *v.t* udostojiti
dignity *n* dostojanstvo
dilemma *n* dilema
diligence *n* marljivost
diligent *a* marljiv
dilute *v. t* razvodniti
dilute *a* razvodnjen
dim *a* nejasan
dim *v. t* potamnjeti
dimension *n* dimenzija
diminish *v. t* smanjiti
din *n* buka

dine v. t. večerati	**disconnect** v. t isključiti
dinner n večera	**discontent** n nezadovoljstvo
dip n. umakanje	**discontinue** v. t prekinuti
dip v. t umočiti	**discord** n nesloga
diploma n diploma	**discount** n popust
diplomacy n diplomacija	**discourage** v. t. obeshrabriti
diplomat n diplomata	**discourse** n diskurs
diplomatic a diplomatski	**discourteous** a neučtiv
dire a strašan	**discover** v. t otkriti
direct a izravan	**discovery** n. otkriće
direct v. t usmjeriti	**discretion** n diskrecija
direction n pravac	**discriminate** v. t. razlikovati
director n. direktor	**discrimination** n diskriminacija
directory n direktorij	**discuss** v. t. diskutovati
dirt n nečistoća	**disdain** n prezir
dirty a prljav	**disdain** v. t. prezirati
disability n nesposobnost	**disease** n bolest
disable v. t onesposobiti	**disguise** n prerušen
disabled a nesposoban	**disguise** v. t prerušiti se
disadvantage n nedostatak	**dish** n jelo
disagree v. i ne slagati se	**dishearten** v. t obeshrabriti
disagreeable a. neugodan	**dishonest** a nepošten
disagreement n. nesporazum	**dishonesty** n. nepoštenje
disappear v. i nestati	**dishonour** v. t osramotiti
disappearance n nestanak	**dishonour** n sramota
disappoint v. t. razočarati	**dislike** v. t ne voleti
disapproval n neodobravanje	**dislike** n antipatija
disapprove v. t neodobravati	**disloyal** a nelojalan
disarm v. t razoružati	**dismiss** v. t. odbaciti
disarmament n. razoružanje	**dismissal** n otpuštanje
disaster n katastrofa	**disobey** v. t biti neposlušan
disastrous a katastrofalan	**disorder** n poremecaj
disc n. disk	**disparity** n nejednakost
discard v. t odbaciti	**dispensary** n ambulanta
discharge v. t prazniti	**disperse** v. t rasuti
discharge n. pražnjenje	**displace** v. t pomaknuti
disciple n učenik	**display** v. t pokazati
discipline n disciplina	**display** n pokazivanje
disclose v. t otkriti	**displease** v. t ne sviđati se
discomfort n nelagodnost	**displeasure** n nezadovoljstvo

disposal *n* raspolaganje
dispose *v. t* raspolagati
disprove *v. t* opovrgnuti
dispute *n* spor
dispute *v. i* prepirati se
disqualification *n* diskvalifikacija
disqualify *v. t.* diskvalificirati
disquiet *n* uznemirenost
disregard *n* podcjenjivanje
disregard *v. t* podcjenjivati
disrepute *n* ozloglašenost
disrespect *n* nepoštovanje
disrupt *v. t* prekinuti
dissatisfaction *n* nezadovoljstvo
dissatisfy *v. t.* ne zadovoljiti
dissect *v. t* secirati
dissection *n* seciranje
dissimilar *a* različit
dissolve *v.t* rastvoriti
dissuade *v. t* odvratiti
distance *n* udaljenost
distant *a* udaljen
distil *v. t* destilovati
distillery *n* destilerija
distinct *a* poseban
distinction *n* razlika
distinguish *v. i* razlikovati
distort *v. t* izobličiti
distress *n* bol
distress *v. t* ožalostiti
distribute *v. t* distribuirati
distribution *n* distribucija
district *n* kotar
distrust *n* nepovjerenje
distrust *v. t.* sumnjati
disturb *v. t* uznemiravati
ditch *n* jarak
ditto *n.* isto
dive *v. i* roniti
dive *n* ronjenje

diverse *a* različit
divert *v. t* skrenuti
divide *v. t* podijeliti
divine *a* božanski
divinity *n* božanstvenost
division *n* podjela
divorce *n* razvod
divorce *v. t* razvesti
divulge *v. t* otkriti
do *v. t* činiti
docile *a* poslušan
dock *n.* pristanište
doctor *n* liječnik
doctorate *n* doktorat
doctrine *n* doktrina
document *n* dokument
dodge *n* izmicanje
dodge *v. t* izmicati
doe *n* srna
dog *n* pas
dog *v. t* pratiti
dogma *n* dogma
dogmatic *a* dogmatski
doll *n* lutka
dollar *n* dolar
domain *n* domena
dome *n* kupola
domestic *a* domaći
domestic *n* posluga
domicile *n* prebivalište
dominant *a* dominantan
dominate *v. t* dominirati
domination *n* dominacija
dominion *n* vlast
donate *v. t* pokloniti
donation *n.* donacija
donkey *n* magarac
donor *n* davalac
doom *n* propast
doom *v. t.* osuditi

door *n* vrata	**draught** *n* nacrt
dose *n* doza	**draw** *v.t* vući
dot *n* točka	**draw** *n* izvlačenje
dot *v. t* istačkati	**drawback** *n* smetnja
double *a* dvostruko	**drawer** *n* ladica
double *v. t.* udvostručiti	**drawing** *n* crtanje
double *n* dvostrukost	**drawing-room** *n* salon
doubt *v. i* sumnjati	**dread** *n* strah
doubt *n* sumnja	**dread** *v.t* strahovati
dough *n* tijesto	**dread** *a* strašan
dove *n* golub	**dream** *n* san
down *adv* dolje	**dream** *v. i.* sanjati
down *prep* niz	**drench** *v. t* pokvasiti
down *v. t* baciti	**dress** *n* haljina
downfall *n* slom	**dress** *v. t* oblačiti
downpour *n* pljusak	**dressing** *n* oblačenje
downright *adv* potpuno	**drill** *n* bušilica
downright *a* potpun	**drill** *v. t.* bušenje
downward *a* nagnut	**drink** *n* piće
downward *adv* nadolje	**drink** *v. t* piti
downwards *adv* dolje	**drip** *n* kapanje
dowry *n* miraz	**drip** *v. i* kapati
doze *n.* drijemanje	**drive** *v. t* voziti
doze *v. i* drijemati	**drive** *n* vožnja
dozen *n* tuce	**driver** *n* vozač
draft *v. t* skicirati	**drizzle** *n* sumaglica
draft *n* skica	**drizzle** *v. i* rominjati
draftsman *a* crtač	**drop** *n* kap
drag *n* povlačenje	**drop** *v. i* kapati
drag *v. t* povlačiti	**drought** *n* suša
dragon *n* zmaj	**drown** *v.i* utopiti
drain *n* odvod	**drug** *n* lijek
drain *v. t* odvoditi	**druggist** *n* apotekar
drainage *n* drenaža	**drum** *n* bubanj
dram *n* gutljaj	**drum** *v.i.* udarati u bubanj
drama *n* drama	**drunkard** *n* pijanac
dramatic *a* dramatičan	**dry** *a* suho
dramatist *n* dramaturg	**dry** *v. i.* osušiti
draper *n* suknar	**dual** *a* dvostruk
drastic *a* drastičan	**duck** *n.* patka

duck *v.i.* zaroniti
due *a* dužan
due *n* dug
due *adv* točno
duel *n* dvoboj
duel *v. i* boriti se
duke *n* vojvoda
dull *a* tup
dull *v. t.* tupiti
duly *adv* propisno
dumb *a* glup
dunce *n* glupan
dung *n* đubre
duplicate *a* dvostruk
duplicate *n* duplikat
duplicate *v. t* udvostručiti
duplicity *n* dvoličnost
durable *a* izdržljiv
duration *n* trajanje
during *prep za* vrijeme
dusk *n* suton
dust *n* prašina
dust *v.t.* zaprašiti
duster *n* pajalica
dutiful *a* savjestan
duty *n* dužnost
dwarf *n* patuljak
dwell *v. i* stanovati
dwelling *n* prebivalište
dwindle *v. t* nestajati
dye *v. t* bojiti
dye *n* boja
dynamic *a* dinamičan
dynamics *n.* dinamika
dynamite *n* dinamit
dynamo *n* generator
dynasty *n* dinastija
dysentery *n* dizenterija

E

each *a* svaki
each *pron.* svaki
eager *a* željan
eagle *n* orao
ear *n* uvo
early *adv* ran
early *a* rano
earn *v. t* zaslužiti
earnest *a* ozbiljan
earth *n* zemlja
earthen *a* zemljan
earthly *a* zemaljski
earthquake *n* potres
ease *n* jednostavnost
ease *v. t* pojednostaviti
east *n* istok
east *adv* istočno
east *a* istočni
easter *n* uskrs
eastern *a* istočni
easy *a* lako
eat *v. t* jesti
eatable *n.* jestivost
eatable *a* jestiv
ebb *n* oseka
ebb *v. i* opadati
ebony *n* abonos
echo *n* odjek
echo *v. t* odjekivati
eclipse *n* pomračenje
economic *a* ekonomski
economical *a* ekonomičan
economics *n.* ekonomija
economy *n* ekonomija
edge *n* ivica
edible *a* jestivo

edifice *n* građevina
edit *v. t* urediti
edition *n* izdanje
editor *n* urednik
editorial *a* urednički
editorial *n* uvodnik
educate *v. t* obrazovati
education *n* obrazovanje
efface *v. t* izbrisati
effect *n* efekt
effect *v. t* djelovanje
effective *a* učinkovit
effeminate *a* ženstven
efficacy *n* djelotvornost
efficiency *n* učinkovitost
efficient *a* učinkovit
effigy *n* slika
effort *n* napor
egg *n* jaje
ego *n* ego
egotism *n* egoizam
eight *n* osam
eighteen *a* osamnaest
eighty *n* osamdeset
either *a.* oba
either *adv.* niti
eject *v. t.* izbaciti
elaborate *v. t* razraditi
elaborate *a* razrađen
elapse *v. t* prolaziti
elastic *a* elastičan
elbow *n* lakat
elder *a* stariji
elder *n* starješina
elderly *a* starije
elect *v. t* izabrati
election *n* izbor
electorate *n* biračko tijelo
electric *a* električni
electricity *n* elektricitet

electrify *v. t* naelektrisati
elegance *n* elegancija
elegant *adj* elegantan
elegy *n* elegija
element *n* element
elementary *a* elementarni
elephant *n* slon
elevate *v. t* podići
elevation *n* uzdignuće
eleven *n* jedanaest
elf *n* patuljak
eligible *a* poželjan
eliminate *v. t* eliminirati
elimination *n* eliminacija
elope *v. i* pobjeći
eloquence *n* rječitost
eloquent *a* rječit
else *a* drugi
else *adv* drugo
elucidate *v. t* objasniti
elude *v. t* izbjegavati
elusion *n* izbjegavanje
elusive *a* nedostižan
emancipation *n.* emancipacija
embalm *v. t* balsamovati
embankment *n* nasip
embark *v. t* ukrcati
embarrass *v. t* posramiti
embassy *n* veleposlanstvo
embitter *v. t* zagorčati
emblem *n* amblem
embodiment *n* otjelovljenje
embody *v. t.* utjeloviti
embolden *v. t.* ohrabriti
embrace *v. t.* zagrliti
embrace *n* zagrljaj
embroidery *n* vez
embryo *n* embrij
emerald *n* smaragd
emerge *v. i* pojaviti se

emergency *n* hitan slučaj
eminence *n* eminencija
eminent *a* eminentni
emissary *n* izaslanik
emit *v. t* emitirati
emolument *n* prihod
emotion *n* emocija
emotional *a* emotivan
emperor *n* imperator
emphasis *n* naglasak
emphasize *v. t* naglasiti
emphatic *a* izrazit
empire *n* carstvo
employ *v. t* zaposliti
employee *n* službenik
employer *n* poslodavac
employment *n* zaposlenje
empower *v. t* osposobiti
empress *n* carica
empty *a* prazan
empty *v* prazniti
emulate *v. t* natjecati se
enable *v. t* omogućiti
enact *v. t* ozakoniti
enamel *n* emajl
enamour *v. t* zaljubiti se
encase *v. t* spakovati
enchant *v. t* opčiniti
encircle *v. t.* okružiti
enclose *v. t* priložiti
enclosure *n.* prilog
encompass *v. t* opkoliti
encounter *n.* susret
encounter *v. t* susresti
encourage *v. t* ohrabriti
encroach *v. i* zadirati
encumber *v. t.* opteretiti
encyclopaedia *n.* enciklopedija
end *v. t* završiti
end *n.* kraj

endanger *v. t.* ugroziti
endear *v.t učiniti* dragim
endearment *n.* nježnost
endeavour *n* nastojanje
endeavour *v.i* nastojati
endorse *v. t.* odobriti
endow *v. t* obdariti
endurable *a* izdržljiv
endurance *n.* izdržljivost
endure *v.t.* izdržati
enemy *n* neprijatelj
energetic *a* energičan
energy *n.* energija
enfeeble *v. t.* oslabiti
enforce *v. t.* primijeniti
enfranchise *v.t.* dati pravo glasa
engage *v. t* angažirati
engagement *n.* angažiranje
engine *n* motor
engineer *n* inženjer
English *n* engleski jezik, Englez
engrave *v. t* ugravirati
engross *v.t* zaokupiti
engulf *v.t* progutati
enigma *n* enigma
enjoy *v. t* uživati
enjoyment *n* uživanje
enlarge *v. t* uvecanje
enlighten *v. t.* prosvijetliti
enlist *v. t* regrutovati
enliven *v. t.* oživjeti
enmity *n* neprijateljstvo
ennoble *v. t.* oplemeniti
enormous *a* ogroman
enough *a* dovoljan
enough *adv* dovoljno
enrage *v. t* razbjesniti
enrapture *v. t* ushititi
enrich *v. t* obogatiti
enrol *v. t* upisati

enshrine v. t zatvoriti u svetište
enslave v.t. zarobiti
ensue v.i proizlaziti
ensure v. t osigurati
entangle v. t upetljati
enter v. t ulaziti
enterprise n poduzeće
entertain v. t zabaviti
entertainment n. zabava
enthrone v. t ustoličiti
enthusiasm n entuzijazam
enthusiastic a oduševljen
entice v. t. namamiti
entire a čitav
entirely adv potpuno
entitle v. t. ovlastiti
entity n entitet
entomology n. entomologija
entrails n. utroba
entrance n ulaz
entrap v. t. zarobiti
entreat v. t. preklinjati
entreaty n. preklinjanje
entrust v. t povjeriti
entry n ulazak
enumerate v. t. nabrajati
envelop v. t zamotati
envelope n koverat
enviable a zavidan
envious a zavidljiv
environment n. okruženje
envy v biti zavidan
envy v. t zavidjeti
epic n ep
epidemic n epidemija
epigram n epigram
epilepsy n epilepsija
epilogue n epilog
episode n epizoda
epitaph n epitaf

epoch n epoha
equal a jednako
equal v. t izjednačiti
equal n ravnopravnost
equality n jednakost
equalize v. t. izjednačiti
equate v. t uskladiti
equation n jednadžba
equator n ekvator
equilateral a jednakostranični
equip v. t opremiti
equipment n oprema
equitable a pravedan
equivalent a ekvivalent
equivocal a dvosmislen
era n doba
eradicate v. t iskorijeniti
erase v. t brisati
erect v. t uspraviti
erect a uspravljen
erection n erekcija
erode v. t erodirati
erosion n erozija
erotic a erotski
err v. i pogriješiti
errand n zadatak
erroneous a pogrešan
error n greška
erupt v. i buknuti
eruption n erupcija
escape n bijeg
escape v.i pobjeći
escort n pratnja
escort v. t pratiti
especial a poseban
essay n. esej
essay v. t. ustanoviti
essayist n esejista
essence n suština
essential a suštinski

establish v. t. uspostaviti
establishment n osnivanje
estate n imanje
esteem n poštovanje
esteem v. t poštovati
estimate n. procjena
estimate v. t procijeniti
estimation n procjena
etcetera i tako dalje
eternal adj. vječan
eternity n vječnost
ether n eter
ethical a etički
ethics n. etika
etiquette n etiketa
etymology n. etimologija
eunuch n eunuh
evacuate v. t evakuirati
evacuation n evakuacija
evade v. t izbeci
evaluate v. t ocijeniti
evaporate v. i ispariti
evasion n izbjegavanje
even a ravan
even v. t izravnati
even adv čak
evening n večer
event n događaj
eventually adv. konačno
ever adv ikad
evergreen a zimzelen
evergreen n evergrin
everlasting a. vječan
every a svaki
evict v. t protjerati
eviction n protjerivanje
evidence n dokaz
evident a. očigledan
evil n zlo
evil a zao

evoke v. t evocirati
evolution n evolucija
evolve v.t evoluirati
ewe n ovca
exact a točan
exaggerate v. t. preuveličavati
exaggeration n. preuveličavanje
exalt v. t veličati
examination n. ispitivanje
examine v. t ispitati
examinee n ispitanik
examiner n ispitivač
example n primjer
excavate v. t. iskopavati
excavation n. iskopavanje
exceed v.t prekoračiti
excel v.i nadmašiti
excellence n. izvrsnost
excellency n ekselencija
excellent a. odličan
except v. t izuzeti
except prep osim
exception n izuzetak
excess n višak
excess a suvišan
exchange n razmjena
exchange v. t razmijeniti
excise n trošarina
excite v. t uzbuditi
exclaim v.i uzviknuti
exclamation n uzvik
exclude v. t isključiti
exclusive a isključiv
excommunicate v. t. ekskomunicirati
excursion n. ekskurzija
excuse v.t opravdati
excuse n izgovor
execute v. t izvršiti
execution n izvršenje
executioner n. izvršitelj

exempt *v. t.* osloboditi
exempt *adj.* oslobođen
exercise *n.* vježba
exercise *v. t* vježbati
exhaust *v. t.* ispuhati
exhibit *n.* eksponat
exhibit *v. t* izložiti
exhibition *n.* Izložba
exile *n.* progonstvo
exile *v. t* prognati
exist *v.i* postojati
existence *n* postojanje
exit *n.* izlaz
expand *v.t.* proširiti
expansion *n.* proširenje
ex-parte *a* jednostran
ex-parte *adv* jednostrano
expect *v. t* očekivati
expectation *n.* očekivanje
expedient *a* prikladan
expedite *v. t.* požuriti
expedition *n* ekspedicija
expel *v. t.* isključiti
expend *v. t* potrošiti
expenditure *n* rashod
expense *n.* trošak
expensive *a* skup
experience *n* iskustvo
experience *v. t.* iskusiti
experiment *n* eksperiment
expert *a* stručan
expert *n* stručnjak
expire *v.i.* isteci
expiry *n* istek
explain *v. t.* objasniti
explanation *n* objašnjenje
explicit *a.* eksplicitan
explode *v. t.* eksplodirati
exploit *n* eksploatacija
exploit *v. t* eksploatisati

exploration *n* istraživanje
explore *v.t* istražiti
explosion *n.* eksplozija
explosive *n.* eksploziv
explosive *a* eksplozivan
exponent *n* tumač
export *n* izvoz
export *v. t.* izvoziti
expose *v. t* izložiti
express *v. t.* izraziti
express *a* određen
express *n* ekpres
expression *n.* izraz
expressive *a.* izražajan
expulsion *n.* isključenje
extend *v. t* proširiti
extent *n.* opseg
external *a* vanjski
extinct *a* izumro
extinguish *v.t* ugasiti
extol *v. t.* veličati
extra *a* dodatni
extra *adv* ekstra
extract *n* ekstrakt
extract *v. t* izdvojiti
extraordinary *a.* izvanredan
extravagance *n* ekstravagancija
extravagant *a* ekstravagantan
extreme *a* ekstreman
extreme *n* ekstrem
extremist *n* ekstremista
exult *v. i* likovati
eye *n* oko
eyeball *n* očna jabučica
eyelash *n* trepavica
eyelet *n* rupica
eyewash *n* prijevara

F

fable *n.* basna
fabric *n* tkanina
fabricate *v.t* proizvoditi
fabrication *n* proizvodnja
fabulous *a* nevjerojatan
facade *n* fasada
face *n* osoba
face *v.t* suočiti se
facet *n* aspekt
facial *a* osobni
facile *a* lak
facilitate *v.t* olakšati
facility *n* postrojenje
facsimile *n* faksimil
fact *n* činjenica
faction *n* frakcija
factious *a* frakcionaški
factor *n* faktor
factory *n* tvornica
faculty *n* fakultet
fad *n* hir
fade *v.i* izblijedjeti
faggot *n* naramak pruća
fail *v.i ne* uspjeti
failure *n* neuspjeh
faint *a* slab
faint *v.i* onesvijestiti se
fair *a* lijep
fair *n.* sajam
fairly *adv.* pošteno
fairy *n* vila
faith *n* vjera
faithful *a* vjeran
falcon *n* soko
fall *v.i.* pasti
fall *n* jesen

fallacy *n* zabluda
fallow *n* ugar
false *a* lažan
falter *v.i* posrnuti
fame *n* slava
familiar *a* poznat
family *n* obitelj
famine *n* glad
famous *a* poznat
fan *n blag* vjetar
fanatic *a* fanatičan
fanatic *n* fanatik
fancy *n* mašta
fancy *v.t* zamisliti
fantastic *a* fantastičan
far *adv.* daleko
far *a* dalek
far *n* daljina
farce *n* farsa
fare *n* karta
farewell *n* oproštaj
farewell *interj.* zbogom
farm *n* farma
farmer *n* poljoprivrednik
fascinate *v.t* fascinirati
fascination *n.* fascinacija
fashion *n* moda
fashionable *a* moderan
fast *a* brz
fast *adv* brzo
fast *n* post
fast *v.i* postiti
fasten *v.t* pričvrstiti
fat *a* gojazan
fat *n* mast
fatal *a* fatalan
fate *n* sudbina
father *n* otac
fathom *v.t* proniknuti
fathom *n* hvat

fatigue *n* umor
fatigue *v.t* umarati
fault *n* greška
faulty *a* neispravan
fauna *n* fauna
favour1 *n* naklonost
favour *v.t* pomagati
favourable *a* povoljan
favourite *a* omiljen
favourite *n* favorit
fear *n* strah
fear *v.i* plašiti se
fearful *a.* strašno
feasible *a* izvodljiv
feast *n* gozba
feast *v.i* gostiti se
feat *n* podvig
feather *n* pero
feature *n* odlika
February *n* veljača
federal *a* federalni
federation *n* federacija
fee *n* honorar
feeble *a* slab
feed *v.t* hraniti
feed *n* hranjenje
feel *v.t* osjećati
feeling *n* osjećaj
feign *v.t* pretvarati se
felicitate *v.t* čestitati
felicity *n* blaženstvo
fell *v.t* pasti
fellow *n* kolega
female *a* ženski
female *n* žena
feminine *a* ženskog roda
fence *n* ograda
fence *v.t* ograditi
fend *v.t braniti* se
ferment *n* kvasac

ferment *v.t* ključati
fermentation *n* fermentacija
ferocious *a* svirep
ferry *n* trajekt
ferry *v.t* prevoziti
fertile *a* plodan
fertility *n* plodnost
fertilize *v.t* oploditi
fertilizer *n* đubrivo
fervent *a* vatren
fervour *n* žestina
festival *n* festival
festive *a* svečan
festivity *n* svečanost
festoon *n* vijenac
fetch *v.t* donijeti
fetter *n* karika
fetter *v.t* sputati
feud *n.* zavada
feudal *a* feudalni
fever *n* groznica
few *a* malo
fiasco *n* fijasko
fibre *n* vlakno
fickle *a* promjenljiv
fiction *n* fikcija
fictitious *a* fiktivan
fiddle *n* violina
fiddle *v.i* guditi
fidelity *n* vjernost
fie *interj* fuj
field *n* polje
fiend *n* đavo
fierce *a* žestok
fiery *a* užaren
fifteen *n* petnaest
fifty *n.* pedeset
fig *n* smokva
fight *n* borba
fight *v.t* boriti se

figment *n* izmišljotina	**fiscal** *a* fiskalni
figurative *a* figurativan	**fish** *n* riba
figure *n* figura	**fish** *v.i* pecati
figure *v.t* uobličiti	**fisherman** *n* ribar
file *n* arhiva	**fissure** *n* pukotina
file *v.t* arhivirati	**fist** *n* pesnica
file *n* fascikla	**fistula** *n* fistula
file *v.t* ubeležiti	**fit** *v.t* podesiti
file *n* dosje	**fit** prikladan
file *v.i.* nizati	**fit** *n* napad
fill *v.t* popuniti	**fitful** *a* grčevit
film *n* film	**fitter** *n* monter
film *v.t* snimati	**five** *n* pet
filter *n* filter	**fix** *v.t* popraviti
filter *v.t* čistiti	**fix** *n* neprilika
filth *n* nečistoća	**flabby** *a* mlitav
filthy *a* prljav	**flag** *n* zastava
fin *n* peraje	**flagrant** *a* sramotan
final *a* konačan	**flame** *n* plamen
finance *n* financije	**flame** *v.i* plamtjeti
finance *v.t* financirati	**flannel** *n* flanel
financial *a* financijski	**flare** *v.i* planuti
financier *n* financijer	**flare** *n* blesak
find *v.t* kazniti	**flash** *n* blic
fine *n* kazna	**flash** *v.t* zasijati
fine *v.t* čistiti	**flask** *n* pljoska
fine *a* dobar	**flat** *a* ravan
finger *n* prst	**flat** *n* ravnina
finger *v.t* dodirivati	**flatter** *v.t* laskati
finish *v.t* završiti	**flattery** *n* laskanje
finish *n* završetak	**flavour** *n* okus
finite *a* konačan	**flaw** *n* mana
fir *n* jela	**flea** *n.* buva
fire *n* vatra	**flee** *v.i* pobjeći
fire *v.t* zapaliti	**fleece** *n* runo
firm *a* čvrst	**fleece** *v.t* ošišati
firm *n.* tvrtka	**fleet** *n* flota
first *a* prvi	**flesh** *n* meso
first *n* prvi	**flexible** *a* fleksibilan
first *adv* prvo	**flicker** *n* treperenje

flicker v.t treperiti	foe n neprijatelj
flight n let	fog n magla
flimsy a tanak	foil v.t folija
fling v.t baciti	fold n nabor
flippancy n lakomislenost	fold v.t saviti
flirt n flertovanje	foliage n lišće
flirt v.i flertovati	follow v.t pratiti
float v.i ploviti	follower n sljedbenik
flock n stado	folly n glupost
flock v.i gomilati	foment v.t izazivati
flog v.t šibati	fond a naklonjen
flood n poplava	fondle v.t milovati
flood v.t poplaviti	food n hrana
floor n pod	fool n budala
floor v.t popločati	foolish a budalast
flora n flora	foolscap n tabak za pisanje
florist n cvećar	foot n stopalo
flour n brašno	for prep za
flourish v.i cvjetati	for conj. jer
flow n protok	forbid v.t zabraniti
flow v.i teći	force n sila
flower n cvijet	force v.t siliti
flowery a cvjetni	forceful a snažan
fluent a tečan	forcible a prisilan
fluid a tekući	forearm n podlaktica
fluid n tekućina	forearm v.t unaprijed oružati
flush v.i sprati	forecast n predviđanje
flush n rumenilo	forecast v.t predviđati
flute n flauta	forefather n praotac
flute v.i svirati flautu	forefinger n kažiprst
flutter n lepršanje	forehead n čelo
flutter v.t lepršati	foreign a strani
fly n muva	foreigner n stranac
fly v.i letjeti	foreknowledge n. predviđanje
foam n pjena	foreleg n prednja noga
foam v.t pjeniti se	forelock n uvojak
focal a žarišni	foreman n nadzornik
focus n fokus	foremost a prednji
focus v.t izoštriti	forenoon n prije podne
fodder n stočna hrana	forerunner n prethodnik

foresee v.t predvidjeti	**fortify** v.t. utvrditi
foresight n predviđanje	**fortitude** n. hrabrost
forest n šuma	**fort-night** n. dva tjedna
forestall v.t preduhitriti	**fortress** n. tvrđava
forester n šumar	**fortunate** a. srećan
forestry n šumarstvo	**fortune** n. sreća
foretell v.t proreći	**forty** n. četrdeset
forethought n promišljenost	**forum** n. forum
forever adv zauvek	**forward** a. prednji
forewarn v.t upozoriti	**forward** adv naprijed
foreword n predgovor	**forward** v.t poslati
forfeit v.t izgubiti	**fossil** n. fosil
forfeit n gubitak	**foster** v.t. odgajati
forfeiture n gubitak prava	**foul** a. prekršaj
forge n kovačnica	**found** v.t. utemeljiti
forge v.t falsifikovati	**foundation** n. utemeljenje
forgery n falsifikat	**founder** n. osnivač
forget v.t zaboraviti	**foundry** n. livnica
forgetful a zaboravan	**fountain** n. fontana
forgive v.t oprostiti	**four** n. četiri
forgo v.t odreći se	**fourteen** n. četrnaest
forlorn a usamljen	**fowl** n. živina
form n forma	**fowler** n. ptičar
form v.t. formirati	**fox** n. lisica
formal a formalan	**fraction** n. frakcija
format n format	**fracture** n. prijelom
formation n formacija	**fracture** v.t polomiti
former a prethodni	**fragile** a. krhak
former pron bivši	**fragment** n. fragment
formerly adv ranije	**fragrance** n. miris
formidable a znatan	**fragrant** a. mirisan
formula n formula	**frail** a. slab
formulate v.t formulisati	**frame** v.t. uramiti
forsake v.t. napustiti	**frame** n okvir
forswear v.t. prekršiti zakletvu	**frachise** n. franšiza
fort n. utvrđenje	**frank** a. iskren
forte n. jaka točka	**frantic** a. pomaman
forth adv. naprijed	**fraternal** a. bratski
forthcoming a. predstojeći	**fraternity** n. bratstvo
forthwith adv. odmah	**fratricide** n. bratoubojstvo

fraud *n.* prijevara
fraudulent *a.* nepošten
fraught *a.* ispunjen
fray *n* tuča
free *a.* slobodan
free *v.t* osloboditi
freedom *n.* sloboda
freeze *v.i.* zamrznuti
freight *n.* tovar
French *a.* francuski
French *n* francuski jezik, Francuz
frenzy *n.* pomama
frequency *n.* frekvencija
frequent *n.* učestalost
fresh *a.* svjež
fret *n.* uzrujanost
fret *v.t.* uzrujati se
friction *n.* trenje
Friday *n.* petak
fridge *n.* hladnjak
friend *n.* prijatelj
fright *n.* strah
frighten *v.t.* uplašiti
frigid *a.* frigidan
frill *n.* nabor
fringe *n.* resa
fringe *v.t* obrubiti
frivolous *a.* neozbiljan
frock *n.* haljina
frog *n.* žaba
frolic *n.* zabava
frolic *v.i.* veseliti se
from *prep.* od
front *n.* front
front *a* prednji
front *v.t* gledati
frontier *n.* granica
frost *n.* mraz
frown *n.* mrštenje
frown *v.i* mrštiti se

frugal *a.* štedljiv
fruit *n.* voće
fruitful *a.* plodan
frustrate *v.t.* frustrirati
frustration *n.* frustracija
fry *v.t.* pržiti
fry *n* ikra
fuel *n.* gorivo
fugitive *a.* odbegao
fugitive *n.* bjegunac
fulfil *v.t.* ispuniti
fulfilment *n.* ispunjenje
full *a.* pun
full *adv.* puno
fullness *n.* punoća
fully *adv.* potpuno
fumble *v.i.* preturati
fun *n.* zabava
function *n.* funkcija
function *v.i* funkcionirati
functionary *n.* funkcioner
fund *n.* fond
fundamental *a.* osnovni
funeral *n.* sahrana
fungus *n.* gljiva
funny *n.* smiješan
fur *n.* krzno
furious *a.* bijesan
furl *v.t.* smotati
furlong *n.* osmina milje
furnace *n.* peć
furnish *v.t.* opremiti
furniture *n.* namještaj
furrow *n.* brazda
further *adv.* dalje
further *a* dalji
further *v.t* unaprijediti
fury *n.* bijes
fuse *v.t.* rastopiti
fuse *n* osigurač

fusion *n.* fuzija
fuss *n.* komešanje
fuss *v.i* uznemiriti se
futile *a.* uzaludan
futility *n.* uzaludnost
future *a.* budući
future *n* budućnost

G

gabble *v.i.* blebetati
gadfly *n.* obad
gag *v.t.* geg, čep
gag *n.* začepiti
gaiety *n.* veselost
gain *v.t.* dobiti
gain *n* dobit
gainsay *v.t.* poricati
gait *n.* hod
galaxy *n.* galaksija
gale *n.* oluja
gallant *a.* galantan
gallant *n* kavaljer
gallantry *n.* hrabrost
gallery *n.* galerija
gallon *n.* galon
gallop *n.* galop
gallop *v.t.* galopirati
gallows *n.* . vješala
galore *adv.* u izobilju
galvanize *v.t.* podstaći
gamble *v.i.* kockati se
gamble *n* kockanje
gambler *n.* kockar
game *n.* igra
game *v.i* igrati
gander *n.* glupan
gang *n.* banda
gangster *n.* gangster

gap *n* pukotina
gape *v.i.* zijevati
garage *n.* garaža
garb *n.* odeća
garb *v.t* obući
garbage *n.* smeće
garden *n.* bašta
gardener *n.* baštovan
gargle *v.i.* ispirati grlo
garland *n.* vijenac
garland *v.t.* ovenčati
garlic *n.* češnjak
garment *n.* odeća
garter *n.* podvezica
gas *n.* gas
gasket *n.* zaptivač
gasp *n.* dahtanje
gasp *v.i* dahtati
gassy *a.* gasni
gastric *a.* želudačni
gate *n.* kapija
gather *v.t.* okupiti
gaudy *a.* kitnjast
gauge *n.* kolosijek
gauntlet *n.* oklopna rukavica
gay *a.* veseo
gaze *v.t.* zuriti
gaze *n* zurenje
gazette *n.* novine
gear *n.* oprema
geld *v.t.* kastrirati
gem *n* dragulj
gender *n.* pol
general *a.* opći
generally *adv.* uglavnom
generate *v.t.* generirati
generation *n.* generacija
generator *n.* generator
generosity *n.* velikodušnost
generous *a.* velikodušan

genius *n.* genije
gentle *a.* nježno
gentleman *n.* gospodin
gentry *n.* niže plemstvo
genuine *a.* pravi
geographer *n.* geograf
geographical *a.* geografski
geography *n.* geografija
geological *a.* geološki
geologist *n.* geolog
geology *n.* geologija
geometrical *a.* geometrijski
geometry *n.* geometrija
germ *n.* klica
germicide *n.* germicid
germinate *v.i.* klijati
germination *n.* klijanje
gerund *n.* gerund
gesture *n.* gest
get *v.t.* dobiti
ghastly *a.* jeziv
ghost *n.* duh
giant *n.* džin
gibbon *n.* gibon
gibe *v.i.* rugati se
gibe *n* ruganje
giddy *a.* vrtoglav
gift *n.* poklon
gifted *a.* nadaren
gigantic *a.* gigantski
giggle *v.i.* kikotati se
gild *v.t.* pozlatiti
gilt *a.* pozlata
ginger *n.* đumbir
giraffe *n.* žirafa
gird *v.t.* opasati
girder *n.* nosač
girdle *n.* pojas
girdle *v.t* opasivati
girl *n.* djevojka

girlish *a.* djevojački
gist *n.* suština
give *v.t.* dati
glacier *n.* glečer
glad *a.* radostan
gladden *v.t.* obradovati
glamour *n.* blistavost
glance *n.* pogled
glance *v.i.* pogledati
gland *n.* žlijezda
glare *n.* bleštanje
glare *v.i* bleštati
glass *n.* staklo
glaucoma *n.* glaukom
glaze *v.t.* glačati
glaze *n* glazura
glazier *n.* staklorezac
glee *n.* radost
glide *v.t.* kliziti
glider *n.* jedrilica
glimpse *n.* letimičan pogled
glitter *v.i.* sijati
glitter *n* sjaj
global *a.* globalni
globe *n.* svijet
gloom *n.* sumornost
gloomy *a.* sumoran
glorification *n.* slavljenje
glorify *v.t.* veličati
glorious *a.* slavan
glory *n.* slava
gloss *n.* sjaj
glossary *n.* rječnik
glossy *a.* sjajan
glove *n.* rukavica
glow *v.i.* sijati
glow *n* sjaj
glucose *n.* glukoza
glue *n.* ljepilo
glut *v.t.* prezasititi

glut *n* prezasićenost	**governor** *n.* guverner
glutton *n.* proždrljivac	**gown** *n.* haljina
gluttony *n.* neumjerenost	**grab** *v.t.* zgrabiti
glycerine *n.* glicerin	**grace** *n.* milost
go *v.i.* ići	**grace** *v.t.* ukrasiti
goad *n.* poticaj	**gracious** *a.* milostiv
goad *v.t* poticati	**gradation** *n.* gradacija
goal *n.* cilj	**grade** *n.* razred
goat *n.* koza	**grade** *v.t* ocijeniti
gobble *n.* utjerivanje u rupu	**gradual** *a.* postepen
goblet *n.* pehar	**graduate** *v.i.* diplomirati
god *n.* Bog	**graduate** *n* diplomirani đak/student
goddess *n.* boginja	**graft** *n.* kalem
godhead *n.* božanstvo	**graft** *v.t* kalemiti
godly *a.* božji	**grain** *n.* zrno
godown *n.* skladište	**grammar** *n.* gramatika
godsend *n.* neočekivana sreća	**grammarian** *n.* gramatičar
goggles *n.* zaštitne naočale	**gramme** *n.* gram
gold *n.* zlato	**gramophone** *n.* gramofon
golden *a.* zlatan	**granary** *n.* ambar
goldsmith *n.* zlatar	**grand** *a.* velik
golf *n.* golf, zaljev	**grandeur** *n.* veličanstvenost
gong *n.* gong	**grant** *v.t.* odobriti
good *a.* dobar	**grant** *n* odobrenje
good *n* valjanost	**grape** *n.* grožđe
good-bye *interj.* zbogom	**graph** *n.* grafikon
goodness *n.* dobrota	**graphic** *a.* grafički
goodwill *n.* dobra volja	**grapple** *n.* hrvanje
goose *n.* guska	**grapple** *v.i.* hrvati se
gooseberry *n.* ogrozd	**grasp** *v.t.* ščepati
gorgeous *a.* divan	**grasp** *n* zahvat
gorilla *n.* gorila	**grass** *n* trava
gospel *n.* evanđelje	**grate** *n.* rešetka
gossip *n.* ogovaranje	**grate** *v.t* strugati
gourd *n.* tikva	**grateful** *a.* zahvalan
gout *n.* giht	**gratification** *n.* zadovoljstvo
govern *v.t.* upravljati	**gratis** *adv.* besplatno
governance *n.* uprava	**gratitude** *n.* zahvalnost
governess *n.* guvernanta	**gratuity** *n.* napojnica
government *n.* Vlada	**grave** *n.* grob

grave *a.* ozbiljan
gravitate *v.i.* težiti ka
gravitation *n.* gravitacija
gravity *n.* ozbiljnost
graze *v.i.* pasti
graze *n* lagan dodir
grease *n* mast
grease *v.t* podmazati
greasy *a.* mastan
great *a* velik
greed *n.* pohlepa
greedy *a.* pohlepan
Greek *n.* grčki jezik, Grk
Greek *a* grčki
green *a.* zelen
green *n* zelena boja
greenery *n.* zelenilo
greet *v.t.* pozdraviti
grenade *n.* granata
grey *a.* siva
greyhound *n.* hrt
grief *n.* žalost
grievance *n.* tuga
grieve *v.t.* tugovati
grievous *a.* žalostan
grind *v.i.* mljeti
grinder *n.* mlin
grip *v.t.* stisnuti
grip *n* stisak
groan *v.i.* stenjanje
groan *n* stenjati
grocer *n.* bakalin
grocery *n.* bakalnica
groom *n.* mladoženja
groom *v.t* timariti
groove *n.* žlijeb
groove *v.t* užljebiti
grope *v.t.* pipati
gross *n.* bruto
gross *a* težak

grotesque *a.* groteskan
ground *n.* tlo
group *n.* grupa
group *v.t.* grupirati
grow *v.t.* rasti
grower *n.* uzgajivač
growl *v.i.* režati
growl *n* režanje
growth *n.* rast
grudge *v.t.* gunđati
grudge *n* zavidnik
grumble *v.i.* zanovijetati
grunt *n.* roktati
grunt *v.i.* roktanje
guarantee *n.* garancija
guarantee *v.t* garantovati
guard *v.i.* čuvati
guard *n.* stražar
guardian *n.* čuvar
guerilla *n.* gerila
guess *n.* pretpostavka
guess *v.i* pretpostaviti
guest *n.* gost
guidance *n.* vođstvo
guide *v.t.* voditi
guide *n.* vodič
guild *n.* esnaf
guile *n.* lukavstvo
guilt *n.* krivnja
guilty *a.* kriv
guise *n.* izgled
guitar *n.* gitara
gulf *n.* zaljev
gull *n.* galeb
gull *n* glupan
gull *v.t* nadmudriti
gulp *n.* gutljaj
gum *n.* guma
gun *n.* vatreno oružje
gust *n.* nalet

gutter *n.* oluk
guttural *a.* grlen
gymnasium *n.* gimnazija
gymnast *n.* gimnastičar
gymnastic *a.* gimnastički
gymnastics *n.* gimnastika

H

habit *n.* navika
habitable *a.* pogodan za stanovanje
habitat *n.* stanište
habitation *n.* stanovanje
habituate *v. t.* naviknuti
hack *v.t.* pijuk
hag *n.* vještica
haggard *a.* unezveren
haggle *v.i.* iseckati
hail *n.* grad
hail *v.i* padati
hail *v.t* pozdraviti
hair *n* kosa
hale *a.* čio
half *n.* polovica
half *a* pola
hall *n.* hol
hallmark *n.* žig
hallow *v.t.* posvijetiti
halt *v. t.* oklijevati
halt *n* zastoj
halve *v.t.* prepoloviti
hamlet *n.* seoce
hammer *n.* čekić
hammer *v.t* čekićati
hand *n* šaka
hand *v.t* uručiti
handbill *n.* oglas
handbook *n.* priručnik
handcuff *n.* lisice

handcuff *v.t* staviti lisice
handful *n.* pregršt
handicap *v.t.* hendikepirati
handicap *n* hendikep
handicraft *n.* rukotvorina
handiwork *n.* ručni rad
handkerchief *n.* maramica
handle *n.* ručka
handle *v.t* rukovati
handsome *a.* zgodan
handy *a.* pogodan
hang *v.t.* objesiti
hanker *v.i.* žudjeti
haphazard *a.* slučajan
happen *v.t.* desiti
happening *n.* događaj
happiness *n.* sreća
happy *a.* sretan
harass *v.t.* uznemiravati
harassment *n.* uznemiravanje
harbour *n.* luka
harbour *v.t* pružiti utočište
hard *a.* težak
harden *v.t.* stvrdnuti
hardihood *n.* hrabrost
hardly *adv.* jedva
hardship *n.* teškoća
hardy *adj.* izdržljiv
hare *n.* zec
harm *n.* šteta
harm *v.t* oštetiti
harmonious *a.* harmoničan
harmonium *n.* harmonij
harmony *n.* harmonija
harness *n.* am
harness *v.t* upregnuti
harp *n.* harfa
harsh *a.* grub
harvest *n.* žetva
haverster *n.* žetelac

haste *n.* žurba	**heave** *v.i.* dignuti
hasten *v.i.* ubrzati	**heaven** *n.* nebo
hasty *a.* užurban	**heavenly** *a.* nebeski
hat *n.* šešir	**hedge** *n.* živa ograda
hatchet *n.* sjekira	**hedge** *v.t* ograditi
hate *n.* mržnja	**heed** *v.t.* paziti
hate *v.t.* mrzeti	**heed** *n* pažnja
haughty *a.* ohol	**heel** *n.* peta
haunt *v.t.* progoniti	**hefty** *a.* snažan
haunt *n* utočište	**height** *n.* visina
have *v.t.* imati	**heighten** *v.t.* povisiti
haven *n.* luka	**heinous** *a.* gnusan
havoc *n.* pustoš	**heir** *n.* nasljednik
hawk *n* jastreb	**hell** *a.* pakao
hawker *n* sokolar	**helm** *n.* kormilo
hawthorn *n.* glog	**helmet** *n.* kaciga
hay *n.* sjeno	**help** *v.t.* pomoći
hazard *n.* rizik	**help** *n* pomoć
hazard *v.t* riskirati	**helpful** *a.* koristan
haze *n.* sumaglica	**helpless** *a.* bespomoćan
hazy *a.* maglovit	**helpmate** *n.* pomoćnik
he *pron.* on	**hemisphere** *n.* hemisfera
head *n.* glava	**hemp** *n.* konoplja
head *v.t* voditi	**hen** *n.* kokoš
headache *n.* glavobolja	**hence** *adv.* otud
heading *n.* naslov	**henceforth** *adv.* od sada
headlong *adv.* strmoglav	**henceforward** *adv.* ubuduće
headstrong *a.* tvrdoglav	**henchman** *n.* sljedbenik
heal *v.i.* liječiti	**henpecked** *a.* papučar
health *n.* zdravlje	**her** *pron.* njoj
healthy *a.* zdrav	**her** *a* njezin
heap *n.* gomila	**herald** *n.* glasnik
heap *v.t* gomilati	**herald** *v.t* najaviti
hear *v.t.* čuti	**herb** *n.* biljka
hearsay *n.* rekla-kazala	**herculean** *a.* herkulski
heart *n.* srce	**herd** *n.* stado
hearth *n.* ognjište	**herdsman** *n.* pastir
heartily *adv.* srdačno	**here** *adv.* ovde
heat *n.* toplota	**hereabouts** *adv.* ovde u okolici
heat *v.t* zagrijati	**hereafter** *adv.* od sada

hereditary *n.* nasleđenost	**his** *pron.* njegov
heredity *n.* nasljednost	**hiss** *n* siktanje
heritable *a.* nasljedan	**hiss** *v.i* siktati
heritage *n.* nasljeđe	**historian** *n.* povjesničar
hermit *n.* pustinjak	**historic** *a*. povijesni
hermitage *n.* pustinjačka ćelija	**historical** *a.* povijesni
hernia *n.* hernija	**history** *n.* povijest
hero *n.* heroj	**hit** *v.t.* pogoditi
heroic *a.* herojski	**hit** *n* pogodak
heroine *n.* heroina	**hitch** *n.* zapreka
heroism *n.* junaštvo	**hither** *adv.* ovamo
herring *n.* haringa	**hitherto** *adv.* do sada
hesitant *a.* neodlučan	**hive** *n.* košnica
hesitate *v.i.* oklijevati	**hoarse** *a.* promukao
hesitation *n.* oklijevanje	**hoax** *n.* podvala
hew *v.t.* tesati	**hoax** *v.t* podvaliti
heyday *n.* vrhunac	**hobby** *n.* hobi
hibernation *n.* hibernacija	**hobby-horse** *n.* drveni konjić
hiccup *n.* štucanje	**hockey** *n.* hokej
hide *n.* sakrivanje	**hoist** *v.t.* dizati
hide *v.t* sakriti	**hold** *n.* držanje
hideous *a.* odvratan	**hold** *v.t* držati
hierarchy *n.* hijerarhija	**hole** *n* rupa
high *a.* visok	**hole** *v.t* probušiti
highly *adv.* visoko	**holiday** *n.* odmor
Highness *n.* Visost	**hollow** *a.* šupalj
highway *n.* autoput	**hollow** *n.* šupljina
hilarious *a.* smiješan	**hollow** *v.t* izdupsti
hilarity *n.* veselje	**holocaust** *n.* holokaust
hill *n.* brdo	**holy** *a.* sveti
hillock *n.* breg	**homage** *n.* omaž
him *pron.* njega	**home** *n.* dom
hinder *v.t.* ometati	**homicide** *n.* ubojstvo
hindrance *n.* prepreka	**homoeopath** *n.* homeopata
hint *n.* nagovještaj	**homeopathy** *n.* homeopatija
hint *v.i* nagovijestiti	**homogeneous** *a.* homogen
hip *n* kuk	**honest** *a.* pošten
hire *n.* najam	**honesty** *n.* poštenje
hire *v.t* zaposliti	**honey** *n.* med
hireling *n.* najamnik	**honeycomb** *n.* saće

honeymoon *n.* medeni mjesec	**hotel** *n.* hotel
honorarium *n.* honorar	**hound** *n.* lovački pas
honorary *a.* počasni	**hour** *n.* sat
honour *n.* čast	**house** *n* kuća
honour *v. t* poštovati	**house** *v.t* smjestiti
honourable *a.* častan	**how** *adv.* kako
hood *n.* hauba	**however** *adv.* ma kako
hoodwink *v.t.* prevariti	**however** *conj* ipak
hoof *n.* kopito	**howl** *v.t.* zavijati
hook *n.* kuka	**howl** *n* zavijanje
hooligan *n.* huligan	**hub** *n.* čvor
hoot *n.* trubljenje	**hubbub** *n.* graja
hoot *v.i* trubiti	**huge** *a.* ogroman
hop *v. i* skočiti	**hum** *v. i* zujati
hop *n* skakanje	**hum** *n* zujanje
hope *v.t.* nadati se	**human** *a.* čovjek
hope *n* nada	**humane** *a.* human
hopeful *a.* pun nade	**humanitarian** *a* humanitarno
hopeless *a.* beznadežan	**humanity** *n.* čovječanstvo
horde *n.* horda	**humanize** *v.t.* počovječiti
horizon *n.* horizont	**humble** *a.* skroman
horn *n.* rog	**humdrum** *a.* jednoličan
hornet *n.* stršljen	**humid** *a.* vlažan
horrible *a.* strašan	**humidity** *n.* vlažnost
horrify *v.t.* zaprepastiti	**humiliate** *v.t.* poniziti
horror *n.* užas	**humiliation** *n.* ponižavanje
horse *n.* konj	**humility** *n.* poniznost
horticulture *n.* hortikultura	**humorist** *n.* humorista
hose *n.* crijevo	**humorous** *a.* humorističan
hosiery *n.* čarape	**humour** *n.* humor
hospitable *a.* gostoprimljiv	**hunch** *n.* slutnja
hospital *n.* bolnica	**hundred** *n.* sto
hospitality *n.* gostoprimstvo	**hunger** *n* glad
host *n.* domaćin	**hungry** *a.* gladan
hostage *n.* talac	**hunt** *v.t.* loviti
hostel *n.* hostel	**hunt** *n* lov
hostile *a.* neprijateljski	**hunter** *n.* lovac
hostility *n.* neprijateljstvo	**huntsman** *n.* lovac
hot *a.* vreo	**hurdle1** *n.* ograda
hotchpotch *n.* papazjanija	**hurdle2** *v.t* ograditi

hurl v.t. baciti	idea n. ideja
hurrah interj. ura	ideal a. idealan
hurricane n. uragan	ideal n ideal
hurry v.t. žuriti	idealism n. idealizam
hurry n žurba	idealist n. idealista
hurt v.t. povrijediti	idealistic a. idealistički
hurt n povreda	idealize v.t. idealizirati
husband n muž	identical a. identičan
husbandry n. ratarstvo	indentification n. identifikacija
hush n tišina	identify v.t. identificirati
hush v.i utišati	identity n. identitet
husk n. ljuska	ideocy n. idiotizam
husky a. hrapav	idiom n. idiom
hut n. koliba	idiomatic a. idiomatski
hyaena, hyena n. hijena	idiot n. idiot
hybrid a. hibridan	idiotic a. idiotski
hybrid n hibrid	idle a. besposlen
hydrogen n. vodik	idleness n. besposlica
hygiene n. higijena	idler n. besposličar
hygienic a. higijenski	idol n. idol
hymn n. himna	idolater n. obožavalac
hyperbole n. hiperbola	if conj. ako
hypnotism n. hipnotizam	ignoble a. koji nije plemenit
hypnotize v.t. hipnotizirati	ignorance n. neznanje
hypocrisy n. licemerje	ignorant a. neobrazovan
hypocrite n. licemjer	ignore v.t. ignorirati
hypocritical a. licemjeran	ill a. bolestan
hypothesis n. hipoteza	ill adv. loše
hypothetical a. hipotetički	ill n nevolja
hysteria n. histerija	illegal a. nezakonit
hysterical a. histeričan	illegibility n. nečitkost
	illegible a. nečitak
	illegitimate a. nezakonit
I	illicit a. protuzakonit
	illiteracy n. nepismenost
I pron. ja	illiterate a. nepismen
ice n. led	illness n. bolest
iceberg n. santa leda	illogical a. nelogičan
icicle n. ledenica	illuminate v.t. osvijetliti
icy a. leden	illumination n. osvjetljenje

illusion *n.* iluzija
illustrate *v.t.* ilustriati
illustration *n.* ilustracija
image *n.* slika
imagery *n.* slikovito izlaganje
imaginary *a.* izmišljen
imagination *n.* mašta
imaginative *a.* maštovit
imagine *v.t.* zamisliti
imitate *v.t.* imitirati
imitation *n.* imitacija
imitator *n.* imitator
immaterial *a.* nematerijalni
immature *a.* nezreo
immaturity *n.* nezrelost
immeasurable *a.* nemjerljiv
immediate *a* neposredan
immemorial *a.* prastari
immense *a.* ogroman
immensity *n.* beskrajnost
immerse *v.t.* utonuti
immersion *n.* potapanje
immigrant *n.* imigrant
immigrate *v.i.* imigrirati
immigration *n.* imigracija
imminent *a.* predstojeći
immodest *a.* neskroman
immodesty *n.* neskromnost
immoral *a.* nemoralan
immorality *n.* nemoralnost
immortal *a.* besmrtan
immortality *n.* besmrtnost
immortalize *v.t.* obesmrtiti
immovable *a.* nepokretan
immune *a.* imun
immunity *n.* imunitet
immunize *v.t.* učiniti imunim
impact *n.* udar
impart *v.t.* priopćiti
impartial *a.* nepristrasan

impartiality *n.* nepristrasnost
impassable *a.* neprohodan
impasse *n.* ćorsokak
impatience *n.* nestrpljenje
impatient *a.* nestrpljiv
impeach *v.t.* okriviti
impeachment *n.* optužba
impede *v.t.* ometati
impediment *n.* prepreka
impenetrable *a.* neprobojan
imperative *a.* imperativ
imperfect *a.* nesavršen
imperfection *n.* nesavršenost
imperial *a.* carski
imperialism *n.* imperijalizam
imperil *v.t.* ugroziti
imperishable *a.* neprolazan
impersonal *a.* bezličan
impersonate *v.t.* oličavati
impersonation *n.* predstavljanje
impertinence *n.* drskost
impertinent *a.* drzak
impetuosity *n.* plahovitost
impetuous *a.* nagao
implement *n.* implementacija
implement *v.t.* implementirati
implicate *v.t.* obuhvatati
implication *n.* implikacija
implicit *a.* indirektan
implore *v.t.* preklinjati
imply *v.t.* podrazumijevati
impolite *a.* neljubazan
import *v.t.* uvoziti
import *n.* uvoz
importance *n.* značaj
important *a.* važno
impose *v.t.* nametati
imposing *a.* impozantan
imposition *n.* nametanje
impossibility *n.* nemogućnost

impossible *a.* nemoguć
impostor *n.* varalica
imposture *n.* podvala
impotence *n.* impotencija
impotent *a.* impotentan
impoverish *v.t.* osiromašiti
impracticability *n.* neizvodljivost
impracticable *a.* neizvršiv
impress *v.t.* impresionirati
impression *n.* dojam
impressive *a.* impresivan
imprint *v.t.* utisnuti
imprint *n.* otisak
imprison *v.t.* uhiti
improper *a.* nepikladan
impropriety *n.* neprikladnost
improve *v.t.* poboljšati
improvement *n.* poboljšanje
imprudence *n.* nesmotrenost
imprudent *a.* nepromišljen
impulse *n.* impuls
impulsive *a.* impulsivan
impunity *n.* nekažnjivost
impure *a.* nečist
impurity *n.* nečistoća
impute *v.t.* pripisati
in *prep.* u
inability *n.* nesposobnost
inaccurate *a.* netočan
inaction *n.* neaktivnost
inactive *a.* neaktivan
inadmissible *a.* nedopustiv
inanimate *a.* neživ
inapplicable *a.* neprimjenjiv
inattentive *a.* nepažljiv
inaudible *a.* nečujan
inaugural *a.* uvodni
inauguration *n.* inauguracija
inauspicious *a.* zlokoban
inborn *a.* urođen

incalculable *a.* neizračunljiv
incapable *a.* nesposoban
incapacity *n.* nesposobnost
incarnate *a.* utjelovljen
incarnate *v.t.* ovaplotiti
incarnation *n.* ovaploćenje
incense *v.t.* kaditi tamjanom
incense *n.* tamjan
incentive *n.* poticaj
inception *n.* početak
inch *n.* inč
incident *n.* incident
incidental *a.* slučajan
incite *v.t.* huškati
inclination *n.* sklonost
incline *v.i.* nagnuti se
include *v.t.* uključivati
inclusion *n.* uključivanje
inclusive *a.* uključivo
incoherent *a.* nepovezan
income *n.* prihod
incomparable *a.* neuporediv
incompetent *a.* nesposoban
incomplete *a.* nepotpun
inconsiderate *a.* nepromišljen
inconvenient *a.* neprikladan
incorporate *v.t.* priključiti
incorporate *a.* uključen
incorporation *n.* priključenje
incorrect *a.* netočan
incorrigible *a.* nepopravljiv
incorruptible *a.* nepodmitljiv
increase *v.t.* porasti
increase *n* porast
incredible *a.* nevjerojatan
increment *n.* priraštaj
incriminate *v.t.* okriviti
incubate *v.i.* izleći
inculcate *v.t.* utuviti
incumbent *n.* koji je obvezan

incumbent *a* obavezan	**individualism** *n.* individualizam
incur *v.t.* natovariti	**individuality** *n.* individualnost
incurable *a.* neizlječiv	**indivisible** *a.* nedjeljiv
indebted *a.* zadužen	**indolent** *a.* lijen
indecency *n.* nepristojnost	**indomitable** *a.* nesavladiv
indecent *a.* nepristojan	**indoor** *a.* unutarnji
indecision *n.* neodlučnost	**indoors** *adv.* unutra
indeed *adv.* zaista	**induce** *v.t.* navesti
indefensible *a.* neodbranjiv	**inducement** *n.* navođenje
indefinite *a.* neodređen	**induct** *v.t.* uvesti
indemnity *n.* odšteta	**induction** *n.* uvođenje
independence *n.* neovisnost	**indulge** *v.t.* ugađati
independent *a.* neovisan	**indulgence** *n.* ugađanje
indescribable *a.* neopisiv	**indulgent** *a.* popustljiv
index *n.* indeks	**industrial** *a.* industrijski
Indian *a.* indijski	**industrious** *a.* vrijedan
indicate *v.t.* ukazati	**industry** *n.* industrija
indication *n.* indikacija	**ineffective** *a.* neučinkovit
indicative *a.* indikativan	**inert** *a.* inertan
indicator *n.* indikator	**inertia** *n.* inercija
indict *v.t.* optužiti	**inevitable** *a.* neizbježan
indictment *n.* optužnica	**inexact** *a.* netočan
indifference *n.* ravnodušnost	**inexorable** *a.* neumoljiv
indifferent *a.* ravnodušan	**inexpensive** *a.* jeftin
indigenous *a.* urođenički	**inexperience** *n.* neiskustvo
indigestible *a.* nesvarljiv	**inexplicable** *a.* neobjašnjiv
indigestion *n.* loše varenje	**infallible** *a.* nepogrešiv
indignant *a.* ozlojeđen	**infamous** *a.* ozloglašen
indignation *n.* ozlojeđenost	**infamy** *n.* sramota
indigo *n.* indigo	**infancy** *n.* rano djetinjstvo
indirect *a.* indirektan	**infant** *n.* dojenče
indiscipline *n.* nedisciplina	**infanticide** *n.* čedomorstvo
indiscreet *a.* indiskretan	**infantile** *a.* infantilan
indiscretion *n.* indiskrecija	**infantry** *n.* pješadija
indiscriminate *a.* nekritički	**infatuate** *v.t.* zaluđivati
indispensable *a.* neophodan	**infatuation** *n.* zaslijepljenost
indisposed *a.* neraspoložen	**infect** *v.t.* inficirati
indisputable *a.* neosporan	**infection** *n.* infekcija
indistinct *a.* nejasan	**infectious** *a.* zarazan
individual *a.* pojedinačni	**infer** *v.t.* zaključiti

inference *n.* zaključivanje	inhibit *v.t.* inhibirati
inferior *a.* inferioran	inhibition *n.* inhibicija
inferiority *n.* inferiornost	inhospitable *a.* negostoljubiv
infernal *a.* paklen	inhuman *a.* nehuman
infinite *a.* beskonačan	inimical *a.* neprijateljski
infinity *n.* beskonačnost	inimitable *a.* jedinstven
infirm *a.* slab	initial *a.* početni
infirmity *n.* nemoć	initial *n.* inicijal
inflame *v.t.* raspaliti	initial *v.t* obilježiti iniciijalima
inflammable *a.* zapaljiv	initiate *v.t.* započeti
inflammation *n.* zapaljenje	initiative *n.* inicijativa
inflammatory *a.* raspaljiv	inject *v.t.* ubrizgati
inflation *n.* inflacija	injection *n.* ubrizgavanje
inflexible *a.* nefleksibilan	injudicious *a.* nerazborit
inflict *v.t.* nanijeti	injunction *n.* sudski nalog
influence *n.* utjecaj	injure *v.t.* povrijediti
influence *v.t.* utjecati	injurious *a.* štetan
influential *a.* utjecajan	injury *n.* ozljeda
influenza *n.* grip	injustice *n.* nepravda
influx *n.* priljev	ink *n.* mastilo
inform *v.t.* obavijestiti	inkling *n.* nagovještaj
informal *a.* neformalan	inland *a. u* unutrašnjosti
information *n.* informacija	inland *adv.* unutarnji
informative *a.* informativan	in-laws *n.* srodnik
informer *n.* izvjestitelj	inmate *n.* stanar
infringe *v.t.* narušiti	inmost *a.* najskriveniji
infringement *n.* narušivanje	inn *n.* krčma
infuriate *v.t.* razbjesneti	innate *a.* urođen
infuse *v.t.* uliti	inner *a.* unutarnji
infusion *n.* infuzija	innermost *a.* u samoj unutrašnjosti
ingrained *a.* ukorijenjen	innings *n.* razdoblje
ingratitude *n.* nezahvalnost	innocence *n.* nevinost
ingredient *n.* sastojak	innocent *a.* nevin
inhabit *v.t.* nastaniti	innovate *v.t.* inovirati
inhabitable *a.* pogodan za stanovanje	innovation *n.* inovacija
inhabitant *n.* stanovnik	innovator *n.* inovator
inhale *v.i.* udisati	innumerable *a.* bezbrojan
inherent *a.* inherentan	inoculate *v.t.* kalemiti
inherit *v.t.* naslijediti	inoculation *n.* kalemljenje
inheritance *n.* nasljeđe	inoperative *a.* nedjelotvoran

inopportune *a.* u krivi čas	**insolvency** *n.* insolventnost
input *n.* ulazni	**insolvent** *a.* insolventan
inquest *n.* istraga	**inspect** *v.t.* pregledati
inquire *v.t.* raspitati se	**inspection** *n.* inspekcija
inquiry *n.* ispitivanje	**inspector** *n.* inspektor
inquisition *n.* inkvizicija	**inspiration** *n.* inspiracija
inquisitive *a.* radoznao	**inspire** *v.t.* inspirirati
insane *a.* lud	**instability** *n.* nestabilnost
insanity *n.* ludilo	**install** *v.t.* instalirati
insatiable *a.* nezasitan	**installation** *n.* instalacija
inscribe *v.t.* upisati	**instalment** *n.* otplata
inscription *n.* natpis	**instance** *n.* primjer
insect *n.* insekt	**instant** *n.* trenutak
insecticide *n.* insekticid	**instant** *a.* trenutni
insecure *a.* nesiguran	**instantaneous** *a.* istovremen
insecurity *n.* nesigurnost	**instantly** *adv.* odmah
insensibility *n.* neosjetljivost	**instigate** *v.t.* podstaći
insensible *a.* neosjetljiv	**instigation** *n.* podstrekivanje
inseparable *a.* neodvojiv	**instil** *v.t.* ulijevati
insert *v.t.* umetnuti	**instinct** *n.* instinkt
insertion *n.* umetanje	**instinctive** *a.* instinktivan
inside *n.* unutrašnjost	**institute** *n.* institut
inside *prep.* unutar	**institution** *n.* institucija
inside *a* unutarnji	**instruct** *v.t.* narediti
inside *adv.* unutra	**instruction** *n.* instrukcija
insight *n.* uvid	**instructor** *n.* instruktor
insignificance *n.* beznačajnost	**instrument** *n.* instrument
insignificant *a.* beznačajan	**instrumental** *a.* instrumentalni
insincere *a.* neiskren	**instrumentalist** *n.* instrumentalista
insincerity *n.* neiskrenost	**insubordinate** *a.* neposlušan
insinuate *v.t.* insinuirati	**insubordination** *n.* neposlušnost
insinuation *n.* insinuacija	**insufficient** *a.* nedovoljan
insipid *a.* bljutav	**insular** *a.* otočni
insipidity *n.* bljutavost	**insularity** *n.* ograničenost
insist *v.t.* inzistirati	**insulate** *v.t.* izolirati
insistence *n.* inzistiranje	**insulation** *n.* izolacija
insistent *a.* uporan	**insulator** *n.* izolator
insolence *n.* bezobrazluk	**insult** *n.* uvreda
insolent *a.* drzak	**insult** *v.t.* uvrijediti
insoluble *n.* nerastvoriv	**insupportable** *a.* nesnosan

insurance *n.* osiguranje	**interior** *n.* unutrašnjost
insure *v.t.* osigurati	**interjection** *n.* uzvik
insurgent *a.* buntovnički	**interlock** *v.t.* spojiti se
insurgent *n.* buntovnik	**interlude** *n.* interludij
insurmountable *a.* nepremostiv	**intermediary** *n.* posrednik
insurrection *n.* pobuna	**intermediate** *a.* srednji
intact *a.* netaknut	**interminable** *a.* beskrajan
intangible *a.* neopipljiv	**intermingle** *v.t.* pomiješati
integral *a.* integralan	**intern** *v.t.* stažirati
integrity *n.* integritet	**internal** *a.* interni
intellect *n.* intelekt	**international** *a.* internacionalni
intellectual *a.* intelektualni	**interplay** *n.* uzajamno djelovanje
intellectual *n.* intelektualac	**interpret** *v.t.* protumačiti
intelligence *n.* inteligencija	**interpreter** *n.* prevodilac
intelligent *a.* inteligentan	**interrogate** *v.t.* saslušavati
intelligentsia *n.* inteligencija	**interrogation** *n.* saslušavanje
intelligible *a.* shvatljiv	**interrogative** *a.* upitni
intend *v.t.* namjeravati	**interrogative** *n* upitnik
intense *a.* napregnut	**interrupt** *v.t.* prekinuti
intensify *v.t.* pojačati	**interruption** *n.* prekid
intensity *n.* intenzitet	**intersect** *v.t.* seći
intensive *a.* intenzivan	**intersection** *n.* raskrsnica
intent *n.* napet	**interval** *n.* interval
intent *a.* namjerni	**intervene** *v.i.* intervenirati
intention *n.* namjera	**intervention** *n.* intervencija
intentional *a.* namjeran	**interview** *n.* intervju
intercept *v.t.* presresti	**interview** *v.t.* intervjuirati
interception *n.* presretanje	**intestinal** *a.* crijevni
interchange *n.* razmjena	**intestine** *n.* crijevo
interchange *v.* razmijeniti	**intimacy** *n.* intimnost
intercourse *n.* odnos	**intimate** *a.* intiman
interdependence *n.* međuzavisnost	**intimate** *v.t.* nagovijestiti
interdependent *a.* međuzavisan	**intimation** *n.* nagovještaj
interest *n.* interes	**intimidate** *v.t.* zastrašiti
interested *a.* zainteresiran	**intimidation** *n.* zastrašivanje
interesting *a.* zanimljiv	**into** *prep.* u
interfere *v.i.* uplitati se	**intolerable** *a.* nepodnošljiv
interference *n.* uplitanje	**intolerance** *n.* nepodnošljivost
interim *n.* međuvrijeme	**intolerant** *a.* netolerantan
interior *a.* unutarnji	**intoxicant** *n.* opojno sredstvo

intoxicate v.t. otrovati	**invisible** a. nevidljiv
intoxication n. intoksikacija	**invitation** v. poziv
intransitive a. neprijelazni	**invite** v.t. pozvati
interpid a. neustrašiv	**invocation** n. prizivanje
intrepidity n. neustrašivost	**invoice** n. faktura
intricate a. zapetljan	**invoke** v.t. prizivati
intrigue v.t. intrigirati	**involve** v.t. uključiti
intrigue n intriga	**inward** a. unutarnji
intrinsic a. unutarnji	**inwards** adv. unutra
introduce v.t. uvesti	**irate** a. srdit
introduction n. uvod	**ire** n. ljutnja
introductory a. uvodni	**Irish** a. Irski
introspect v.i. preispitivati se	**Irish** n. irski jezik, Irac
introspection n. samoispitivanje	**irksome** a. zamoran
intrude v.t. upasti	**iron** n. željezo
intrusion n. upad	**iron** v.t. okovati
intuition n. intuicija	**ironical** a. ironičan
intuitive a. intuitivan	**irony** n. ironija
invade v.t. napasti	**irradiate** v.i. ozračiti
invalid a. nevažeći	**irrational** a. iracionalan
invalid a. onesposobljen	**irreconcilable** a. nepomirljiv
invalid n invalid	**irrecoverable** a. nepovrativ
invalidate v.t. poništiti	**irrefutable** a. nepobitan
invaluable a. neprocjenjiv	**irregular** a. nepravilan
invasion n. invazija	**irregularity** n. nepravilnost
invective n. grdnja	**irrelevant** a. nebitan
invent v.t. izumeti	**irrespective** a. bez obzira na
invention n. pronalazak	**irresponsible** a. neodgovoran
inventive a. pronalazački	**irrigate** v.t. navodnjavati
inventor n. pronalazač	**irrigation** n. navodnjavanje
invert v.t. obrnuti	**irritable** a. razdražljiv
invest v.t. investirati	**irritant** a. koji draži
investigate v.t. istražiti	**irritant** n. iritiranje
investigation n. istraga	**irritate** v.t. dražiti
investment n. investicija	**irritation** n. iritacija
invigilate v.t. nadzirati	**irruption** n. provala
invigilation n. nadgledanje	**island** n. otok
invigilator n. nadzornik	**isle** n. otok
invincible a. nepobjediv	**isobar** n. izobara
inviolable a. neprikosnoven	**isolate** v.t. izolovati

isolation *n.* izolacija	jelly *n.* žele
issue *v.i.* izadati	jeopardize *v.t.* ugroziti
issue *n.* pitanje	jeopardy *n.* opasnost
it *pron.* to	jerk *n.* trzaj
Italian *a.* Talijanski	jerkin *n.* kožuh
Italian *n.* talijanski jezik, Talijan	jerky *a.* grčevit
italic *a.* kurzivan	jersey *n.* dres
italics *n.* kurziv	jest *n.* šala
itch *n.* svrbež	jest *v.i.* šaliti se
itch *v.i.* svrbjeti	jet *n.* mlaznjak
item *n.* stavka	Jew *n.* Židov
ivory *n.* slonovača	jewel *n.* dragulj
ivy *n* bršljan	jewel *v.t.* ukrasiti draguljima
	jeweller *n.* juvelir
J	jewellery *n.* nakit
	jingle *n.* zveckanje
	jingle *v.i.* zveckati
jab *v.t.* probosti	job *n.* posao
jabber *v.t.* blebetati	jobber *n.* nadničar
jack *n.* utičnica	jobbery *n.* korupcija
jack *v.t.* utaknuti	jocular *a.* duhovit
jackal *n.* šakal	jog *v.t.* džogirati
jacket *n.* jakna	join *v.t.* pridružiti
jade *n.* žad	joiner *n.* stolar
jail *n.* zatvor	joint *n.* članak
jailer *n.* tamničar	jointly *adv.* zajedničko
jam *n.* džem	joke *n.* vic
jam *v.t.* zakucati	joke *v.i.* zbijati šalu
jar *n.* tegla	joker *n.* zamjenski
jargon *n.* žargon	jollity *n.* veselje
jasmine, jessamine *n.* jasmin	jolly *a.* radostan
jaundice *n.* žutica	jolt *n.* drmusanje
jaundice *v.t.* izazvati žuticu	jolt *v.t.* drmati
javelin *n.* koplje	jostle *n.* udarac
jaw *n.* vilica	jostle *v.t.* udariti o
jay *n.* sojka	jot *n.* sitnica
jealous *a.* ljubomoran	jot *v.t.* zabilježiti
jealousy *n.* ljubomora	journal *n.* časopis
jean *n.* jaka pamučna tkanina	journalism *n.* novinarstvo
jeer *v.i. rugati* se	journalist *n.* novinar

journey *n.* putovanje	**justice** *n.* pravda
journey *v.i.* putovati	**justifiable** *a.* opravdan
jovial *a.* veseo	**justification** *n.* opravdanje
joviality *n.* veselost	**justify** *v.t.* opravdati
joy *n.* radost	**justly** *adv.* pravedno
joyful, joyous *n.* radostan	**jute** *n.* juta
jubilant *a.* ushićen	**juvenile** *a.* maloljetnik
jubilation *n.* slavlje	
jubilee *n.* jubilej	
judge *n.* sudac	

judge *v.i.* suditi	
judgement *n.* presuda	**keen** *a.* bodar
judicature *n.* pravosuđe	**keenness** *n.* bodrost
judicial *a.* sudski	**keep** *v.t.* držati
judiciary *n.* sudstvo	**keeper** *n.* čuvar
judicious *a.* razborit	**keepsake** *n.* uspomena
jug *n.* krčag	**kennel** *n.* štenara
juggle *v.t.* žonglirati	**kerchief** *n.* marama
juggler *n.* žongler	**kernel** *n.* koštica
juice *n* sok	**kerosene** *n.* kerozin
juicy *a.* sočan	**ketchup** *n.* kečap
jumble *n.* zbrka	**kettle** *n.* čajnik
jumble *v.t.* zbrkati	**key** *n.* ključ
jump *n.* skok	**key** *v.t* pričvrstiti
jump *v.i* skočiti	**kick** *n.* šut
junction *n.* raskrsnica	**kick** *v.t.* šutirati
juncture *n.* spoj	**kid** *n.* dijete
jungle *n.* džungla	**kidnap** *v.t.* kidnapovati
junior *a.* mlađi	**kidney** *n.* bubreg
junior *n.* junior	**kill** *v.t.* ubiti
junk *n.* đubre	**kill** *n.* ubijanje
jupiter *n.* jupiter	**kiln** *n.* sušara
jurisdiction *n.* nadležnost	**kin** *n.* rodbina
jurisprudence *n.* jurisprudencija	**kind** *n.* vrsta
jurist *n.* pravnik	**kind** *a* prijatan
juror *n.* porotnik	**kindergarten** *n.* obdanište
jury *n.* porota	**kindle** *v.t.* potpaliti
juryman *n.* porotnik	**kindly** *adv.* ljubazno
just *a.* pravedan	**king** *n.* kralj
just *adv.* upravo	**kingdom** *n.* kraljevina

kinship *n.* srodstvo	lack *n.* nedostatak
kiss *n.* poljubac	lack *v.t.* nedostajati
kiss *v.t.* poljubiti	lackey *n.* lakej
kit *n.* oprema	lacklustre *a.* mutan
kitchen *n.* kuhinja	laconic *a.* lakonski
kite *n.* zmaj	lactate *v.i.* dojiti
kith *n.* poznanici	lactometer *n.* mlijekomer
kitten *n.* mačić	lactose *n.* laktoza
knave *n.* podlac	lacuna *n.* praznina
knavery *n.* podlost	lacy *a.* čipkast
knee *n.* koljeno	lad *n.* momak
kneel *v.i.* kliječati	ladder *n.* ljestve
knife *n.* nož	lade *v.t.* natovariti
knight *n.* vitez	ladle *n.* kutlača
knight *v.t.* učiniti vitezom	ladle *v.t.* crpsti
knit *v.t.* plesti	lady *n.* dama
knock *v.t.* kucati	lag *v.i.* uhititi
knot *n.* čvor	laggard *n.* trom
knot *v.t.* vezati	lagoon *n.* laguna
know *v.t.* znati	lair *n.* jazbina
knowledge *n.* znanje	lake *n.* jezero
	lama *n.* lama
	lamb *n.* janje

L

label *n.* etiketa	lambaste *v.t.* izgrditi
label *v.t.* etiketirati	lame *a.* krom
labial *a.* labijalni	lame *v.t.* osakatiti
laboratory *n.* laboratorij	lament *v.i.* oplakivati
laborious *a.* mučan	lament *n* oplakivanje
labour *n.* rad	lamentable *a.* žalostan
labour *v.i.* raditi	lamentation *n.* naricanje
laboured *a.* naporan	lambkin *n.* jagnješce
labourer *n.* radnik	laminate *v.t.* spljoštiti
labyrinth *n.* labirint	lamp *n.* lampa
lac, lakh *n* lak	lampoon *n.* satira
lace *n.* čipka	lampoon *v.t.* izrugivati se
lace *v.t.* svezati	lance *n.* koplje
lacerate *v.t.* rastrgnuti	lance *v.t.* ubosti
lachrymose *a.* plačljiv	lancer *n.* kopljanik
	lancet *a.* lanceta
	land *n.* zemljište

land *v.i.* iskrcati	**laudable** *a.* pohvalan
landing *n.* pristajanje	**laugh** *n.* smijanje
landscape *n.* pejzaž	**laugh** *v.i* smijati se
lane *n.* sokak	**laughable** *a.* smiješan
language *n.* jezik	**laughter** *n.* smijanje
languish *v.i.* čeznuti	**launch** *v.t.* lansirati
lank *a.* mršav	**launch** *n.* lansiranje
lantern *n.* fenjer	**launder** *v.t.* oprati
lap *n.* skut	**laundress** *n.* pralja
lapse *v.i.* propustiti	**laundry** *n.* rublje
lapse *n* propust	**laurel** *n.* lovor
lard *n.* salo	**laureate** *a.* ovjenčan lovorom
large *a.* velik	**laureate** *n* laureat
largesse *n.* darežljivost	**lava** *n.* lava
lark *n.* ševa	**lavatory** *n.* toalet
lascivious *a.* lascivan	**lavender** *n.* lavanda
lash *a.* bičevan	**lavish** *a.* raskošan
lash *n* udarac bičem	**lavish** *v.t.* obasipati
lass *n.* draga	**law** *n.* zakon
last1 *a.* poslednji	**lawful** *a.* zakonit
last *adv.* najzad	**lawless** *a.* nezakonit
last *v.i.* trajati	**lawn** *n.* travnjak
last *n* izdržljivost	**lawyer** *n.* odvjetnik
lastly *adv.* na kraju	**lax** *a.* labav
lasting *a.* trajan	**laxative** *n.* laksativ
latch *n.* kvaka	**laxative** *a* pročišćavajući
late *a.* kasno	**laxity** *n.* labavost
late *adv.* nedavno	**lay** *v.t.* položiti
lately *adv.* u posljednje vrijeme	**lay** *a.* nestručan
latent *a.* prikriven	**lay** *n* smjer
lath *n.* letva	**layer** *n.* sloj
lathe *n.* strug	**layman** *n.* laik
lathe *n.* čekrk	**laze** *v.i.* dangubiti
lather *n.* pjena	**laziness** *n.* lijenost
latitude *n.* širina	**lazy** *n.* lijen
latrine *n.* nužnik	**lea** *n.* ledina
latter *a.* kasniji	**leach** *v.t.* navlažiti
lattice *n.* rešetka	**lead** *n.* olovo
laud *v.t.* pohvaliti	**lead** *v.t.* plombirati
laud *n* pohvala	**lead** *n.* visak

leaden *a.* olovni	**legend** *n.* legenda
leader *n.* vođa	**legendary** *a.* legendaran
leadership *n.* vođstvo	**legible** *a.* čitljiv
leaf *n.* list	**legibly** *adv.* čitko
leaflet *n.* letak	**legion** *n.* legija
leafy *a.* lisnat	**legionary** *n.* legionar
league *n.* liga	**legislate** *v.i.* donositi zakon
leak *n.* curenje	**legislation** *n.* donošenje zakona
leak *v.i.* curiti	**legislative** *a.* zakonodavan
leakage *n.* curenje	**legislator** *n.* zakonodavac
lean *n.* mršavo	**legislature** *n.* zakonodavstvo
lean *v.i.* nasloniti	**legitimacy** *n.* legitimitet
leap *v.i.* skočiti	**legitimate** *a.* legitiman
leap *n* skok	**leisure** *n.* slobodno vrijeme
learn *v.i.* naučiti	**leisure** *a* slobodan
learned *a.* učen	**leisurely** *a.* ležerno
learner *n.* učenik	**leisurely** *adv.* lagano
learning *n.* učenje	**lemon** *n.* limun
lease *n.* zakup	**lemonade** *n.* limunada
lease *v.t.* zakupiti	**lend** *v.t.* posuditi
least *a.* najmanji	**length** *n.* duljina
least *adv.* najmanje	**lengthen** *v.t.* produžiti
leather *n.* koža	**lengthy** *a.* podugačak
leave *n.* dopuštenje	**lenience, leniency** *n.* popustljivost
leave *v.t.* ostaviti	**lenient** *a.* popustljiv
lecture *n.* predavanje	**lens** *n.* objektiv
lecture *v* predavati	**lentil** *n.* leća
lecturer *n.* predavač	**Leo** *n.* lav
ledger *n.* glavna knjiga	**leonine** *a* lavovski
lee *n.* zaklon	**leopard** *n.* leopard
leech *n.* pijavica	**leper** *n.* gubavac
leek *n.* poriluk	**leprosy** *n.* lepra
left *a.* lijevo	**leprous** *a.* gubav
left *n.* lijevica	**less** *a.* manji
leftist *n* lijevičar	**less** *n ono što je* manje
leg *n.* noga	**less** *adv.* manje
legacy *n.* nasljeđe	**less** *prep.* manje
legal *a.* pravni	**lessee** *n.* zakupac
legality *n.* zakonitost	**lessen** *v.t* smanjiti
legalize *v.t.* legalizovati	**lesser** *a.* manji

lesson *n.* lekcija	**lick** *n* lizanje
lest *conj.* da ne bi	**lid** *n.* poklopac
let *v.t.* dozvoliti	**lie** *v.i.* lagati
lethal *a.* smrtonosan	**lie** *v.i* ležati
lethargic *a.* letargičan	**lie** *n* laž
lethargy *n.* letargija	**lien** *n.* pravo zaloga
letter *n* pismo	**lieu** *n.* umjesto
level *n.* razina	**lieutenant** *n.* poručnik
level *a* izjednačen	**life** *n* život
level *v.t.* izjednačiti	**lifeless** *a.* beživotan
lever *n.* poluga	**lifelong** *a.* doživotni
lever *v.t.* služiti se polugom	**lift** *n.* podizanje
leverage *n.* moć	**lift** *v.t.* podizati
levity *n.* lakomislenost	**light** *n.* svjetlo
levy *v.t.* nametnuti	**light** *a* lako
levy *n.* nametanje	**light** *v.t.* osvijetliti
lewd *a.* razvratan	**lighten** *v.i.* olakšati
lexicography *n.* leksikografija	**lighter** *n.* upaljač
lexicon *n.* leksikon	**lightly** *adv.* olako
liability *n.* odgovornost	**lightening** *n.* munja
liable *a.* odgovoran	**lignite** *n.* lignit
liaison *n.* veza	**like** *a.* sličan
liar *n.* lažov	**like** *n.* naklonost
libel *n.* kleveta	**like** *v.t.* kao što
libel *v.t.* oklevetati	**like** *prep* poput
liberal *a.* liberalan	**likelihood** *n.* vjerojatnost
liberalism *n.* liberalizam	**likely** *a.* vjerojatno
liberality *n.* velikodušnost	**liken** *v.t.* porediti
liberate *v.t.* osloboditi	**likeness** *n.* sličnost
liberation *n.* oslobođenje	**likewise** *adv.* takođe
liberator *n.* oslobodilac	**liking** *n.* dopadanje
libertine *n.* slobodoumnik	**lilac** *n.* jorgovan
liberty *n.* sloboda	**lily** *n.* ljiljan
librarian *n.* bibliotekar	**limb** *n.* ud
library *n.* biblioteka	**limber** *v.t.* pričvrstiti
licence *n.* dozvola	**limber** *n* prednjak
license *v.t.* dozvoliti	**lime** *n.* limeta
licensee *n.* onaj koji ima licencu	**lime** *v.t* namazati
licentious *a.* raspojasan	**lime** *n.* vapno
lick *v.t.* lizati	**limelight** *n.* centar pažnje

limit *n.* granica
limit *v.t.* ograničiti
limitation *n.* ograničenje
limited *a.* ograničen
limitless *a.* neograničen
line *n.* linija
line *v.t.* iscrtati
line *v.t.* poređati
lineage *n.* loza
linen *n.* platno
linger *v.i.* odugovlačiti
lingo *n.* žargon
lingua franca *n.* mješovit žargon
lingual *a.* jezični
linguist *n.* lingvista
linguistic *a.* jezični
linguistics *n.* lingvistika
lining *n* postava
link *n.* spona
link *v.t* spojiti
linseed *n.* laneno sjeme
lintel *n.* nadvratnik
lion *n* lav
lioness *n.* lavica
lip *n.* usna
liquefy *v.t.* rastopiti
liquid *a.* tečan
liquid *n* tekućina
liquidate *v.t.* likvidirati
liquidation *n.* likvidacija
liquor *n.* alkoholno piće
lisp *v.t.* šuškati
lisp *n* šuškanje
list *n.* rub
list *v.t.* obrubiti
listen *v.i.* slušati
listener *n.* slušalac
listless *a.* trom
lists *n.* borilište
literacy *n.* pismenost

literal *a.* doslovan
literary *a.* književni
literate *a.* pismen
literature *n.* književnost
litigant *n.* parničar
litigate *v.t.* parničiti
litigation *n.* parničenje
litre *n.* litar
litter *n.* slama
litter *v.t.* pokriti slamom
litterateur *n.* literatura
little *a.* malen
little *adv.* malo
little *n.* ono što je malo
littoral *a.* primorski
liturgical *a.* liturgijski
live *v.i.* živjeti
live *a.* živ
livelihood *n.* izdržavanje
lively *a.* živo
liver *n.* jetra
livery *n.* livreja
living *a.* živahan
living *n* život
lizard *n.* gušter
load *n.* teret
load *v.t.* natovariti
loadstar *n.* zvijezda vodilja
loadstone *n.* magnet
loaf *n.* vekna
loaf *v.i.* dangubiti
loafer *n.* danguba
loan *n.* zajam
loan *v.t.* pozajmiti
loath *a.* nesklon
loathe *v.t.* prezirati
loathsome *a.* gnusan
lobby *n.* predsoblje
lobe *n.* ušna resa
lobster *n.* jastog

local *a.* lokalno	**look** *v.i* gledati
locale *n.* poprište	**look** *a* koji izgleda
locality *n.* položaj	**loom** *n* razboj
localize *v.t.* lokalizirati	**loom** *v.i.* nazirati se
locate *v.t.* locirati	**loop** *n.* petlja
location *n.* lokacija	**loop-hole** *n.* puškarnica
lock *n.* brava	**loose** *a.* labav
lock *v.t* zaključati	**loose** *v.t.* odriješiti
lock *n* uvojak	**loosen** *v.t.* olabaviti
locker *n.* ormar	**loot** *n.* pljačka
locket *n.* medaljon	**loot** *v.i.* pljačkati
locomotive *n.* lokomotiva	**lop** *v.t.* rezati
locus *n.* mesto	**lop** *n.* obrezivanje
locust *n.* skakavac	**lord** *n.* gospodar
locution *n.* izraz	**lordly** *a.* oholo
lodge *n.* kućica	**lordship** *n.* gospodstvo
lodge *v.t.* ukonačiti	**lore** *n.* znanje
lodging *n.* konačište	**lorry** *n.* kamion
loft *n.* potkrovlje	**lose** *v.t.* izgubiti
lofty *a.* uzvišen	**loss** *n.* gubitak
log *n.* zabilježiti	**lot** *n.* mnoštvo
logarithim *n.* logaritam	**lot** *n* gradilište
loggerhead *n.* tikvan	**lotion** *n.* losion
logic *n.* logika	**lottery** *n.* lutrija
logical *a.* logičan	**lotus** *n.* lotos
logician *n.* logičar	**loud** *a.* glasno
loin *n.* slabina	**lounge** *v.i.* šetkati se
loiter *v.i.* tumarati	**lounge** *n.* predvorje
loll *v.i.* zavaliti se	**louse** *n.* uš
lollipop *n.* lizalica	**lovable** *a.* simpatičan
lone *a.* usamljen	**love** *n* ljubav
loneliness *n.* usamljenost	**love** *v.t.* voljeti
lonely *a.* usamljen	**lovely** *a.* divan
lonesome *a.* usamljen	**lover** *n.* ljubavnik
long *a.* dug	**loving** *a.* voljen
long *adv* dugo	**low** *a.* nizak
long *v.i* čeznuti	**low** *adv.* nisko
longevity *n.* dugovječnost	**low** *v.i.* mukati
longing *n.* čežnja	**low** *n.* nizak položaj
longitude *n.* duljina	**lower** *v.t.* niže

lowliness *n.* skromnost
lowly *a.* ponizan
loyal *a.* lojalan
loyalist *n.* privrženik
loyalty *n.* lojalnost
lubricant *n.* mazivo
lubricate *v.t.* podmazati
lubrication *n.* podmazivanje
lucent *a.* svijetao
lucerne *n.* djetelina
lucid *a.* bistar
lucidity *n.* lucidnost
luck *n.* sreća
luckily *adv.* srećom
luckless *a.* nesrećan
lucky *a.* srećan
lucrative *a.* unosan
lucre *n.* novac
luggage *n.* prtljaga
lukewarm *a.* mlak
lull *v.t.* utišati
lull *n.* zatišje
lullaby *n.* uspavanka
luminary *n.* prosvjetitelj
luminous *a.* svjetleći
lump *n.* gruda
lump *v.t.* nagomilati
lunacy *n.* ludilo
lunar *a.* mjesečev
lunatic *n.* ludak
lunatic *a.* lud
lunch *n.* ručak
lunch *v.i.* ručati
lung *n* pluća
lunge *n.* zamah
lunge *v.i* baciti se
lurch *n.* trzaj
lurch *v.i.* zateturati se
lure *n.* mamac
lure *v.t.* namamiti

lurk *v.i.* vrebati
luscious *a.* sočan
lush *a.* bujan
lust *n.* požuda
lustful *a.* pohotan
lustre *n.* sjaj
lustrous *a.* sjajan
lusty *a.* sočan
lute *n.* lutnja
luxuriance *n.* raskoš
luxuriant *a.* raskošan
luxurious *a.* luksuzan
luxury *n.* luksuz
lynch *v.t.* linč
lyre *n.* lira
lyric *a.* lirski
lyric *n.* lirika
lyrical *a.* lirski
lyricist *n.* liričar

M

magical *a.* magijski
magician *n.* mađioničar
magisterial *a.* mjerodavan
magistracy *n.* magistrat
magistrate *n.* sudac za prekršaje
magnanimity *n.* velikodušnost
magnanimous *a.* velikodušan
magnate *n.* magnat
magnet *n.* magnet
magnetic *a.* magnetni
magnetism *n.* magnetizam
magnificent *a.* veličanstven
magnify *v.t.* uveličati
magnitude *n.* veličina
magpie *n.* svraka
mahogany *n.* mahagoni
mahout *n.* čuvar slonova *u* Indiji

maid *n.* služavka	**malignity** *n.* malignitet
maiden *n.* djevojka	**malleable** *a.* prilagodljiv
maiden *a* čedan	**malmsey** *n.* malvazija
mail *n.* pošta	**malnutrition** *n.* neuhranjenost
mail *v.t.* poslati poštom	**malpractice** *n.* pogrešno liječenje
mail *n* oklop	**malt** *n.* slad
main *a* glavni	**mal-treatment** *n.* zlostavljanje
main *n* snaga	**mamma** *n.* vime
mainly *adv.* uglavnom	**mammal** *n.* sisar
mainstay *n.* glavna potpora	**mammary** *a.* mliječni
maintain *v.t.* održavati	**mammon** *n.* mamon
maintenance *n.* održavanje	**mammoth** *n.* mamut
maize *n.* kukuruz	**mammoth** *a* ogroman
majestic *a.* veličanstven	**man** *n.* čovjek
majesty *n.* veličanstvo	**man** *v.t. osokoliti*
major *a.* glavni	**manage** *v.t.* upravljati
major *n* major	**manageable** *a.* izvediv
majority *n.* većina	**management** *n.* upravljanje
make *v.t.* napraviti	**manager** *n.* menadžer
make *n* tvorevina	**managerial** *a.* menadžerski
maker *n.* tvorac	**mandate** *n.* mandat
maladjustment *n.* neprilagodljivost	**mandatory** *a.* obavezan
maladministration *n.* loše poslovanje	**mane** *n.* griva
malady *n.* bolest	**manes** *n.* duše pokojnika
malaria *n.* malarija	**manful** *a.* hrabar
maladroit *a.* nespretan	**manganese** *n.* mangan
malaise *n.* slabost	**manger** *n.* jasle
malcontent *a.* nezadovoljan	**mangle** *v.t.* valjati rublje
malcontent *n* nezadovoljstvo	**mango** *n* mango
male *a.* muški	**manhandle** *v.t.* maltertirati
male *n muški* rod	**manhole** *n.* šaht
malediction *n.* prokletstvo	**manhood** *n.* muškost
malefactor *n.* zločinac	**mania** *n* manija
maleficent *a.* škodljiv	**maniac** *n.* manijak
malice *n.* zloba	**manicure** *n.* manikir
malicious *a.* zlonamjeran	**manifest** *a.* očevidan
malign *v.t.* klevetati	**manifest** *v.t.* manifestirati
malign *a* poguban	**manifestation** *n.* manifestacija
malignancy *n.* opakost	**manifesto** *n.* manifest
malignant *a.* zao	**manifold** *a.* mnogostruk

manipulate v.t. manipulirati	mare n. kobila
manipulation n. manipulacija	margarine n. margarin
mankind n. čovječanstvo	margin n. margina
manlike a. muževan	marginal a. marginalni
manliness n muškost	marigold n. neven
manly a. muški	marine a. morski
manna n. mana	mariner n. mornar
mannequin n. maneken	marionette n. marioneta
manner n. način	marital a. bračni
mannerism n. manirizam	maritime a. pomorski
mannerly a. učtiv	mark n. znak
manoeuvre n. manevar	mark v.t označiti
manoeuvre v.i. manevrirati	marker n. marker
manor n. vlastelinstvo	market n tržište
manorial a. vlastelinski	market v.t trgovati
mansion n. palača	marketable a. koji se može prodati
mantel n. okvir kamina	marksman n. strijelac
mantle n omotač	marl n. lapor
mantle v.t pokriti	marmalade n. marmelada
manual a. ručno	maroon n. kestenjasta boja
manual n priručnik	maroon a kestenjast
manufacture v.t. proizvoditi	maroon v.t lutati
manufacture n proizvodnja	marriage n. brak
manufacturer n proizvođač	marriageable a. sposoban za brak
manumission n. oslobađanje roba	marry v.t. udati
manumit v.t. osloboditi ropstva	Mars n mars
manure n. gnojivo	marsh n. močvara
manure v.t. đubriti	marshal n maršal
manuscript n. rukopis	marshal v.t postrojiti
many a. mnogo	marshy a. močvaran
map n mapa	marsupial n. torbar
map v.t. ucrtati	mart n. pijaca
mar v.t. pokvariti	marten n. kuna
marathon n. maraton	martial a. vojni
maraud v.i. pljačkati	martinet n. starješina
marauder n. pljačkaš	martyr n. mučenik
marble n. mermer	martyrdom n. mučeništvo
march n ožujak	marvel n. čudo
march n. marš	marvel v.i čuditi se
march v.i marširati	marvellous a. veličanstven

mascot *n.* maskota	**maternal** *a.* materinski
masculine *a.* muški	**maternity** *n.* materinstvo
mash *n.* kaša	**mathematical** *a.* matematički
mash *v.t* gnječiti	**mathematician** *n.* matematičar
mask *n.* maska	**mathematics** *n* matematika
mask *v.t.* maskirati	**matinee** *n.* matine
mason *n.* zidar	**matriarch** *n.* matrijarh
masonry *n.* zidarstvo	**matricidal** *a.* materoubilački
masquerade *n.* maskarada	**matricide** *n.* materoubojstvo
mass *n.* masa	**matriculate** *v.t.* upisati visoku školu
mass *v.i* gomilati	**matriculation** *n.* matura
massacre *n.* masakr	**matrimonial** *a.* bračni
massacre *v.t.* masakrirati	**matrimony** *n.* brak
massage *n.* masaža	**matrix** *n* matrica
massage *v.t.* masirati	**matron** *n.* matrona
masseur *n.* maser	**matter** *n.* stvar
massive *a.* masivan	**matter** *v.i.* mariti
massy *a.* krupan	**mattock** *n.* pijuk
mast *n.* jarbol	**mattress** *n.* dušek
master *n.* gospodar	**mature** *a.* zreo
master *v.t.* savladati	**mature** *v.i* zreo
masterly *a.* majstorski	**maturity** *n.* zrelost
masterpiece *n.* remek-djelo	**maudlin** *a* preosjetljiv
mastery *n.* majstorstvo	**maul** *n.* malj
masticate *v.t.* žvakati	**maul** *v.t* izmlatiti
masturbate *v.i.* masturbirati	**maulstick** *n.* slikarev potporni štap
mat *n.* otirač	**maunder** *v.t.* tromo se kretati
matador *n* . matador	**mausoleum** *n.* mauzolej
match *n.* meč	**mawkish** *a.* sladunjav
match *v.i.* odgovarati	**maxilla** *n.* gornja vilica
match *n* šibica	**maxim** *n.* maksima
matchless *a.* bez premca	**maximize** *v.t.* maksimalno povećati
mate *n.* prijatelj	**maximum** *a.* maksimalan
mate *v.t.* pariti	**maximum** *n* maksimum
mate *n* bračni drug	**May** *n.* svibanj
mate *v.t.* matirati	**may** *v* moći
material *a.* materijalan	**mayor** *n.* gradonačelnik
material *n* materijal	**maze** *n.* lavirint
materialism *n.* materijalizam	**me** *pron.* mene
materialize *v.t.* materijalizovati	**mead** *n.* medovina

meadow *n.* livada
meagre *a.* oskudan
meal *n.* obrok
mealy *a.* brašnjav
mean *a.* značiti
mean *n.* sredina
mean *v.t* značiti
meander *v.i.* meander
meaning *n.* značenje
meaningful *a.* značajan
meaningless *a.* beznačajan
meanness *n.* pakost
means *n* sredstvo
meanwhile *adv.* u međuvremenu
measles *n male* boginje
measurable *a.* mjerljiv
measure *n.* mjera
measure *v.t* mjeriti
measureless *a.* neizmjeran
measurement *n.* mjera
meat *n.* meso
mechanic *n.* mehaničar
mechanic *a* mehanički
mechanical *a.* strojno
mechanics *n.* mehanika
mechanism *n.* mehanizam
medal *n.* medalja
medallist *n.* nositelj medalje
meddle *v.i.* mješati se
medieval *a.* srednjovjekovni
medieval *a.* sredovječan
median *a.* srednji
mediate *v.i.* posredovati
mediation *n.* posredovanje
mediator *n.* posrednik
medical *a.* medicinski
medicament *n.* lijek
medicinal *a.* medicinski
medicine *n.* medicina
medico *n.* student medicine

mediocre *a.* osrednji
mediocrity *n.* osrednjost
meditate *v.t.* meditirati
mediation *n.* posredovanje
meditative *a.* refleksivan
medium *n* medij
medium *a* srednji
meek *a.* krotak
meet *n.* utakmica
meet *v.t.* sresti
meeting *n.* sastanak
megalith *n.* golem kamen
megalithic *a.* megalitski
megaphone *n.* megafon
melancholia *n.* melanholija
melancholic *a.* melanholičan
melancholy *n.* tuga
melancholy *adj* tužan
melee *n.* opšta tuča
meliorate *v.t.* poboljšati
mellow *a.* pripit
melodious *a.* melodičan
melodrama *n.* melodrama
melodramatic *a.* melodramatičan
melody *n.* melodija
melon *n.* dinja
melt *v.i.* rastopiti
member *n.* član
membership *n.* članstvo
membrane *n.* membrana
memento *n.* uspomena
memoir *n.* memoari
memorable *a.* nezaboravan
memorandum *n* memorandum
memorial *n.* komemoracija
memorial *a* komemorativan
memory *n.* memorija
menace *n* prijetnja
menace *v.t* prijetiti
mend *v.t.* popraviti

mendacious *a.*	lažljiv
menial *a.*	servilan
menial *n*	sluga
meningitis *n.*	meningitis
menopause *n.*	menopauza
menses *n.*	menzis
menstrual *a.*	menstrualni
menstruation *n.*	menstruacija
mental *a.*	mentalni
mentality *n.*	mentalitet
mention *n.*	spominjanje
mention *v.t.*	spominjati
mentor *n.*	mentor
menu *n.*	jelovnik
mercantile *a.*	trgovački
mercenary *a.*	plaćenički
mercerise *v.t.*	mercerizirati
merchandise *n.*	roba
merchant *n.*	trgovac
merciful *a.*	milostiv
merciless *adj.*	nemilosrdan
mercurial *a.*	živin
mercury *n.*	merkur
mercy *n.*	milost
mere *a.*	puki
merge *v.t.*	spojiti
merger *n.*	udruživanje
meridian *a.*	meridijan
merit *n.*	zasluga
merit *v.t*	zaslužiti
meritorious *a.*	zaslužan
mermaid *n.*	sirena
merman *n.*	triton
merriment *n.*	veselje
merry *a*	veseo
mesh *n.*	mreža
mesh *v.t*	uhvatiti u mrežu
mesmerism *n.*	hipnotizam
mesmerize *v.t.*	hipnotizirati
mess *n.*	nered
mess *v.i*	pobrkati
message *n.*	poruka
messenger *n.*	kurir
messiah *n.*	mesija
Messrs *n.*	gospoda
metabolism *n.*	metabolizam
metal *n.*	metal
metallic *a.*	metalni
metallurgy *n.*	metalurgija
metamorphosis *n.*	metamorfoza
metaphor *n.*	metafora
metaphysical *a.*	metafizički
metaphysics *n.*	metafizika
mete *v.t*	odmjeriti
meteor *n.*	meteor
meteoric *a.*	meteorski
meteorologist *n.*	meteorolog
meteorology *n.*	meteorologija
meter *n.*	metar
method *n.*	metod
methodical *a.*	metodičan
metre *n.*	metar
metric *a.*	metrički
metrical *a.*	metarski
metropolis *n.*	metropola
metropolitan *a.*	metropolitski
metropolitan *n.*	metropolit
mettle *n.*	temperament
mettlesome *a.*	odvažan
mew *v.i.*	mjaukati
mew *n.*	galeb
mezzanine *n.*	mezanin
mica *n.*	tinjac
microfilm *n.*	mikrofilm
micrology *n.*	mikrologija
micrometer *n.*	mikrometar
microphone *n.*	mikrofon
microscope *n.*	mikroskop
microscopic *a.*	mikroskopski
microwave *n.*	mikrovalna peć

mid *a.* srednji
midday *n.* podne
middle *a.* srednji
middle *n* sredina
middleman *n.* posrednik
middling *a.* osrednji
midget *n.* patuljak
midland *n.* unutrašnjost
midnight *n.* ponoć
mid-off *n.* pozicija u kriketu
mid-on *n.* pozicija u kriketu
midriff *n.* dijafragma
midst *n.* sredina
midsummer *n.* sredina ljeta
midwife *n.* babica
might *n.* moć
mighty *adj.* moćan
migraine *n.* migrena
migrant *n.* migrant
migrate *v.i.* migrirati
migration *n.* migracija
milch *a.* mliječni
mild *a.* blag
mildew *n.* buđ
mile *n.* milja
mileage *n.* miljaža
milestone *n.* prekretnica
milieu *n.* ambijent
militant *a.* ratoboran
militant *n* militant
military *a.* vojni
military *n* vojska
militate *v.i.* ratovati
militia *n.* milicija
milk *n.* mlijeko
milk *v.t.* musti
milky *a.* mlečan
mill *n.* mlin
mill *v.t.* mleti
millennium *n.* tisućljeće

miller *n.* mlinar
millet *n.* proso
milliner *n.* modiskinja
milliner *n.* modist
millinery *n.* radnja modistkinje
million *n.* milijun
millionaire *n.* milijunaš
millipede *n.* stonoga
mime *n.* mimika
mime *v.i* izraziti mimikom
mimesis *n.* mimikrija
mimic *a.* imitirati
mimic *n* mimičar
mimic *v.t* imitirati
mimicry *n* mimikrija
minaret *n.* minaret
mince *v.t.* ublažiti
mind *n.* um
mind *v.t.* mariti
mindful *a.* pažljiv
mindless *a.* nepromišljen
mine *pron.* moj
mine *n* rudnik
miner *n.* rudar
mineral *n.* mineral
mineral *a* mineralni
mineralogist *n.* mineralog
mineralogy *n.* mineralogija
mingle *v.t.* miješati
miniature *n.* minijaturan
miniature *a.* minijatura
minim *n.* kapljica
minimal *a.* minimalan
minimize *v.t.* umanjivati
minimum *n.* minimum
minimum *a* minimalan
minion *n.* ljubimac
minister *n.* ministar
minister *v.i.* pomagati
ministrant *a.* ministrant

ministry *n.* ministarstvo
mink *n.* kanadska kuna
minor *a.* manji
minor *n* maloljetnik
minority *n.* manjina
minster *n.* katedrala
mint *n.* metvica
mint *n* kovnica
mint *v.t.* kovati
minus *prep.* manje
minus *a* negativan
minus *n* minus
minuscule *a.* beznačajan
minute *a.* minut
minute *n.* uneti u zapisnik
minutely *adv.* svaki čas
minx *n.* namiguša
miracle *n.* čudo
miraculous *a.* čudesan
mirage *n.* fatamorgana
mire *n.* blato
mire *v.t.* blatiti
mirror *n* ogledalo
mirror *v.t.* odražavati
mirth *n.* razdraganost
mirthful *a.* razdragan
misadventure *n.* nezgoda
misalliance *n.* mezalijansa
misanthrope *n.* mizantrop
misapplication *n.* zloupotreba
misapprehend *v.t.* pogrešno razumeti
misapprehension *n* nesporazum
misappropriate *v.t.* proneveriti
misappropriation *n.* pronevjera
misbehave *v.i.* nedolično se ponašati
misbehaviour *n.* nedolično ponašanje
misbelief *n.* pogrešno vjerovanje
miscalculate *v.t.* loše procijeniti
miscalculation *n.* loša procjena
miscall *v.t.* pogrešno nazvati

miscarriage *n.* pobačaj
miscarry *v.i.* pobaciti
miscellaneous *a.* mješovit
miscellany *n.* zbirka
mischance *n.* nesrećan slučaj
mischief *n* nestašluk
mischievous *a.* vragolast
misconceive *v.t.* pogrešno razumjeti
misconception *n.* pogrešno shvaćanje
misconduct *n.* loše vladanje
misconstrue *v.t.* pogrešno razumjeti
miscreant *n.* nitkov
misdeed *n.* nedjelo
misdemeanour *n.* prekršaj
misdirect *v.t.* pogrešno uputiti
misdirection *n.* pogrešno upućivanje
miser *n.* tvrdica
miserable *a.* nesrećan
miserly *a.* cicijaški
misery *n.* beda
misfire *v.i.* zatajiti
misfit *n.* loše pristajati
misfortune *n.* nesreća
misgive *v.t.* slutiti
misgiving *n.* slutnja
misguide *v.t.* obmanjivati
mishap *n.* nesrećan slučaj
misjudge *v.t.* pogrešno procijeniti
mislead *v.t.* pogrešno voditi
mismanagement *n.* loše upravljanje
mismatch *v.t.* loše spojiti
misnomer *n.* pogrešan naziv
misplace *v.t.* zagubiti
misprint *n.* tiskarska greška
misprint *v.t.* pogrešno otisnuti
misrepresent *v.* pogrešno predstaviti
misrule *n.* bezakonje
miss *n.* promašaj
miss *v.t.* promašiti
missile *n.* projektil

mission *n.* misija
missionary *n.* misionar
missis, missus *n.* gospođa, supruga
missive *n.* poslanica
mist *n.* sumaglica
mistake *n.* greška
mistake *v.t.* pogriješiti
mister *n.* gospodin
mistletoe *n.* imela
mistreat *v.t.* maltretirati
mistress *n.* gospodarica, ljubavnica
mistrust *n.* nepovjerenje
mistrust *v.t.* biti nepovjerljiv
misty *a.* maglovit
misunderstand *v.t.* pogrešno razumjeti
misunderstanding *n.* nesporazum
misuse *n.* zloupotreba
misuse *v.t.* zloupotrijebiti
mite *n.* novčić
mite *n* crv
mithridate *n.* protuotrov
mitigate *v.t.* ublažiti
mitigation *n.* ublažavanje
mitre *n.* mitra
mitten *n.* rukavica bez prstiju
mix *v.i* miješati
mixture *n.* mješavina
moan *v.i.* stenjati
moan *n.* stenjanje
moat *n.* šanac
moat *v.t.* opasati šancem
mob *n.* gomila
mob *v.t.* nasrnuti
mobile *a.* pokretan
mobility *n.* pokretnost
mobilize *v.t.* mobilizirati
mock *v.i.* ismijavati
mock *adj* ismijavanje
mockery *n.* izrugivanje
modality *n.* modalitet

mode *n.* način
model *n.* model
model *v.t.* oblikovati
moderate *a.* umjeren
moderate *v.t.* ublažiti
moderation *n.* umjerenost
modern *a.* moderan
modernity *n.* modernost
modernize *v.t.* modernizirati
modest *a.* skroman
modesty *n* skromnost
modicum *n.* malenkost
modification *n.* modifikacija
modify *v.t.* modificirati
modulate *v.t.* modulirati
moil *v.i.* mučiti se
moist *a.* vlažan
moisten *v.t.* vlažiti
moisture *n.* vlaga
molar *n.* kutnjak
molar *a* masivan
molasses *n* melasa
mole *n.* krtica
molecular *a.* molekularni
molecule *n.* molekul
molest *v.t.* zlostavljati
molestation *n.* zlostavljanje
molten *a.* izliven
moment *n.* trenutak
momentary *a.* trenutan
momentous *a.* značajan
momentum *n.* impuls
monarch *n.* monarh
monarchy *n.* monarhija
monastery *n.* manastir
monasticism *n* monaštvo
Monday *n.* ponedjeljak
monetary *a.* monetarni
money *n.* novac
monger *n.* prodavac

mongoose *n.* mungos
mongrel *a* melez
monitor *n.* monitor
monitory *a.* koji opominje
monk *n.* monah
monkey *n.* majmun
monochromatic *a.* monokromatski
monocle *n.* monokl
monocular *a.* jednook
monody *n.* monodija
monogamy *n.* monogamija
monogram *n.* monogram
monograph *n.* monografija
monogynous *a.* koji je monogaman
monolith *n.* monolit
monologue *n.* monolog
monopolist *n.* monopolist
monopolize *v.t.* monopolizirati
monopoly *n.* monopol
monosyllable *n.* jedan slog
monosyllabic *a.* jednosložan
monotheism *n.* monoteizam
monotheist *n.* monoteist
monotonous *a.* monoton
monotony *n* monotonija
monsoon *n.* monsun
monster *n.* čudovište
monstrous *a.* monstruozan
monstrous *n.* monstrum
month *n.* mjesec
monthly *a.* mjesečni
monthly *adv* mjesečno
monthly *n* mjesečnik
monument *n.* spomenik
monumental *a.* monumentalan
moo *v.i* mukanje
mood *n.* raspoloženje
moody *a.* ćudljiv
moon *n.* mjesec
moor *n.* vresište

moor *v.t* usidriti brod
moorings *n.* sidrište
moot *n.* sporan
mop *n.* metla
mop *v.t.* brisati
mope *v.i.* biti snužden
moral *a.* moralan
moral *n.* pouka
morale *n.* moral
moralist *n.* moralist
morality *n.* moralnost
moralize *v.t.* moralisati
morbid *a.* morbidan
morbidity *n* morbidnost
more *a.* još
more *adv* više
moreover *adv.* štaviše
morganatic *a.* morgantski
morgue *n.* mrtvačnica
moribund *a.* na umoru
morning *n.* jutro
moron *n.* imbecil
morose *a.* mrzovoljan
morphia *n.* morfij
morrow *n.* jutro
morsel *n.* zalogaj
mortal *a.* smrtan
mortal *n* smrtnik
mortality *n.* mortalitet
mortar *v.t.* žbuka
mortgage *n.* hipoteka
mortgage *v.t.* založiti
mortagagee *n.* založni vjerovnik
mortgagor *n*. založni dužnik
mortify *v.t.* poniziti
mortuary *n.* mrtvačnica
mosaic *n.* mozaik
mosque *n.* džamija
mosquito *n.* komarac
moss *n.* mahovina

most *a.* većinom	**mourning** *n.* oplakivanje
most *adv.* najviše	**mouse** *n.* miš
most *n* većina	**moustache** *n.* brkovi
mote *n.* trunčica	**mouth** *n.* usta
motel *n.* motel	**mouth** *v.t.* izustiti
moth *n.* moljac	**mouthful** *n.* zalogaj
mother *n* majka	**movable** *a.* pokretan
mother *v.t.* odgajati	**movables** *n.* pokretna imovina
motherhood *n.* materinstvo	**move** *n.* potez
motherlike *a.* majčinski	**move** *v.t.* pomaknuti
motherly *a.* materinski	**movement** *n.* pokret
motif *n.* motiv	**mover** *n.* pokretač
motion *n.* kretanje	**movies** *n.* kino
motion *v.i.* uputiti	**mow** *v.t.* kositi
motionless *a.* nepokretan	**much** *a* mnogo
motivate *v* motivirati	**much** *adv* veoma
motivation *n.* motivacija	**mucilage** *n.* biljno ljepilo
motive *n.* motiv	**muck** *n.* blato
motley *a.* šarolik	**mucous** *a.* sluzav
motor *n.* motor	**mucus** *n.* sluz
motor *v.i.* voziti se	**mud** *n.* blato
motorist *n.* vozač	**muddle** *n.* zbrka
mottle *n.* šara	**muddle** *v.t.* zbrkati
motto *n.* moto	**muffle** *v.t.* prigušiti
mould *n.* kalup	**muffler** *n.* prigušivač
mould *v.t.* oblikovati	**mug** *n.* krigla
mould *n* humus	**muggy** *a.* sparan
mould *n* plijesan	**mulatto** *n.* mulat
mouldy *a.* ustajao	**mulberry** *n.* dud
moult *v.i.* mitariti se	**mule** *n.* mazga
mound *n.* humka	**mulish** *a.* tvrdoglav
mount *n.* postolje	**mull** *n.* greben
mount *v.t.* postaviti	**mull** *v.t.* zabrljati
mount *n* brdo	**mullah** *n.* mula
mountain *n.* planina	**mullion** *n.* drveni stup usred prozora
mountaineer *n.* planinar	**multifarious** *a.* raznolik
mountainous *a.* planinski	**multiform** *n.* raznolik
mourn *v.i.* tugovati	**multilateral** *a.* multilateralan
mourner *n.* ožalošćeni	**multiparous** *a.* multiparan
mournful *n.* žalostan	**multiple** *a.* mnogostruk

multiple *n* sadržitelj	musician *n.* glazbenik
multiped *n.* mnogonog	musk *n.* mošus
multiplex *a.* višestruk	musket *n.* mušketa
multiplicand *n.* množenik	musketeer *n.* musketar
multiplication *n.* množenje	muslin *n.* muslin
multiplicity *n.* mnogostrukost	must *v.* morati
multiply *v.t.* umnožiti	must *n.* obveza
multitude *n.* mnoštvo	must *n* mošt
mum *a.* miran	mustache *n.* brkovi
mum *n* mama	mustang *n.* mustang
mumble *v.i.* mrmljati	mustard *n.* senf
mummer *n.* pantomimičar	muster *v.t.* prikupiti
mummy *n.* mumija	muster *n* smotra
mummy *n* mamica	musty *a.* buđav
mumps *n.* zauške	mutation *n.* mutacija
munch *v.t.* žvakati	mutative *a.* mutativan
mundane *a.* svjetovni	mute *a.* nem
municipal *a.* općinski	mute *n.* nema osoba
municipality *n.* općina	mutilate *v.t.* sakatiti
munificent *a.* darežljiv	mutilation *n.* sakaćenje
muniment *n.* povelja	mutinous *a.* buntovan
munitions *n.* municija	mutiny *n.* pobuna
mural *a.* zidni	mutiny *v. i* pobuniti se
mural *n.* mural	mutter *v.i.* promrmljati
murder *n.* ubojstvo	mutton *n.* ovčetina
murder *v.t.* ubiti	mutual *a.* zajednički
murderer *n.* ubojica	muzzle *n.* njuška
murderous *a.* ubilački	muzzle *v.t* ušutkati
murmur *n.* žamor	my *a.* moj
murmur *v.t.* mrmljati	myalgia *n.* mijalgija
muscle *n.* mišić	myopia *n.* kratkovidost
muscovite *n.* Moskovljanin	myopic *a.* kratkovid
muscular *a.* mišićav	myosis *n.* mijoza
muse *v.i.* razmišljati	myriad *n.* bezbroj
muse *n* muza	myriad *a* bezbrojan
museum *n.* muzej	myrrh *n.* mirisna smola
mush *n.* kaša	myrtle *n.* mirta
mushroom *n.* gljiva	myself *pron.* sebe
music *n.* glazba	mysterious *a.* misteriozan
musical *a.* glazbeni	mystery *n.* misterija

mystic *a.* mističan
mystic *n* mistik
mysticism *n.* misticizam
mystify *v.t.* mistifikovati
myth *n.* mit
mythical *a.* mitski
mythological *a.* mitološki
mythology *n.* mitologija

N

nab *v.t.* ščepati
nabob *n.* nabob
nadir *n.* nadir
nag *n.* zanovijetanje
nag *v.t.* zanovjetalo
nail *n.* ekser
nail *v.t.* zabiti
naive *a.* naivan
naivete *n.* naivnost
naivety *n.* naivnost
naked *a.* nag
name *n.* ime
name *v.t.* imenovati
namely *adv.* naime
namesake *n.* imenjak
nap *v.i.* drijemati
nap *n.* drijemež
nap *n* riskiranje
nape *n.* potiljak
napkin *n.* salveta
narcissism *n.* narcisizam
narcissus *n* narcis
narcosis *n.* narkoza
narcotic *n.* narkotik
narrate *v.t.* pripovijedati
narration *n.* naracija
narrative *n.* pripovijest
narrative *a.* pripovjedački

narrator *n.* pripovjedač
narrow *a.* uzak
narrow *v.t.* suziti
nasal *a.* nazalni
nasal *n* nazal
nascent *a.* koji se rađa
nasty *a.* gadan
natal *a.* rodni
natant *a.* plivajući
nation *n.* nacija
national *a.* nacionalni
nationalism *n.* nacionalizam
nationalist *n.* nacionalista
nationality *n.* državljanstvo
nationalization *n.* nacionalizacija
nationalize *v.t.* nacionalizirati
native *a.* maternji
native *n* urođenik
nativity *n.* rađanje
natural *a.* prirodni
naturalist *n.* prirodnjak
naturalize *v.t.* odomaćiti
naturally *adv.* prirodno
nature *n.* priroda
naughty *a.* nevaljao
nausea *n.* mučnina
nautic(al) *a.* nautički
naval *a.* pomorski
nave *n.* brod
navigable *a.* plovan
navigate *v.i.* upravljati
navigation *n.* navigacija
navigator *n.* navigator
navy *n.* mornarica
nay *adv.* čak
neap *a.* najniža plima
near *a.* blizak
near *prep.* blizu
near *adv.* u blizini
near *v.i.* blizu

nearly *adv.* skoro	**neighbourhood** *n.* komšiluk
neat *a.* uredan	**neighbourly** *a.* susjedski
nebula *n.* maglina	**neither** *conj.* ni
necessary *n.* potreba	**nemesis** *n.* osvetnik
necessary *a* potreban	**neolithic** *a.* neolitski
necessitate *v.t.* zahtijevati	**neon** *n.* neon
necessity *n.* nužda	**nephew** *n.* nećak
neck *n.* vrat	**nepotism** *n.* nepotizam
necklace *n.* ogrlica	**Neptune** *n.* neptun
necklet *n.* ukras za vrat	**Nerve** *n.* živac
necromancer *n.* prizivač duhova	**nerveless** *a.* hladnokrvan
necropolis *n.* groblje	**nervous** *a.* nervozan
nectar *n.* nektar	**nescience** *n.* neznanje
need *n.* nevolja	**nest** *n.* gnijezdo
need *v.t.* trebati	**nest** *v.t.* ugnijezditi
needful *a.* potreban	**nether** *a.* niži
needle *n.* igla	**nestle** *v.i.* gnijezditi se
needless *a.* nepotreban	**nestling** *n.* goluždravac
needs *adv.* svakako	**net** *n.* mreža
needy *a.* siromašan	**net** *v.t.* hvatati mrežom
nefandous *a.* neopisiv	**net** *a* neto
nefarious *a.* zao	**net** *v.t.* zaraditi
negation *n.* negacija	**nettle** *n.* kopriva
negative *a.* negativan	**nettle** *v.t.* opeći koprivom
negative *n.* negativ	**network** *n.* *mreža*
negative *v.t.* odbiti	**neurologist** *n.* neurolog
neglect *v.t.* zanemariti	**neurology** *n.* neurologija
neglect *n* zanemarivanje	**neurosis** *n.* neuroza
negligence *n.* nemar	**neuter** *a.* srednjeg roda
negligent *a.* nemaran	**neuter** *n* srednji rod
negligible *a.* zanemarljiv	**neutral** *a.* neutralan
negotiable *a.* premostiv	**neutralize** *v.t.* neutralizirati
negotiate *v.t.* pregovarati	**neutron** *n.* neutron
negotiation *n.* pregovaranje	**never** *adv.* nikada
negotiator *n.* pregovarač	**nevertheless** *conj.* ipak
negress *n.* crnkinja	**new** *a.* nov
negro *n.* crnac	**news** *n.* vijesti
neigh *v.i.* rzati	**next** *a.* sljedeći
neigh *n.* rzanje	**next** *adv.* potom
neighbour *n.* komšija	**nib** *n.* pero

nibble *v.t.* grickati	**nobleman** *n.* plemić
nibble *n* grickanje	**nobody** *pron.* nitko
nice *a.* lijep	**nocturnal** *a.* noćni
nicety *n.* uglađenost	**nod** *v.i.* klimati glavom
niche *n.* niša	**node** *n.* čvor
nick *n.* zarez	**noise** *n.* buka
nickel *n.* nikl	**noisy** *a.* bučan
nickname *n.* nadimak	**nomad** *n.* nomad
nickname *v.t.* dati nadimak	**nomadic** *a.* nomadski
nicotine *n.* nikotin	**nomenclature** *n.* nomenklatura
niece *n.* nećaka	**nominal** *a.* nominalan
niggard *n.* škrtica	**nominate** *v.t.* nominovati
niggardly *a.* škrt	**nomination** *n.* imenovanje
nigger *n.* crnac	**nominee** *n* kandidat
nigh *adv.* blisko	**non-alignment** *n.* nesvrstanost
nigh *prep.* blizu	**nonchalance** *n.* nonšalantnost
night *n.* noć	**nonchalant** *a.* nonšalantan
nightingale *n.* slavuj	**none** *pron.* nitko
nightly *adv.* noću	**none** *adv.* nikako
nightmare *n.* noćna mora	**nonentity** *n.* nepostojanje
nightie *n.* spavaćica	**nonetheless** *adv.* pored toga
nihilism *n.* nihilizam	**nonpareil** *a.* neuporediv
nil *n.* nula	**nonpareil** *n.* nonparel
nimble *a.* okretni	**nonplus** *v.t.* zbuniti
nimbus *n.* oreol	**nonsense** *n.* besmislica
nine *n.* devet	**nonsensical** *a.* besmislen
nineteen *n.* devetnaest	**nook** *n.* kutak
nineteenth *a.* devetnaesti	**noon** *n.* podne
ninetieth *a.* devedeseti	**noose** *n.* zamka
ninth *a.* deveti	**noose** *v.t.* uhvatiti u zamku
ninety *n.* devedeset	**nor** *conj* niti
nip *v.t* uštinuti	**norm** *n.* norma
nipple *n.* bradavica	**norm** *n.* obrazac
nitrogen *n.* dušik	**normal** *a.* normalan
no *a.* niti jedan	**normalcy** *n.* normalnost
no *adv.* nikako	**normalize** *v.t.* normalizirati
no *n* ne	**north** *n.* sjever
nobility *n.* plemstvo	**north** *a* sjeverni
noble *a.* plemenit	**north** *adv.* sjeverno
noble *n.* plemenit	**northerly** *a.* sjeverni

northerly *adv.* sjeverno
northern *a.* sjeverni
nose *n.* nos
nose *v.t* njušiti
nosegay *n.* kita cveća
nosey *a.* nosat
nosy *a.* njuškalo
nostalgia *n.* nostalgija
nostril *n.* nozdrva
nostrum *n.* nadrilek
not *adv.* ne
notability *n.* značajnost
notable *a.* značajan
notary *n.* beležnik
notation *n.* notacija
notch *n.* zarez
note *n.* napomena
note *v.t.* zapisati
noteworthy *a.* vrijedan pažnje
nothing *n.* ništa
nothing *adv.* ništa
notice *a.* primijećen
notice *v.t.* primijetiti
notification *n.* obavijest
notify *v.t.* obavijestiti
notion *n.* pojam
notional *a.* pojmovni
notoriety *n.* ozloglašenost
notorious *a.* ozloglašen
notwithstanding *prep.* unatoč
notwithstanding *adv.* ipak
notwithstanding *conj.* premda
nought *n.* ništa
noun *n.* imenica
nourish *v.t.* hraniti
nourishment *n.* ishrana
novel *a.* nov
novel *n* roman
novelette *n.* novela
novelist *n.* romanopisac

novelty *n.* novost
november *n.* studeni
novice *n.* početnik
now *adv.* sada
now *conj.* sada
nowhere *adv.* nigdje
noxious *a.* štetan
nozzle *n.* mlaznica
nuance *n.* nijansa
nubile *a.* stasala za udaju
nuclear *a.* nuklearna
nucleus *n.* jezgro
nude *a.* akt
nude *n* nagost
nudity *n.* golotinja
nudge *v.t.* gurkati
nugget *n.* grudva
nuisance *n.* neprilika
null *a.* nula
nullification *n.* poništenje
nullify *v.t.* poništiti
numb *a.* ukočen
number *n.* broj
number *v.t.* brojati
numberless *a.* bezbrojan
numeral *a.* brojčani
numerator *n.* brojač
numerical *a.* numerički
numerous *a.* brojni
nun *n.* kaluđerica
nunnery *n.* samostan
nuptial *a.* svadbeni
nuptials *n.* svadba
nurse *n.* medicinska sestra
nurse *v.t* njegovati
nursery *n.* jaslice
nurture *n.* odgoj
nurture *v.t.* njegovati
nut *n* orah
nutrition *n.* prehrana

nutritious *a.* hranljiv
nutritive *a.* nutritivan
nuzzle *v.* njuškati
nylon *n.* najlon
nymph *n.* nimfa

O

oak *n.* hrast
oar *n.* veslo
oarsman *n.* veslač
oasis *n.* oaza
oat *n.* zob
oath *n.* zakletva
obduracy *n.* bezdušnost
obdurate *a.* tvrdokoran
obedience *n.* poslušnost
obedient *a.* poslušan
obeisance *n.* naklon
obesity *n.* pretilost
obey *v.t.* pokoravati se
obituary *a.* posmrtni
object *n.* objekat
object *v.t.* prigovoriti
objection *n.* prigovor
objective *n.* cilj
objective *a.* objektivan
oblation *n.* žrtva
obligation *n.* obveza
obligatory *a.* obvezan
oblige *v.t.* obvezati
oblique *a.* posredan
obliterate *v.t.* uništiti
obliteration *n.* brisanje
oblivion *n.* zaborav
oblivious *a.* nesvjestan
oblong *a.* duguljast
oblong *n.* duguljasta figura

obnoxious *a.* odvratan
obscene *a.* opscen
obscenity *n.* razvratnost
obscure *a.* nejasan
obscure *v.t.* potamnjeti
obscurity *n.* nejasnost
observance *n.* pridržavanje
observant *a.* promatrački
observation *n.* promatranje
observatory *n.* opservatorija
observe *v.t.* promatrati
obsess *v.t.* opsjednuti
obsession *n.* opsesija
obsolete *a.* zastario
obstacle *n.* prepreka
obstinacy *n.* tvrdoglavost
obstinate *a.* tvrdoglav
obstruct *v.t.* ometati
obstruction *n.* opstrukcija
obstructive *a.* opstruktivan
obtain *v.t.* dobiti
obtainable *a.* koji se može dobiti
obtuse *a.* tup
obvious *a.* očigledan
occasion *n.* prilika
occasion *v.t* prouzrokovati
occasional *a.* povremen
occasionally *adv.* povremeno
occident *n.* zapad
occidental *a.* zapadnjački
occult *a.* okultan
occupancy *n.* stanovanje
occupant *n.* stanar
occupation *n.* zanimanje
occupier *n.* okupator
occupy *v.t.* zauzeti
occur *v.i.* desiti se
occurrence *n.* događaj
ocean *n.* ocean

octagon n. osmerokut
octangular a. osmerokutan
octave n. oktava
October n. listopad
octogenarian a. osamdesetogodišnji
octogenarian a osamdesetogodišnje
octroi n. porez na uvezenu robu
ocular a. očni
oculist n. okular
odd a. neparan
oddity n. nastranost
odds n. izgledi
ode n. oda
odious a. mrzak
odium n. mrskost
odorous a. miomirisan
odour n. miris
offence n. uvreda
offend v.t. uvrijediti
offender n. prijestupnik
offensive a. napadački
offensive n napad
offer v.t. ponuditi
offer n ponuda
offering n. pružanje
office n. ured
officer n. časnik
official a. službeni
official n dužnosnik
officially adv. službeno
officiate v.i. službovati
officious a. preterano uslužan
offing n. pučina
offset v.t. izjednačiti
offset n izdanak
offshoot n. mladica
offspring n. potomak
oft adv. često
often adv. često
ogle v.t. očijukati

ogle n očijukanje
oil n. ulje
oil v.t uljiti
oily a. mastan
ointment n. mast
old a. star
oligarchy n. oligarhija
olive n. maslina
olympiad n. olimpijada
omega n. omega
omelette n. omlet
omen n. slutnja
ominous a. zloslustan
omission n. izostavljanje
omit v.t. izostaviti
omnipotence n. svemoć
omnipotent a. svemoguć
omnipresence n. sveprisutnost
omnipresent a. sveprisutan
omniscience n. sveznanje
omniscient a. sveznajući
on prep. na
on adv. dalje
once adv. jednom
one a. jedan
one pron. netko
oneness n. jedinstvo
onerous a. tegoban
onion n. luk
on-looker n. osmatrač
only a. jedini
only adv. samo
only conj. samo što
onomatopoeia n. onomatopeja
onrush n. nadiranje
onset n. početak
onslaught n. juriš
onus n. teret
onward a. naprijed
onwards adv. nadalje

ooze *n.* glib	**oracle** *n.* proročanstvo
ooze *v.i.* curiti	**oracular** *a.* proročanski
opacity *n.* neprozirnost	**oral** *a.* usmen
opal *n.* opal	**orally** *adv.* usmeno
opaque *a.* neproziran	**orange** *n.* naranča
open *a.* otvoren	**orange** *a* narandžast
open *v.t.* otvoriti	**oration** *n.* govor
opening *n.* otvaranje	**orator** *n.* govornik
openly *adv.* otvoreno	**oratorical** *a.* govornički
opera *n.* opera	**oratory** *n.* oratorij
operate *v.t.* raditi	**orb** *n.* nebesko tijelo
operation *n.* operacija	**orbit** *n.* orbita
operative *a.* operativan	**orchard** *n.* voćnjak
operator *n.* operator	**orchestra** *n.* orkestar
opine *v.t.* misliti	**orchestral** *a.* orkestarski
opinion *n.* mišljenje	**ordeal** *n.* iskušenje
opium *n.* opijum	**order** *n.* red
opponent *n.* protivnik	**order** *v.t* naručiti
opportune *a.* prikladan	**orderly** *a.* uredan
opportunism *n.* oportunizam	**orderly** *n.* uredno
opportunity *n.* prilika	**ordinance** *n.* obred
oppose *v.t.* suprotstaviti	**ordinarily** *adv.* redovito
opposite *a.* suprotan	**ordinary** *a.* redovan
opposition *n.* oporba	**ordnance** *n.* borbena tehnika
oppress *v.t.* ugnjetavati	**ore** *n.* ruda
oppression *n.* ugnjetavanje	**organ** *n.* organ
oppressive *a.* tiranski	**organic** *a.* organski
oppressor *n.* tlačitelj	**organism** *n.* organizam
opt *v.i.* odlučiti se	**organization** *n.* organizacija
optic *a.* optički	**organize** *v.t.* organizirati
optician *n.* optičar	**orient** *n.* Orijent
optimism *n.* optimizam	**orient** *v.t.* orijentirati
optimist *n.* optimista	**oriental** *a.* orijentalan
optimistic *a.* optimistički	**oriental** *n* istočnjak
optimum *n.* optimum	**orientate** *v.t.* orijentisati
optimum *a* optimalan	**origin** *n.* porijeklo
option *n.* opcija	**original** *a.* originalan
optional *a.* neobavezan	**original** *n* original
opulence *n.* bogatstvo	**originality** *n.* originalnost
opulent *a.* bogat	**originate** *v.t.* voditi porijeklo

originator n. tvorac
ornament n. ornament
ornament v.t. ukrasiti
ornamental a. ukrasni
ornamentation n. ukrašavanje
orphan n. siroče
orphan v.t učiniti siročetom
orphanage n. sirotište
orthodox a. pravoslavan
orthodoxy n. pravoslavlje
oscillate v.i. oscilovati
oscillation n. oscilacija
ossify v.t. okoštati
ostracize v.t. prognati
ostrich n. noj
other a. drugi
other pron. drugi
otherwise adv. inače
otherwise conj. inače
otter n. vidra
ottoman n. otoman
ounce n. unca
our pron. naš
oust v.t. istisnuti
out adv. van
out-balance v.t. prevagnuti
outbid v.t. više ponuditi
outbreak n. izbijanje
outburst n. izljev
outcast n. izgnanik
outcast a izgnan
outcome n. ishod
outcry a. negodovanje
outdated a. zastario
outdo v.t. nadmašiti
outdoor a. vani
outer a. vanjski
outfit n. oprema
outfit v.t otpremiti
outgrow v.t. prerasti

outhouse n. poljski klozet
outing n. izlet
outlandish a. čudnovat
outlaw n. odmetnik
outlaw v.t staviti van zakona
outline n. skica
outline v.t. skicirati
outlive v.i. nadživjeti
outlook n. gledište
outmoded a. staromodan
outnumber v.t. nadmašiti u brojnosti
outpatient n. ambulantni bolesnik
outpost n. predstraža
output n. izlaz
outrage n. nasilje
outrage v.t. počiniti nasilje
outright adv. izravno
outright a izravan
outrun v.t. nadmašiti u trčanju
outset n. polazak
outshine v.t. nadsijati
outside a. vanjski
outside n spoljašnjost
outside adv vani
outside prep izvan
outsider n. autsajder
outsize a. prevelik
outskirts n.pl. periferija
outspoken a. otvoren
outstanding a. izvanredan
outward a. vanjski
outward adv van
outwards adv vani
outwardly adv. vani
outweigh v.t. pretegnuti
outwit v.t. nadmudriti
oval a. ovalan
oval n oval
ovary n. jajnik
ovation n. ovacija

oven *n.* peć
over *prep.* preko
over *adv* više
over *n* višak
overact *v.t.* pretjerivati
overall *n.* ogrtač
overall *a* ukupan
overawe *v.t.* preplašiti
overboard *adv.* preko palube
overburden *v.t.* preopteretiti
overcast *a.* oblačan
overcharge *v.t.* preopteretiti
overcharge *n* preopterećenje
overcoat *n.* kaput
overcome *v.t.* prevazići
overdo *v.t.* pretjerati
overdose *n.* prevelika doza
overdose *v.t.* predozirati
overdraft *n.* prekoračenje računa
overdraw *v.t.* prekoračiti račun
overdue *a.* zakašnjelo
overhaul *v.t.* pregledati
overhaul *n.* pregled
overhear *v.t.* načuti
overjoyed *a* presrećan
overlap *v.t.* preklapati
overlap *n* preklapanje
overleaf *adv.* na drugoj strani
overload *v.t.* preopteretiti
overload *n* preopterećenje
overlook *v.t.* previdjeti
overnight *adv.* preko noći
overnight *a* noćni
overpower *v.t.* nadjačati
overrate *v.t.* preceniti
overrule *v.t.* nadglasati
overrun *v.t* pretrčati
oversee *v.t.* nadgledati
overseer *n.* nadzornik
overshadow *v.t.* zasjeniti

oversight *n.* nadzor
overt *a.* otvoren
overtake *v.t.* prestići
overthrow *v.t.* srušiti
overthrow *n* rušenje
overtime *adv.* prekovremeno
overtime *n* prekomjeran rad
overture *n.* uvertira
overwhelm *v.t.* savladati
overwork *v.i.* preopteretiti radom
overwork *n.* prekomjeran rad
owe *v.t* dugovati
owl *n.* sova
own *a.* svoje
own *v.t.* posjedovati
owner *n.* vlasnik
ownership *n.* vlasništvo
ox *n.* vo
oxygen *n.* kisik
oyster *n.* ostriga

P

pace *n* korak
pace *v.i.* koračati
pacific *a.* miroljubiv
pacify *v.t.* umiriti
pack *n.* paket
pack *v.t.* upakirati
package *n.* paket
packet *n.* zavežljaj
packing *n.* pakiranje
pact *n.* pakt
pad *n.* jastuk
pad *v.t.* obložiti
padding *n.* punjenje
paddle *v.i.* veslati
paddle *n* veslo
paddy *n.* riža

page *n.* strana
page *v.t.* prelomiti
pageant *n.* parada
svečanost *n.* velelepnost
pagoda *n.* pagoda
pail *n.* kanta
pain *n.* bol
pain *v.t.* boljeti
painful *a.* bolan
painstaking *a.* radan
paint *n.* boja
paint *v.t.* bojiti
painter *n.* slikar
painting *n.* slika
pair *n.* par
pair *v.t* spariti
pal *n.* drug
palace *n.* palača
palanquin *n.* palankin
palatable *a.* ukusan
palatal *a.* nepčano
palate *n.* nepce
palatial *a.* veličanstven
pale *n.* kolac
pale *a* blijed
pale *v.i.* blijedeti
palette *n.* paleta
palm *n.* palma
palm *v.t.* dodirnuti
palm *n.* dlan
palmist *n.* hiromant
palmistry *n.* hiromantija
palpable *a.* opipljiv
palpitate *v.i.* podrhtavati
palpitation *n.* treperenje
palsy *n.* paraliza
paltry *a.* tričav
pamper *v.t.* razmaziti
pamphlet *n.* pamflet
pamphleteer *n.* pamfletista

panacea *n.* panaceja
pandemonium *n.* urnebes
pane *n.* okno
panegyric *n.* panegirik
panel *n.* ploča
panel *v.t.* oblagati
pang *n.* žiganje
panic *n.* panika
panorama *n.* panorama
pant *v.i.* brektati
pant *n.* brektanje
pantaloon *n.* lakrdijaš
pantheism *n.* panteizam
pantheist *n.* panteista
panther *n.* panter
pantomime *n.* pantomima
pantry *n.* ostava
papacy *n.* papinstvo
papal *a.* papski
paper *n.* papir
par *n.* jednakost
parable *n.* parabola
parachute *n.* padobran
parachutist *n.* padobranac
parade *n.* parada
parade *v.t.* paradirati
paradise *n.* raj
paradox *n.* paradoks
paradoxical *a.* paradoksalan
paraffin *n.* parafin
paragon *n.* uzor
paragraph *n.* paragraf
parallel *a.* paralelan
parallel *v.t.* načiniti paralelnim
parallelism *n.* paralelizam
parallelogram *n.* paralelogram
paralyse *v.t.* paralizirati
paralysis *n.* paraliza
paralytic *a.* paralitički
paramount *n.* ono što je glavno

paramour *n.* ljubavnik	**participate** *v.i.* sudjelovati
paraphernalia *n. pl* pribor	**participant** *n.* sudionik
paraphrase *n.* parafraza	**participation** *n.* učešce
paraphrase *v.t.* parafrazirati	**particle** *a.* poput čestice
parasite *n.* parazit	**particular** *a.* poseban
parcel *n.* parcela	**particular** *n.* pojedinost
parcel *v.t.* razdijeliti	**partisan** *n.* partizan
parch *v.t.* spržiti	**partisan** *a.* partizanski
pardon *v.t.* oprostiti	**partition** *n.* podjela
pardon *n.* oproštenje	**partition** *v.t.* podijeliti
pardonable *a.* oprostiv	**partner** *n.* partner
parent *n.* roditelj	**partnership** *n.* partnerstvo
parentage *n.* roditeljstvo	**party** *n.* stranka
parental *a.* roditeljski	**pass** *v.i.* proći
parenthesis *n.* umjetak	**pass** *n* prolaz
parish *n.* parohija	**passage** *n.* odlomak
parity *n.* paritet	**passenger** *n.* putnik
park *n.* park	**passion** *n.* strast
park *v.t.* parkirati	**passionate** *a.* strastven
parlance *n.* način govora	**passive** *a.* pasivan
parley *n.* pregovaranje	**passport** *n.* putovnica
parley *v.i* pregovarati	**past** *a.* prošli
parliament *n.* parlament	**past** *n.* prošlost
parliamentarian *n.* parlamentarac	**past** *prep.* nakon
parliamentary *a.* parlamentaran	**paste** *n.* pasta
parlour *n.* soba za posjete	**paste** *v.t.* lijepiti
parody *n.* parodija	**pastel** *n.* pastel
parody *v.t.* parodirati	**pastime** *n.* razonoda
parole *n.* uvjetni otpust	**pastoral** *a.* pastirski
parole *v.t.* uvjetno otpustiti	**pasture** *n.* pašnjak
parricide *n.* roditeljoubojstvo	**pasture** *v.t.* pasti
parrot *n.* papiga	**pat** *v.t.* tapkati
parry *v.t.* parirati	**pat** *n* tapkanje
parry *n.* pariranje	**pat** *adv* upravo
parson *n.* paroh	**patch** *v.t.* zakrpiti
part *n.* dio	**patch** *n* zakrpa
part *v.t.* dijeliti	**patent** *a.* patentan
partake *v.i.* sudjelovati	**patent** *n* patent
partial *a.* djelomičan	**patent** *v.t.* patentni
partiality *n.* pristranost	**paternal** *a.* očinski

path *n.* put
pathetic *a.* patetičan
pathos *n.* patos
patience *n.* strpljenje
patient *a.* strpljiv
patient *n* pacijent
patricide *n.* ubojstvo oca
patrimony *n.* očevina
patriot *n.* patriota
patriotic *a.* patriotski
partiotism *n.* partiotizam
patrol *v.i.* patrolirati
patrol *n* patrola
patron *n.* pokrovitelj
patronage *n.* pokroviteljstvo
patronize *v.t.* štititi
pattern *n.* obrazac
paucity *n.* malobrojnost
pauper *n.* siromah
pause *n.* pauza
pause *v.i.* zastati
pave *v.t.* popločati
pavement *n.* pločnik
pavilion *n.* paviljon
paw *n.* šapa
paw *v.t.* udariti šapom
pay *v.t.* platiti
pay *n* plata
payable *a.* plativ
payee *n.* primatelj
payment *n.* plaćanje
pea *n.* grašak
peace *n.* mir
peaceable *a.* miroljubiv
peaceful *a.* miran
peach *n.* breskva
peacock *n.* paun
peahen *n.* paunica
peak *n.* vrh
pear *n.* kruška

pearl *n.* biser
peasant *n.* seljak
peasantry *n.* seljaštvo
pebble *n.* šljunak
peck *n.* kljucanje
peck *v.i.* kljucati
peculiar *a.* čudan
peculiarity *n.* svojstvenost
pecuniary *a.* novčan
pedagogue *n.* pedagog
pedagogy *n.* pedagogija
pedal *n.* pedala
pedal *v.t.* voziti bicikl
pedant *n.* pedant
pedantic *n.* pedantan
pedantry *n.* pedanterija
pedestal *n.* postolje
pedestrian *n.* pješak
pedigree *n.* pedigre
peel *v.t.* oljuštiti
peel *n.* kora
peep *v.i.* viriti
peep *n* virenje
peer *n.* plemić
peerless *a.* bez premca
peg *n.* klin
peg *v.t.* prikovati
pelf *n.* dobitak
pell-mell *adv.* zbrkano
pen *n.* pero
pen *v.t.* pisati
penal *a.* kazneni
penalize *v.t.* kazniti
penalty *n.* kazna
pencil *n.* olovka
pencil *v.t.* slikati
pending *prep.* u tijeku
pending *a* neodređen
pendulum *n.* klatno
penetrate *v.t.* prodrijeti

penetration *n.* penetracija
penis *n.* penis
penniless *a.* bez novca
penny *n.* peni
pension *n.* mirovina
pension *v.t.* umiroviti
pensioner *n.* umirovljenik
pensive *a.* zadubljen u misli
pentagon *n.* pentagon
peon *n.* nadničar
people *n.* narod
people *v.t.* naseliti
pepper *n.* biber
pepper *v.t.* biberiti
per *prep.* na, po
perambulator *n.* dječja kolica
perceive *v.t.* opaziti
perceptible *adj* primjetan
per *cent adv.* posto
percentage *n.* postotak
perception *n.* percepcija
perceptive *a.* perceptivan
perch *n.* grgeč
perch *v.i.* spustiti se
perennial *a.* višegodišnji
perennial *n.* trajnica
perfect *a.* savršen
perfect *v.t.* usavršiti
perfection *n.* savršenstvo
perfidy *n.* podmuklost
perforate *v.t.* probušiti
perforce *adv.* silom
perform *v.t.* izvesti
performance *n.* izvođenje
performer *n.* izvođač
perfume *n.* parfem
perfume *v.t.* namirisati
perhaps *adv.* možda
peril *n.* opasnost
peril *v.t.* ugroziti

perilous *a.* opasan
period *n.* razdoblje
periodical *n.* časopis
periodical *a.* periodičan
periphery *n.* periferija
perish *v.i.* poginuti
perishable *a.* kvarljiv
perjure *v.i.* lažno se zakleti
perjury *n.* krivokletstvo
permanence *n.* trajnost
permanent *a.* trajan
permissible *a.* dopustiv
permission *n.* dopuštenje
permit *v.t.* dozvoliti
permit *n.* dozvola
permutation *n.* permutacija
pernicious *a.* škodljiv
perpendicular *a.* vertikalan
perpendicular *n.* vertikala
perpetual *a.* vječit
perpetuate *v.t.* ovjekovječiti
perplex *v.t.* zbuniti
perplexity *n.* zbunjenost
persecute *v.t.* progoniti
persecution *n.* proganjanje
perseverance *n.* istrajnost
persevere *v.i.* istrajati
persist *v.i.* izdržati
persistence *n.* izdržljivost
persistent *a.* uporan
person *n.* osoba
personage *n.* ugledna ličnost
personal *a.* osobni
personality *n.* ličnost
personification *n.* personifikacija
personify *v.t.* oličavati
personnel *n.* osoblje
perspective *n.* perspektiva
perspiration *n.* znojenje
perspire *v.i.* znojiti se

persuade *v.t.* ubediti	**philologist** *n.* filolog
persuasion *n.* uvjeravanje	**philology** *n.* filologija
pertain *v.i.* odnositi se	**philosopher** *n.* filozof
pertinent *a.* prigodan	**philosophical** *a.* filozofski
perturb *v.t.* poremetiti	**philosophy** *n.* filozofija
perusal *n.* pregled	**phone** *n.* telefon
peruse *v.t.* pregledati	**phonetic** *a.* fonetski
pervade *v.t.* prožimati	**phonetics** *n.* fonetika
perverse *a.* perverzan	**phosphate** *n.* fosfat
perversion *n.* perverzija	**phosphorus** *n.* fosfor
perversity *n.* izopačenost	**photo** *n* fotografija
pervert *v.t.* pokvarenjak	**photograph** *v.t.* fotografirati
pessimism *n.* pesimizam	**photograph** *n* fotografija
pessimist *n.* pesimista	**photographer** *n.* fotograf
pessimistic *a.* pesimističan	**photographic** *a.* fotografski
pest *n.* štetočina	**photography** *n.* fotografija
pesticide *n.* pesticid	**phrase** *n.* fraza
pestilence *n.* kuga	**phrase** *v.t.* izraziti
pet *n.* ljubimac	**phraseology** *n.* frazeologija
pet *v.t.* milovati	**physic** *n.* medicina
petal *n.* latica	**physic** *v.t.* liječiti
petition *n.* peticija	**physical** *a.* fizički
petition *v.t.* moliti	**physician** *n.* liječnik
petitioner *n.* molilac	**physicist** *n.* fizičar
petrol *n.* benzin	**physics** *n.* fizika
petroleum *n.* nafta	**physiognomy** *n.* fizionomija
petticoat *n.* podsuknja	**physique** *n.* stas
petty *a.* sitan	**pianist** *n.* pijanista
petulance *n.* nestašnost	**piano** *n.* klavir
petulant *a.* mrzovoljan	**pick** *v.t.* izabrati
phantom *n.* fantom	**pick** *n.* izbor
pharmacy *n.* apoteka	**picket** *n.* kolac
phase *n.* faza	**picket** *v.t.* ograditi kolcima
phenomenal *a.* fenomenalan	**pickle** *n.* turšija
phenomenon *n.* fenomen	**pickle** *v.t* ukiseliti
phial *n.* bočica	**picnic** *n.* piknik
philanthropic *a.* filantropski	**picnic** *v.i.* ići na izlet
philanthropist *n.* filantrop	**pictorical** *a.* slikarski
philanthropy *n.* filantropija	**picture** *n.* slika
philological *a.* filološki	**picture** *v.t.* naslikati

picturesque *a.* slikovit
piece *n.* komad
piece *v.t.* sastaviti
pierce *v.t.* izbosti
piety *n.* pobožnost
pig *n.* svinja
pigeon *n.* golub
pigmy *n.* pigmej
pile *n.* gomila
pile *v.t.* gomilati
piles *n.* hemoroidi
pilfer *v.t.* ukrasti
pilgrim *n.* hodočasnik
pilgrimage *n.* hodočašće
pill *n.* pilula
pillar *n.* stup
pillow *n* jastuk
pillow *v.t.* položiti
pilot *n.* pilot
pilot *v.t.* pilotirati
pimple *n.* bubuljica
pin *n.* čioda
pin *v.t.* pribosti
pinch *v.t.* uštinuti
pinch *v.* stisnuti
pine *n.* bor
pine *v.i.* čeznuti
pineapple *n.* ananas
pink *n.* karanfil, ružičasta boja
pink *a* ružičast
pinkish *a.* ružičast
pinnacle *n.* vrhunac
pioneer *n.* pionir
pioneer *v.t.* krčiti
pious *a.* pobožan
pipe *n.* cijev, lula
pipe *v.i* svirati na fruli
piquant *a.* pikantan
piracy *n.* piratstvo
pirate *n.* gusar

pirate *v.t* izdavati
pistol *n.* pištolj
piston *n.* klip
pit *n.* jama
pit *v.t.* staviti u jamu
pitch *n.* smola
pitch *v.t.* zaliti
pitcher *n.* krčag
piteous *a.* bijedan
pitfall *n.* zamka
pitiable *a.* jadan
pitiful *a.* sažaljiv
pitiless *a.* nemilosrdan
pitman *n.* kopač
pittance *n.* mali dio
pity *n.* sažaljenje
pity *v.t.* sažaljevati
pivot *n.* stožer
pivot *v.t.* okretati se
placard *n.* plakat
place *n.* mjesto
place *v.t.* smjestiti
placid *a.* miran
plague *a.* kuga
plague *v.t.* zaraziti
plain *a.* jednostavan
plain *n.* ravan
plaintiff *n.* tužitelj
plan *n.* plana
plan *v.t.* planirati
plane *n.* ravnica
plane *v.t.* izravnati
plane *a.* ravan
plane *n* platan
planet *n.* planeta
planetary *a.* planetarni
plank *n.* daska
plank *v.t.* obložiti daskama
plant *n.* biljka
plant *v.t.* saditi

plantain *n.* bokvice
plantation *n.* plantaža
plaster *n.* flaster
plaster *v.t.* okrečiti
plate *n.* ploča
plate *v.t.* oklopiti
plateau *n.* plato
platform *n.* platforma
platonic *a.* platonski
platoon *n.* vod
play *n.* igra
play *v.i.* igrati se
player *n.* igrač
plea *n.* molba
plead *v.i.* obraćati se
pleader *n.* branitelj
pleasant *a.* prijatan
pleasantry *n.* šala
please *v.t.* ugoditi
pleasure *n.* zadovoljstvo
plebiscite *n.* plebiscit
pledge *n.* zaloga
pledge *v.t.* dati u zalogu
plenty *n.* mnogo
plight *n.* stanje
plod *v.i.* teško koračati
plot *n.* zaplet
plot *v.t.* smišljati
plough *n.* plug
plough *v.i* orati
ploughman *n.* orač
pluck *v.t.* otrgnuti
pluck *n* trzanje
plug *n.* utikač
plug *v.t.* začepiti
plum *n.* šljiva
plumber *n.* vodoinstalater
plunder *v.t.* pljačkanje
plunder *n* pljačkati
plunge *v.t.* zaroniti

plunge *n* ronjenje
plural *a.* množina
plurality *n.* pluralitet
plus *a.* dodatni
plus *n* plus
ply *v.t.* upotrebljavati
ply *n* nabor
pneumonia *n.* zapaljenje pluca
pocket *n.* džep
pocket *v.t.* staviti u džep
pod *n.* mahuna
poem *n.* pjesma
poesy *n.* poezija
poet *n.* pjesnik
poetaster *n.* stihoklepac
poetess *n.* pjesnikinja
poetic *a.* poetski
poetics *n.* poetika
poetry *n.* poezija
poignancy *n.* oštrina
poignant *a.* oštar
point *n.* točka
point *v.t.* zaoštriti
poise *v.t.* izbalansirati
poise *n* ravnoteža
poison *n.* otrov
poison *v.t.* otrovati
poisonous *a.* otrovan
poke *v.t.* gurati
poke *n.* vreća
polar *n.* polarni
pole *n.* pol
police *n.* policija
policeman *n.* policajac
policy *n.* politika
polish *v.t.* polirati
polish *n* sjaj
polite *a.* učtiv
politeness *n.* učtivost
politic *a.* lukav

political *a.* politički	pore *n.* pora
politician *n.* političar	pork *n.* svinjsko meso
politics *n.* politika	porridge *n.* kaša
polity *n.* državno uređenje	port *n.* luka
poll *n.* anketa	portable *a.* pokretan
poll *v.t.* seći	portage *n.* nošenje
pollen *n.* pelud	portal *n.* portal
pollute *v.t.* zagaditi	portend *v.t.* nagovijestiti
pollution *n.* zagađenje	porter *n.* vratar
polo *n.* polo	portfolio *n.* portfolio
polygamous *a.* poligamski	portico *n.* trijem
polygamy *n.* poligamija	portion *n* dio
polyglot1 *n.* poliglota	portion *v.t.* dijeliti
polyglot2 *a.* poliglotski	portrait *n.* portret
polytechnic *a.* politehnički	portraiture *n.* portretiranje
polytechnic *n.* politehnika	portray *v.t.* oslikati
polytheism *n.* politeizam	portrayal *n.* portret
polytheist *n.* politeista	pose *v.i.* pozirati
polytheistic *a.* politeistički	pose *n.* poza
pomp *n.* raskoš	position *n.* mjesto
pomposity *n.* pompeznost	position *v.t.* staviti
pompous *a.* pompezan	positive *a.* pozitivan
pond *n.* ribnjak	possess *v.t.* posjedovati
ponder *v.t.* razmišljati	possession *n.* posjedovanje
pony *n.* poni	possibility *n.* mogućnost
poor *a.* jadan	possible *a.* moguć
pop *v.i.* pucati	post *n.* sub
pop *n* prasak	post *v.t.* postaviti
pope *n.* papa	post *n* glasnik
poplar *n.* topola	post *v.t.* objaviti
poplin *n.* puplin	post *adv.* nakon
populace *n.* stanovništvo	postage *n.* poštarina
popular *a.* popularan	postal *a.* poštanski
popularity *n.* popularnost	post-date *v.t.* staviti kasniji datum
popularize *v.t.* popularizirati	poster *n.* plakat
populate *v.t.* naseliti	posterity *n.* potomstvo
population *n.* stanovništvo	posthumous *a.* posmrtni
populous *a.* naseljen	postman *n.* poštar
porcelain *n.* porculan	postmaster *n.* upravnik pošte
porch *n.* veranda	post-mortem *a.* obdukcioni

post-mortem *n.* obdukcija
post-office *n.* pošta
postpone *v.t.* odložiti
postponement *n.* odlaganje
postscript *n.* post skriptum
posture *n.* stavak
pot *n.* lonac
pot *v.t.* ostaviti
potash *n.* potaša
potassium *n.* kalij
potato *n.* krumpir
potency *n.* potentnost
potent *a.* potentan
potential *a.* moguć
potential *n.* mogućnost
pontentiality *n.* potencijal
potter *n.* grnčar
pottery *n.* grnčarija
pouch *n.* vrećica
poultry *n.* živina
pounce *v.i.* zaleteti se
pounce *n* zalet
pound *n.* funta
pound *v.t.* zatvoriti
pour *v.i.* sipati
poverty *n.* siromaštvo
powder *n.* prah
powder *v.t.* naprašiti
power *n.* snaga
powerful *a.* mocan
practicability *n.* izvodljivost
practicable *a.* izvodljiv
practical *a.* praktičan
practice *n.* praksa
practise *v.t.* uvježbavati
practitioner *n.* praktičar
pragmatic *a.* pragmatičan
pragmatism *n.* pragmatizam
praise *n.* pohvala
praise *v.t.* hvaliti

praiseworthy *a.* pohvalan
prank *n.* nestašluk
prattle *v.i.* brbljati
prattle *n.* brbljanje
pray *v.i.* moliti
prayer *n.* molitva
preach *v.i.* propovijedati
preacher *n.* propovjednik
preamble *n.* predgovor
precaution *n.* predostrožnost
precautionary *a.* obazriv
precede *v.* prethoditi
precedence *n.* prednost
precedent *n.* presedan
precept *n.* pravilo
preceptor *n.* učitelj
precious *a.* dragocjen
precis *n.* izvod
precise *n.* preciznost
precision *n.* preciznost
precursor *n.* prethodnik
predecessor *n.* prethodnik
predestination *n.* predodređenje
predetermine *v.t.* predodrediti
predicament *n.* neprilika
predicate *n.* predikat
predict *v.t.* predvidjeti
prediction *n.* predviđanje
predominance *n.* prevlast
predominant *a.* nadmoćan
predominate *v.i.* preovlađivati
pre-eminence *n.* nadmoćnost
pre-eminent *a.* nadmoćan
preface *n.* predgovor
preface *v.t.* opskrbiti predgovorom
prefect *n.* prefekt
prefer *v.t.* preferirati
preference *n.* sklonost
preferential *a.* povlašten
prefix *n.* prefiks

prefix *v.t.* dodati prefiks	**preservative** *n.* prezervativ
pregnancy *n.* trudnoća	**preservative** *a.* zaštitni
pregnant *a.* trudna	**preserve** *v.t.* spremiti
prehistoric *a.* prapovijesni	**preserve** *n.* ukuhano voće
prejudice *n.* predrasuda	**preside** *v.i.* predsjedavati
prelate *n.* prelat	**president** *n.* predsjednik
preliminary *a.* preliminaran	**presidential** *a.* predsjednički
preliminary *n* priprema	**press** *v.t.* pritisnite
prelude *n.* uvod	**press** *n* tisak
prelude *v.t.* uvesti	**pressure** *n.* tlak
premarital *a.* predbračni	**pressurize** *v.t.* staviti pod pritisak
premature *a.* prevremen	**prestige** *n.* prestiž
premeditate *v.t.* unaprijed smisliti	**prestigious** *a.* prestižan
premeditation *n.* predumišljaj	**presume** *v.t.* pretpostaviti
premier *a.* premijer	**presumption** *n.* pretpostavka
premier *n* premijer	**presuppose** *v.t.* pretpostaviti
premiere *n.* premijera	**presupposition** *n.* pretpostavljanje
premium *n.* premija	**pretence** *n.* pretvaranje
premonition *n.* predosjećanje	**pretend** *v.t.* pretvarati se
preoccupation *n.* preokupacija	**pretension** *n.* pretenzija
preoccupy *v.t.* zaokupiti	**pretentious** *a.* pretenciozan
preparation *n.* priprema	**pretext** *n* izgovor
preparatory *a.* pripremni	**prettiness** *n.* ljepota
prepare *v.t.* pripremiti	**pretty** *a* lijep
preponderance *n.* prevaga	**pretty** *adv.* prilično
preponderate *v.i.* premašivati	**prevail** *v.i.* preovlađivati
preposition *n.* prijedlog	**prevalence** *n.* prevlast
prerequisite *a.* preduslovan	**prevalent** *a.* preovlađujući
prerequisite *n* preduvjet	**prevent** *v.t.* spriječiti
prerogative *n.* privilegija	**prevention** *n.* prevencija
prescience *n.* predosjećanje	**preventive** *a.* preventivan
prescribe *v.t.* propisati	**previous** *a.* prethodni
prescription *n.* recept	**prey** *n.* plijen
presence *n.* prisustvo	**prey** *v.i.* vrebati
present *a.* prisutan	**price** *n.* cijena
present *n.* poklon	**price** *v.t.* cijeniti
present *v.t.* predstaviti	**prick** *n.* ubod
presentation *n.* prezentacija	**prick** *v.t.* ubosti
presently *adv.* uskoro	**pride** *n.* ponos
preservation *n.* čuvanje	**pride** *v.t.* ponositi se

priest *n.* svećenik	problematic *a.* problematičan
priestess *n.* svećenica	procedure *n.* procedura
priesthood *n.* svećenstvo	proceed *v.i.* nastaviti
prima facie *adv.* na prvi pogled	proceeding *n.* postupak
primarily *adv.* prvenstveno	proceeds *n.* dohodak
primary *a.* osnovni	process *n.* proces
prime *a.* glavni	procession *n.* povorka
prime *n.* početak	proclaim *v.t.* proglasiti
primer *n.* bukvar	proclamation *n.* proglas
primeval *a.* prastar	proclivity *n.* sklonost
primitive *a.* primitivan	procrastinate *v.i.* odugovlačiti
prince *n.* princ	procrastination *n.* odugovlačenje
princely *a.* kneževski	proctor *n.* prokurator
princess *n.* princeza	procure *v.t.* nabaviti
principal *n.* starješina	procurement *n.* nabavka
principal *a* glavni	prodigal *a.* rasipan
principle *n.* princip	prodigality *n.* rasipnost
print *v.t.* tiskati	produce *v.t.* proizvoditi
print *n* otisak	produce *n.* proizvod
printer *n.* pisač	product *n.* produkt
prior *a.* raniji	production *n.* proizvodnja
prior *n* iguman	productive *a.* produktivan
prioress *n.* igumanija	productivity *n.* produktivnost
priority *n.* prioritet	profane *a.* svetovan
prison *n.* zatvor	profane *v.t.* poštovati
prisoner *n.* zatvorenik	profess *v.t.* ispovijedati
privacy *n.* privatnost	profession *n.* profesija
private *a.* privatni	professional *a.* profesionalan
privation *n.* ištanje	professor *n.* profesor
privilege *n.* privilegija	proficiency *n.* vještina
prize *n.* nagrada	proficient *a.* vješt
prize *v.t.* cijeniti	profile *n.* profil
probability *n.* vjerojatnost	profile *v.t.* prikazati u profilu
probable *a.* vjerojatan	profit *n.* profiter
probably *adv.* vjerojatno	profit *v.t.* profitirati
probation *n.* proba	profitable *a.* profitabilan
probationer *n.* pripravnik	profiteer *n.* profiter
probe *v.t.* istraživati	profiteer *v.i.* nepošteno zarađivati
probe *n* sonda	profligacy *n.* raskalašnost
problem *n.* problem	profligate *a.* rasipan

profound *a.* dubok	**pronunciation** *n.* izgovor
profundity *n.* dubina	**proof** *n.* dokaz
profuse *a.* obilan	**proof** *a* otporan
profusion *n.* obilje	**prop** *n.* podupirač
progeny *n.* potomstvo	**prop** *v.t.* podupirati
programme *n.* program	**propaganda** *n.* propaganda
programme *v.t.* programirati	**propagandist** *n.* propagator
progress *n.* napredak	**propagate** *v.t.* propagirati
progress *v.i.* napredovati	**propagation** *n.* širenje
progressive *a.* progresivan	**propel** *v.t.* pokrenuti
prohibit *v.t.* zabraniti	**proper** *a.* pravi
prohibition *n.* zabrana	**property** *n.* imovina
prohibitive *a.* nedopušten	**prophecy** *n.* proročanstvo
prohibitory *a.* zabranjujući	**prophesy** *v.t.* proreći
project *n.* projekt	**prophet** *n.* prorok
project *v.t.* projektirati	**prophetic** *a.* proročki
projectile *n.* projektil	**proportion** *n.* proporcija
projectile *a* koji se može baciti	**proportion** *v.t.* podesiti
projection *n.* projekcija	**proportional** *a.* proporcionalan
projector *n.* projektor	**proportionate** *a.* razmjeran
proliferate *v.i.* razmnožiti se	**proposal** *n.* prijedlog
proliferation *n.* razmnožavanje	**propose** *v.t.* predložiti
prolific *a.* plodan	**proposition** *n.* prijedlog
prologue *n.* prolog	**propound** *v.t.* predložiti
prolong *v.t.* produžiti	**proprietary** *a.* vlasnički
prolongation *n.* produženje	**proprietor** *n.* vlasnik
prominence *n.* istaknutost	**propriety** *n.* ispravnost
prominent *a.* istaknut	**prorogue** *v.t.* raspustiti
promise *n* obećanje	**prosaic** *a.* prozaičan
promise *v.t* obećati	**prose** *n.* proza
promising *a.* obećavajući	**prosecute** *v.t.* goniti
promissory *a.* koji sadrži obećanje	**prosecution** *n.* sudski progon
promote *v.t.* promovirati	**prosecutor** *n.* tužitelj
promotion *n.* promocija	**prosody** *n.* prozodija
prompt *a.* brz	**prospect** *n.* izgled
prompt *v.t.* potaknuti	**prospective** *a.* potencijalan
prompter *n.* sufler	**prospectus** *n.* prospekt
prone *a.* sklon	**prosper** *v.i.* napredovati
pronoun *n.* zamjenica	**prosperity** *n.* blagostanje
pronounce *v.t.* izgovarati	**prosperous** *a.* uspješan

prostitute *n.* prostitutka	prudential *a.* promišljen
prostitute *v.t.* prostituirati	prune *v.t.* orezati
prostitution *n.* prostitucija	pry *v.i.* zavirivati
prostrate *a.* iznuren	psalm *n.* psalm
prostrate *v.t.* oboriti	pseudonym *n.* pseudonim
prostration *n.* iznurenost	psyche *n.* psiha
protagonist *n.* protagonista	psychiatrist *n.* psihijatar
protect *v.t.* zaštititi	psychiatry *n.* psihijatrija
protection *n.* zaštita	psychic *a.* psihički
protective *a.* zaštitni	psychological *a.* psihološki
protector *n.* zaštitnik	psychologist *n.* psiholog
protein *n.* protein	psychology *n.* psihologija
protest *n.* protest	psychopath *n.* psihopata
protest *v.i.* protestovati	psychosis *n.* psihoza
protestation *n.* protest	psychotherapy *n.* psihoterapija
prototype *n.* prototip	puberty *n.* pubertet
proud *a.* ponosan	public *a.* javni
prove *v.t.* dokazati	public *n.* javnost
proverb *n.* poslovica	publication *n.* izdanje
proverbial *a.* poslovičan	publicity *n.* publicitet
provide *v.i.* osigurati	publicize *v.t.* dati publicitet
providence *n.* proviđenje	publish *v.t.* objaviti
provident *a.* oprezan	publisher *n.* izdavač
providential *a.* povoljan	pudding *n.* puding
province *n.* provincija	puddle *n.* bara
provincial *a.* provincijski	puddle *v.t.* gacati
provincialism *n.* provincijalizam	puerile *a.* djetinjast
provision *n.* odredba	puff *n.* dašak
provisional *a.* privremen	puff *v.i.* dahtati
proviso *n.* uvjet	pull *v.t.* povući
provocation *n.* provokacija	pull *n.* povlačenje
provocative *a.* provokativan	pulley *n.* kotur
provoke *v.t.* provocirati	pullover *n.* pulover
prowess *n.* junaštvo	pulp *n.* pulpa
proximate *a.* neposredan	pulp *v.t.* pretvoriti u kašu
proximity *n.* blizina	pulpit *a.* propovjedaonica
proxy *n.* zastupnik	pulpy *a.* mekan
prude *n.* pretjerano čedna žena	pulsate *v.i.* kucati
prudence *n.* razboritost	pulsation *n.* pulsacija
prudent *a.* razborit	pulse *n.* puls

pulse *v.i.* pulsirati	**purport** *n.* značenje
pulse *n* puls	**purport** *v.t.* značiti
pump *n.* pumpa	**purpose** *n.* svrha
pump *v.t.* pumpati	**purpose** *v.t.* namjeravati
pumpkin *n.* bundeva	**purposely** *adv.* namjerno
pun *n.* igra riječima	**purr** *n.* predenje
pun *v.i.* igrati se riječima	**purr** *v.i.* presti
punch *n.* punč	**purse** *n.* novčanik
punch *v.t.* udariti	**purse** *v.t.* namrštiti
punctual *a.* točan	**pursuance** *n.* izvođenje
punctuality *n.* točnost	**pursue** *v.t.* progoniti
punctuate *v.t.* naglasiti	**pursuit** *n.* potera
punctuation *n.* interpunkcija	**purview** *n.* vidokrug
puncture *n.* rupa	**pus** *n.* gnoj
puncture *v.t.* probušiti	**push** *v.t.* gurnuti
pungency *n.* oporost	**push** *n.* guranje
pungent *a.* opor	**put** *v.t.* staviti
punish *v.t.* kazniti	**puzzle** *n.* slagalica
punishment *n.* kazna	**puzzle** *v.t.* zbuniti
punitive *a.* kazneni	**pygmy** *n.* pigmejac
puny *a.* slabašan	**pyorrhoea** *n.* gnojna upala
pupil *n.* učenik	**pyramid** *n.* piramida
puppet *n.* marioneta	**pyre** *n.* lomača
puppy *n.* štene	**python** *n.* piton
purblind *n.* poluslep	
purchase *n.* kupovina	
purchase *v.t.* kupiti	

Q

pure *a* čist	
purgation *n.* pročišćenje	**quack** *v.i.* blebetati
purgative *n.* purgativ	**quack** *n* šarlatan
purgative *a* purgativan	**quackery** *n.* nadriliječništvo
purgatory *n.* čistilište	**quadrangle** *n.* četvorougaonik
purge *v.t.* očistiti	**quadrangular** *a.* četverokutni
purification *n.* pročišćavanje	**quadrilateral** *a. & n.* četvorostrane
purify *v.t.* očistiti	**quadruped** *n.* četveronožni
purist *n.* purista	**quadruple** *a.* četvorostruko
puritan *n.* puritanac	**quadruple** *v.t.* učetvorostručiti
puritanical *a.* puritanski	**quail** *n.* prepelica
purity *n.* čistoća	**quaint** *a.* čudan
purple *adj* ljubičast	**quake** *v.i.* tresti se

quake *n.* potres
qualification *n.* kvalifikacija
qualify *v.i.* kvalificirati se
qualitative *a.* kvalitativan
quality *n.* kvalitetu
quandary *n.* dilema
quantitative *a.* kvantitativan
quantity *n.* količina
quantum *n.* kvant
quarrel *n.* svađa
quarrel *v.i.* svađati se
quarrelsome *a.* svadljiv
quarry *n.* kamenolom
quarry *v.i.* iskopavati
quarter *n.* četvrtina
quarter *v.t.* podijeliti na četiri dijela
quarterly *a.* tromjesečni
queen *n.* kraljica
queer *a.* nastran
quell *v.t.* ugušiti
quench *v.t.* ugasiti
query *n.* pitanje
query *v.t* pitati
quest *n.* traganje
quest *v.t.* tragati
question *n.* pitanje
question *v.t.* pitati
questionable *a.* sumnjiv
questionnaire *n.* upitnik
queue *n.* red
quibble *n.* dosjetka
quibble *v.i.* praviti dosjetke
quick *a.* brz
quick *n* živac
quicksand *n.* živi pijesak
quicksilver *n.* živa
quiet *a.* miran
quiet *n.* mir
quiet *v.t.* umiriti
quilt *n.* jorgan

quinine *n.* kinin
quintessence *n.* suština
quit *v.t.* prestati
quite *adv.* sasvim
quiver *n.* tobolac
quiver *v.i.* drhtati
quixotic *a.* donkihotski
quiz *n.* kviz
quiz *v.t.* ispitivati
quorum *n.* kvorum
quota *n.* kvota
quotation *n.* citat
quote *v.t.* citirati
quotient *n.* količnik

R

rabbit *n.* zec
rabies *n.* bjesnilo
race *n.* utrka
race *v.i* trkati se
racial *a.* rasni
racialism *n.* rasizam
rack *v.t.* mučiti
rack *n.* propast
racket *n.* reket
radiance *n.* sjaj
radiant *a.* sjajan
radiate *v.t.* zračiti
radiation *n.* zračenje
radical *a.* radikalan
radio *n.* radio
radio *v.t.* javiti putem radija
radish *n.* rotkvica
radium *n.* radij
radius *n.* polumjer
rag *n.* krpa
rag *v.t.* zadirkivati
rage *n.* bijes

rage v.i. bjesniti	rapt a. ushićen
raid n. racija	rapture n. zanesenost
raid v.t. upasti	rare a. rijedak
rail n. šina	rascal n. nitkov
rail v.t. ograditi	rash a. osip
raling n. ograda	rat n. pacov
raillery n. zadirkivanje	rate v.t. procijeniti
railway n. željeznica	rate n. stopa
rain v.i. padati	rather adv. radije
rain n kiša	ratify v.t. ratifikovati
rainy a. kišovit	ratio n. odnos
raise v.t. dići	ration n. obrok
raisin n. suho grožđe	rational a. racionalan
rally v.t. skupljanje	rationale n. obrazloženje
rally n zbor	rationality n. racionalnost
ram n. ovan	rationalize v.t. racionalizirati
ram v.t. zakrčiti	rattle v.i. zveckati
ramble v.t. skitanje	rattle n zvečka
ramble n skitati	ravage n. pustošenje
rampage v.i. divljati	ravage v.t. pustošiti
rampage n. divljanje	rave v.i. buncati
rampant a. osion	raven n. gavran
rampart n. bedem	ravine n. tjesnac
rancour n. zloba	raw a. sirov
random a. slučajan	ray n. zrak
range v.t. postrojiti	raze v.t. razrušiti
range n. domet	razor n. brijač
ranger n. skitnica	reach v.t. dostići
rank n. rang	react v.i. reagirati
rank v.t. rangirati	reaction n. reakcija
rank a bujan	reactionary a. reakcionaran
ransack v.t. pretresti	read v.t. čitati
ransom n. otkup	reader n. čitatelj
ransom v.t. otkupiti	readily adv. spremno
rape n. silovanje	readiness n. spremnost
rape v.t. silovati	ready a. spreman
rapid a. hitar	real a. pravi
rapidity n. hitrina	realism n. realizam
rapier n. rapir	realist n. realista
rapport n. prisnost	realistic a. realističan

reality *n.* realnost
realization *n.* realizacija
realize *v.t.* realizirati
really *adv.* stvarno
realm *a.* carstvo
ream *n. ris* papira
reap *v.t.* žeti
reaper *n.* žetelac
rear *n.* pozadina
rear *v.t.* gajiti
reason *n.* razlog
reason *v.i.* misliti
reasonable *a.* razuman
reassure *v.t.* uvjeravati
rebate *n.* rabat
rebel *v.i.* buniti se
rebei *n.* buntovnik
rebellion *n.* pobuna
rebellious *a.* buntovan
rebirth *n.* preporod
rebound *v.i.* odbiti
rebound *n.* odbijanje
rebuff *n.* odbacivanje
rebuff *v.t.* odbaciti
rebuke *v.t.* koriti
rebuke *n.* ukor
recall *v.t.* opozvati
recall *n.* opoziv
recede *v.i.* uzmaći
receipt *n.* račun
receive *v.t.* dobiti
receiver *n.* prijemnik
recent *a.* nedavni
recently *adv.* nedavno
reception *n.* prijem
receptive *a.* prijemčiv
recess *n.* udubljenje
recession *n.* recesija
recipe *n.* recept
recipient *n.* primatelj

reciprocal *a.* recipročan
reciprocate *v.t.* uzvraćati
recital *n.* recital
recitation *n.* recitacija
recite *v.t.* recitovati
reckless *a.* nemaran
reckon *v.t.* računati
reclaim *v.t.* vratiti
reclamation *n* reklamacija
recluse *n.* pustinjak
recognition *n.* prepoznavanje
recognize *v.t.* prepoznati
recoil *v.i.* ustuknuti
recoil *adv.* odbojno
recollect *v.t.* sjetiti se
recollection *n.* sjećanje
recommend *v.t.* preporučiti
recommendation *n.* preporuka
recompense *v.t.* nadoknaditi
recompense *n.* naknada
reconcile *v.t.* pomiriti
reconciliation *n.* izmirenje
record *v.t.* zapisati
record *n.* zapisnik
recorder *n.* zapisničar
recount *v.t.* iznova brojati
recoup *v.t.* nadoknaditi
recourse *n.* regres
recover *v.t.* oporaviti se
recovery *n.* oporavak
recreation *n.* rekreacija
recruit *n.* regrut
recruit *v.t.* regrutovati
rectangle *n.* pravokutnik
rectangular *a.* pravokutni
rectification *n.* ispravak
rectify *v.i.* ispraviti
rectum *n.* rektum
recur *v.i.* ponavljati se
recurrence *n.* vraćanje

recurrent *a.* povratni
red *a.* crven
red *n.* crvena boja
redden *v.t.* porumeneti
reddish *a.* crvenkast
redeem *v.t.* iskupiti se
redemption *n.* iskupljenje
redouble *v.t.* udvostručiti
redress *v.t.* popraviti
redress *n* obeštećenje
reduce *v.t.* smanjiti
reduction *n.* smanjenje
redundance *n.* obilje
redundant *a.* suvišan
reel *n.* kalem
reel *v.i.* namotati
refer *v.t.* uputiti
referee *n.* sudaca
reference *n.* referenca
referendum *n.* referendum
refine *v.t.* preraditi
refinement *n.* pročišćavanje
refinery *n.* rafinerija
reflect *v.t.* odraziti
reflection *n.* odraz
reflective *a.* reflektujuće
reflector *n.* reflektor
reflex *n.* refleks
reflex *a* refleksan
reflexive *a* povratni
reform *v.t.* reformirati
reform *n.* reforma
reformation *n.* reformacija
reformatory *n.* popravni dom
reformatory *a* popravni
reformer *n.* reformator
refrain *v.i.* uzdržavati se
refrain *n* refren
refresh *v.t.* osvježiti
refreshment *n.* osvježenje

refrigerate *v.t.* rashladiti
refrigeration *n.* hlađenje
refrigerator *n.* hladnjak
refuge *n.* utočište
refugee *n.* izbjeglica
refulgence *n.* sjaj
refulgent *a.* sjajan
refund *v.t.* povratiti
refund *n.* povraćaj
refusal *n.* odbijanje
refuse *v.t.* odbiti
refuse *n.* smeće
refutation *n.* pobijanje
refute *v.t.* pobiti
regal *a.* kraljevski
regard *v.t.* cijeniti
regard *n.* poštovanje
regenerate *v.t.* regenerirati
regeneration *n.* regeneracija
regicide *n.* kraljoubojstvo
regime *n.* režim
regiment *n.* puk
regiment *v.t.* rasporediti
region *n.* regiji
regional *a.* regionalni
register *n.* registar
register *v.t.* registrirati
registrar *n.* matičar
registration *n.* registracija
registry *n.* registar
regret *v.i.* žaliti
regret *n* žaljenje
regular *a.* redovan
regularity *n.* pravilnost
regulate *v.t.* regulirati
regulation *n.* propis
regulator *n.* regulator
rehabilitate *v.t.* rehabilitirati
rehabilitation *n.* rehabilitacija
rehearsal *n.* proba

rehearse *v.t.* probati	**religion** *n.* religija
reign *v.i.* vladati	**religious** *a.* vjerski
reign *n* vladavina	**relinquish** *v.t.* odreći se
reimburse *v.t.* nadoknaditi	**relish** *v.t.* uživati
rein *n.* uzda	**relish** *n* slast
rein *v.t.* zauzdati	**reluctance** *n.* opiranje
reinforce *v.t.* pojačati	**reluctant** *a.* nerad
reinforcement *n.* pojačanje	**rely** *v.i.* osloniti
reinstate *v.t.* ponovno postavljanje	**remain** *v.i.* ostati
reinstatement *n.* ponovno postaviti	**remainder** *n.* ostatak
reiterate *v.t.* neprestano ponavljati	**remains** *n.* ostaci
reiteration *n.* neprestano ponavljanje	**remand** *v.t.* vratiti u pritvor
reject *v.t.* odbiti	**remand** *n* vraćanje u pritvor
rejection *n.* odbijanje	**remark** *n.* napomena
rejoice *v.i.* radovati se	**remark** *v.t.* napomenuti
rejoin *v.t.* ponovo pridružiti	**remarkable** *a.* izvanredan
rejoinder *n.* odgovor	**remedial** *a.* popravni
rejuvenate *v.t.* podmladiti	**remedy** *n.* pravni lijek
rejuvenation *n.* pomlađivanje	**remedy** *v.t* lijek
relapse *v.i.* vratiti se	**remember** *v.t.* zapamtiti
relapse *n.* povratak	**remembrance** *n.* sjećanje
relate *v.t.* odnositi se	**remind** *v.t.* podsjetiti
relation *n.* odnos	**reminder** *n.* podsjetnik
relative *a.* relativan	**reminiscence** *n.* uspomena
relative *n.* rođak	**reminiscent** *a.* koji podsjeća
relax *v.t.* opustiti	**remission** *n.* opraštanje
relaxation *n.* opuštanje	**remit** *v.t.* oprostiti
relay *n.* relej	**remittance** *n.* novčana pošiljka
relay *v.t.* prenositi	**remorse** *n.* pokajanje
release *v.t.* pustiti	**remote** *a.* dalek
release *n* puštanje	**removable** *a.* prenosiv
relent *v.i.* popustiti	**removal** *n.* uklanjanje
relentless *a.* nemilosrdan	**remove** *v.t.* ukloniti
relevance *n.* relevantnost	**remunerate** *v.t.* nagraditi
relevant *a.* relevantan	**remuneration** *n.* plata
reliable *a.* pouzdan	**remunerative** *a.* unosan
reliance *n.* pouzdanje	**renaissance** *n.* renesansa
relic *n.* relikvija	**render** *v.t.* učiniti
relief *n.* reljef	**rendezvous** *n.* randevu
relieve *v.t.* olakšati	**renew** *v.t.* obnoviti

renewal *n.* obnova
renounce *v.t.* odreći se
renovate *v.t.* renovirati
renovation *n.* obnova
renown *n.* renome
renowned *a.* poznat
rent *n.* iznajmljivanje
rent *v.t.* iznajmljivati
renunciation *n.* odricanje
repair *v.t.* popraviti
repair *n.* popravka
repairable *a.* opravljiv
repartee *n.* duhovit odgovor
repatriate *v.t.* vratiti u domovinu
repatriate *n* povratnik
repatriation *n.* povratak u domovinu
repay *v.t.* isplatiti
repayment *n.* otplata
repeal *v.t.* opozvati
repeal *n* opozivanje
repeat *v.t.* ponoviti
repel *v.t.* odbiti
repellent *a.* odvratan
repellent *n* sredstvo protiv insekata
repent *v.i.* pokajati se
repentance *n.* pokajanje
repentant *a.* pokajnički
repercussion *n.* posljedica
repetition *n.* ponavljanje
replace *v.t.* zamijeniti
replacement *n.* zamjena
replenish *v.t.* napuniti
replete *a.* napunjen
replica *n.* replika
reply *v.i.* odgovoriti
reply *n* odgovor
report *v.t.* izvijestiti
report *n.* izvješće
reporter *n.* novinar
repose *n.* odmor
repose *v.i.* odmarati se
repository *n.* skladište
represent *v.t.* predstavljati
representation *n.* predstavljanje
representative *n.* predstavnik
representative *a.* reprezentativan
repress *v.t.* potisnuti
repression *n.* suzbijanje
reprimand *n.* ukor
reprimand *v.t.* ukoriti
reprint *v.t.* ponovno štampati
reprint *n.* preštampavanje
reproach *v.t.* prigovarati
reproach *n.* prijekor
reproduce *v.t.* reproducirati
reproduction *n* reprodukcija
reproductive *a.* reproduktivan
reproof *n.* ukor
reptile *n.* reptil
republic *n.* republika
republican *a.* republikanski
republican *n* republikanac
repudiate *v.t.* otjerati
repudiation *n.* razvod
repugnance *n.* odvratnost
repugnant *a.* odvratan
repulse *v.t.* odbiti
repulse *n.* odbijanje
repulsion *n.* odbojnost
repulsive *a.* odbojan
reputation *n.* ugled
repute *v.t.* smatrati
repute *n.* ugled
request *v.t.* zahtijevati
request *n* zahtjev
requiem *n.* rekvijem
require *v.t.* tražiti
requirement *n.* traženje
requisite *a.* potreban
requisite *n* potreba

requisition *n.* trebovanje
requisition *v.t.* trebovati
requite *v.t.* vratiti
rescue *v.t.* spasiti
rescue *n* spasavanje
research *v.i.* istraživati
research *n* istraživanje
resemblance *n.* sličnost
resemble *v.t.* ličiti
resent *v.t.* vrijeđati
resentment *n.* ozlojeđenost
reservation *n.* rezervat
reserve *v.t.* rezervirati
reservoir *n.* spremnik
reside *v.i.* boraviti
residence *n.* prebivalište
resident *a.* rezidentan
resident *n* stanovnik
residual *a.* preostali
residue *n.* ostatak
resign *v.t.* dati ostavku
resignation *n.* ostavka
resist *v.t.* odoljeti
resistance *n.* otpor
resistant *a.* otporan
resolute *a.* odlučan
resolution *n.* rezolucija
resolve *v.t.* riješiti
resonance *n.* rezonanca
resonant *a.* rezonantan
resort *v.i.* pribjeći
resort *n* pribježište
resound *v.i.* odjeknuti
resource *n.* resurs
resourceful *a.* snalažljiv
respect *v.t.* poštovati
respect *n.* poštovanje
respectful *a.* pun poštovanja
respective *a.* odnosan
respiration *n.* disanje

respire *v.i.* disati
resplendent *a.* sjajan
respond *v.i.* odgovoriti
respondent *n.* optuženik
response *n.* odgovor
responsibility *n.* odgovornost
responsible *a.* odgovoran
rest *v.i.* odmoriti se
rest *n* odmor
restaurant *n.* restoran
restive *a.* jogunast
restoration *n.* restauracija
restore *v.t.* obnoviti
restrain *v.t.* obuzdati
restrict *v.t.* ograničiti
restriction *n.* ograničenje
restrictive *a.* restriktivan
result *v.i.* proizlaziti
result *n.* rezultat
resume *v.t.* rezimirati
resume *n.* sažetak
resumption *n.* nastavljanje
resurgence *n.* preporod
resurgent *a.* koji oživljava
retail *v.t.* prodavati robu na malo
retail *n.* maloprodaja
retail *adv.* maloprodajno
retail *a* maloprodajni
retailer *n.* trgovac na malo
retain *v.t.* zadržati
retaliate *v.i.* osvetiti se
retaliation *n.* odmazda
retard *v.t.* usporiti
retardation *n.* retardiranost
retention *n.* zadržavanje
retentive *a.* koji zadržava
reticence *n.* povučenost
reticent *a.* povučen
retina *n.* mrežnica
retinue *n.* pratnja

retire *v.i.* umiroviti
retirement *n.* mirovina
retort *v.t.* odgovoriti
retort *n.* odgovor
retouch *v.t.* retuširati
retrace *v.t.* vratiti se istim putem
retread *v.t.* protektirati gumu
retread *n.* protektirane gume
retreat *v.i.* povlačiti se
retrench *v.t.* smanjiti izdatke
retrenchment *n.* štednja
retrieve *v.t.* povratiti
retrospect *n.* retrospektiva
retrospection *n.* retrospekcija
retrospective *a.* retrospektivan
return *v.i.* vratiti se
return *n.* povratak
revel *v.i.* pijančiti
revel *n.* pijanka
revelation *n.* otkrovenje
reveller *n.* mangup
revelry *n.* terevenka
revenge *v.t.* osvetiti
revenge *n.* osveta
revengeful *a.* osvetoljubiv
revenue *n.* prihod
revere *v.t.* duboko poštovati
reverence *n.* poštovanje
reverend *a.* častan
reverent *a.* pun poštovanja
reverential *a.* pun poštovanja
reverie *n.* sanjarenje
reversal *n.* preokret
reverse *a.* suprotan
reverse *n* suprotnost
reverse *v.t.* obrnuti
reversible *a.* povratan
revert *v.i.* vratiti se
review *v.t.* pregledati
review *n* pregled

revise *v.t.* prepraviti
revision *n.* revizija
revival *n.* oživljavanje
revive *v.i.* oživjeti
revocable *a.* opozivan
revocation *n.* opoziv
revoke *v.t.* opozvati
revolt *v.i.* pobuniti se
revolt *n.* pobuna
revolution *n.* revolucija
revolutionary *a.* revolucionaran
revolutionary *n* revolucionar
revolve *v.i.* obrtati se
revolver *n.* revolver
reward *n.* nagrada
reward *v.t.* nagraditi
rhetoric *n.* retorika
rhetorical *a.* retorički
rheumatic *a.* reumatski
rheumatism *n.* reumatizam
rhinoceros *n.* nosorog
rhyme *n.* rima
rhyme *v.i.* rimovati se
rhymester *n.* stihopisac
rhythm *n.* ritam
rhythmic *a.* ritmičan
rib *n.* rebro
ribbon *n.* traka
rice *n.* riža
rich *a.* bogat
riches *n.* izobilje
richness *n.* bogatstvo
rick *n.* plast
rickets *n.* rahitis
rickety *a.* rahitičan
rickshaw *n.* rikša
rid *v.t.* osloboditi
riddle *n.* zagonetka
riddle *v.i.* prosijati
ride *v.t.* voziti

ride *n* vožnja	**rivalry** *n.* rivalstvo
rider *n.* jahač	**river** *n.* rijeka
ridge *n.* greben	**rivet** *n.* zakovica
ridicule *v.t.* ismijavati	**rivet** *v.t.* zakovati
ridicule *n.* ismijavanje	**rivulet** *n.* potočić
ridiculous *a.* smiješan	**road** *n.* put
rifle *v.t.* opljačkati	**roam** *v.i.* lutati
rifle *n* puška	**roar** *n.* rika
rift *n.* pukotina	**roar** *v.i.* rikati
right *a.* pravi	**roast** *v.t.* peći
right *adv* ispravno	**roast** *a* pečen
right *n* pravo	**roast** *n* pečenje
right *v.t.* postaviti	**rob** *v.t.* opljačkati
righteous *a.* pravedan	**robber** *n.* pljačkaš
rigid *a.* rigidan	**robbery** *n.* pljačka
rigorous *a.* rigorozan	**robe** *n.* haljina
rigour *n.* strogost	**robe** *v.t.* odjenuti
rim *n.* obod	**robot** *n.* robot
ring *n.* prsten	**robust** *a.* kršan
ring *v.t.* okružiti	**rock** *v.t.* ljuljati
ringlet *n.* prstenčić	**rock** *n.* stijena
ringworm *n.* lišaj (oboljenje kože)	**rocket** *n.* raketa
rinse *v.t.* ispirati	**rod** *n.* štap
riot *n.* pobuna	**rodent** *n.* glodar
riot *v.t.* bjesniti	**roe** *n.* srna
rip *v.t.* cepati	**rogue** *n.* bitanga
ripe *a* zreo	**roguery** *n.* nevaljalost
ripen *v.i.* sazrijevati	**roguish** *a.* lopovski
ripple *n.* talasanje	**role** *n.* uloga
ripple *v.t.* talasati	**roll** *n.* rola
rise *v.* dići se	**roll** *v.i.* kotrljati
rise *n.* dizanje	**roll-call** *n.* prozivka
risk *v.t.* riskirati	**roller** *n.* valjak
risk *n.* rizik	**romance** *n.* romantika
risky *a.* rizičan	**romantic** *a.* romantičan
rite *n.* obred	**romp** *v.i.* skakati
ritual *n.* ritual	**romp** *n.* ludiranje
ritual *a.* ritualni	**rood** *n.* raspeće
rival *n.* protivnik	**roof** *n.* krov
rival *v.t.* nadmetati se	**roof** *v.t.* pokriti krovom

rook *n.* kula	**royal** *a.* kraljevski
rook *v.t.* varati	**royalist** *n.* rojalistički
room *n.* soba	**royalty** *n.* kraljevstvo
roomy *a.* prostran	**rub** *v.t.* trljati
roost *n.* kokošinjac	**rub** *n* trljanje
roost *v.i.* prenoćiti	**rubber** *n.* guma
root *n.* korijen	**rubbish** *n.* đubre
root *v.i.* ukorijeniti	**rubble** *n.* krš
rope *n.* uže	**ruby** *n.* rubin
rope *v.t.* povezati	**rude** *a.* nepristojan
rosary *n.* ružičnjak, brojanice	**rudiment** *n.* osnov
rose *n.* ruža	**rudimentary** *a.* osnovni
roseate *a.* ružičast	**rue** *v.t.* žaliti
rostrum *n.* govornica	**rueful** *a.* žalostan
rosy *a.* rumen	**ruffian** *n.* siledžija
rot *n.* trulež	**ruffle** *v.t.* nabrati
rot *v.i.* truliti	**rug** *n.* ćilim
rotary *a.* rotacijski	**rugged** *a.* neravan
rotate *v.i.* rotirati	**ruin** *n.* propast
rotation *n.* rotacija	**ruin** *v.t.* upropastiti
rote *n.* učenje napamet	**rule** *n.* pravilo
rouble *n.* rublja	**rule** *v.t.* vladati
rough *a.* grub	**ruler** *n.* vladar
round *a.* okrugao	**ruling** *n.* upravljanje
round *adv.* okolo	**rum** *n.* rum
round *n.* okruglost	**rum** *a* čudan
round *v.t.* zaobliti	**rumble** *v.i.* tutnjati
rouse *v.i.* probuditi se	**rumble** *n.* tutnjava
rout *v.t.* razbiti	**ruminant** *a.* koji preživa
rout *n* trupa	**ruminant** *n.* preživara
route *n.* put	**ruminate** *v.i.* preživati
routine *n.* rutina	**rumination** *n.* razmišljanje
routine *a* rutinski	**rummage** *v.i.* preživanje
rove *v.i.* lunjati	**rummage** *n* preturanje
rover *n.* lutalica	**rummy** *n.* remi
row *n.* red	**rumour** *n.* glasina
row *v.t.* veslati	**rumour** *v.t.* razglasiti
row *n* veslanje	**run** *v.i.* trčati
row *n.* svađa	**run** *n.* trčanje
rowdy *a.* larmadžija	**rung** *n.* pregača

runner *n.* trkač
rupee *n.* rupija
rupture *n.* raskid
rupture *v.t.* raskinuti
rural *a.* seoski
ruse *n.* prijevara
rush *n.* žurba
rush *v.t.* žuriti
rush *n* nalet
rust *n.* hrđa
rust *v.i* rđati
rustic *a.* seoski
rustic *n* seljak
rusticate *v.t.* živjeti na selu
rustication *n.* slanje u selo
rusticity *n.* neotesanost
rusty *a.* zahrđao
rut *n.* kolosijek
ruthless *a.* nemilosrdan
rye *n.* raž

S

sabbath *n.* sabat
sabotage *n.* sabotaža
sabotage *v.t.* sabotirati
sabre *n.* sablja
sabre *v.t.* posjeći sabljom
saccharin *n.* saharin
saccharine *a.* šećerni
sack *n.* vreca
sack *v.t.* opljačkati
sacrament *n.* sakrament
sacred *a.* sveti
sacrifice *n.* žrtvovanje
sacrifice *v.t.* žrtvovati
sacrificial *a.* žrtveni
sacrilege *n.* svetogrđe
sacrilegious *a.* svetogrdan

sacrosanct *a.* sveti
sad *a.* tužan
sadden *v.t.* rastužiti
saddle *n.* sedlo
saddle *v.t.* osedlati
sadism *n.* sadizam
sadist *n.* sadista
safe *a.* siguran
safe *n.* sigurnost
safeguard *n.* zaštita
safety *n.* sigurnost
saffron *n.* šafran
saffron *a* žut poput šafrana
sagacious *a.* mudar
sagacity *n.* mudrost
sage *n.* mudrac
sage *a.* razborit
sail *n.* jedro
sail *v.i.* jedriti
sailor *n.* mornar
saint *n.* svetac
saintly *a.* svetački
sake *n.* korist
salable *a.* koji se može prodati
salad *n.* salata
salary *n.* zarada
sale *n.* prodaja
salesman *n.* prodavač
salient *a.* istaknut
saline *a.* slan
salinity *n.* slanoća
saliva *n.* pljuvačka
sally *n.* ispad
sally *v.i.* ispasti
saloon *n.* krčma
salt *n.* so
salt *v.t* soliti
salty *a.* slan
salutary *a.* zdrav
salutation *n.* pozdrav

salute *v.t.* pozdraviti
salute *n* pozdrav
salvage *n.* spasavanje
salvage *v.t.* spasiti
salvation *n.* spasenje
same *a.* isti
sample *n.* uzorak
sample *v.t.* uzorkovati
sanatorium *n.* sanatorijum
sanctification *n.* posvecivanje
sanctify *v.t.* osvetiti
sanction *n.* sankcija
sanction *v.t.* sankcionirati
sanctity *n.* svetost
sanctuary *n.* svetište
sand *n.* pijesak
sandal *n.* sandala
sandalwood *n.* sandalovina
sandwich *n.* sendvič
sandwich *v.t.* umetnuti
sandy *a.* pjeskovit
sane *a.* razuman
sanguine *a.* sangviničan
sanitary *a.* sanitarni
sanity *n.* razum
sap *n.* rov
sap *v.t.* potkopavati
sapling *n.* mladica
sapphire *n.* safir
sarcasm *n.* sarkazam
sarcastic *a.* sarkastičan
sardonic *a.* zloban
satan *n.* sotona
satchel *n.* torba
satellite *n.* satelit
satiable *a.* zajažljiv
satiate *v.t.* zasititi
satiety *n.* sitost
satire *n.* satira
satirical *a.* satiričan

satirist *n.* satiričar
satirize *v.t.* satirizovati
satisfaction *n.* zadovoljstvo
satisfactory *a.* zadovoljavajući
satisfy *v.t.* zadovoljiti
saturate *v.t.* zasititi
saturation *n.* zasićenje
Saturday *n.* subota
sauce *n.* sos
saucer *n.* tanjurić
saunter *v.t.* tumarati
savage *a.* divlji
savage *n* divljak
savagery *n.* divljaštvo
save *v.t.* spremiti
save *prep* izuzev
saviour *n.* spasitelj
savour *n.* miris
savour *v.t.* mirisati
saw *n.* pila
saw *v.t.* piliti
say *v.t.* riječ
say *n.* reći
scabbard *n.* korice
scabies *n.* šuga
scaffold *n.* skele
scale *n.* skala
scale *v.t.* vagati
scalp *n* skalp
scamper *v.i* pobjeći
scamper *n* bježanje
scan *v.t.* skenirati
scandal *n* skandal
scandalize *v.t.* skandalizovati
scant *a.* oskudan
scanty *a.* oskudan
scapegoat *n.* žrtveni jarac
scar *n* ožiljak
scar *v.t.* zaderati
scarce *a.* rijedak

scarcely *adv.* jedva
scarcity *n.* ištanje
scare *n.* strah
scare *v.t.* uplašiti
scarf *n.* šal
scatter *v.t.* rasturiti
scavenger *n.* skupljač trofeja
scene *n.* scena
scenery *n.* pejzaž
scenic *a.* scenski
scent *n.* miris
scent *v.t.* mirisati
sceptic *n.* skeptik
sceptical *a.* skeptičan
scepticism *n.* skepticizam
sceptre *n.* skiptar
schedule *n.* raspored
schedule *v.t.* rasporediti
scheme *n.* shema
scheme *v.i.* spletkariti
schism *n.* raskol
scholar *n.* stipendista
scholarly *a.* znanstveni
scholarshlp *n.* stipendija
scholastic *a.* skolastičar
school *n.* škola
science *n.* znanost
scientific *a.* znanstveni
scientist *n.* znanstvenik
scintillate *v.i.* svjetlucati
scintillation *n.* svjetlucanje
scissors *n.* škare
scoff *n.* ruganje
scoff *v.i. rugati* se
scold *v.t.* grditi
scooter *n.* skuter
scope *n.* opseg
scorch *v.t.* oprljiti
score *n.* brazda
score *v.t.* urezati

scorer *n.* zapisničar
scorn *n.* prezir
scorn *v.t.* prezirati
scorpion *n.* škorpija
Scot *n.* Škot
scotch *a.* škotski
scotch *n.* urez
scot-free *a.* nekažnjen
scoundrel *n.* nitkov
scourge *n.* bič
scourge *v.t.* bičevati
scout *n* izviđač
scout *v.i* izviđati
scowl *v.i.* mrko gledati
scowl *n.* mrk pogled
scramble *v.i.* verati se
scramble *n* penjanje
scrap *n.* otpadak
scratch *n.* grebanje
scratch *v.t.* grebati
scrawl *v.t.* škrabati
scrawl *n* škrabotina
scream *v.i.* vrištati
scream *n* vrisak
screen *n.* zaslon
screen *v.t.* zaklanjati
screw *n.* vijak
screw *v.t.* zašrafiti
scribble *v.t.* škrabati
scribble *n.* škrabanje
script *n.* skripte
scripture *n.* biblija
scroll *n.* svitak
scrutinize *v.t.* pregledati
scrutiny *n.* ispitivanje
scuffle *n.* kavga
scuffle *v.i. tući* se
sculptor *n.* kipar
sculptural *a.* vajarski
sculpture *n.* skulptura

scythe *n.* kosa	**secure** *a.* siguran
scythe *v.t.* pokositi	**secure** *v.t.* osigurati
sea *n.* more	**security** *n.* sigurnosti
seal *n.* pečat	**sedan** *n.* nosiljka
seal *n.* foka	**sedate** *a.* staložen
seal *v.t.* zapečatiti	**sedate** *v.t.* uravnotežiti
seam *n.* šav	**sedative** *a.* umirujući
seam *v.t.* šiti	**sedative** *n* sedativ
seamy *a.* pun šavova	**sedentary** *a.* sjedeći
search *n.* pretraga	**sediment** *n.* talog
search *v.t.* tražiti	**sedition** *n.* pobuna
season *n.* sezona	**seditious** *a.* buntovan
season *v.t.* začiniti	**seduce** *n.* zavoditi
seasonable *a.* pravovremen	**seduction** *n.* zavođenje
seasonal *a.* sezonski	**seductive** *a* zavodljiv
seat *n.* sjedište	**see** *v.t.* vidjeti
seat *v.t.* sesti	**seed** *n.* sjeme
secede *v.i.* otcepiti se	**seed** *v.t.* posaditi
secession *n.* odcjepljenje	**seek** *v.t.* tražiti
secessionist *n.* secesionist	**seem** *v.i.* činiti se
seclude *v.t.* osamiti	**seemly** *a.* prikladan
secluded *a.* osamljen	**seep** *v.i.* curiti
seclusion *n.* osamljenost	**seer** *n.* vidovnjak
second *a.* drugi	**seethe** *v.i.* kipeti
second *n* sekunda	**segment** *n.* segment
second *v.t.* podupirati	**segment** *v.t.* segmentirati
secondary *a.* sekundaran	**segregate** *v.t.* odvojiti
seconder *n.* podupirač	**segregation** *n.* segregacija
secrecy *n.* tajnost	**seismic** *a.* seizmički
secret *a.* tajni	**seize** *v.t.* zgrabiti
secret *n.* tajna	**seizure** *n.* napad
secretariat (e) *n.* tajništvo	**seldom** *adv.* rijetko
secretary *n.* tajnik	**select** *v.t.* izabrati
secrete *v.t.* lučiti	**select** *a* izabran
secretion *n.* lučenje	**selection** *n.* izbor
secretive *a.* tajanstven	**selective** *a.* selektivan
sect *n.* sekta	**self** *n.* svoja ličnost
sectarian *a.* sektaški	**selfish** *a.* sebičan
section *n.* odjeljak	**selfless** *a.* nesebičan
sector *n.* sektor	**sell** *v.t.* prodavati

seller *n.* prodavač	**sepsis** *n.* sepsa
semblance *n.* sličnost	**September** *n.* rujan
semen *n.* sjeme	**septic** *a.* septičan
semester *n.* semestar	**sepulchre** *n.* grobnica
seminal *a.* iskonski	**sepulture** *n.* sahrana
seminar *n.* seminar	**sequel** *n.* nastavak
senate *n.* senat	**sequence** *n.* sekvenca
senator *n.* senator	**sequester** *v.t.* zaplijeniti
senatorial *a.* senatorski	**serene** *a.* spokojan
senatorial *a* senatski	**serenity** *n.* spokoj
send *v.t.* poslati	**serf** *n.* kmet
senile *a.* senilan	**serge** *n.* serž
senility *n.* senilnost	**sergeant** *n.* narednik
senior *a.* stariji	**serial** *a.* serijski
senior *n.* senior	**serial** *n.* časopis
seniority *n.* starešinstvo	**series** *n.* serija
sensation *n.* senzacija	**serious** *a* ozbiljan
sensational *a.* senzacionalan	**sermon** *n.* propovijed
sense *n.* osjećaj	**sermonize** *v.i.* propovijedati
sense *v.t.* osjetiti	**serpent** *n.* zmija
senseless *a.* besmislen	**serpentine** *n.* serpentina
sensibility *n.* osjetljivost	**servant** *n.* sluga
sensible *a.* razuman	**serve** *v.t.* poslužiti
sensitive *a.* osjetljiv	**serve** *n.* usluga
sensual *a.* senzualan	**service** *n.* služba
sensualist *n.* čulna osoba	**service** *v.t* servisirati
sensuality *n.* čulnost	**serviceable** *a.* uslužan
sensuous *a.* čulni	**servile** *a.* servilan
sentence *n.* rečenica	**servility** *n.* servilnost
sentence *v.t.* osuditi	**session** *n.* sednica
sentience *n.* osjećaj	**set** *v.t* postaviti
sentient *a.* osjećajan	**set** *a* određen
sentiment *n.* osjećanje	**set** *n* zalazak
sentimental *a.* sentimentalan	**settle** *v.i.* naseliti
sentinel *n.* stražar	**settlement** *n.* naselje
sentry *n.* straža	**settler** *n.* naseljenik
separable *a.* separabilan	**seven** *n.* sedam
separate *v.t.* odvojiv	**seven** *a* sedmo-
separate *a.* odvojen	**seventeen** *n.* sedamnaest
separation *n.* razdvajanje	**seventeenth** *a.* sedamnaesti

seventh *a.* sedmi	**shape** *v.t* oblikovati
seventieth *a.* sedamdeseti	**shapely** *a.* skladan
seventy *n.* sedamdeset	**share** *n.* udio
sever *v.t.* prekinuti	**share** *v.t.* dijeliti
several *a* više	**share** *n* dionica
severance *n.* razdvajanje	**shark** *n.* ajkula
severe *a.* oštar	**sharp** *a.* oštar
severity *n.* ozbiljnost	**sharp** *adv.* oštro
sew *v.t.* šiti	**sharpen** *v.t.* izoštriti
sewage *n.* odvodni sustav	**sharpener** *n.* rezač
sewer *n* odvodni kanal	**sharper** *n.* varalica
sewerage *n.* kanalizacija	**shatter** *v.t.* razbiti
sex *n.* pol	**shave** *v.t.* brijati
sexual *a.* seksualan	**shave** *n* brijanje
sexuality *n.* seksualnost	**shawl** *n.* šal
sexy *n.* privlačan	**she** *pron.* ona
shabby *a.* otrcan	**sheaf** *n.* snop
shackle *n.* okovi	**shear** *v.t.* strigati
shackle *v.t.* okovati	**shears** *n. pl.* škare
shade *n.* hlad	**shed** *v.t.* ispuštati
shade *v.t.* zasjeniti	**shed** *n* hangar
shadow *n.* senka	**sheep** *n.* ovca
shadow *v.t* potamnjeti	**sheepish** *a.* glup
shadowy *a.* sanjalački	**sheer** *a.* potpun
shaft *n.* vratilo	**sheet** *n.* list
shake *v.i.* tresti	**sheet** *v.t.* umotati
shake *n* potres	**shelf** *n.* polica
shaky *a.* drhtav	**shell** *n.* školjka
shallow *a.* plitak	**shell** *v.t.* ljuštiti
sham *v.i.* pretvarati se	**shelter** *n.* sklonište
sham *n* varanje	**shelter** *v.t.* štititi
sham *a* lažan	**shelve** *v.t.* staviti na policu
shame *n.* sramota	**shepherd** *n.* pastir
shame *v.t.* sramotiti	**shield** *n.* štit
shameful *a.* sraman	**shield** *v.t.* braniti
shameless *a.* besraman	**shift** *v.t.* mijenjati
shampoo *n.* šampon	**shift** *n* smjena
shampoo *v.t.* šamponirati	**shifty** *a.* snalažljiv
shanty *a.* straćara	**shilling** *n.* šiling
shape *n.* oblik	**shilly-shally** *v.i.* kolebati se

shilly-shally *n.* kolebljiv	**show** *v.t.* prikazati
shin *n.* golenica	**show** *n.* prikazivanje
shine *v.i.* penjati se	**shower** *n.* tuš
shine *n* sjaj	**shower** *v.t.* tuširati
shiny *a.* blistav	**shrew** *n.* oštrokondža
ship *n.* brod	**shrewd** *a.* lukav
ship *v.t.* ukrcati	**shriek** *n.* vrisak
shipment *n.* pošiljka	**shriek** *v.i.* vrištati
shire *n.* grofovija	**shrill** *a.* piskav
shirk *v.t.* zabušavati	**shrine** *n.* svetinja
shirker *n.* zabušant	**shrink** *v.i* smanjiti se
shirt *n.* košulja	**shrinkage** *n.* skupljanje
shiver *v.i.* drhtati	**shroud** *n.* pokrov
shoal *n.* plicak	**shroud** *v.t.* pokriti plastom
shoal *n* mnoštvo	**shrub** *n.* žbun
shock *n.* šok	**shrug** *v.t.* slegnuti ramenima
shock *v.t.* šokirati	**shrug** *n* slijeganje ramenima
shoe *n.* cipela	**shudder** *v.i.* ježiti se
shoe *v.t.* obuti	**shudder** *n* jeza
shoot *v.t.* pucati	**shuffle** *v.i.* vući noge
shoot *n* pucanje	**shuffle** *n.* težak hod
shop *n.* prodavaonica	**shun** *v.t.* izbjegavati
shop *v.i.* kupovati	**shunt** *v.t.* skrenuti
shore *n.* obala	**shut** *v.t.* zatvoriti
short *a.* kratak	**shutter** *n.* zatvarač
short *adv.* kratko	**shuttle** *n.* čunak
shortage *n.* manjak	**shuttle** *v.t.* ići tamo-ovamo
shortcoming *n.* mana	**shuttlecock** *n.* loptica za badminton
shorten *v.t.* skratiti	**shy** *n.* plašenje
shortly *adv.* uskoro	**shy** *v.i.* plašiti se
shorts *n. pl.* šorts	**sick** *a.* bolestan
shot *n.* hitac	**sickle** *n.* srp
shoulder *n.* rame	**sickly** *a.* bolesno
shoulder *v.t.* preuzeti	**sickness** *n.* bolest
shout *n.* povik	**side** *n.* strana
shout *v.i.* vikati	**side** *v.i.* pristati uz jednu stranu
shove *v.t.* gurati	**siege** *n.* opsada
shove *n.* guranje	**siesta** *n.* popodnevni odmor
shovel *n.* lopata	**sieve** *n.* sito
shovel *v.t.* kopati	**sieve** *v.t.* prosijati

sift *v.t.* sijati	**simplify** *v.t.* pojednostaviti
sigh *n.* uzdah	**simultaneous** *a.* istovremen
sigh *v.i.* uzdahnuti	**sin** *n.* grijeh
sight *n.* pogled	**sin** *v.i.* počiniti grijeh
sight *v.t.* ugledati	**since** *prep.* od
sightly *a.* naočit	**since** *conj.* odkad
sign *n.* znak	**since** *adv.* odonda
sign *v.t.* obilježiti	**sincere** *a.* iskren
signal *n.* signal	**sincerity** *n.* iskrenost
signal *a.* znamenit	**sinful** *a.* grešan
signal *v.t.* signalizirati	**sing** *v.i.* pjevati
signatory *n.* potpisnik	**singe** *v.t.* oprljiti
signature *n.* potpis	**singe** *n* opeklina
significance *n.* značaj	**singer** *n.* pjevač
significant *a.* značajan	**single** *a.* jedini
signification *n.* značenje	**single** *n.* samac
signify *v.t.* označavati	**single** *v.t.* singlirati
silence *n.* tišina	**singular** *a.* pojedinačan
silence *v.t.* utišati	**singularity** *n.* pojedinačnost
silencer *n.* prigušivač	**singularly** *adv.* pojedinačno
silent *a.* tih	**sinister** *a.* zlokoban
silhouette *n.* silueta	**sink** *v.i.* potonuti
silk *n.* svila	**sink** *n* sudopera
silken *a.* svilen	**sinner** *n.* grešnik
silky *a.* svilenkast	**sinuous** *a.* vijugav
silly *a.* glup	**sip** *v.t.* gucnuti
silt *n.* mulj	**sip** *n.* gutljaj
silt *v.t.* zamuljiti	**sir** *n.* gospodin
silver *n.* srebro	**siren** *n.* sirena
silver *a* srebrn	**sister** *n.* sestra
silver *v.t.* posrebriti	**sisterhood** *n.* sestrinstvo
similar *a.* slične	**sisterly** *a.* sestrinski
similarity *n.* sličnost	**sit** *v.i.* sjediti
simile *n.* poređenje	**site** *n.* gradilište
similitude *n.* sličnost	**situation** *n.* situacija
simmer *v.i.* krčkati	**six** *n., a* šest
simple *a.* jednostavan	**sixteen** *n., a.* šesnaest
simpleton *n.* glupak	**sixteenth** *a.* šesnaesti
simplicity *n.* jednostavnost	**sixth** *a.* šesti
simplification *n.* uprošćavanje	**sixtieth** *a.* šezdeseti

sixty *n., a.* šezdeset
sizable *a.* povelik
size *n.* veličina
size *v.t.* sortirati
sizzle *v.i.* cvrčati
sizzle *n.* cvrčanje
skate *n.* klizaljka
skate *v.t.* klizati
skein *n.* jato divljih ptica
skeleton *n.* kostur
sketch *n.* skica
sketch *v.t.* skicirati
sketchy *a.* nedovršen
skid *v.i.* nepovoljnost
skid *n* kočnica
skilful *a.* vješt
skill *n.* vještina
skin *n.* koža
skin *v.t* oderati
skip *v.i.* preskočiti
skip *n* preskakivanje
skipper *n.* kapetan
skirmish *n.* čarka
skirmish *v.t.* čarkati se
skirt *n.* suknja
skirt *v.t.* ići uzduž
skit *n.* skeč
skull *n.* lubanja
sky *n.* nebo
sky *v.t.* udariti da poleti visoko
slab *n.* ploča
slack *a.* nemaran
slacken *v.t.* olabaviti
slacks *n.* hlače
slake *v.t.* utoliti
slam *v.t.* tresnuti
slam *n* tresak
slander *n.* kleveta
slander *v.t.* klevetati
slanderous *a.* klevetnički

139

slang *n.* sleng
slant *v.t.* nagnuti
slant *n* nagib
slap *n.* šamar
slap *v.t.* ošamariti
slash *v.t.* bičevati
slash *n* udarac bičem
slate *n.* škriljevac
slattern *n.* aljkava žena
slatternly *a.* aljkav
slaughter *n.* pokolj
slaughter *v.t.* zaklati
slave *n.* rob
slave *v.i.* robovati
slavery *n.* ropstvo
slavish *a.* ropski
slay *v.t.* ubiti
sleek *a.* uglađen
sleep *v.i.* spavati
sleep *n.* san
sleeper *n.* spavač
sleepy *a.* pospan
sleeve *n* rukav
sleight *n.* majstorija
slender *n.* vitak
slice *n.* parče
slice *v.t.* sjeći
slick *a* klizav
slide *v.i.* kliziti
slide *n* slajd
slight *a.* blag
slight *n.* omalovažavanje
slight *v.t.* omalovažavati
slim *a.* vitak
slim *v.i.* postati vitak
slime *n.* mulj
slimy *a.* muljav
sling *n.* praćka
slip *v.i.* okliznuti se
slip *n.* okliznuće

slipper *n.* papuča	smart *a.* pametan
slippery *a.* klizav	smart *v.i* žacnuti
slipshod *a.* nemaran	smart *n* oštar bol
slit *n.* raspor	smash *v.t.* razbiti
slit *v.t.* rasporiti	smash *n* razbijanje
slogan *n.* parola	smear *v.t.* zamazati
slope *n.* nagib	smear *n.* mrlja
slope *v.i.* nagnuti	smell *n.* miris
sloth *n.* lijenost	smell *v.t.* mirisati
slothful *n.* lijen	smelt *v.t.* istopiti
slough *n.* močvara	smile *n.* osmijeh
slough *n.* košuljica zmije	smile *v.i.* smiješiti se
slough *v.t.* svlačiti	smith *n.* kovač
slovenly *a.* aljkav	smock *n.* radno odijelo
slow *a* spor	smog *n.* smog
slow *v.i.* usporiti	smoke *n.* dim
slowly *adv.* polako	smoke *v.i.* pušiti se
slowness *n.* sporost	smoky *a.* zadimljen
sluggard *n.* ljenjivac	smooth *a.* gladak
sluggish *a.* lijen	smooth *v.t.* glad iti
sluice *n.* brana	smother *v.t.* ugušiti
slum *n.* sirotinjski kraj	smoulder *v.i.* tinjati
slumber *v.i.* drijemati	smug *a.* samozadovoljan
slumber *n.* drijemež	smuggle *v.t.* prokrijumčariti
slump *n.* kriza	smuggler *n.* švercer
slump *v.i.* pasti u krizu	snack *n.* užina
slur *n.* uprljati	snag *n.* čvrga
slush *n.* bljuzgavica	snail *n.* puž
slushy *a.* bljuzgavo	snake *n.* zmija
slut *n.* kurva	snake *v.i.* izvijati se
sly *a.* lukav	snap *v.t.* ščepati
smack *n.* ukus	snap *n* prasak
smack *v.i.* zveknuti	snap *a* pras
smack *n* šamar	snare *n.* zamka
smack *n.* cmok	snare *v.t.* uhvatiti u zamku
smack *v.t.* cmoknuti	snarl *n.* režanje
small *a.* mali	snarl *v.i.* režati
small *n* mali	snatch *v.t.* zgrabiti
smallness *adv.* sićušnost	snatch *n.* hvatanje
smallpox *n.* velike boginje	sneak *v.i.* šunjati se

sneak *n* doušnik	**sociology** *n.* sociologija
sneer *v.i* ismijavanje se	**sock** *n.* čarapa
sneer *n* podrugivanje	**socket** *n.* utičnica
sneeze *v.i.* kinuti	**sod** *n.* busen
sneeze *n* kihanje	**sodomite** *n.* sodomita
sniff *v.i.* šmrkati	**sodomy** *n.* sodomija
sniff *n* šmrkanje	**sofa** *n.* sofa
snob *n.* snob	**soft** *n.* zvekan
snobbery *n.* snobizam	**soften** *v.t.* ublažiti
snobbish *v* snobovski	**soil** *n.* tlo
snore *v.i.* hrkati	**soil** *v.t.* kaljati
snore *n* hrkanje	**sojourn** *v.i.* boraviti
snort *v.i.* frktati	**sojourn** *n* boravak
snort *n.* frktanje	**solace** *v.t.* utješiti
snout *n.* rilo	**solace** *n.* utjeha
snow *n.* snijeg	**solar** *a.* solarni
snow *v.i.* snežiti	**solder** *n.* lemljenje
snowy *a.* snežan	**solder** *v.t.* zalemiti
snub *v.t.* izgrditi	**soldier** *n.* vojnik
snub *n.* grdnja	**soldier** *v.i.* služiti vojsku
snuff *n.* burmut	**sole** *n.* đon
snug *n.* udoban	**sole** *v.t* pođoniti
so *adv.* tako	**sole** *a* jedini
so *conj.* pa	**solemn** *a.* svečan
soak *v.t.* potopiti	**solemnity** *n.* svečanost
soak *n.* kvašenje	**solemnize** *v.t.* svetkovati
soap *n.* sapun	**solicit** *v.t.* izazvati
soap *v.t.* nasapunjati	**solicitation** *n.* pobuđivanje
soapy *a.* sapunast	**solicitor** *n.* odvjetnik
soar *v.i.* vinuti se	**solicitous** *a.* zabrinut
sob *v.i.* jecati	**solicitude** *n.* zabrinutost
sob *n* jecaj	**solid** *a.* čvrst
sober *a.* trezan	**solid** *n* čvrsto tijelo
sobriety *n.* trezvenost	**solidarity** *n.* solidarnost
sociability *n.* društvenost	**soliloquy** *n.* monolog
sociable *a.* društven	**solitary** *a.* usamljen
social *n.* skup	**solitude** *n.* usamljenost
socialism *n* socijalizam	**solo** *n* solo
socialist *n,a* socijalistički	**solo** *a.* sam
society *n.* društvo	**solo** *adv.* solo

soloist *n.* solista	**sophisticated** *a.* sofisticiran
solubility *n.* topljivost	**sophistication** *n.* prefinjenost
soluble *a.* topiv	**sorcerer** *n.* čarobnjak
solution *n.* rješenje	**sorcery** *n.* čarobnjaštvo
solve *v.t.* riješiti	**sordid** *a.* prljav
solvency *n.* solventnost	**sore** *a.* ranjiv
solvent *a.* solventan	**sore** *n* rana
solvent *n* otapalo	**sorrow** *n.* tuga
sombre *a.* tmuran	**sorrow** *v.i.* žaliti
some *a.* neki	**sorry** *a.* žalostan
some *pron.* nešto	**sort** *n.* vrsta
somebody *pron.* netko	**sort** *v.t* sortirati
somebody *n.* netko	**soul** *n.* duša
somehow *adv.* nekako	**sound** *a.* zdrav
someone *pron.* netko	**sound** *v.i.* zvučati
somersault *n.* salto	**sound** *n* zvuk
somersault *v.i.* napraviti salto	**soup** *n.* juha
something *pron.* nešto	**sour** *a.* kiseo
something *adv.* nešto	**sour** *v.t.* ukiseliti
sometime *adv.* jednom	**source** *n.* izvor
sometimes *adv.* ponekad	**south** *n.* jug
somewhat *adv.* nešto	**south** *n.* južni krajevi
somewhere *adv.* negdje	**south** *adv* južno
somnambulism *n.* mjesečarenje	**southerly** *a.* južni
somnambulist *n.* mesečar	**southern** *a.* južni
somnolence *n.* pospanost	**souvenir** *n.* suvenir
somnolent *n.* pospan	**sovereign** *n.* vladar
son *n.* sin	**sovereign** *a* suveren
song *n.* pjesma	**sovereignty** *n.* suverenost
songster *n.* pjevač	**sow** *v.t.* sijati
sonic *a.* zvučni	**sow** *n.* krmača
sonnet *n.* sonet	**space** *n.* prostor
sonority *n.* zvučnost	**space** *v.t.* ostaviti razmak
soon *adv.* uskoro	**spacious** *a.* prostran
soot *n.* čađ	**spade** *n.* lopata
soot *v.t.* čađiti	**spade** *v.t.* kopati lopatom
soothe *v.t.* ublažiti	**span** *n.* raspon
sophism *n.* sofizam	**span** *v.t.* premostiti
sophist *n.* sofista	**Spaniard** *n.* Španjolac
sophisticate *v.t.* sofisticirati	**spaniel** *n.* španijel

Spanish *a.* španjolski
Spanish *n.* španjolski jezik, Španjolac
spanner *n.* izvijač
spare *v.t.* štedjeti
spare *a* rezervni
spare *n.* rezervni dio
spark *n.* varnica
spark *v.i.* varničiti
spark *n.* veseljak
sparkle *v.i.* sjajiti
sparkle *n.* sjaj
sparrow *n.* vrabac
sparse *a.* oskudan
spasm *n.* grč
spasmodic *a.* grčevit
spate *n.* bujica
spatial *a.* prostorni
spawn *n.* mrijest
spawn *v.i.* mrijestiti se
speak *v.i.* govoriti
speaker *n.* zvučnik, govornik
spear *n.* koplje
spear *v.t.* probosti kopljem
spearhead *n.* vrh koplja
spearhead *v.t.* voditi napad
special *a.* poseban
specialist *n.* specijalista
speciality *n.* specijalitet
specialization *n.* specijalizacija
specialize *v.i.* specijalizirati se
species *n.* vrsta
specific *a.* specifičan
specification *n.* specifikacija
specify *v.t.* navesti
specimen *n.* primjerak
speck *n.* čestica
spectacle *n.* spektakl
spectacular *a.* spektakularan
spectator *n.* gledatelj
spectre *n.* avet

speculate *v.i.* spekulisati
speculation *n.* spekulacija
speech *n.* govor
speed *n.* brzina
speed *v.i.* ubrzati
speedily *adv.* brzo
speedy *a.* brz
spell *n.* čarolija
spell *v.t.* spelovati
spell *n* opčinjenost
spend *v.t.* provesti
spendthrift *n.* rasipnik
sperm *n.* sperma
sphere *n.* sfera
spherical *a.* sferni
spice *n.* začin
spice *v.t.* začiniti
spicy *a.* ljut
spider *n.* pauk
spike *n.* šiljak
spike *v.t.* zašiljiti
spill *v.i.* prosuti
spill *n* prolivanje
spin *v.i.* zavrtjeti
spin *n.* okretanje
spinach *n.* spanac
spinal *a.* kičmeni
spindle *n.* vreteno
spine *n.* kičma
spinner *n.* prelja
spinster *n.* usedelica
spiral *n.* spirala
spiral *a.* spiralni
spirit *n.* duh
spirited *a.* živahan
spiritual *a.* duhovni
spiritualism *n.* spiritualizam
spiritualist *n.* spiritista
spirituality *n.* duhovnost
spit *v.i.* pljunuti

spit *n* pljuvačka
spite *n.* inat
spittle *n* ispljuvak
spittoon *n.* pljuvaonica
splash *v.i.* poprskati
splash *n* prskanje
spleen *n.* slezena
splendid *a.* sjajan
splendour *n.* sjaj
splinter *n.* iverica
splinter *v.t.* rascepiti
split *v.i.* rascepiti
split *n* pukotina
spoil *v.t.* pokvariti
spoil *n* plijen
spoke *n.* prečka
spokesman *n.* glasnogovornik
sponge *n.* spužva
sponge *v.t.* obrisati spužvicom
sponsor *n.* sponzor
sponsor *v.t.* sponzorirati
spontaneity *n.* spontanost
spontaneous *a.* spontan
spoon *n.* kašika
spoon *v.t.* uzeti žlicom
spoonful *n.* puna žlica
sporadic *a.* sporadičan
sport *n.* sport
sport *v.i.* zabavljati se
sportive *a.* veseo
sportsman *n.* sportaš
spot *n.* mjesto
spot *v.t.* okaljati
spotless *a.* neokaljan
spousal *n.* svadba
spouse *n.* bračni drug
spout *n.* pisak posude
spout *v.i.* izbacivati
sprain *n.* uganuce
sprain *v.t.* uganuti

spray *n.* sprej
spray *n* grančica
spray *v.t.* prskati
spread *v.i.* širiti
spread *n.* širenje
spree *n.* pijanka
sprig *n.* grančica
sprightly *a.* živahan
spring *v.i.* skočiti
spring *n* proljeće
sprinkle *v. t.* posipati
sprint *v.i.* sprintati
sprint *n* sprint
sprout *v.i.* nicati
sprout *n* mladica
spur *n.* mamuza
spur *v.t.* podbosti
spurious *a.* lažan
spurn *v.t.* gurnuti nogom
spurt *v.i.* špricati
spurt *n* mlaz
sputnik *n.* sputnik
sputum *n.* ispljuvak
spy *n.* špijun
spy *v.i.* špijunirati
squad *n.* vod
squadron *n.* eskadrila
squalid *a.* bijedan
squalor *n.* beda
squander *v.t.* traciti
square *n.* kvadrat
square *a* četvrtast
square *v.t.* načiniti četverokutim
squash *v.t.* cijediti
squash *n* bundeva
squat *v.i.* čučati
squeak *v.i.* cičati
squeak *n* čiča
squeeze *v.t.* iscediti
squint *v.i.* razrokost

squint *n* razrokost
squire *n.* vlastelin
squirrel *n.* vjeverica
stab *v.t.* ubosti
stab *n.* ubod
stability *n.* stabilnost
stabilization *n.* stabilizacija
stabilize *v.t.* stabilizirati
stable *a.* stabilan
stable *n* štala
stable *v.t.* držati u štali
stadium *n.* stadion
staff *n.* osoblje
staff *v.t.* opskrbiti osobljem
stag *n.* jelen
stage *n.* pozornica
stage *v.t.* prirediti
stagger *v.i.* teturati se
stagger *n.* teturanje
stagnant *a.* nepokretan
stagnate *v.i.* stagnirati
stagnation *n.* stagnacija
staid *a.* staložen
stain *n.* mrlja
stain *v.t.* mrljati
stainless *a.* neumrljan
stair *n.* stepenik
stake *n* ulog
stake *v.t.* uložiti
stale *a.* ustajao
stale *v.t.* istrošiti
stalemate *n.* pat
stalk *n.* stabljika
stalk *v.i.* prikradati se
stalk *n* kočoperenje
stall *n.* štala
stall *v.t.* držati u štali
stallion *n.* pastuh
stalwart *a.* odlučan
stalwart *n* odlučan zagovornik

stamina *n.* izdržljivost
stammer *v.i.* mucati
stammer *n* mucanje
stamp *n.* pečat
stamp *v.i.* zapečatiti
stampede *n.* stampedo
stampede *v.i* bježati u panici
stand *v.i.* stajati
stand *n.* štand
standard *n.* standard
standard *a* standardan
standardization *n.* standardizacija
standardize *v.t.* standardizirati
standing *n.* stajanje
standpoint *n.* stanovište
standstill *n.* zastoj
stanza *n.* strofa
staple *n.* spajalica
staple *a* heftati
star *n.* zvijezda
star *v.t.* ukrasiti zvijezdama
starch *n.* škrob
starch *v.t.* štirkati
stare *v.i.* buljiti
stare *n.* buljenje
stark *n.* potpunost
stark *adv.* potpun
starry *a.* zvezdan
start *v.t.* početi
start *n* start
startle *v.t.* iznenaditi
starvation *n.* gladovanje
starve *v.i.* umirati od gladi
state *n.* stanje, država
state *v.t* navoditi
stateliness *n.* dostojanstvenost
stately *a.* veličanstven
statement *n.* izjava
statesman *n.* državnik
static *n.* statičnost

statics *n.* statika	**step** *n.* korak
station *n.* postaja	**step** *v.i.* koračati
station *v.t.* stacionirati	**steppe** *n.* stepa
stationary *a.* stacionaran	**stereotype** *n.* stereotip
stationer *n.* trgovac pisaćim priborom	**stereotype** *v.t.* stereotipizirati
stationery *n.* uredski pribor	**stereotyped** *a.* ukalupljen
statistical *a.* statistički	**sterile** *a.* sterilan
statistician *n.* statističar	**sterility** *n.* sterilitet
statistics *n.* statistika	**sterilization** *n.* sterilizacija
statue *n.* statua	**sterilize** *v.t.* sterilizirati
stature *n.* stas	**sterling** *a.* prvoklasan
status *n.* status	**sterling** *n.* sterling
statute *n.* statut	**stern** *a.* ozbiljan
statutory *a.* statutarne	**stern** *n.* krma
staunch *a.* odan	**stethoscope** *n.* stetoskop
stay *v.i.* ostati	**stew** *n.* paprikaš
stay *n* boravak	**stew** *v.t.* dinstati
steadfast *a.* postojan	**steward** *n.* stjuard
steadiness *n.* postojanost	**stick** *n.* štap
steady *a.* čvrst	**stick** *v.t.* zabosti
steady *v.t.* učvrstiti	**sticker** *n.* naljepnica
steal *v.i.* ukrasti	**stickler** *n.* pristalica
stealthily *adv.* krišom	**sticky** *n.* ljepljiv
steam *n* para	**stiff** *n.* krut
steam *v.i.* pariti	**stiffen** *v.t.* ukrutiti
steamer *n.* parobrod	**stifle** *v.t.* ugušiti
steed *n.* konj	**stigma** *n.* stigma
steel *n.* čelik	**still** *a.* miran
steep *a.* strm	**still** *adv.* još uvijek
steep *v.t.* močiti	**still** *v.t.* umiriti
steeple *n.* zvonik	**still** *n.* mir
steer *v.t.* upravljati	**stillness** *n.* tišina
stellar *a.* zvezdan	**stilt** *n.* štula
stem *n.* stabla	**stimulant** *n.* stimulans
stem *v.i.* zaustaviti	**stimulate** *v.t.* stimulirati
stench *n.* smrad	**stimulus** *n.* poticaj
stencil *n.* matrica	**sting** *v.t.* ubod
stencil *v.i.* umnožiti matricom	**sting** *n.* žaoka
stenographer *n.* stenograf	**stingy** *a.* škrt
stenography *n.* stenografija	**stink** *v.i.* smrdeti

stink *n* smrad	straight *a.* prav
stipend *n.* plata	straight *adv.* pravo
stipulate *v.t.* ustanoviti	straighten *v.t.* ispraviti
stipulation *n.* odredba	straightforward *a.* iskren
stir *v.i.* uskomešati se	straightway *adv.* smjesta
stirrup *n.* uzengija	strain *v.t.* naprezati
stitch *n.* šav	strain *n* naprezanje
stitch *v.t.* krpiti	strait *n.* tjesnac
stock *n.* zaliha	straiten *v.t.* suziti
stock *v.t.* opskrbiti	strand *v.i.* nasukati
stock *a.* spreman	strand *n* obala
stocking *n.* čarapa	strange *a.* čudan
stoic *n.* stoik	stranger *n.* stranac
stoke *v.t.* ložiti	strangle *v.t.* ugušiti
stoker *n.* ložač	strangulation *n.* gušenje
stomach *n.* stomak	strap *n.* pojas
stomach *v.t.* podnositi	strap *v.t.* opasati
stone *n.* kamen	strategem *n.* lukavstvo
stone *v.t.* kamenovati	strategic *a.* strateški
stony *a.* kamenit	strategist *n.* strateg
stool *n.* stolica	strategy *n.* strategija
stoop *v.i.* pognuti se	stratum *n.* naslaga
stoop *n* pognutost	straw *n.* slama
stop *v.t.* zaustaviti	strawberry *n.* jagoda
stop *n* obustava	stray *v.i.* zalutati
stoppage *n* zastoj	stray *a* zalutao
storage *n.* pohrana	stray *n* lutalica
store *n.* prodavaonica	stream *n.* potok
store *v.t.* skladištiti	stream *v.i.* teći
storey *n.* kat	streamer *n.* traka
stork *n.* roda	streamlet *n.* potočić
storm *n.* oluja	street *n.* ulica
storm *v.i.* jurišati	strength *n.* snaga
stormy *a.* olujni	strengthen *v.t.* ojačati
story *n.* priča	strenuous *a.* naporan
stout *a.* krupan	stress *n.* stres
stove *n.* peć	stress *v.t* naglašavati
stow *v.t.* natovariti	stretch *v.t.* rastezati
straggle *v.i.* lutati	stretch *n* rastezanje
straggler *n.* lutalica	stretcher *n.* nosila

strew *v.t.* posuti
strict *a.* strog
stricture *n.* zamjerka
stride *v.i.* koračati
stride *n* korak
strident *a.* kreštav
strife *n.* sukob
strike *v.t.* udariti
strike *n* štrajk
striker *n.* štrajkač
string *n.* vrpca
string *v.t.* nategnuti
stringency *n.* ištanje
stringent *a.* strog
strip *n.* traka
strip *v.t.* svlačiti
stripe *n.* pruga
stripe *v.t.* isprugati
strive *v.i.* težiti
stroke *n.* udarac
stroke *v.t.* milovati
stroke *n* milovanje
stroll *v.i.* tumarati
stroll *n* tumaranje
strong *a.* jak
stronghold *n.* uporište
structural *a.* strukturni
structure *n.* struktura
struggle *v.i.* boriti se
struggle *n* borba
strumpet *n.* uličarka
strut *v.i.* razmetati se
strut *n* razmetanje
stub *n.* panj
stubble *n.* strnjika
stubborn *a.* tvrdoglav
stud *n.* ergela
stud *v.t.* odbiti
student *n.* student
studio *n.* studio

studious *a.* marljiv
study *v.i.* učiti
study *n.* radna soba
stuff *n.* materijal
stuff 2 *v.t.* napuniti, ispuniti
stuffy *a.* zagušljiv
stumble *v.i.* spotaći se
stumble *n.* spoticanje
stump *n.* panj
stump *v.t* zbuniti
stun *v.t.* ošamutiti
stunt *v.t.* praviti akrobacije
stunt *n* majstorija
stupefy *v.t.* omamiti
stupendous *a.* čudesan
stupid *a* glup
stupidity *n.* glupost
sturdy *a.* čvrst
sty *n.* svinjac
stye *n.* čmičak
style *n.* stil
subdue *v.t.* obuzdati
subject *n.* subjekat
subject *a* podložan
subject *v.t.* podvrgnuti
subjection *n.* potčinjenje
subjective *a.* subjektivan
subjugate *v.t.* potčiniti
subjugation *n.* pokoravanje
sublet *v.t.* dati u podzakup
sublimate *v.t.* sublimirati
sublime *a.* uzvišen
sublime *n* uzvišenost
sublimity *n.* otmjenost
submarine *n.* podmornica
submarine *a* podmorski
submerge *v.i.* potopiti
submission *n.* pokornost
submissive *a.* pokoran
submit *v.t.* podnijeti

subordinate *a.* podređen
subordinate *n* podređeni
subordinate *v.t.* potčiniti
subordination *n.* podređenost
subscribe *v.t.* potpisati
subscription *n.* pretplata
subsequent *a.* sledeći
subservience *n.* korist
subservient *a.* koristan
subside *v.i.* opasti
subsidiary *a.* podružnica
subsidize *v.t.* subvencionirati
subsidy *n.* subvencija
subsist *v.i.* opstajati
subsistence *n.* opstanak
substance *n.* supstanca
substantial *a.* znatan
substantially *adv.* bitno
substantiate *v.t.* potvrditi
substantiation *n.* potvrđivanje
substitute *n.* zamjena
substitute *v.t.* zamijeniti
substitution *n.* zamjena
subterranean *a.* podzemni
subtle *n.* suptilan
subtlety *n.* suptilnost
subtract *v.t.* oduzeti
subtraction *n.* oduzimanje
suburb *n.* predgrađe
suburban *a.* prigradski
subversion *n.* subverzija
subversive *a.* subverzivan
subvert *v.t.* podriti
succeed *v.i.* uspjeti
success *n.* uspjeh
successful *a* uspješan
succession *n.* nasljedstvo
successive *a.* uzastopan
successor *n.* nasljednik
succour *n.* pomoć

succour *v.t.* pomoći
succumb *v.i.* podleći
such *a.* ovakav
such *pron.* takav
suck *v.t.* sisati
suck *n.* sisanje
suckle *v.t.* dojiti
sudden *n.* iznenadnost
suddenly *adv.* iznenada
sue *v.t.* tužiti
suffer *v.t.* patiti
suffice *v.i.* zadovoljavati
sufficiency *n.* dostatnost
sufficient *a.* dovoljan
suffix *n.* sufiks
suffix *v.t.* dodati
suffocate *v.t* ugušiti
suffocation *n.* gušenje
suffrage *n.* pravo glasa
sugar *n.* šećer
sugar *v.t.* zasladiti
suggest *v.t.* predložiti
suggestion *n.* prijedlog
suggestive *a.* sugestivan
suicidal *a.* samoubilački
suicide *n.* samoubojstvo
suit *n.* odijelo
suit *v.t.* odgovarati
suitability *n.* podobnost
suitable *a.* pogodan
suite *n.* apartman
suitor *n.* prosilac
sullen *a.* sumoran
sulphur *n.* sumpor
sulphuric *a.* sumporni
sultry *a.* sparan
sum *n.* suma
sum *v.t.* sumirati
summarily *adv.* ukratko
summarize *v.t.* rezimirati

summary *n.* sažetak	**supple** *a.* savitljiv
summary *a* sažet	**supplement** *n.* dopuna
summer *n.* ljeto	**supplement** *v.t.* dopuniti
summit *n.* vrh	**supplementary** *a.* dopunski
summon *v.t.* pozvati	**supplier** *n.* dobavljač
summons *n.* poziv	**supply** *v.t.* snabdijevati
sumptuous *a.* raskošan	**supply** *n* opskrba
sun *n.* sunce	**support** *v.t.* podržat
sun *v.t.* sunčati	**support** *n.* podrška
Sunday *n.* nedjelja	**suppose** *v.t.* pretpostaviti
sunder *v.t.* rastaviti	**supposition** *n.* pretpostavka
sunny *a.* sunčan	**suppress** *v.t.* suzbijati
sup *v.i.* gucnuti	**suppression** *n.* suzbijanje
superabundance *n.* preobilje	**supremacy** *n.* prevlast
superabundant *a.* preobilan	**supreme** *a.* vrhovni
superb *a.* izvanredan	**surcharge** *n.* preopterećenje
superficial *a.* površan	**surcharge** *v.t.* preopteretiti
superficiality *n.* površnost	**sure** *a.* siguran
superfine *a.* najfiniji	**surely** *adv.* sigurno
superfluity *n.* višak	**surety** *n.* izvjesnost
superfluous *a.* suvišno	**surf** *n.* surf
superhuman *a.* nadljudski	**surface** *n.* površina
superintend *v.t.* rukovoditi	**surface** *v.i* poravnati
superintendence *n.* vrhovni nadzor	**surfeit** *n.* prezasićenost
superintendent *n.* nadzornik	**surge** *n.* val
superior *a.* nadmoćan	**surge** *v.i.* uzrujati se
superiority *n.* superiornost	**surgeon** *n.* kirurg
superlative *a.* superlativan	**surgery** *n.* kirurgija
superlative *n.* superlativ	**surmise** *n.* pretpostavka
superman *n.* nadčovjek	**surmise** *v.t.* pretpostaviti
supernatural *a.* natprirodan	**surmount** *v.t.* savladati
supersede *v.t.* zamijeniti	**surname** *n.* prezime
supersonic *a.* supersoničan	**surpass** *v.t.* nadmašiti
superstition *n.* praznovjerje	**surplus** *n.* višak
superstitious *a.* praznovjeran	**surprise** *n.* iznenađenje
supertax *n.* poseban porez plaću	**surprise** *v.t.* iznenaditi
supervise *v.t.* nadgledati	**surrender** *v.t.* predati se
supervision *n.* nadzor	**surrender** *n* predaja
supervisor *n.* nadzornik	**surround** *v.t.* okruživati
supper *n.* večera	**surroundings** *n.* okruženje

surtax *n.* dopunski porez	**sweetness** *n.* slatkoća
surveillance *n.* nadzor	**swell** *v.i.* nabreknuti
survey *n.* pregled	**swell** *n* oteklina
survey *v.t.* pregledati	**swift** *a.* brz
survival *n.* opstanak	**swim** *v.i.* plivati
survive *v.i.* opstati	**swim** *n* plivanje
suspect *v.t.* osumnjičiti	**swimmer** *n.* plivač
suspect *a.* osumnjičen	**swindle** *v.t.* prevariti
suspect *n* osumnjičeni	**swindle** *n.* prijevara
suspend *v.t.* suspendirati	**swindler** *n.* varalica
suspense *n.* neizvjesnost	**swine** *n.* svinja
suspension *n.* obustava	**swing** *v.i.* ljuljati
suspicion *n.* sumnja	**swing** *n* ljuljačka
suspicious *a.* sumnjiv	**swiss** *n.* švicarska
sustain *v.t.* održati	**swiss** *a* švicarski
sustenance *n.* izdržavanje	**switch** *n.* prekidač
swagger *v.i.* šepuriti se	**switch** *v.t.* skrenuti
swagger *n* šepurenje	**swoon** *n.* nesvijest
swallow *v.t.* progutati	**swoon** *v.i* onesvijestiti se
swallow *n.* gutljaj	**swoop** *v.i.* kidisati
swallow *n.* lasta	**swoop** *n* prepad
swamp *n.* močvara	**sword** *n.* mač
swamp *v.t.* poplaviti	**sycamore** *n.* javor
swan *n.* labud	**sycophancy** *n.* ulizivanje
swarm *n.* roj	**sycophant** *n.* ulizica
swarm *v.i.* rojiti se	**syllabic** *n.* slogovni
swarthy *a.* crnpurasti	**syllable** *n.* slog
sway *v.i.* njihati	**syllabus** *n.* pregled
sway *n* njihanje	**sylph** *n.* zračni duh
swear *v.t.* psovati	**sylvan** *a.* pošumljen
sweat *n.* znoj	**symbol** *n.* simbol
sweat *v.i.* kleti se	**symbolic** *a.* simboličan
sweater *n.* džemper	**symbolism** *n.* simbolizam
sweep *v.i.* čistiti	**symbolize** *v.t.* simbolizirati
sweep *n.* zamah	**symmetrical** *a.* simetričan
sweeper *n.* čistač	**symmetry** *n.* simetrija
sweet *a.* sladak	**sympathetic** *a.* saosecajan
sweet *n* slatkiš	**sympathize** *v.i.* suosjećati
sweeten *v.t.* zašećeriti	**sympathy** *n.* simpatija
sweetmeat *n.* slatkiš	**symphony** *n.* simfonija

symposium *n.* simpozijum
symptom *n.* simptom
symptomatic *a.* simptomatičan
synonym *n.* sinonim
synonymous *a.* sinoniman
synopsis *n.* sinopsis
syntax *n.* sintaksa
synthesis *n.* sinteza
synthetic *a.* sintetički
synthetic *n* sintetika
syringe *n.* špric
syringe *v.t.* štrcnuti
syrup *n.* sirup
system *n.* sustav
systematic *a.* sistematičan
systematize *v.t.* sistematizirati

T

table *n.* sto
table *v.t.* izložiti
tablet *n.* tableta
taboo *n.* tabu
taboo *a* zabranjen
taboo *v.t.* zabraniti
tabular *a.* tablični
tabulate *v.t.* poređati
tabulation *n.* tabelisanje
tabulator *n.* tabulator
tacit *a.* prećutane
taciturn *a.* suzdržan
tackle *n.* pribor
tackle *v.t.* prionuti
tact *n.* takt
tactful *a.* taktičan
tactician *n.* taktičar
tactics *n.* taktika
tactile *a.* taktilni
tag *n.* oznaka

tag *v.t.* označiti
tail *n.* rep
tailor *n.* krojač
tailor *v.t.* krojiti
taint *n.* mrlja
taint *v.t.* uprljati
take *v.t* uzeti
tale *n.* priča
talent *n.* talenat
talisman *n.* talisman
talk *v.i.* pričati
talk *n* razgovor
talkative *a.* pričljiv
tall *a.* visok
tallow *n.* loj
tally *n.* evidencija
tally *v.t.* podudarati
tamarind *n.* indijska urma
tame *a.* pitom
tame *v.t.* pripitomiti
tamper *v.i.* pokvariti
tan *v.i.* preplanuti
tan *n., a.* preplanulost
tangent *n.* tangenta
tangible *a.* opipljiv
tangle *n.* zaplet
tangle *v.t.* zamrsiti
tank *n.* spremnik
tanker *n.* tanker
tanner *n.* kožar
tannery *n.* kožara
tantalize *v.t.* mučiti
tantamount *a.* jednake vrijednosti
tap *n.* slavina
tap *v.t.* tapkati
tape *n.* traka
tape *v.t* svezati trakom
taper *v.i.* zašiljiti
taper *n* tanka voštana svijeća
tapestry *n.* tapiserija

tar *n.* katran	**technologist** *n.* tehnolog
tar *v.t.* premazati katranom	**technology** *n.* tehnologija
target *n.* cilj	**tedious** *a.* dosadan
tariff *n.* tarifa	**tedium** *n.* dosada
tarnish *v.t.* gubiti boju	**teem** *v.i.* vrveti
task *n.* zadatak	**teenager** *n.* tinejdžer
task *v.t.* uposliti	**teens** *n. pl.* omladina
taste *n.* ukus	**teethe** *v.i.* dobiti zube
taste *v.t.* okusiti	**teetotal** *a.* trezvenjačkim
tasteful *a.* ukusan	**teetotaller** *n.* trezvenjak
tasty *a.* ukusan	**telecast** *n.* prijenos
tatter *n.* dronjak	**telecast** *v.t.* prenositi
tatter *v.t* pocepati u dronjke	**telegram** *n.* telegram
tattoo *n.* tetoviranje	**telegraph** *n.* telegraf
tattoo *v.i.* tetovirati	**telegraph** *v.t.* telegrafisati
taunt *v.t.* ismijavati se	**telegraphic** *a.* telegrafski
taunt *n* podrugivanje	**telegraphist** *n.* telegrafista
tavern *n.* krčma	**telegraphy** *n.* telegrafija
tax *n.* porez	**telepathic** *a.* telepatski
tax *v.t.* oporezovati	**telepathist** *n.* telepata
taxable *a.* oporeziv	**telepathy** *n.* telepatija
taxation *n.* oporezivanje	**telephone** *n.* telefon
taxi *n.* taksi	**telephone** *v.t.* telefonirati
taxi *v.i.* voziti se u taksiju	**telescope** *n.* teleskop
tea *n* čaj	**telescopic** *a.* teleskopski
teach *v.t.* učiti	**televise** *v.t.* emitirati preko televizije
teacher *n.* učitelj	**television** *n.* televizija
teak *n.* tik	**tell** *v.t.* reci
team *n.* tim	**teller** *n.* blagajnik
tear *v.t.* poderati	**temper** *n.* temperament
tear *n.* suza	**temper** *v.t.* miješati
tear *n.* poderotina	**temperament** *n.* temperament
tearful *a.* suzan	**temperamental** *a.* temperamentan
tease *v.t.* zadirkivati	**temperance** *n.* umjerenost
teat *n.* sisa	**temperate** *a.* umjeren
technical *n.* tehnički	**temperature** *n.* temperatura
technicality *n.* formalnost	**tempest** *n.* oluja
technician *n.* tehničar	**tempestuous** *a.* buran
technique *n.* tehnika	**temple** *n.* hram
technological *a.* tehnološki	**temple** *n* sljepoočnica

temporal *a.* vremenski
temporary *a.* privremen
tempt *v.t.* dovesti u iskušenje
temptation *n.* iskušenje
tempter *n.* iskušavač
ten *n., a* deset
tenable *a.* održiv
tenacious *a.* uporan
tenacity *n.* istrajnost
tenancy *n.* zakup
tenant *n.* stanar
tend *v.i.* biti sklon
tendency *n.* tendencija
tender *n* ponuda
tender *v.t.* ponuditi
tender *n* njegovatelj
tender *a* nježan
tenet *n.* načelo
tennis *n.* tenis
tense *n.* glagolsko vrijeme
tense *a.* napet
tension *n.* tenzija
tent *n.* šator
tentative *a.* probni
tenure *n.* mandat
term *n.* rok
term *v.t.* nazvati
terminable *a.* ograničen
terminal *a.* konačni
terminal *n* terminal
terminate *v.t.* okončati
termination *n.* završetak
terminological *a.* terminološki
terminology *n.* terminologija
terminus *n.* kraj
terrace *n.* terasa
terrible *a.* užasan
terrier *n.* terijer
terrific *a.* strašan
terrify *v.t.* prestraviti

territorial *a.* teritorijalni
territory *n.* teritorija
terror *n.* teror
terrorism *n.* terotizam
terrorist *n.* terorista
terrorize *v.t.* terorisati
terse *a.* sažet
test *v.t.* testirati
test *n* test
testament *n.* testament
testicle *n.* testis
testify *v.i.* svjedočiti
testimonial *n.* uvjerenje
testimony *n.* svjedočanstvo
tete-a-tete *n.* sastanak u četiri oka
tether *n.* lanac
tether *v.t.* privezati
text *n.* tekst
textile *a.* tekstilni
textile *n* tekstil
textual *n.* tekstualni
texture *n.* sastav
thank *v.t.* zahvaliti
thanks *n.* zahvalnost
thankful *a.* zahvalan
thankless *a.* nezahvalan
that *a.* taj
that *dem. pron.* onaj
that *rel. pron.* koji
that *adv.* tako
that *conj.* da
thatch *n.* slama
thatch *v.t.* pokriti krov
thaw *v.i* topiti se
thaw *n* topljenje
theatre *n.* kazalište
theatrical *a.* kazališni
theft *n.* krađa
their *a.* njihov
theirs *pron.* njihov

theism *n.* teizam	**third** *a.* treći
theist *n.* teista	**third** *n.* trećina
them *pron.* njih	**thirdly** *adv.* treće
thematic *a.* tematski	**thirst** *n.* žeđ
theme *n.* tema	**thirst** *v.i.* biti žedan
then *adv.* onda	**thirsty** *a.* žedan
then *a* tadašnji	**thirteen** *n.* trinaest
thence *adv.* odande	**thirteen** *a* trinaest
theocracy *n.* teokracija	**thirteenth** *a.* trinaesti
theologian *n.* teolog	**thirtieth** *a.* trideseti
theological *a.* teološki	**thirtieth** *n* tridesetina
theology *n.* teologija	**thirty** *n.* trideset
theorem *n.* teorem	**thirty** *a* trideset
theoretical *a.* teorijski	**thistle** *n.* čičak
theorist *n.* teoretičar	**thither** *adv.* tamo
theorize *v.i.* teoretizirati	**thorn** *n.* trn
theory *n.* teorija	**thorny** *a.* trnovit
therapy *n.* terapija	**thorough** *a* temeljan
there *adv.* tamo	**thoroughfare** *n.* prolaz
thereabouts *adv.* otprilike	**though** *conj.* premda
thereafter *adv.* nakon toga	**though** *adv.* ipak
thereby *adv.* time	**thought** *n* misao
therefore *adv.* dakle	**thoughtful** *a.* pažljiv
thermal *a.* termalni	**thousand** *n.* tisuća
thermometer *n.* termometar	**thousand** *a* tisuću
thermos (flask) *n.* termos (boca)	**thrall** *n.* rob
thesis *n.* teza	**thraldom** *n.* ropstvo
thick *a.* debeo	**thrash** *v.t.* mlatiti
thick *n.* najgušći dio	**thread** *n.* nit
thick *adv.* debelo	**thread** *v.t* udenuti
thicken *v.i.* zgusnuti	**threadbare** *a.* otrcan
thicket *n.* gustiš	**threat** *n.* prijetnja
thief *n.* lopov	**threaten** *v.t.* prijetiti
thigh *n.* bedro	**three** *n.* tri
thimble *n.* naprstak	**three** *a* tri
thin *a.* tanak	**thresh** *v.t.* vršat
thin *v.t.* tanjiti	**thresher** *n.* vršalice
thing *n.* stvar	**threshold** *n.* prag
think *v.t.* misliti	**thrice** *adv.* triput
thinker *n.* mislilac	**thrift** *n.* štednja

thrifty *a.* štedljiv	**ticket** *n.* karta
thrill *n.* uzbuđenje	**tickle** *v.t.* golicati
thrill *v.t.* uzbuditi	**ticklish** *a.* golicljiva
thrive *v.i.* napredovati	**tidal** *a.* plimski
throat *n.* grlo	**tide** *n.* plima
throaty *a.* grlen	**tidings** *n. pl.* vijesti
throb *v.i.* lupati	**tidiness** *n.* urednost
throb *n.* lupanje	**tidy** *a.* uredan
throe *n.* agonija	**tidy** *v.t.* počistiti
throne *n.* tron	**tie** *v.t.* vezati
throne *v.t.* posaditi na prijestolje	**tie** *n* kravata
throng *n.* gomila	**tier** *n.* niz
throng *v.t.* gomilati se	**tiger** *n.* tigar
throttle *n.* dušnik	**tight** *a.* čvrst
throttle *v.t.* gušiti	**tighten** *v.t.* pritegnuti
through *prep.* kroz	**tigress** *n.* tigrica
through *adv.* skroz	**tile** *n.* crijep
through *a* izravan	**tile** *v.t.* pokriti crijepom
throughout *adv.* skroz	**till** *prep.* do
throughout *prep.* diljem	**till** *n. conj.* dok
throw *v.t.* baciti	**till** *v.t.* obrađivati
throw *n.* bacanje	**tilt** *v.i.* nagnuti se
thrust *v.t.* gurati	**tilt** *n.* nagib
thrust *n* potisak	**timber** *n.* greda
thud *n.* tutnjava	**time** *n.* vrijeme
thud *v.i.* tutnjiti	**time** *v.t.* izabrati vrijeme
thug *n.* razbojnik	**timely** *a.* na vrijeme
thumb *n.* palac	**timid** *a.* stidljiv
thumb *v.t.* opipati palcem	**timidity** *n.* bojažljivost
thump *n. tup* udarac	**timorous** *a.* plašljiv
thump *v.t.* lupiti	**tin** *n.* konzerva
thunder *n.* grom	**tin** *v.t.* kalajisati
thunder *v.i.* grmeti	**tincture** *n.* boja
thunderous *a.* gromovit	**tincture** *v.t.* obojiti
Thursday *n.* četvrtak	**tinge** *n.* nijansa
thus *adv.* stoga	**tinge** *v.t.* nijansirati
thwart *v.t.* osujetiti	**tinker** *n.* kotlar
tiara *n.* tijara	**tinsel** *n.* šljokica
tick *n.* otkucaj	**tint** *n.* boja
tick *v.i.* kucati	**tint** *v.t.* obojiti

tiny *a.* sićušan	tomato *n.* paradajz
tip *n.* savjet	tomb *n.* grob
tip *v.t.* savjetovati	tomboy *n.* nestaško
tip *n.* vrh	tomcat *n.* mačak
tip *v.t.* prevrnuti	tome *n.* tom
tip *n.* kraj	tomorrow *n.* sutrašnji dan
tip *v.t.* okovati	tomorrow *adv.* sutra
tipsy *a.* pripit	ton *n.* tona
tirade *n.* tirada	tone *n.* zvuk
tire *v.t.* izmoriti	tone *v.t.* davati ton
tiresome *a.* zamoran	tongs *n. pl.* kliješta
tissue *n.* tkivo	tongue *n.* jezik
titanic *a.* titanski	tonic *a.* toničan
tithe *n.* desetina	tonic *n.* tonik
title *n.* naslov	to-night *n.* ova noć
titular *a.* titularni	tonight *adv.* večeras
toad *n.* žaba krastača	tonne *n.* tona
toast *n.* zdravica	tonsil *n.* krajnik
toast *v.t.* nazdraviti	tonsure *n.* tonzura
tobacco *n.* duhan	too *adv.* suviše
today *adv.* danas	tool *n.* alat
today *n.* današnjica	tooth *n.* zub
toe *n.* nožni prst	toothache *n.* zubobolja
toe *v.t.* dodirnuti nožnim prstima	toothsome *a.* ukusan
toffee *n.* karamela	top *n.* vrh
toga *n.* toga	top *v.t.* pokriti
together *adv.* zajedno	top *n.* čigra
toil *n.* rintanja	topaz *n.* topaz
toil *v.i.* rintati	topic *n.* tema
toilet *n.* toalet	topical *a.* tematski
toils *n. pl.* mreže	topographer *n.* topograf
token *n.* znak	topographical *a.* topografski
tolerable *a.* podnošljiv	topography *n.* topografija
tolerance *n.* tolerancija	topple *v.i.* srušiti se
tolerant *a.* tolerantan	topsy turvy *a.* pobrkan
tolerate *v.t.* tolerirati	topsy turvy *adv* pobrkano
toleration *n.* tolerancija	torch *n.* baklja
toll *n.* pristojba	torment *n.* muka
toll *n* zvonjava	torment *v.t.* mučiti
toll *v.t.* zvoniti	tornado *n.* tornado

torpedo *n.* torpedo
torpedo *v.t.* torpedovati
torrent *n.* bujica
torrential *a.* bujan
torrid *a.* suh
tortoise *n.* kornjača
tortuous *a.* kazneni
torture *n.* mučenje
torture *v.t.* mučiti
toss *v.t.* zbaciti
toss *n* zbacivanje
total *a.* ukupan
total *n.* cjelina
total *v.t.* zbrojiti
totality *n.* cjelokupnost
touch *v.t.* dodirnuti
touch *n* dodir
touchy *a.* osjetljiv
tough *a.* težak
toughen *v.t.* očvrsnuti
tour *n.* tura
tour *v.i.* putovati
tourism *n.* turizam
tourist *n.* turista
tournament *n.* turnir
towards *prep.* ka
towel *n.* ručnik
towel *v.t.* brisati ručnikom
tower *n.* toranj
tower *v.i.* dizati se
town *n.* grad
township *a.* općinski
toy *n.* igračka
toy *v.i.* igrati se
trace *n.* trag
trace *v.t.* tragati
track *n.* staza
track *v.t.* slijediti
tract *n.* trakt

tract *n* traktat
traction *n.* vuča
tractor *n.* traktor
trade *n.* trgovina
trade *v.i* trgovati
trader *n.* trgovac
tradesman *n.* trgovac
tradition *n.* tradicija
traditional *a.* tradicionalan
traffic *n.* saobraćaj
traffic *v.i.* trgovati
tragedian *n.* tragičar
tragedy *n.* tragedija
tragic *a.* tragičan
trail *n.* trag
trail *v.t.* puzati
trailer *n.* prikolica
train *n.* vlak
train *v.t.* trenirati
trainee *n.* pripravnik
training *n.* obuka
trait *n.* osobina
traitor *n.* izdajnik
tram *n.* tramvaj
trample *v.t.* pogaziti
trance *n.* trans
tranquil *a.* miran
tranquility *n.* mir
tranquillize *v.t.* stišati
transact *v.t.* obaviti
transaction *n.* transakcija
transcend *v.t.* prekoračiti
transcendent *a.* nenadmašan
transcribe *v.t.* prepisati
transcription *n.* transkripcija
transfer *n.* prijenos
transfer *v.t.* prenositi
transferable *a.* prenosiv
transfiguration *n.* preobraženje

transform v. transformirati
transformation n. transformacija
transgress v.t. prekršiti
transgression n. prijestup
transit n. tranzit
transition n. prijelaz
transitive n. prijelazni
transitory n. prolazan
translate v.t. prevoditi
translation n. prevođenje
transmigration n. seoba
transmission n. transmisija
transmit v.t. prenositi
transmitter n. odašiljač
transparent a. transparentan
transplant v.t. presađivati
transport v.t. prevoziti
transport n. prijevoz
transportation n. transport
trap n. zamka
trap v.t. uhvatiti u zamku
trash n. smeće
travel v.i. putovati
travel n putovanje
traveller n. putnik
tray n. pladanj
treacherous a. izdajnički
treachery n. izdaja
tread v.t. koračati
tread n hod
treason n. izdaja
treasure n. blago
treasure v.t. čuvati
treasurer n. blagajnik
treasury n. državna blagajna
treat v.t. liječiti
treat n čašćenje
treatise n. rasprava
treatment n. tretman
treaty n. pregovor

tree n. drvo
trek v.i. seliti se
trek n. putovanje
tremble v.i. drhtati
tremendous a. ogroman
tremor n. drhtanje
trench n. rov
trench v.t. rezati
trend n. trend
trespass v.i. zgriješiti
trespass n. prijestup
trial n. suđenje
triangle n. trokut
triangular a. trokutni
tribal a. plemenski
tribe n. pleme
tribulation n. stradanje
tribunal n. sud
tributary n. pritoka
tributary a. dužan davati danak
trick n trik
trick v.t. prevariti
trickery n. varanje
trickle v.i. kapati
trickster n. varalica
tricky a. lukav
tricolour a. trobojni
tricolour n trobojnica
tricycle n. tricikl
trifle n. sitnica
trifle v.i igrati se
trigger n. okidač
trim a. uredan
trim n red
trim v.t. urediti
trinity n. trojstvo
trio n. trio
trip v.t. poigravati
trip n. putovanje
tripartite a. trodelan

triple *a.* trostruk
triple *v.t.,* utrostručiti
triplicate *a.* trokratan
triplicate *n* triplikatu
triplicate *v.t.* potrostručiti
triplication *n.* utrostručenje
tripod *n.* tronožac
triumph *n.* trijumf
triumph *v.i.* trijumfovati
triumphal *a.* trijumfalan
triumphant *a.* pobjednički
trivial *a.* trivijalan
troop *n.* četa
troop *v.i* skupljati se
trooper *n.* policajac
trophy *n.* trofej
tropic *n.* tropski pojas
tropical *a.* tropski
trot *v.i.* kasati
trot *n* kas
trouble *n.* nevolja
trouble *v.t.* uzburkati
troublesome *a.* mučan
troupe *n.* glumačka družina
trousers *n. pl* hlače
trowel *n.* mistrija
truce *n.* primirje
truck *n.* kamion
true *a.* pravi
trump *n.* adut
trump *v.t.* nadmudriti
trumpet *n.* truba
trumpet *v.i.* trubiti
trunk *n.* stablo
trust *n.* povjerenje
trust *v.t* vjerovati
trustee *n.* povjerenik
trustful *a.* povjerljiv
trustworthy *a.* pouzdan
trusty *n.* vjeran

truth *n.* istina
truthful *a.* istinoljubiv
try *v.i.* pokušati
try *n* pokušaj
trying *a.* težak
tryst *n.* sastanak
tub *n.* kada
tube *n.* cijev
tuberculosis *n.* tuberkuloza
tubular *a.* cjevasti
tug *v.t.* trzati
tuition *n.* školarina
tumble *v.i.* pasti
tumble *n.* pad
tumbler *n.* akrobata
tumour *n.* tumor
tumult *n.* metež
tumultuous *a.* bučan
tune *n.* melodija
tune *v.t.* ugađati
tunnel *n.* tunel
tunnel *v.i.* bušiti tunel
turban *n.* turban
turbine *n.* turbina
turbulence *n.* turbulencije
turbulent *a.* turbulentan
turf *n.* treset
turkey *n.* ćurka
turmeric *n.* kurkuma
turmoil *n.* nemir
turn *v.i.* okrenuti
turn *n* okret
turner *n.* strugar
turnip *n.* repa
turpentine *n.* terpentin
turtle *n.* kornjača
tusk *n.* kljova
tussle *n.* borba
tussle *v.i.* boriti se
tutor *n.* tutor

tutorial *a.* učiteljski	**uglify** *v.t.* poružnjavati
tutorial *n.* korisnički	**ugliness** *n.* ružnoca
twelfth *a.* dvanaesti	**ugly** *a.* ružan
twelfth *n.* dvanaestina	**ulcer** *n.* kuhati
twelve *n.* dvanaestorica	**ulcerous** *a.* gnojan
twelve *n* dvanaest	**ulterior** *a.* prikriven
twentieth *a.* dvadeseti	**ultimate** *a.* krajnji
twentieth *n* dvadesetina	**ultimately** *adv.* na kraju
twenty *a.* dvadeset	**ultimatum** *n.* ultimatum
twenty *n* dvadesetorica	**umbrella** *n.* kišobran
twice *adv.* dvaput	**umpire** *n.* sudac
twig *n.* grančica	**umpire** *v.t.,* osuditi
twilight *n* suton	**unable** *a.* nemoćan
twin *n.* blizanac	**unanimity** *n.* jednoglasnost
twin *a* dvostruk	**unanimous** *a.* jednoglasan
twinkle *v.i.* svjetlucati	**unaware** *a.* nesvjestan
twinkle *n.* svjetlucanje	**unawares** *adv.* nehotice
twist *v.t.* uviti	**unburden** *v.t.* rasteretiti
twist *n.* obrt	**uncanny** *a.* neugodan
twitter *n.* cvrkut	**uncertain** *a.* neizvjestan
twitter *v.i.* cvrkutati	**uncle** *n.* stric, tetak, ujak
two *n.* dva	**uncouth** *a.* nepoznat
two *a.* dvoje	**under** *prep.* ispod
twofold *a.* dvostruk	**under** *adv* niže
type *n.* tip	**under** *a* niži
type *v.t.* tipkati	**undercurrent** *n.* podvodna struja
typhoid *n.* tifozan	**underdog** *n* gubitnik
typhoon *n.* tajfun	**undergo** *v.t.* pretrpjeti
typhus *n.* tifus	**undergraduate** *n.* student
typical *a.* tipičan	**underhand** *a.* nepošten
typify *v.t.* predstaviti	**underline** *v.t.* podvući
typist *n.* daktilograf	**undermine** *v.t.* podriti
tyranny *n.* tiranija	**underneath** *adv.* ispod
tyrant *n.* tiranin	**underneath** *prep.* pod
tyre *n.* guma	**understand** *v.t.* razumjeti
	undertake *v.t.* poduzeti
	undertone *n* . prigušen glas
	underwear *n.* donje rublje
	underworld *n.* podzemlje
udder *n.* vime	**undo** *v.t.* poništi

undue *a.* neprikladan	**up** *adv.* gore
undulate *v.i.* talasati se	**up** *prep.* prema gore
undulation *n.* lelujanje	**upbraid** *v.t* kuditi
unearth *v.t.* iskopati	**upheaval** *n.* preokret
uneasy *a.* nelagodan	**uphold** *v.t* podržati
unfair *a* nepravedan	**upkeep** *n* održavanje
unfold *v.t.* otvoriti	**uplift** *v.t.* podici
unfortunate *a.* nesrecan	**uplift** *n* uzdignuće
ungainly *a.* nezgrapan	**upon** *prep* na
unhappy *a.* nesrecan	**upper** *a.* gornji
unification *n.* ujedinjenje	**upright** *a.* čestit
union *n.* unija	**uprising** *n.* ustanak
unionist *n.* unionista	**uproar** *n.* metež
unique *a.* jedinstven	**uproarious** *a.* bučan
unison *n.* jednoglasje	**uproot** *v.t.* iskorijeniti
unit *n.* jedinica	**upset** *v.t.* uznemiriti
unite *v.t.* ujediniti	**upshot** *n.* ishod
unity *n.* jedinstvo	**upstart** *n.* skorojević
universal *a.* univerzalan	**up-to-date** *a.* suvremen
universality *n.* univerzalnost	**upward** *a.* okrenut uvis
universe *n.* svemir	**upwards** *adv.* nagore
university *n.* sveučilište	**urban** *a.* urbani
unjust *a.* nepravedan	**urbane** *a.* učtiv
unless *conj.* osim ako	**urbanity** *n.* učtivost
unlike *a* nejednak	**urchin** *n.* derište
unlike *prep* za razliku od	**urge** *v.t* nagnati
unlikely *a.* nevjerojatan	**urge** *n* nagon
unmanned *a.* bez posade	**urgency** *n.* hitnost
unmannerly *a* nevaspitan	**urgent** *a.* hitan
unprincipled *a.* neprincipijelan	**urinal** *n.* pisoar
unreliable *a.* nepouzdan	**urinary** *a.* urinarni
unrest *n* nemir	**urinate** *v.i.* urinirati
unruly *a.* jogunast	**urination** *n.* mokrenje
unsettle *v.t.* uznemiriti	**urine** *n.* urin
unsheathe *v.t.* izvaditi iz korica	**urn** *n* urna
until *prep.* do	**usage** *n.* primjena
until *conj* dok	**use** *n.* uporaba
untoward *a.* uporan	**use** *v.t.* upotrijebiti
unwell *a.* bolestan	**useful** *a.* koristan
unwittingly *adv.* nenamjerno	**usher** *n.* vratar

usher *v.t.* uvesti	**vagueness** *n.* neodređenost
usual *a.* uobičajen	**vain** *a.* uzaludan
usually *adv.* obično	**vainglorious** *a.* hvalisav
usurer *n.* zelenaš	**vainglory** *n.* hvalisavost
usurp *v.t.* uzurpirati	**vainly** *adv.* uzalud
usurpation *n.* uzurpacija	**vale** *n.* dolina
usury *n.* zelenaštvo	**valiant** *a.* hrabar
utensil *n.* pribor	**valid** *a.* validan
uterus *n.* maternica	**validate** *v.t.* potvrditi
utilitarian *a.* utilitaristički	**validity** *n.* pravovaljanost
utility *n.* korisnost	**valley** *n.* dolina
utilization *n.* korištenje	**valour** *n.* junaštvo
utilize *v.t.* iskoristiti	**valuable** *a.* vrijedan
utmost *a.* krajnji	**valuation** *n.* procjena
utmost *n* krajnost	**value** *n.* vrijednost
utopia *n*. utopija	**value** *v.t.* cijeniti
utopian *a.* utopijski	**valve** *n.* ventil
utter *v.t.* izustiti	**van** *n.* kombi
utter *a* potpun	**vanish** *v.i.* iščeznuti
utterance *n.* iskaz	**vanity** *n.* sujeta
utterly *adv.* potpuno	**vanquish** *v.t.* pobijediti
	vaporize *v.t.* isparavati

V

	vaporous *a.* parni
	vapour *n.* para
	variable *a.* varijabla
vacancy *n.* upražnjeno mjesto	**variance** *n.* promjena
vacant *a.* prazan	**variation** *n.* varijacija
vacate *v.t.* napustiti	**varied** *a.* raznolik
vacation *n.* odmor	**variety** *n.* raznovrsnost
vaccinate *v.t.* cijepiti	**various** *a.* različit
vaccination *n.* vakcinacija	**varnish** *n.* lak
vaccinator *n.* liječnik koji cijepi	**varnish** *v.t.* lakirati
vaccine *n.* vakcina	**vary** *v.t.* varirati
vacillate *v.i.* kolebati se	**vasectomy** *n.* vazektomija
vacuum *n.* vakuum	**vaseline** *n.* vazelin
vagabond *n.* skitnica	**vast** *a.* ogroman
vagabond *a* skitalački	**vault** *n.* svod
vagary *n.* lutanje	**vault** *n.* skok
vagina *n.* vagina	**vault** *v.i.* nadsvoditi
vague *a.* nejasan	**vegetable** *n.* povrće

vegetable *a.* povrtni	**verbose** *a.* preopširan
vegetarian *n.* vegetarijanac	**verbosity** *n.* preopširnost
vegetarian *a* vegetarijanski	**verdant** *a.* zelen
vegetation *n.* vegetacija	**verdict** *n.* presuda
vehemence *n.* žestina	**verge** *n.* rub
vehement *a.* žestok	**verification** *n.* verifikacija
vehicle *n.* vozilo	**verify** *v.t.* verificirati
vehicular *a.* automobilski	**verisimilitude** *n.* vjerojatnost
veil *n.* veo	**veritable** *a.* pravi
veil *v.t.* prekriti	**vermillion** *n.* cinober
vein *n.* vena	**vermillion** *a.* boje cinobera
velocity *n.* brzina	**vernacular** *n.* domaći
velvet *n.* somot	**vernacular** *a.* narodni
velvety *a.* baršunast	**vernal** *a.* prolećni
venal *a.* podmitljiv	**versatile** *a.* svestran
venality *n.* podmitljivost	**versatility** *n.* svestranos
vendor *n.* prodavač	**verse** *n.* stih
venerable *a.* prečasni	**versed** *a.* okretni
venerate *v.t.* poštovati	**versification** *n.* stihotvorstvo
veneration *n.* strahopoštovanje	**versify** *v.t.* pretvoriti u stihove
vengeance *n.* osveta	**version** *n.* verzija
venial *a.* oprostiv	**versus** *prep.* protiv
venom *n.* otrov	**vertical** *a.* vertikalan
venomous *a.* otrovan	**verve** *n.* elan
vent *n.* labav	**very** *a.* veoma
ventilate *v.t.* ventilirati	**vessel** *n.* brod
ventilation *n.* ventilacija	**vest** *n.* prsluk
ventilator *n.* ventilator	**vest** *v.t.* obući
venture *n.* pothvat	**vestige** *n.* trag
venture *v.t.* usuditi se	**vestment** *n.* odežda
venturesome *a.* riskantan	**veteran** *n.* veteran
venturous *a.* opasan	**veteran** *a.* veteranski
venue *n.* djelokrug	**veterinary** *a.* veterinarski
veracity *n.* istinitost	**veto** *n.* veto
verendah *n.* veranda	**veto** *v.t.* staviti veto
verb *n.* glagol	**vex** *v.t.* nasekirati
verbal *a.* verbalni	**vexation** *n* sekiracija
verbally *adv.* usmeno	**via** *prep.* preko
verbatim *a.* doslovan	**viable** *a.* održiv
verbatim *adv.* doslovno	**vial** *n.* bočica

vibrate v.i. vibrirati
vibration n. vibracija
vicar n. vikar
vicarious a. namjesničko
vice n. porok
viceroy n. potkralj
vice-versa adv. obrnuto
vicinity n. blizina
vicious a. opak
vicissitude n. nestalnost
victim n. žrtva
victimize v.t. žrtvovati
victor n. pobjednik
victorious a. pobjedonosan
victory n. pobjeda
victuals n. pl hrana
vie v.i. nadmetati se
view n. pogled
view v.t. razgledati
vigil n. bdijenje
vigilance n. budnost
vigilant a. oprezan
vigorous a. energičan
vile a. loš
vilify v.t. sramotiti
villa n. vila
village n. selo
villager n. seljak
villain n. zlikovac
vindicate v.t. opravdati
vindication n. opravdanje
vine n. vinova loza
vinegar n. sirce
vintage n. berba
violate v.t. povrijediti
violation n. kršenje
violence n. nasilje
violent a. nasilan
violet n. ljubičica
violin n. violina

violinist n. violinista
virgin n. devac
virgin n djevica
virginity n. nevinost
virile a. muški
virility n. muževnost
virtual a virtualan
virtue n. vrlina
virtuous a. vrli
virulence n. pakost
virulent a. pakostan
virus n. virus
visage n. osoba
visibility n. vidljivost
visible a. vidljiv
vision n. vizija
visionary a. vizionarski
visionary n. vizionar
visit n. posjet
visit v.t. posjetiti
visitor n. posjetitelj
vista n. vidik
visual a. vizualni
visualize v.t. vizualizovati
vital a. vitalan
vitality n. vitalnost
vitalize v.t. oživljavati
vitamin n. vitamin
vitiate v.t. pokvariti
vivacious a. čio
vivacity n. živahnost
viva-voce adv. usmeno
viva-voce a usmen
viva-voce n usmeni ispit
vivid a. živ
vixen n. lisica
vocabulary n. rječnik
vocal a. vokalni
vocalist n. pjevač
vocation n. zanimanje

vogue *n.* moda	**vulture** *n.* lešinar
voice *n.* glas	
voice *v.t.* izgovoriti	
void *a.* prazan	
void *v.t.* poništiti	
void *n.* praznina	**wade** *v.i.* gaziti
volcanic *a.* vulkanski	**waddle** *v.i.* geganje
volcano *n.* vulkan	**waft** *v.t.* lebdjeti
volition *n.* volja	**waft** *n* dah
volley *n.* volej	**wag** *v.i.* mahati
volley *v.t* skresati	**wag** *n* mahanje
volt *n.* volt	**wage** *v.t.* voditi
voltage *n.* napon	**wage** *n.* plata
volume *n.* obujam	**wager** *n.* ulog
voluminous *a.* obiman	**wager** *v.i.* kladiti se
voluntarily *adv.* dobrovoljno	**wagon** *n.* vagon
voluntary *a.* dobrovoljan	**wail** *v.i.* jadikovati
volunteer *n.* volonter	**wail** *n* jadikovanje
volunteer *v.t.* volontirati	**wain** *n.* kola
voluptuary *n.* pohotljivac	**waist** *n.* struk
voluptuous *a.* pohotan	**waistband** *n.* opasač
vomit *v.t.* povraćati	**waistcoat** *n.* prsluk
vomit *n* povraćanje	**wait** *v.i.* čekati
voracious *a.* proždrljiv	**wait** *n.* čekanje
votary *n.* kaluđer	**waiter** *n.* konobar
vote *n.* glasovanje	**waitress** *n.* konobarica
vote *v.i.* glasovati	**waive** *v.t.* odustati
voter *n.* glasač	**wake** *v.t.* probuditi
vouch *v.i.* jamčiti	**wake** *n* bdijenje
voucher *n.* vaučer	**wake** *n* daća
vouchsafe *v.t.* odobriti	**wakeful** *a.* budan
vow *n.* zavjet	**walk** *v.i.* šetati
vow *v.t.* zavetovati	**walk** *n* šetnja
vowel *n.* samoglasnik	**wall** *n.* zid
voyage *n.* putovanje	**wall** *v.t.* opasati zidom
voyage *v.i.* putovati	**wallet** *n.* novčanik
voyager *n.* putnik	**wallop** *v.t.* istući
vulgar *a.* vulgaran	**wallow** *v.i.* valjati se
vulgarity *n.* vulgarnost	**walnut** *n.* orah
vulnerable *a.* ranjiv	**walrus** *n.* morž

wan *a.* bled
wand *n.* štapić
wander *v.i.* lutati
wane *v.i.* opadati
wane *n* opadanje
want *v.t.* željeti
want *n* potreba
wanton *a.* raskalašne
war *n.* rat
war *v.i.* ratovati
warble *v.i.* treperiti
warble *n* treperenje
warbler *n.* ptica pjevačica
ward *n.* štićenik
ward *v.t.* čuvati
warden *n.* upravnik zatvora
warder *n.* čuvar
wardrobe *n.* garderoba
wardship *n.* skrbništvo
ware *n.* roba
warehouse *v.t* magacin
warfare *n.* ratovanje
warlike *a.* ratoboran
warm1 *a.* vruć
warm *v.t.* topao
warmth *n.* toplina
warn *v.t.* upozoriti
warning *n.* upozorenje
warrant *n.* račun
warrant *v.t.* garantirati
warrantee *n.* opunomoćenik
warrantor *n.* jamac
warranty *n.* garancija
warren *n.* odgajivačnica zečeva
warrior *n.* ratnik
wart *n.* bradavica
wary *a.* oprezan
wash *v.t.* prati
wash *n* pranje
washable *a.* koji se može prati

washer *n.* perač
wasp *n.* osa
waspish *a.* naprasit
wassail *n.* pijanka
wastage *n.* rasipanje
waste *a.* pust
waste *n.* otpad
waste *v.t.* pustošiti
wasteful *a.* rasipan
watch *v.t.* gledati
watch *n.* sat
watchful *a.* budan
watchword *n.* lozinka
water *n.* vode
water *v.t.* zalijevati
waterfall *n.* vodopad
water-melon *n.* lubenica
waterproof *a.* vodootporan
waterproof *n* vodootpornost
waterproof *v.t.* učiniti nepromočivim
watertight *a.* nepromočiv
watery *a.* vodeni
watt *n.* vat
wave *n.* val
wave *v.t.* mahati
waver *v.i.* mahati
wax *n.* vosak
wax *v.t.* rasti
way *n.* način
wayfarer *n.* putnik
waylay *v.t.* napasti iz zasjede
wayward *a.* svojevoljan
weak *a.* slab
weaken *v.t. & i* oslabiti
weakling *n.* slabić
weakness *n.* slabost
weal *n.* masnica
wealth *n.* bogatstvo
wealthy *a.* bogat
wean *v.t.* odučiti

weapon *n.* oružje
wear *v.t.* pohabati
weary *a.* umoran
weary *v.t. & i* umoriti
weary *a.* dosadan
weary *v.t.* dosađivati
weather *n* vrijeme
weather *v.t.* odoljeti
weave *v.t.* tkati
weaver *n.* tkač
web *n.* mreža
webby *a.* koji je kao tkivo
wed *v.t.* vjenčati
wedding *n.* vjenčanje
wedge *n.* klin
wedge *v.t.* pričvrstiti klinom
wedlock *n.* brak
Wednesday *n.* srijeda
weed *n.* korov
weed *v.t.* pleviti
week *n.* nedjelja
weekly *a.* tjedni
weekly *adv.* tjedno
weekly *n.* tjednik
weep *v.i.* plakati
weevil *n.* žižak
weigh *v.t.* vagati
weight *n.* težina
weighage *n.* pristojba za vaganje
weighty *a.* važan
weir *n.* brana
weird *a.* čudan
welcome *a.* dobrodošao
welcome *n* dobrodošlica
welcome *v.t* pozdraviti
weld *v.t.* zavarivati
weld *n* zavarak
welfare *n.* blagostanje
well *a.* dobar
well *adv.* dobro

well *n.* bunar
well *v.i.* izvirti
wellignton *n.* velignton
well-known *a.* poznat
well-read *a.* načitan
well-timed *a.* blagovremen
well-to-do *a.* imućan
welt *n.* porub
welter *n.* zbrka
wen *n.* izraslina
wench *n.* djevojka
west *n.* zapad
west *a.* zapadni
west *adv.* zapadno
westerly *a.* zapadno
westerly *adv.* zapadni
western *a.* vestern
wet *a.* mokar
wet *v.t.* pokvasiti
wetness *n.* vlažnost
whack *v.t.* udariti
whale *n.* kit
wharfage *n.* taksa za vezivanje broda
what *a.* kakav
what *pron.* šta
what *interj.* šta
whatever *pron.* štagod
wheat *n.* pšenica
wheedle *v.t.* iskamčiti
wheel *a.* kotač
wheel *v.t.* kotrljati
whelm *v.t.* poplaviti
whelp *n.* štene
when *adv.* kada
when *conj.* kad
whence *adv.* odakle
whenever *adv. conj* kad god
where *adv.* gdje
where *conj.* gdje
whereabouts *adv.* negdje

whereas *conj.* pošto
whereat *conj.* gdje
wherein *adv.* u kome
whereupon *conj.* nakon čega
wherever *adv.* gdje god
whet *v.t.* brusiti
whether *conj.* bilo da
which *pron.* koji
which *a* koji
whichever *pron* koji god
whiff *n.* dašak
while *n.* vremenski period
while *conj.* dok
while *v.t.* provesti
whim *n.* kapric
whimper *v.i.* cviljenje
whimsical *a.* kapriciozan
whine *v.i.* prenemagati se
whine *n* prenemaganje
whip *v.t.* bičevati
whip *n.* bič
whipcord *n.* uzica biča
whir *n.* zujanje
whirl *n.i.* kovitlac
whirl *n* vrtlog
whirligig *n.* zvrk
whirlpool *n.* vrtlog
whirlwind *n.* vihor
whisk *v.t.* mahati
whisk *n* zamah
whisker *n.* dlaka
whisky *n.* viski
whisper *v.t.* šaputati
whisper *n* šapat
whistle *v.i.* zviždati
whistle *n* zvižduk
white *a.* bijeli
white *n* bijela boja
whiten *v.t.* beleti
whitewash *n.* bjelilo

whitewash *v.t.* obeleti
whither *adv.* kuda
whitish *a.* beličast
whittle *v.t.* strugati
whiz *v.i.* zujanje
who *pron.* tko
whoever *pron.* ma tko
whole *a.* cijeli
whole *n* cjelina
whole-hearted *a.* odan
wholesale *n.* veleprodaja
wholesale *a* veleprodajni
wholesale *adv.* veleprodajno
wholesaler *n.* veletrgovac
wholesome *a.* zdrav
wholly *adv.* u potpunosti
whom *pron.* koga
whore *n.* prostitutka
whose *pron.* čiji
why *adv.* zašto
wick *n.* fitilj
wicked *a.* zao
wicker *n.* ispleten od pruća
wicket *n.* vratnice
wide *a.* širok
wide *adv.* široko
widen *v.t.* proširiti
widespread *a.* rasprostranjen
widow *n.* udovica
widow *v.t.* učiniti udovicom
widower *n.* udovac
width *n.* širina
wield *v.t.* rukovati
wife *n.* supruga
wig *n.* perika
wight *n.* stvor
wigwam *n.* vigvam
wild *a.* divlji
wilderness *n.* divljina
wile *n.* lukavstvo

will *n.* volja	**wise** *a.* mudar
will *v.t.* htjeti	**wish** *n.* želja
willing *a.* voljan	**wish** *v.t.* željeti
willingness *n.* spremnost	**wishful** *a.* željan
willow *n.* vrba	**wisp** *n.* čuperak
wily *a.* lukav	**wistful** *a.* zamišljen
wimble *n.* ručna burgija	**wit** *n.* duhovitost
wimple *n.* kaluđerički veo	**witch** *n.* vještica
win *v.t.* pobijediti	**witchcraft** *n.* vračanje
win *n* pobjeda	**witchery** *n.* čarolija
wince *v.i.* trzati se	**with** *prep.* s
winch *n.* čekrk	**withal** *adv.* sem toga
wind *n.* vjetar	**withdraw** *v.t.* povuci
wind *v.t.* navijati	**withdrawal** *n.* povlačenje
wind *v.t.* namotati	**withe** *n.* prut
windbag *n.* blebetalo	**wither** *v.i.* uvenuti
winder *n.* motač	**withhold** *v.t.* zadržati
windlass *v.t.* motovilo	**within** *prep.* u
windmill *n.* vjetrenjača	**within** *adv.* u okviru
window *n.* prozor	**within** *n.* unutrašnjost
windy *a.* vjetrovit	**without** *prep.* bez
wine *n.* vino	**without** *adv.* izvan
wing *n.* krilo	**without** *n* bez
wink *v.i.* namigivati	**withstand** *v.t.* izdržati
wink *n* mig	**witless** *a.* bezuman
winner *n.* pobjednik	**witness** *n.* svjedok
winnow *v.t.* razbacati	**witness** *v.i.* svjedočiti
winsome *a.* dopadljiv	**witticism** *n.* dosjetka
winter *n.* zima	**witty** *a.* duhovit
winter *v.i* zimovati	**wizard** *n.* čarobnjak
wintry *a.* zimski	**wobble** *v.i* klimati
wipe *v.t.* brisati	**woe** *n.* jad
wipe *n.* brisanje	**woebegone** *a.* nesretan
wire *n.* žica	**woeful** *n.* tužan
wire *v.t.* svezati žicom	**wolf** *n.* vuk
wireless *a.* bežični	**woman** *n.* žena
wireless *n* radio	**womanhood** *n.* ženstvenost
wiring *n.* spajanje žicom	**womanish** *n.* ženski
wisdom *n.* mudrost	**womanize** *v.t.* trčati za ženama
wisdom-tooth *n.* mudrost	**womb** *n.* materica

wonder *n* čudo	**worst** *a* najgori
wonder *v.i.* čuditi se	**worst** *v.t.* pobijediti
wonderful *a.* predivan	**worsted** *n.* češljana vuna
wondrous *a.* čudesan	**worth** *n.* vrijednost
wont *a.* naviknut	**worth** *a* vrijedan
wont *n* navika	**worthless** *a.* bezvrijedan
wonted *a.* uobičajen	**worthy** *a.* dostojan
woo *v.t.* udvarati se	**would-be** *a.* tobožnji
wood *n.* drvo	**wound** *n.* rana
woods *n.* šuma	**wound** *v.t.* raniti
wooden *a.* drveni	**wrack** *n.* olupina
woodland *n.* šumovit kraj	**wraith** *n.* utvara
woof *n.* potka	**wrangle** *v.i.* prepirati se
wool *n.* vuna	**wrangle** *n.* prepirka
woollen *a.* vuneni	**wrap** *v.t.* zamotati
woollen *n* vunena tkanina	**wrap** *n* pokrivač
word *n.* riječ	**wrapper** *n.* omotač
word *v.t* riječ	**wrath** *n.* gnjev
wordy *a.* izraziti	**wreath** *n.* vijenac
work *n.* rad	**wreathe** *v.t.* uplesti
work *v.t.* raditi	**wreck** *n.* olupina
workable *a.* obradiv	**wreck** *v.t.* uništiti
workaday *a.* svakidašnji	**wreckage** *n.* olupina
worker *n.* radnik	**wrecker** *n.* brod za spasavanje
workman *n.* radnik	**wren** *n.* carić
workmanship *n.* izrada	**wrench** *n.* iščašenje
workshop *n.* radionica	**wrench** *v.t.* iščašiti
world *n.* svijet	**wrest** *v.t.* istrgnuti
worldling *n.* svjetski čovjek	**wrestle** *v.i.* hrvati se
worldly *a.* svjetovni	**wrestler** *n.* hrvač
worm *n.* crv	**wretch** *n.* bednik
wormwood *n.* pelen	**wretched** *a.* bijedan
worn *a.* iznošen	**wrick** *n* iščašenje
worry *n.* briga	**wriggle** *v.i.* vijugati
worry *v.i.* brinuti	**wriggle** *n* vijuganje
worsen *v.t.* pogoršati	**wring** *v.t* stiskati
worship *n.* obožavanje	**wrinkle** *n.* bora
worship *v.t.* obožavati	**wrinkle** *v.t.* izborat
worshipper *n.* obožavalac	**wrist** *n.* ručni zglob
worst *n.* ono što je najgore	**writ** *n.* spis

write v.t. napisati
writer n. pisac
writhe v.i. grčiti se
wrong a. pogrešan
wrong adv. pogrešno
wrong v.t. nanijeti štetu
wrongful a. nezakonit
wry a. iskrivljen

xerox n. način fotokopiranja
xerox v.t. fotokopirati
Xmas n. Božic
x-ray n. rendgen
x-ray a. rendgenski
x-ray v.t. izložiti rendgenskim zrakama
xylophagous a. koji se hrani drvetom
xylophilous a. koji živi na drvetu
xylophone n. ksilofon

yacht n. jahta
yacht v.i. voziti se na jahti
yak n. jak
yap v.i. lajati
yap n. lajanje
yard n. dvorište
yarn n. predivo
yawn v.i. zijevati
yawn n. zijevanje
year n. godina
yearly a. godišnji
yearly adv. godišnje
yearn v.i. žudjeti
yearning n. žudnja
yeast n. kvasac

yell v.i. vikati
yell n vikanje
yellow a. žut
yellow n žuta boja
yellow v.t. požutjeti
yellowish a. žućkast
Yen n. jen
yeoman n. slobodnjak
yes adv. da
yesterday n. jučerašnji dan
yesterday adv. jučer
yet adv. još
yet conj. ipak
yield v.t. donijeti
yield n prinos
yoke n. jaram
yoke v.t. ujarmiti
yolk n. žumance
yonder a. tamošnji
yonder adv. tamo
young a. mlad
young n mladi
youngster n. mladić
youth n. mladih
youthful a. mladenački

Z

zany a. smiješan
zeal n. revnost
zealot n. fanatik
zealous a. revnostan
zebra n. zebra
zenith n. zenit
zephyr n. zefir
zero n. nula
zest n. polet
zigzag n. cik-cak
zigzag a. vijugav

zigzag *v.i.* vijugati se
zinc *n.* cink
zip *n.* aktivnost
zip *v.t.* oživjeti
zodiac *n.* zodijak
zonal *a.* zonski
zone *n.* zona
zoo *n.* zoološki vrt
zoological *a.* zoološki
zoologist *n.* zoolog
zoology *n.* zoologija
zoom *n.* zum
zoom *v.i.* zumirati

CROATIAN-ENGLISH

A

abeceda *n.* alphabet
abecedno *a.* alphabetical
abonos *n* ebony
adekvatan *a.* adequate
adekvatnost *n.* adequacy
adhezija *n.* adhesion
administrator *n.* administrator
admiral *n.* admiral
adresa *n.* address
adut *n.* trump
advokatura *n.* advocacy
aeronautika *n.pl.* aeronautics
afera *n.* affair
aforizam *n* aphorism
agencija *n.* agency
agent *n* agent
agilan *a.* agile
agilnost *n.* agility
agonija *n.* agony
agonija *n.* throe
agrarni *a.* agrarian
agresija *n* aggression
agresivan *a.* aggressive
agresor *n.* aggressor
agronomija *n.* agronomy
ajkula *n.* shark
akademija *n* academy
akademski *a* academic
akcija *n.* action
ako *conj.* if
akord *n.* chord
akrobata *n.* acrobat
akrobata *n.* tumbler
akt *a.* nude
aktivan *a.* active
aktivirati *v.t.* activate

aktivnost *n.* zip
akumulacija *n* accumulation
akumulirati *v.t.* accumulate
akustično *a* acoustic
akustika *n.* acoustics
akvadukt *n.* aqueduct
akvarij *n.* aquarium
akvizicija *n.* acquisition
alat *n.* tool
albion *n* albion
album *n.* album
alegorija *n.* allegory
alegorijski *a.* allegorical
alergija *n.* allergy
alfa *n.* alpha
algebra *n.* algebra
alhemija *n.* alchemy
ali *prep* but
alibi *n.* alibi
aligator *n* alligator
alimentacija *n.* alimony
aliteracija *n.* alliteration
alkohol *n* alcohol
alkoholno *piće n.* liquor
almanah *n.* almanac
alpinista *n.* alpinist
alt *n* alto
alternativa *n.* alternative
alternativan *a.* alternative
aludirati *v.i.* allude
aluminij *n.* aluminium
aljkav *a.* slatternly
aljkav *a.* slovenly
aljkava žena *n.* slattern
am *n.* harness
amajlija *n.* amulet
amandman *n.* amendment
amater *n.* amateur
ambar *n.* barn
ambar *n.* granary

ambicija *n.* ambition
ambiciozan *a.* ambitious
ambijent *adj.* ambient
ambijent *n.* milieu
amblem *n* emblem
ambulanta *n* dispensary
ambulantni bolesnik *n.* outpatient
amenoreja *n* amenorrhoea
amfibijski *adj* amphibious
amfiteatar *n* amphitheatre
amin *interj.* amen
amnestija *n.* amnesty
amnezija *n* amnesia
amper *n* ampere
anabaptizam *n* anabaptism
anakronizam *n* anachronism
analitičar *n* analyst
analitički *a* analytical
analiza *n.* analysis
analizirati *v.t.* analyse
analni *adj.* anal
analogan *a.* analogous
analogija *n.* analogy
anamneza *n* anamnesis
anamorfan *adj* anamorphous
ananas *n.* pineapple
anarhija *n* anarchy
anarhista *n* anarchist
anarhizam *n.* anarchism
anatema *n* ban
anatomija *n.* anatomy
anđeo *n* angel
anegdota *n.* anecdote
anemometar *n* anemometer
anestetik *n.* anaesthetic
anestezija *n* anaesthesia
angažiranje *n.* engagement
angažirati *v. t* engage
angina *n* angina
animacija *n* animation

anisovo sjeme *n* aniseed
anketa *n.* poll
anonimnost *n.* anonymity
antacid *adj.* antacid
antarktički *a.* antarctic
antena *n.* aerial
antene *n.* antennae
anti *pref.* anti
antifonija *n.* antiphony
antika *n.* antiquity
antikvar *n* antiquarian
antilopa *n.* antelope
antipatija *n.* antipathy
antipatija *n* dislike
antipodi *n.* antipodes
antiseptički *a.* antiseptic
antiseptik *n.* antiseptic
antiteza *n.* antithesis
antologija *n.* anthology
antonim *n.* antonym
aparat *n.* apparatus
apartman *n.* suite
apatija *n.* apathy
apelant *n.* appellant
apetit *n.* appetite
aplaudirati *v.t.* applaud
aplauz *n.* applause
apostol *n.* apostle
apostrofiranje *n.* apostrophe
apoteka *n.* pharmacy
apotekar *n* druggist
apsces *n* abscess
apstrakcija *n.* abstraction
apstraktan *a* abstract
apsurd *n* absurdity
apsurdan *a* absurd
arbiter *n.* arbitrator
arbitraža *n.* arbitration
arena *n* arena
arhanđeo *n* archangel

arhiepiskop *n.* archbishop
arhitekt *n.* architect
arhitektura *n.* architecture
arhiv *n* chancery
arhiva *n* file
arhive *n.pl.* archives
arhivirati *v.t* file
aristofanski *adj.* aristophanic
aristokrata *n.* aristocrat
aritmetički *a.* arithmetical
aritmetika *n.* arithmetic
Arktik *n* Arctic
armada *n.* armada
armatura *n.* armature
arsen *n* arsenic
arsenal *n.* arsenal
arterija *n.* artery
artičoka *n.* artichoke
artiljerija *n.* artillery
artritis *n* arthritis
as *n* ace
asibilant *v.* assibilate
asistent *n.* assistant
asket *n.* ascetic
asketski *a.* ascetic
aspekt *n.* aspect
aspekt *n* facet
aspekt ponašanja *n.* conation
astma *n.* asthma
astrolog *n.* astrologer
astrologija *n.* astrology
astronaut *n.* astronaut
astronom *n.* astronomer
astronomija *n.* astronomy
ataše *n.* attache
ateist *n* antitheist
ateista *n* atheist
ateizam *n* atheism
atentat *n* assassination
atentator *n.* assassin

atlas *n.* atlas
atletika *n.* athletics
atletski *a.* athletic
atmosfera *n.* atmosphere
atom *n.* atom
atomski *a.* atomic
August *n.* August
autentičan *a.* authentic
autobiografija *n.* autobiography
autobus *n* bus
autogram *n.* autograph
autokrata *n* autocrat
autokratija *n* autocracy
autokratski *a* autocratic
automatski *a.* automatic
automobil *n.* automobile
automobil *n.* car
automobilski *a.* vehicular
autonoman *a* autonomous
autoput *n.* highway
autor *n.* author
autsajder *n.* outsider
avaj *interj.* alas
avantura *n* adventure
avenija *n.* avenue
averzija *n.* aversion
avet *n* bogle
avet *n.* spectre
avijacija *n.* aviation
avijatičar *n.* aviator
azbest *n.* asbestos

B

azil *n* asylum
babica *n.* midwife
bacanje *n.* cast
bacanje *n* casting
bacanje *n.* throw

baciti *v. t.* cast
baciti *v. t* down
baciti *v.t* fling
baciti *v.t.* hurl
baciti *v.t.* throw
baciti *se v.i* lunge
bačva *n.* barrel
badem *n.* almond
badminton *n.* badminton
bajati *v.i.* conjure
bajonet *n* bayonet
bakalin *n.* grocer
bakalnica *n.* grocery
bakar *n* copper
baklja *n.* torch
bakterija *n.* bacteria
bala *n.* bale
balada *n.* ballad
balaviti *v. t* beslaver
baldahin *n.* canopy
balet *n.* ballet
balkon *n.* balcony
balon *n.* balloon
balsamovati *v. t* embalm
balzam *n.* balsam
bambus *n.* bamboo
banalan *a.* banal
banana *n.* banana
banda *n.* gang
banka, nasip *n.* bank
bankar *n.* banker
banket *n.* banquet
bankrot *n.* bankrupt
bara *n.* puddle
baraka *n.* barrack
barbarski *a.* barbarous
bard *n.* bard
barijera *n.* barrier
barikada *n.* barricade
barka *n.* barge

barometar *n* barometer
baršunast *a.* velvety
bas *n.* bass
basna *n* apologue
basna *n.* fable
bašta *n.* garden
baštovan *n.* gardener
bataljun *n* battalion
baterija *n* battery
baza *n.* alkali
baza *n.* base
bazen *n.* basin
bdijenje *n.* vigil
bdijenje *n* wake
beba *n.* baby
beda *n.* misery
beda *n.* squalor
bedem *n* bulwark
bedem *n.* rampart
bednik *n.* wretch
bedro *n.* thigh
bekhend *n.* backhand
beleti *v.t.* whiten
beležnik *n.* notary
beličast *a.* whitish
bendžo *n.* banjo
benzin *n.* petrol
berba *n.* vintage
berberin *n.* barber
beskonačan *a.* infinite
beskonačnost *n.* infinity
beskrajan *a.* interminable
beskrajnost *n.* immensity
besmislen *a.* nonsensical
besmislen *a.* senseless
besmislica *v. i* blether
besmislica *n.* nonsense
besmrtan *a.* immortal
besmrtnost *n.* immortality
besplatno *adv.* gratis

bespomoćan *a.* helpless	**biberiti** *v.t.* pepper
besposlen *a.* idle	**biblija** *n* bible
besposlica *n.* idleness	**biblija** *n.* scripture
besposličar *n.* idler	**bibliograf** *n* bibliographer
besraman *a.* shameless	**bibliografija** *n* bibliography
betel *n* betel	**biblioteka** *n.* library
beton *n* concrete	**bibliotekar** *n.* librarian
betonirati *v. t* concrete	**biceps** *n* biceps
bez *prep.* without	**bicikl** *n.* bicycle
bez *n* without	**biciklist** *n* cyclist
bez novca *a.* penniless	**bič** *n.* scourge
bez obzira *na a.* irrespective	**bič** *n.* whip
bez posade *a.* unmanned	**bičevan** *a.* lash
bez premca *a.* matchless	**bičevati** *v.t.* scourge
bez premca *a.* peerless	**bičevati** *v.t.* slash
bezakonje *n.* misrule	**bičevati** *v.t.* whip
bezbojan *adj* achromatic	**bigamija** *n* bigamy
bezbroj *n.* myriad	**bijedan** *a.* abject
bezbrojan *a.* countless	**bijedan** *a.* piteous
bezbrojan *a.* innumerable	**bijedan** *a.* squalid
bezbrojan *a* myriad	**bijedan** *a.* wretched
bezbrojan *a.* numberless	**bijeg** *n* escape
bezdan *n* abyss	**bijela boja** *n* white
bezdušnost *n.* obduracy	**bijeli** *a.* white
bezglav *adj.* acephalous	**bijes** *n.* anger
bezglavi fetus *n.* acephalus	**bijes** *n.* fury
bezimenost *n.* anonymity	**bijes** *n.* rage
bezličan *a.* impersonal	**bijesan** *a.* furious
beznačajan *a.* insignificant	**bik** *n* bull
beznačajan *a.* meaningless	**biliteralan** *adj* biliteral
beznačajan *a.* minuscule	**bilo da** *conj.* whether
beznačajnost *n.* insignificance	**bilten** *n* bulletin
beznadežan *a.* hopeless	**biljka** *n.* herb
bezobrazluk *n.* insolence	**biljka** *n.* plant
bezsredišnji *adj* acentric	**biljno ljepilo** *n.* mucilage
bezuman *a.* witless	**binarni** *adj* binary
bezvrijedan *a.* worthless	**biograf** *n* biographer
bežični *a.* wireless	**biografija** *n* biography
beživotan *a.* lifeless	**biolog** *n* biologist
biber *n.* pepper	**biologija** *n* biology

birač *n.* constituent
biračko tijelo *n* electorate
biro *n.* bureau
birokracija *n.* Bureacuracy
birokrata *n* bureaucrat
biseksualan *adj.* bisexual
biser *n.* pearl
biskup *n* bishop
bistar *a.* lucid
bitanga *n.* rogue
biti *v.t.* be
biti *pref.* be
biti neposlušan *v. t* disobey
biti nepovjerljiv *v.t.* mistrust
biti neprosvjetljen *v. t* benight
biti odsutan *v.t* absent
biti ovistan *v.t.* addict
biti sklon *v.i.* tend
biti snužden *v.i.* mope
biti zavidan *v* envy
biti žedan *v.i.* thirst
bitka *n* battle
bitno *adv.* substantially
bivši *pron* former
bizaran *adj* bizarre
biznismen *n* businessman
bizon *n* bison
bizon *n.* buffalo
bjegunac *n.* fugitive
bjelančevina *n* albumen
bjelilo *n.* whitewash
bjesnilo *n.* rabies
bjesniti *v.i.* rage
bjesniti *v.t.* riot
bjesomučno *adv.* amuck
bježanje *n* scamper
bježati u panici *v.i* stampede
blag *adj* benign
blag *adj.* bland
blag *a.* mild

blag *a.* slight
blag vjetar *n* fan
blagajnik *n.* cashier
blagajnik *n.* teller
blagajnik *n.* treasurer
blago *n.* treasure
blagodat *n* boon
blagonaklon *a* benevolent
blagonaklonost *n* benevolence
blagoslov *n* benison
blagosloviti *v. t* bless
blagostanje *n.* prosperity
blagostanje *n.* welfare
blagovremen *a.* well-timed
blanširati *v. t. & i* blanch
blatiti *v.t.* mire
blato *n.* mire
blato *n.* muck
blato *n.* mud
blaženstvo *n* bliss
blaženstvo *n* felicity
blebetalo *n.* windbag
blebetati *v.i.* gabble
blebetati *v.t.* jabber
blebetati *v.i.* quack
bled *a.* wan
blefirati *v. t* bluff
blejanje *n* bleat
blejati *v. i* bleat
blesak *n* dazzle
blesak *n* flare
bleštanje *n.* glare
bleštati *v.i* glare
blic *n* flash
blijed *a* pale
blijedeti *v.i.* pale
blisko *adv.* nigh
blistav *a* brilliant
blistav *a.* shiny
blistavost *n* brilliance

blistavost *n.* glamour	**boja** *n* dye
blizak *a.* near	**boja** *n.* paint
blizanac *n.* twin	**boja** *n.* tincture
blizina *n.* proximity	**boja** *n.* tint
blizina *n.* vicinity	**bojažljivost** *n.* timidity
blizu *adv.* anigh	**boje cinobera** *a.* vermillion
blizu *adv* by	**bojiti** *v. t* colour
blizu *prep.* near	**bojiti** *v. t* dye
blizu *v.i.* near	**bojiti** *v.t.* paint
blizu *prep.* nigh	**bojkot** *n* boycott
blok *n* bloc	**bojkotovati** *v. t.* boycott
blokada *n* blockade	**bojler** *n* boiler
blokirati *v.t* block	**boks** *n* boxing
bluza *n* blouse	**bokvice** *n.* plantain
bljutav *a.* insipid	**bol** *n.* ache
bljutavost *n.* insipidity	**bol** *n.* anguish
bljuzgavica *n.* slush	**bol** *n* distress
bljuzgavo *a.* slushy	**bol** *n.* pain
boca *n* bottle	**bolan** *a.* painful
bočica *n.* phial	**bolesno** *a.* sickly
bočica *n.* vial	**bolest** *n* disease
bodar *a.* keen	**bolest** *n.* illness
bodež *n.* dagger	**bolest** *n.* malady
bodlja *n.* barb	**bolest** *n.* sickness
bodljikav *a* barbed	**bolestan** *a.* ill
bodrenje *n.* cheer	**bolestan** *a.* sick
bodriti *v. t.* cheer	**bolestan** *a.* unwell
bodrost *n.* keenness	**bolnica** *n.* hospital
Bog *n.* god	**bolovati** *v.t.* ail
bogalj *n* cripple	**bolje** *adv.* better
bogat *a.* affluent	**boljeti** *v.i.* ache
bogat *a.* opulent	**boljeti** *v.t.* pain
bogat *a.* rich	**bolji** *a* better
bogat *a.* wealthy	**bomba** *n* bomb
bogatstvo *n.* affluence	**bombarder** *n* bomber
bogatstvo *n.* opulence	**bombardiranje** *n* bombardment
bogatstvo *n.* richness	**bombardirati** *v. t* bomb
bogatstvo *n.* wealth	**bombardirati** *v. t* bombard
boginja *n.* goddess	**bonus** *n* bonus
boja *n* colour	**bor** *n.* pine

bora *n.* wrinkle
borac *n* combatant1
boravak *n* sojourn
boravak *n* stay
boraviti *v.i.* reside
boraviti *v.i.* sojourn
borba *n* combat
borba *n* fight
borba *n* struggle
borba *n.* tussle
borbena tehnika *n.* ordnance
bordel *n* brothel
borilište *n.* lists
boriti *se v. i.* battle
boriti *se v. t.* combat
boriti *se v. i* contend
boriti *se v. i* duel
boriti *se v.t* fight
boriti *se v.i.* struggle
boriti *se v.i.* tussle
bosiljak *n.* basil
botanika *n* botany
bova *n* buoy
božanski *a* divine
božanstvenost *n* divinity
božanstvo *n.* deity
božanstvo *n.* godhead
Božic *n* Christmas
Božic *n.* Xmas
božji *a.* godly
bračni *a* conjugal
bračni *a.* marital
bračni *a.* matrimonial
bračni drug *n.* consort
bračni drug *n* mate
bračni drug *n.* spouse
brada *n* beard
brada *n.* chin
bradavica *n.* nipple
bradavica *n.* wart

Brailleovo pismo *n* braille
brak *n.* marriage
brak *n.* matrimony
brak *n.* wedlock
brana *n.* barrage
brana *n* dam
brana *n.* sluice
brana *n.* weir
branik *n.* bumper
branitelj *n.* pleader
braniti *v. t.* champion
braniti *v. t* defend
braniti *v.t.* shield
braniti *se v.t* fend
brašno *n* flour
brašnjav *a.* mealy
brat *n* brother
bratoubica *n* cain
bratoubojstvo *n.* fratricide
bratski *a.* fraternal
bratstvo *n* brotherhood
bratstvo *n.* confraternity
bratstvo *n.* fraternity
brava *n.* lock
brazda *n* crease
brazda *n.* furrow
brazda *n.* score
brbljanje *n.* babble
brbljanje *n.* prattle
brbljati *v.i.* babble
brbljati *v.i.* prattle
brbrljati *v. t.* chatter
brdo *n.* hill
brdo *n* mount
breg *n.* hillock
brektanje *n.* pant
brektati *v.i.* pant
breskva *n.* peach
breza *n.* birch
briga *n.* care

briga *n* concern
briga *n.* worry
brigada *n.* brigade
brigadir *n* brigadier
brijač *n.* razor
brijanje *n* shave
brijati *v.t.* shave
brinuti *v. i.* care
brinuti *v. t* concern
brinuti *v.i.* worry
brisanje *n.* obliteration
brisanje *n.* wipe
brisati *v. t* erase
brisati *v.t.* mop
brisati *v.t.* wipe
brisati ručnikom *v.t.* towel
britanski *adj* british
brkovi *n.* moustache
brkovi *n.* mustache
brod *n* boat
brod *n.* nave
brod *n.* ship
brod *n.* vessel
brod za spasavanje *n.* wrecker
broj *n.* number
broj koji deli bez ostatka *n.* aliquot
brojač *n.* numerator
brojati *v.t.* number
brojčani *a.* numeral
brojčanik *n.* dial
brojilac *n.* counter
brojni *a.* numerous
brokat *n* brocade
broker *n* broker
brokula *n.* broccoli
bronca *n. & adj* bronze
brošura *n* booklet
brošura *n* brochure
bršljan *n* ivy
brusiti *v.t.* whet

brutalan *a* brutal
bruto *n.* gross
brz *a* fast
brz *a.* prompt
brz *a.* quick
brz *a.* speedy
brz *a.* swift
brzina *n.* speed
brzina *n.* velocity
brzo *adv* fast
brzo *adv.* speedily
buba *n* beetle
buba *n.* bug
bubanj *n* drum
bubašvaba *n* cockroach
bubreg *n.* kidney
bubuljica *n.* pimple
bubuljice *n* acne
bučan *a.* noisy
bučan *a.* tumultuous
bučan *a.* uproarious
budala *n* fool
budalast *a* foolish
budan *a* awake
budan *a.* wakeful
budan *a.* watchful
budnost *n.* vigilance
budući *a.* future
budućnost *n* future
budžet *n* budget
buđ *n.* mildew
buđav *a.* musty
bujan *a.* lush
bujan *a* rank
bujan *a.* torrential
bujica *n.* spate
bujica *n.* torrent
buka *n.* ado
buka *n* din
buka *n.* noise

buket *n* bouquet
buknuti *v. i* erupt
bukva *n.* beech
bukvar *n.* primer
buldog *n* bulldog
buljenje *n.* stare
buljiti *v.i.* stare
bunar *n.* well
buncati *v.i.* rave
bundeva *n.* pumpkin
bundeva *n* squash
bungalov *n* bungalow
buniti se *v.i.* rebel
bunker *n* blindage
bunker *n* bunker
buntovan *a.* mutinous
buntovan *a.* rebellious
buntovan *a.* seditious
buntovnički *a.* insurgent
buntovnik *n.* insurgent
buntovnik *n.* rebel
buran *a.* tempestuous
bure *n* cask
burmut *n.* snuff
busen *n.* sod
busola *n* compass
bušenje *v. t.* drill
bušilica *n* drill
bušiti *v. t* bore
bušiti tunel *v.i.* tunnel
bušotina *n* bore
buva *n.* flea

C

carica *n* empress
carić *n.* wren
carski *a.* imperial
carstvo *n* empire

carstvo *a.* realm
celibat *n.* celibacy
celibat *n.* celibacy
cement *n.* cement
cementirati *v. t.* cement
cent *n* cent
centar *n* center
centar *n* centre
centar pažnje *n.* limelight
centralni *a.* central
centrifugalni *adj.* centrifugal
cenzor *n.* censor
cenzura *n.* censorship
cenzurirati *v. t.* censor
cenzus *n.* census
cepati *v.t.* rip
cepidlačiti *v. t* cavil
ceremonija *n.* ceremony
cerka *n* daughter
certifikat *n.* certificate
cestarina *n.* cartage
cicijaški *a.* miserly
čiča *n* squeak
čičati *v.i.* squeak
cifra *n.* cipher, cipher
cifra *n* cypher
cifra *n* digit
cigara *n.* cigar
cigareta *n.* cigarette
cigla *n* brick
cijediti *v.t.* squash
cijeli *n.* all
cijeli *a.* whole
cijena *n.* cost
cijena *n.* price
cijeniti *v.t.* appreciate
cijeniti *v.t.* price
cijeniti *v.t.* prize
cijeniti *v.t.* regard
cijeniti *v.t.* value

cijepiti *v.t.* vaccinate
cijev *n.* tube
cijev, lula *n.* pipe
cik-cak *n.* zigzag
ciklon *n.* cyclone
ciklostil *n* cyclostyle
cilindar *n* cylinder
cilindričnog oblika *adj.* cubiform
cilj *n.* aim
cilj *n.* goal
cilj *n.* objective
cilj *n.* target
ciljati *v.i.* aim
cimet *n* cinnamon
cinik *n* cynic
cink *n.* zinc
cinober *n* cinnabar
cinober *n.* vermillion
cipela *n.* shoe
cirkulacija *n* circulation
cirkular *n.* circular
cirkulirati *v. i.* circulate
cirkus *n.* circus
citat *n.* quotation
citirati *v. t* cite
citirati *v.t.* quote
civil *n* civilian
civilizacija *n.* civilization
civilizirati *v. t* civilize
civilni *a* civil
cjelina *n.* total
cjelina *n* whole
cjelokupnost *n.* totality
cjenkanje *n.* bargain
cjenkati se *v.t.* bargain
cjevasti *a.* tubular
cmok *n.* smack
cmoknuti *v.t.* smack
crijep *n.* tile
crijevni *a.* intestinal

crijevo *n.* bowel
crijevo *n.* hose
crijevo *n.* intestine
crkva *n.* church
crnac *n.* negro
crnac *n.* nigger
crnkinja *n.* negress
crno *a* black
crnpurasti *a.* swarthy
crpsti *v.t.* ladle
crtač *a* draftsman
crtani film *n.* cartoon
crtanje *n* drawing
crv *n* mite
crv *n.* worm
crven *a.* red
crvena boja *n.* red
crvenkast *a.* reddish
curenje *n.* leak
curenje *n.* leakage
curiti *v.i.* leak
curiti *v.i.* ooze
curiti *v.i.* seep
cvećar *n* florist
cvijet *n* bloom
cvijet *n* flower
cviljenje *v.i.* whimper
cvjetati *v.i.* bloom
cvjetati *v.i* flourish
cvjetni *a* flowery
cvrčak *n* cricket
cvrčanje *n.* sizzle
cvrčati *v.i.* sizzle
cvrkut *n* chirp
cvrkut *n.* twitter
cvrkutati *v.i.* chirp
cvrkutati *v.i.* twitter

Č

čađ *n.* soot
čađiti *v.t.* soot
čaj *n* tea
čajnik *n.* kettle
čak *adv* even
čak *adv.* nay
čarapa *n.* sock
čarapa *n.* stocking
čarape *n.* hosiery
čarka *n.* skirmish
čarkati se *v.t.* skirmish
čarobnjak *n.* sorcerer
čarobnjak *n.* wizard
čarobnjaštvo *n.* sorcery
čarolija *n.* spell
čarolija *n.* witchery
čašćenje *n* treat
časkom *adv.* awhile
časnik *n.* officer
časopis *n.* journal
časopis *n.* periodical
časopis *n.* serial
čast *n.* honour
častan *a.* honourable
častan *a.* reverend
čaurast *adj* capsular
čavrljanje *n.* chat1
čavrljati *v. i.* chat2
čedan *a* maiden
čedomorstvo *n.* infanticide
ček *n.* cheque
čekanje *n.* wait
čekati *v.t.* await
čekati *v. t* bide
čekati *v.i.* wait
čekić *n.* hammer
čekićati *v.t* hammer
čekinja *n* bristle
čekrk *n.* lathe
čekrk *n.* winch
čelik *n.* steel
čelo *n* forehead
čempres cypress
češalj *n* comb
češanj *n* clove
češljana vuna *n.* worsted
češnjak *n.* garlic
čestica *n.* speck
čestit *a.* upright
čestitanje *n* congratulation
čestitati *v. t* congratulate
čestitati *v.t* felicitate
često *adv.* oft
često *adv.* often
četa *n.* troop
četiri *n.* four
četka *n* brush
četrdeset *n.* forty
četrnaest *n.* fourteen
četverokutni *a.* quadrangular
četveronožni *n.* quadruped
četvorostrane *a. & n.* quadrilateral
četvorostruko *a.* quadruple
četvorougaonik *n.* quadrangle
četvrtak *n.* Thursday
četvrtast *a* square
četvrtina *n.* quarter
čežnja *n.* longing
čeznuti *v.i.* languish
čeznuti *v.i* long
čeznuti *v.i.* pine
čičak *n.* thistle
čigra *n.* top
čiji *pron.* whose
čili *n.* chilli
čimpanza *n.* chimpanzee

čin kapetana *n.* captaincy
činiti *v. t* do
činiti se *v.i.* seem
činjenica *n* fact
čio *a.* hale
čio *a.* vivacious
čioda *n.* pin
čipka *n.* lace
čipkast *a.* lacy
čišćenje *n* clearance
čist *adj.* clean
čist *a* pure
čistač *n.* sweeper
čistilište *n.* purgatory
čistiti *v. t* clean
čistiti *v.t* filter
čistiti *v.t* fine
čistiti *v.i.* sweep
čistoca *n* cleanliness
čistoća *n.* purity
čitatelj *n.* reader
čitati *v.t.* read
čitav *a* entire
čitko *adv.* legibly
čitljiv *a.* legible
čizma *n* boot
član *n.* member
članak *n.* ankle
članak *n* article
članak *n.* joint
članstvo *n.* membership
čmar *n.* anus
čmičak *n.* stye
čokolada *n* chocolate
čovječanstvo *n.* humanity
čovječanstvo *n.* mankind
čovjek *a.* human
čovjek *n.* man
čovjekoliki *adj.* anthropoid
čučati *v.i.* squat

čučnuti *v. i.* crouch
čudan *a.* peculiar
čudan *a.* quaint
čudan *a* rum
čudan *a.* strange
čudan *a.* weird
čuđenje *n.* astonishment
čudesan *a.* miraculous
čudesan *a.* stupendous
čudesan *a.* wondrous
čuditi se *v.i* marvel
čuditi se *v.i.* wonder
čudnovat *a.* outlandish
čudo *n.* marvel
čudo *n.* miracle
čudo *n* wonder
čudovište *n.* monster
čulna osoba *n.* sensualist
čulni *a.* sensuous
čulnost *n.* sensuality
čunak *n.* shuttle
čuperak *n.* wisp
čuti *v.t.* hear
čuvanje *n.* preservation
čuvar *n.* guardian
čuvar *n.* keeper
čuvar *n.* warder
čuvar slonova u Indiji *n.* mahout
čuvati *v.i.* guard
čuvati *v.t.* treasure
čuvati *v.t.* ward
čuvati se *v.i.* beware
čvor *n.* hub
čvor *n.* knot
čvor *n.* node
čvrga *n.* snag
čvrst *a* firm
čvrst *a.* solid
čvrst *a.* steady
čvrst *a.* sturdy

čvrst *a.* tight
čvrsto tijelo *n* solid

Ć

ćelav *a.* bald
ćelija *n.* cell
ćerpić *n.* adobe
ćilim *n.* rug
ćorsokak *n.* impasse
ćorsokak *n* deadlock
ćudljiv *a.* moody
ćurka *n.* turkey
ćušnuti *v. t* cuff

D

da *conj.* that
da *adv.* yes
da ne bi *conj.* lest
dabar *n* beaver
daća *n* wake
dah *n* breath
dah *n* waft
dahtanje *n.* gasp
dahtati *v.i* gasp
dahtati *v.i.* puff
dakle *adv.* therefore
daktilograf *n.* typist
dalek *a* far
dalek *a.* remote
daleko *adv.* aloof
daleko *adv.* away
daleko *adv.* far
dalje *adv.* beyond
dalje *adv.* further
dalje *adv.* on
dalji *a* further

daljina *n* far
dama *n.* dame
dama *n.* lady
dan *n* day
danas *adv.* today
današnjica *n.* today
danguba *n.* loafer
dangubiti *v.i.* laze
dangubiti *v.i.* loaf
danju *adv.* adays
dar *n* benefice
darežljiv *a* bountiful
darežljiv *a.* munificent
darežljivost *n* bounty
darežljivost *n.* largesse
daska *n.* plank
dašak *n.* puff
dašak *n.* whiff
dati *v.t.* give
dati kompliment *v. t* compliment
dati nadimak *v.t.* nickname
dati ostavku *v.t.* resign
dati pravo glasa *v.t.* enfranchise
dati publicitet *v.t.* publicize
dati u podzakup *v.t.* sublet
dati u zalogu *v.t.* pledge
dati znak *v. t* beckon
datirati *v. t* date
datum *n* date
davalac *n* donor
davati ton *v.t.* tone
debata *n.* debate
debatovati *v. t.* debate
debelo *adv.* thick
debelo crijevo *n* colon
debeo *a.* thick
decimal *a* decimal
deficit *n* deficit
definicija *n* definition
definirati *v. t* define

deflacija *n.* deflation
degradirati *v. t* degrade
deist *n.* deist
dekadentan *a* decadent
dekan *n.* dean
deklaracija *n* declaration
dekoracija *n* decoration
dekret *n* decree
delegacija *n* delegation
delegat *v. t* delegate
delikatan *a* delicate
delta *n* delta
demokracija *n* democracy
demokratski *a* democratic
demolirati *v. t.* demolish
demon *n.* demon
demonetizirati *v.t.* demonetize
demoralisati *v. t.* demoralize
denga *n.* dengue
deportovati *v.t.* deport
depozit *n.* deposit
depresija *n* depression
derište *n.* urchin
deset *n., a* ten
desetina *n.* tithe
desetkovati *v.t.* decimate
desetljeća *n* decade
desetogodišnjica *n.* decennary
desiti *v.t.* happen
desiti se *v.i.* occur
despot *n* despot
destilerija *n* distillery
destilovati *v. t* distil
destinacija *n* destination
detalj *n* detail
detaljisati *v. t* detail
detektiv *n.* detective
detektivski *a* detective
devac *n.* virgin
devedeset *n.* ninety

devedeseti *a.* ninetieth
devet *n.* nine
deveti *a.* ninth
devetnaest *n.* nineteen
devetnaesti *a.* nineteenth
dići *v.t.* raise
dići se *v.* rise
didaktički *a* didactic
dignuti *v.i.* heave
dijabetes *n* diabetes
dijafragma *n.* midriff
dijagnoza *n* diagnosis
dijagram *n* diagram
dijalekt *n* dialect
dijalog *n* dialogue
dijamant *n* diamond
dijareja *n* diarrhoea
dijeliti *v.t.* part
dijeliti *v.t.* portion
dijeliti *v.t.* share
dijeta *n* diet
dijete *n.* babe
dijete *n.* bantling
dijete *n* child
dijete *n.* kid
dikcija *n* diction
diktator *n* dictator
diktiranje *n* dictation
diktirati *v. t* dictate
dilema *n* dilemma
dilema *n.* quandary
diljem *prep.* throughout
dim *n.* smoke
dimenzija *n* dimension
dimnjak *n.* chimney
dinamičan *a* dynamic
dinamika *n.* dynamics
dinamit *n* dynamite
dinastija *n* dynasty
dinstati *v.t.* stew

dinja *n.* melon
dio *n.* part
dio *n* portion
dionica *n* share
diploma *n* diploma
diplomacija *n* diplomacy
diplomata *n* diplomat
diplomatski *a* diplomatic
diplomirani đak *n* graduate
diplomirati *v.i.* graduate
direktor *n.* director
direktorij *n* directory
disanje *n.* respiration
disati *v. i.* breathe
disati *v.i.* respire
disciplina *n* discipline
disk *n.* disc
diskrecija *n* discretion
diskriminacija *n* discrimination
diskurs *n* discourse
diskutovati *v. t.* discuss
diskvalificirati *v. t.* disqualify
diskvalifikacija *n* disqualification
distribucija *n* distribution
distribuirati *v. t* distribute
dišne smetnje *n* apnoea
divan *a.* gorgeous
divan *a.* lovely
diviti se *v.t.* admire
divljački *a.* barbarian
divljak *n.* barbarian
divljak *n* savage
divljanje *n.* rampage
divljaštvo *n.* barbarism
divljaštvo *n.* savagery
divljati *v.i.* rampage
divljenje *n.* admiration
divlji *a.* savage
divlji *a.* wild
divljina *n.* wilderness

dizajn *n.* design
dizajnirati *v. t.* design
dizalica *n* crane
dizanje *n.* rise
dizati *v.t.* hoist
dizati se *v.i.* tower
dizenterija *n* dysentery
dječak *n* boy
dječaštvo *n* boyhood
dječja kolica *n.* perambulator
djelatnost *n.* activity
djelo *n.* act
djelo *n* deed
djelokrug *n.* venue
djelomičan *a.* partial
djelotvornost *n* efficacy
djelovanje *n.* acting
djelovanje *v. t* effect
djetelina *n.* lucerne
djetinjast *a.* childish
djetinjast *a.* puerile
djetinjstvo *n.* childhood
djevica *n* virgin
djevojački *a.* girlish
djevojka *n.* girl
djevojka *n.* maiden
djevojka *n.* wench
dlaka *n.* whisker
dlan *n.* palm
dlijeto *n* chisel
dnevni *a* daily
dnevni red *n.* agenda
dnevnik *n.* daily
dnevnik *n* diary
dnevno *adv.* daily
dno *n* bottom
do *prep.* till
do *prep.* until
do sada *adv.* hitherto
doba *n.* age

doba *n* era
dobar *a* fine
dobar *a.* good
dobar *a.* well
dobavljač *n.* supplier
dobit *n* gain
dobitak *n.* pelf
dobiti *v.t.* gain
dobiti *v.t.* get
dobiti *v.t.* obtain
dobiti *v.t.* receive
dobiti zube *v.i.* teethe
dobra volja *n.* goodwill
dobro *adv.* well
dobročinstvo *n.* benefaction
dobroćudno *adv* benignly
dobrodošao *a.* welcome
dobrodošlica *n* welcome
dobronamjerno *adv* bonafide
dobrota *n.* goodness
dobrotvorno *a.* charitable
dobrovoljan *a.* voluntary
dobrovoljno *adv.* voluntarily
doci *v. i.* come
doći *v.i.* arrive
dodatak *n.* addition
dodatak *n.* adjunct
dodatak *n.* appendage
dodatak *n.* appendix
dodati *v.t.* add
dodati *v.t.* annex
dodati *v.t.* append
dodati *v.t.* suffix
dodati prefiks *v.t.* prefix
dodatni *a.* additional
dodatni *a* extra
dodatni *a.* plus
dodijeliti *v.t.* allocate
dodijeliti *v.t.* assign
dodijeliti *v.t.* attribute

dodijeliti *v. i* confer
dodir *n* touch
dodirivati *v.t* finger
dodirnuti *v.t.* palm
dodirnuti *v.t.* touch
dodirnuti nožnim prstima *v.t.* toe
dodjeljivanje *n.* allotment
događaj *n* event
događaj *n.* happening
događaj *n.* occurrence
dogma *n* dogma
dogmatski *a* dogmatic
dogovor *n* deal
dogovoriti se *v. t* concert
dogovoriti se *v. i* deal
dohodak *n.* proceeds
dojam *n.* impression
dojenče *n.* infant
dojiti *v.i.* lactate
dojiti *v.t.* suckle
dok *n. conj.* till
dok *conj* until
dok *conj.* while
dokaz *n* evidence
dokaz *n.* proof
dokazati *v.t.* prove
doktorat *n* doctorate
doktrina *n* doctrine
dokument *n* document
dolar *n* dollar
dolazak *n.* arrival
dolina *n* dale
dolina *n.* vale
dolina *n.* valley
dolje *adv* below
dolje *adv* down
dolje *adv* downwards
dom *n.* home
domaćin *n.* host
domaći *a* domestic

domaći *n.* vernacular
domena *n* domain
domet *n.* range
dominacija *n* domination
dominantan *a* dominant
dominirati *v. t* dominate
donacija *n.* donation
donijeti *v. t* bring
donijeti *v.t* fetch
donijeti *v.t.* yield
donkihotski *a.* quixotic
donositi zakon *v.i.* legislate
donošenje zakona *n.* legislation
donje rublje *n.* underwear
dopadanje *n.* liking
dopadljiv *a.* winsome
dopisnik *n.* correspondent
doprinijeti *v. t* contribute
doprinos *n* contribution
dopuna *n* complement
dopuna *n.* supplement
dopuniti *v.t.* supplement
dopunski *adj* adscititious
dopunski *a* complementary
dopunski *a.* supplementary
dopunski porez *n.* surtax
dopustiti *v.t.* adhibit
dopustiti *v.t.* allow
dopustiv *a.* permissible
dopuštenje *n.* leave
dopuštenje *n.* permission
dorasti *v. i* cope
doručak *n* breakfast
dosada *n.* tedium
dosadan *a.* tedious
dosadan *a.* weary
dosađivanje *n.* annoyance
dosađivanje *n* botheration
dosađivati *v.t.* annoy
dosađivati *v. t* bother

dosađivati *v.t.* weary
dosje *n* file
dosjetka *n.* quibble
dosjetka *n.* witticism
doslovan *a.* literal
doslovan *a.* verbatim
doslovno *adv.* verbatim
dosljedan *a* coherent
dosljedan *a* consequent
dosljedan *a* consistent
dosljednost *n.* consistence,-cy
dostatnost *n.* sufficiency
dostaviti *v. t* deliver
dostići *v.t.* reach
dostignuće *n.* accomplishment
dostignuće *n.* attainment
dostojan *a.* worthy
dostojan prezira *a* despicable
dostojanstvenost *n.* stateliness
dostojanstvo *n* dignity
dostupan *a* available
dosuditi *v.t.* adjudge
doušnik *n* sneak
dovesti u iskušenje *v.t.* tempt
dovoljan *a* enough
dovoljan *a.* sufficient
dovoljno *adv* enough
doza *n* dose
dozvola *n.* allowance
dozvola *n.* licence
dozvola *n.* permit
dozvoliti *v.t.* let
dozvoliti *v.t.* license
dozvoliti *v.t.* permit
doživotni *a.* lifelong
drag *a* beloved
drag *a* darling
drag *a* dear
draga *n.* lass
dragi *n* beloved

dragi *n* darling
dragocjen *a.* precious
dragulj *n* gem
dragulj *n.* jewel
drama *n* drama
dramatičan *a* dramatic
dramaturg *n* dramatist
drastičan *a* drastic
dražiti *v.t.* irritate
drenaža *n* drainage
dres *n.* jersey
drevan *a.* archaic
drevni *a.* ancient
drhtanje *n.* tremor
drhtati *v.i.* quiver
drhtati *v.i.* shiver
drhtati *v.i.* tremble
drhtav *a.* shaky
drijemanje *n.* doze
drijemati *v. i* doze
drijemati *v.i.* nap
drijemati *v.i.* slumber
drijemež *n.* nap
drijemež *n.* slumber
drmati *v.t.* jolt
drmusanje *n.* Jolt
dronjak *n.* tatter
drskost *n.* impertinence
drug *n.* comrade
drug *n.* pal
drugi *a* another
drugi *a* else
drugi *a.* other
drugi *pron.* other
drugi *a.* second
drugo *adv* else
društven *a.* sociable
društvenost *n.* sociability
društvo *n.* society
druželjubiv *adj.* convivial

drveni *a.* wooden
drveni konjić *n.* hobby-horse
drveni stup usred prozora *n.* mullion
drvo *n.* tree
drvo *n.* wood
drzak *a.* impertinent
drzak *a.* insolent
držanje *n.* hold
držati *v.t* hold
držati *v.t.* keep
držati se *v.i.* adhere
držati u štali *v.t.* stable
držati u štali *v.t.* stall
državljanstvo *n* citizenship
državljanstvo *n.* nationality
državna blagajna *n.* treasury
državnik *n.* statesman
državno uređenje *n.* polity
dubina *n* depth
dubina *n.* profundity
dubok *a.* profound
duboko *a.* deep
duboko poštovati *v.t.* revere
dud *n.* mulberry
dug *n* debt
dug *n* due
dug *a.* long
dugo *adv* long
dugovati *v.t* owe
dugovi *n.pl.* arrears
dugovječnost *n.* longevity
duguljast *a.* oblong
duguljasta figura *n.* oblong
duh *n.* ghost
duh *n.* spirit
duhan *n.* tobacco
duhovit *a* comical
duhovit *a.* jocular
duhovit *a.* witty
duhovit odgovor *n.* repartee

duhovitost *n.* wit
duhovni *a.* spiritual
duhovnost *n.* spirituality
duljina *n.* length
duljina *n.* longitude
duplikat *n.* counterpart
duplikat *n* duplicate
duplja *n.* cavity
duša *n.* soul
duše pokojnika *n.* manes
dušek *n.* mattress
dušik *n.* nitrogen
dušnik *n.* throttle
duvati *v.i.* blow
duž *prep.* along
dužan *a* due
dužan davati danak *a.* tributary
dužnik *n* debtor
dužnosnik *n* official
dužnost *n* duty
dva *n.* two
dva tjedna *n.* fort-night
dvadeset *a.* twenty
dvadeseti *a.* twentieth
dvadesetina *n* twentieth
dvadesetorica *n* twenty
dvanaest *n* twelve
dvanaesti *a.* twelfth
dvanaestina *n.* twelfth
dvanaestorica *n.* twelve
dvaput *adv.* twice
dvjestogodišnji *adj.* bicentenary
dvoboj *n* duel
dvogled *n.* binocular
dvogodišnji *adj* biennial
dvoje *a.* two
dvojezični *a* bilingual
dvoličnost *n* duplicity
dvomjesečni *adj.* bimonthly
dvonožac *n* biped

dvoosni *adj* biaxial
dvorac *n.* castle
dvoranin *n.* courtier
dvorište *n.* courtyard
dvorište *n.* yard
dvosmislen *a.* ambiguous
dvosmislen *a* equivocal
dvosmislenost *n.* ambiguity
dvostruk *a* dual
dvostruk *a* duplicate
dvostruk *a* twin
dvostruk *a.* twofold
dvostruko *a* double
dvostrukost *n* double
dvotjedni *adj* bi-weekly
dvotočka *n* colon

DŽ

džamija *n.* mosque
džem *n.* jam
džemper *n.* sweater
džep *n.* pocket
džin *n.* giant
džogirati *v.t.* jog
džungla *n.* jungle

Đ

đakon *n.* deacon
đavo *n* devil
đavo *n* fiend
đubre *n* dung
đubre *n.* junk
đubre *n.* rubbish
đubriti *v.t.* manure
đubrivo *n* fertilizer
đumbir *n.* ginger

E

efekt *n* effect
ego *n* ego
egoizam *n* egotism
egzotična biljka *n.* curcuma
ekonomičan *a* economical
ekonomija *n.* economics
ekonomija *n* economy
ekonomski *a* economic
ekpres *n* express
ekselencija *n* excellency
ekser *n.* nail
ekskomunicirati *v. t.* excommunicate
ekskurzija *n.* excursion
ekspedicija *n* expedition
eksperiment *n* experiment
eksplicitan *a.* explicit
eksploatacija *n* exploit
eksploatisati *v. t* exploit
eksplodirati *v. t.* explode
eksplozija *n* blast
eksplozija *n.* explosion
eksploziv *n.* explosive
eksplozivan *a* explosive
eksponat *n.* exhibit
ekstra *adv* extra
ekstrakt *n* extract
ekstravagancija *n* extravagance
ekstravagantan *a* extravagant
ekstrem *n* extreme
ekstreman *a* extreme
ekstremista *n* extremist
ekvator *n* equator
ekvivalent *a* equivalent
elan *n.* verve
elastičan *a* elastic
elegancija *n* elegance
elegantan *adj* elegant
elegija *n* elegy
elektricitet *n* electricity
električni *a* electric
element *n* element
elementarni *a* elementary
eliminacija *n* elimination
eliminirati *v. t* eliminate
emajl *n* enamel
emancipacija *n.* emancipation
embrij *n* embryo
eminencija *n* eminence
eminentni *a* eminent
emisija *n* broadcast
emitirati *v. t* broadcast
emitirati *v. t* emit
emitirati preko televizije *v.t.* televise
emocija *n* emotion
emotivan *a* emotional
enciklopedija *n.* encyclopaedia
energičan *a.* arduous
energičan *a* energetic
energičan *a.* vigorous
energija *n.* energy
engleski jezik, Englez *n* English
enlgma *n* enigma
entitet *n* entity
entomologija *n.* entomology
entuzijazam *n* enthusiasm
ep *n* epic
epidemija *n* epidemic
epigram *n* epigram
epilepsija *n* epilepsy
epilog *n* epilogue
epitaf *n* epitaph
epizoda *n* episode
epoha *n* epoch
erekcija *n* erection
ergela *n.* stud
erodirati *v. t* erode

erotski *a* erotic
erozija *n* erosion
erupcija *n* eruption
esej *n.* essay
esejista *n* essayist
eskadrila *n.* squadron
esnaf *n.* guild
estetika *n.pl.* aesthetics
estetski *a.* aesthetic
eter *n* ether
etički *a* ethical
etika *n.* ethics
etiketa *n* etiquette
etiketa *n.* label
etiketirati *v.t.* label
etimologija *n.* etymology
eunuh *n* eunuch
evakuacija *n* evacuation
evakuirati *v. t* evacuate
evanđelje *n.* gospel
evergrin *n* evergreen
evidencija *n.* tally
evocirati *v. t* evoke
evolucija *n* evolution
evoluirati *v.t* evolve

F

faksimil *n* facsimile
faktor *n* factor
faktura *n.* invoice
fakultet *n* faculty
falsifikat *n* forgery
falsifikator *n.* counterfeiter
falsifikovati *v.t* forge
fanatičan *a* fanatic
fanatik *n* fanatic
fanatik *n.* zealot
fantastičan *a* fantastic

fantom *n.* phantom
farma *n* farm
farsa *n* farce
fasada *n* facade
fascikla *n* file
fascinacija *n.* fascination
fascinirati *v.t* fascinate
fatalan *a* fatal
fatamorgana *n.* mirage
fauna *n* fauna
favorit *n* favourite
faza *n.* phase
federacija *n* federation
federalni *a* federal
fenomen *n.* phenomenon
fenomenalan *a.* phenomenal
fenjer *n.* lantern
fermentacija *n* fermentation
festival *n* festival
feudalni *a* feudal
figura *n* figure
figurativan *a* figurative
fijaker *n.* barouche
fijasko *n* fiasco
fikcija *n* fiction
fiktivan *a* fictitious
fil *n* custard
filantrop *n.* philanthropist
filantropija *n.* philanthropy
filantropski *a.* philanthropic
film *n* film
filolog *n.* philologist
filologija *n.* philology
filološki *a.* philological
filozof *n.* philosopher
filozofija *n.* philosophy
filozofski *a.* philosophical
filter *n* filter
financije *n* finance
financijer *n* financier

financijski *a* financial
financirati *v.t* finance
fiskalni *a* fiscal
fistula *n* fistula
fitilj *n.* wick
fizičar *n.* physicist
fizički *a.* physical
fizika *n.* physics
fizionomija *n.* physiognomy
flanel *n* flannel
flaster *n.* plaster
flauta *n* flute
fleksibilan *a* flexible
flertovanje *n* flirt
flertovati *v.i* flirt
flora *n* flora
flota *n* fleet
foka *n.* seal
fokus *n* focus
folija *v.t* foil
fond *n.* fund
fonetika *n.* phonetics
fonetski *a.* phonetic
fontana *n.* fountain
forma *n* form
formacija *n* formation
formalan *a* formal
formalnost *n.* technicality
format *n* format
formirati *v.t.* form
formula *n* formula
formulisati *v.t* formulate
forum *n.* forum
fosfat *n.* phosphate
fosfor *n.* phosphorus
fosil *n.* fossil
fotograf *n.* photographer
fotografija *n* photo
fotografija *n* photograph
fotografija *n.* photography

fotografirati *v.t.* photograph
fotografski *a.* photographic
fotokopirati *v.t.* xerox
fragment *n.* fragment
frakcija *n* faction
frakcija *n.* fraction
frakcionaški *a* factious
francuski *a.* French
francuski jezik, Francuz *n* French
franšiza *n.* frachise
fraza *n.* phrase
frazeologija *n.* phraseology
frekvencija *n.* frequency
frigidan *a.* frigid
frktanje *n.* snort
frktati *v.i.* snort
front *n.* front
frustracija *n.* frustration
frustrirati *v.t.* frustrate
fuj *interj* fie
funkcija *n.* function
funkcioner *n.* functionary
funkcionirati *v.i* function
funta *n.* pound
fuzija *n.* fusion

G

gacati *v.t.* puddle
gadan *a.* nasty
gajde *n.* bagpipe
gajiti *v.t.* rear
galaksija *n.* galaxy
galama *n* clamour
galamiti *v. i.* clamour
galantan *a.* gallant
galeb *n.* gull
galeb *n.* mew
galerija *n.* gallery

galon *n.* gallon
galop *n.* gallop
galopirati *v.t.* gallop
gangster *n.* gangster
garancija *n.* guarantee
garancija *n.* warranty
garantirati *v.t.* warrant
garantovati *v.t* guarantee
garaža *n.* garage
garderoba *n.* wardrobe
gas *n.* gas
gasni *a.* gassy
gavran *n.* raven
gaziti *v.t.* conculcate
gaziti *v.i.* wade
gdje *adv.* where
gdje *conj.* where
gdje *conj.* whereat
gdje *god adv.* wherever
geg, čep *v.t.* gag
geganje *v.i.* waddle
generacija *n.* generation
generator *n* dynamo
generator *n.* generator
generirati *v.t.* generate
genije *n.* genius
geograf *n.* geographer
geografija *n.* geography
geografski *a.* geographical
geolog *n.* geologist
geologija *n.* geology
geološki *a.* geological
geometrija *n.* geometry
geometrijski *a.* geometrical
gerila *n.* guerilla
germicid *n.* germicide
gerund *n.* gerund
gest *n.* gesture
gibon *n.* gibbon
gigantski *a.* gigantic

giht *n.* gout
gimnastičar *n.* gymnast
gimnastički *a.* gymnastic
gimnastika *n.* gymnastics
gimnazija *n.* gymnasium
gitara *n.* guitar
glačati *v.t.* glaze
glad *n* famine
glad *n* hunger
gladak *a.* smooth
gladan *a.* hungry
gladiti *v.t.* smooth
gladovanje *n.* starvation
glagol *n.* verb
glagolsko vrijeme *n.* tense
glas *n.* voice
glasač *n.* voter
glasački listić *n* ballot
glasan *a* audible
glasina *n* bruit
glasina *n.* rumour
glasnik *n.* herald
glasnik *n* post
glasno *a.* loud
glasnogovornik *n.* spokesman
glasovanje *n.* vote
glasovati *v.i.* ballot
glasovati *v.i.* vote
glaukom *n.* glaucoma
glava *n.* head
glavna knjiga *n.* ledger
glavna potpora *n.* mainstay
glavni *a.* capital
glavni *a.* chief
glavni *a* main
glavni *a.* major
glavni *a.* prime
glavni *a* principal
glavobolja *n.* headache
glazba *n.* music

glazbeni *a.* musical
glazbenik *n.* musician
glazura *n* glaze
glečer *n.* glacier
gledalište *n.* auditorium
gledatelj *n.* spectator
gledati *v.t* front
gledati *v.i* look
gledati *v.t.* watch
gledište *n.* outlook
glib *n.* ooze
glicerin *n.* glycerine
glina *n* argil
glina *n* clay
globalni *a.* global
glodar *n.* rodent
glog *n.* hawthorn
glomazan *a* bulky
gluh *a* deaf
glukoza *n.* glucose
glumac *n.* actor
glumačka družina *n.* troupe
glumica *n.* actress
glup *a* dumb
glup *a.* sheepish
glup *a.* silly
glup *a* stupid
glupak *n.* simpleton
glupan *n.* coot
glupan *n* dunce
glupan *n.* gander
glupan *n* gull
glupost *n* folly
glupost *n.* stupidity
gljiva *n.* fungus
gljiva *n.* mushroom
gnijezditi se *v.i.* nestle
gnijezdo *n.* nest
gnoj *n.* pus
gnojan *a.* ulcerous

gnojivo *n* compost
gnojivo *n.* manure
gnojna upala *n.* pyorrhoea
gnusan *a* abominable
gnusan *a.* heinous
gnusan *a.* loathsome
gnušanje *n.* abhorrence
gnušati se *v.t.* abhor
gnječiti *v.t* crush
gnječiti *v.t* mash
gnjev *n.* wrath
godina *n.* year
godišnje *adv.* yearly
godišnji *a.* annual
godišnji *a.* yearly
gojazan *a* fat
golem kamen *n.* megalith
golenica *n.* shin
golf, zaljev *n.* golf
golicati *v.t.* tickle
golicljiva *a.* ticklish
golotinja *n.* nudity
golub *n* dove
golub *n.* pigeon
goluždravac *n.* nestling
gomila *n* crowd
gomila *n.* heap
gomila *n.* mob
gomila *n.* pile
gomila *n.* throng
gomilati *v.i* flock
gomilati *v.t* heap
gomilati *v.i* mass
gomilati *v.t.* pile
gomilati se *v.t.* throng
gong *n.* gong
goniti *v.t.* prosecute
gorak *a* bitter
gore *adv.* badly
gore *adv.* up

gorila *n.* gorilla
gorivo *n.* fuel
gorjeti *v.i* blaze
gorjeti *v. t* burn
gornja vilica *n.* maxilla
gornji *prep.* above
gornji *a.* upper
goruće *adv.* ablaze
gospoda *n.* Messrs
gospodar *n.* lord
gospodar *n.* master
gospodarica, ljubavnica *n.* mistress
gospodin *n.* gentleman
gospodin *n.* mister
gospodin *n.* sir
gospodstvo *n.* lordship
gospođa, supruga *n.* missis, missus
gospođica *n.* damsel
gost *n.* guest
gostiti se *v.i* feast
gostoprimljiv *a.* hospitable
gostoprimstvo *n.* hospitality
gotovina *n.* cash
govedina *n* beef
govor *n.* oration
govor *n.* speech
govoriti *v.i.* speak
govornica *n.* rostrum
govornički *a.* oratorical
govornik *n.* orator
gozba *n* feast
grad *n* city
grad *n.* hail
grad *n.* town
gradacija *n.* gradation
gradilište *n* lot
gradilište *n.* site
graditi *v. t* build
gradonačelnik *n.* mayor
građa *n* build

građanin *n* citizen
građanski *a* civic
građansko pravo *n* civics
građevina *n* edifice
grafički *a.* graphic
grafikon *n.* chart
grafikon *n.* graph
graja *n.* hubbub
graktanje *n.* caw
graktanje *n.* croak
graktati *v. i.* caw
graktati *v. i* crow
gram *n.* gramme
gramatičar *n.* grammarian
gramatika *n.* grammar
gramofon *n.* gramophone
grana *n* bough
grana *n* branch
granata *n.* grenade
grančica *n* spray
grančica *n.* sprig
grančica *n.* twig
granica *n* border
granica *n.* bound
granica *n.* frontier
granica *n.* limit
graničiti *v.t* border
graničiti se *v.t.* adjoin
grašak *n.* bean
grašak *n.* pea
gravitacija *n.* gravitation
grb *n* crest
grč *n.* spasm
grčevit *a* fitful
grčevit *a.* jerky
grčevit *a.* spasmodic
grčiti se *v.i.* writhe
grčki *a* Greek
grčki jezik, Grk *n.* Greek
grditi *v.t.* scold

grdnja *n.* invective	**grub** *a.* harsh
grdnja *n.* snub	**grub** *a.* rough
grebanje *n.* scratch	**grubijan** *n* churl
grebati *v.t.* scratch	**gruda** *n.* clod
greben *n.* mull	**gruda** *n.* lump
greben *n.* ridge	**grudi** *n* bosom
greda *n.* timber	**grudi** *n* breast
grešan *a.* sinful	**grudi** *n* chest
greška *n* error	**grudva** *n.* nugget
greška *n* fault	**grupa** *n.* band
greška *n.* mistake	**grupa** *n.* group
grešnik *n.* sinner	**grupirati** *v.t.* group
grgeč *n.* perch	**gubav** *a.* leprous
grickanje *n* nibble	**gubavac** *n.* leper
grickati *v.t.* nibble	**gubitak** *n* forfeit
grijeh *n.* sin	**gubitak** *n.* loss
grip *n.* influenza	**gubitak prava** *n* forfeiture
griva *n.* mane	**gubiti boju** *v.t.* tarnish
griža savjesti *n.* compunction	**gubitnik** *n* underdog
grlen *a.* guttural	**gucnuti** *v.t.* delibate
grlen *a.* throaty	**gucnuti** *v.t.* sip
grlo *n.* throat	**gucnuti** *v.i.* sup
grm *n* bush	**gudit** *v.i* fiddle
grmeti *v.i.* thunder	**gukanje** *n* coo
grnčar *n.* potter	**gukati** *v. i* coo
grnčarija *n.* pottery	**guma** *n.* gum
grob *n.* grave	**guma** *n.* rubber
grob *n.* tomb	**guma** *n.* tyre
groblje *n.* cemetery	**gumb** *n* button
groblje *n.* churchyard	**gunđati** *v.t.* grudge
groblje *n.* necropolis	**guranje** *n.* push
grobnica *n.* sepulchre	**guranje** *n.* shove
grofica *n.* countess	**gurati** *v.t.* poke
grofovija *n.* shire	**gurati** *v.t.* shove
grom *n.* thunder	**gurati** *v.t.* thrust
gromovit *a.* thunderous	**gurkati** *v.t.* nudge
groteskan *a.* grotesque	**gurnuti** *v.t.* push
groznica *n* fever	**gurnuti nogom** *v.t.* spurn
grožđe *n.* grape	**gusar** *n.* pirate
grub *a* coarse	**gusjenica** *n* caterpillar

guska *n.* goose
gust *a* dense
gustiš *n.* thicket
gustoća *n* density
guša *n.* craw
gušenje *n.* strangulation
gušenje *n.* suffocation
gušiti *v.t.* throttle
gušiti *se v. t.* choke
gušter *n.* lizard
gutljaj *n* dram
gutljaj *n.* gulp
gutljaj *n.* sip
gutljaj *n.* swallow
guvernanta *n.* governess
guverner *n.* governor

H

haljina *n* dress
haljina *n.* frock
haljina *n.* gown
haljina *n.* robe
hangar *n* shed
haotičan *adv.* chaotic
harfa *n.* harp
haringa *n.* herring
harmoničan *a.* harmonious
harmonij *n.* harmonium
harmonija *n.* harmony
hauba *n.* hood
heftati *a* staple
hemisfera *n.* hemisphere
hemoroidi *n.* piles
hendikep *n* handicap
hendikepirati *v.t.* handicap
herkulski *a.* herculean
hernija *n.* hernia
heroina *n.* heroine

heroj *n.* hero
herojski *a.* heroic
hibernacija *n.* hibernation
hibrid *n* hybrid
hibridan *a.* hybrid
higijena *n.* hygiene
higijenski *a.* hygienic
hijena *n.* hyaena, hyena
hijerarhija *n.* hierarchy
himna *n.* anthem
himna *n.* hymn
hiperbola *n.* hyperbole
hipnotizam *n.* hypnotism
hipnotizam *n.* mesmerism
hipnotizirati *v.t.* hypnotize
hipnotizirati *v.t.* mesmerize
hipoteka *n.* mortgage
hipotetički *a.* hypothetical
hipoteza *n.* hypothesis
hir *n.* caprice
hir *n* fad
hiromant *n.* palmist
hiromantija *n.* palmistry
histeričan *a.* hysterical
histerija *n.* hysteria
hitac *n.* shot
hitan *a.* urgent
hitan slučaj *n* emergency
hitar *a.* rapid
hitna pomoć *n.* ambulance
hitnost *n.* urgency
hitrina *n.* rapidity
hitro *adv.* apace
hlače *n.* breeches
hlače *n.* slacks
hlače *n. pl* trousers
hlad *n.* shade
hladan *a* cold
hladan *a* cool
hladiti *v. i.* cool

hladnoća *n* cold
hladnokrvan *a.* nerveless
hladnjak *n* cooler
hladnjak *n.* fridge
hladnjak *n.* refrigerator
hlađenje *n.* refrigeration
hobi *n.* hobby
hod *n.* gait
hod *n* tread
hodočasnik *n.* pilgrim
hodočašće *n.* pilgrimage
hokej *n.* hockey
hol *n.* hall
holokaust *n.* holocaust
homeopata *n.* homoeopath
homeopatija *n.* homeopathy
homogen *a.* homogeneous
honorar *n* fee
honorar *n.* honorarium
hor *n* choir
horda *n.* horde
horizont *n.* horizon
hortikultura *n.* horticulture
hostel *n.* hostel
hotel *n.* hotel
hrabar *a.* bold
hrabar *a* brave
hrabar *a.* courageous
hrabar *a.* manful
hrabar *a.* valiant
hrabrost *n* boldness
hrabrost *n* bravery
hrabrost *n.* courage
hrabrost *n.* fortitude
hrabrost *n.* gallantry
hrabrost *n.* hardihood
hram *n.* temple
hrana *n* food
hrana *n. pl* victuals
hraniti *v.t* feed

hraniti *v.t.* nourish
hranljiv *a.* nutritious
hranjenje *n* feed
hrapav *a.* husky
hrast *n.* oak
hrđa *n.* rust
hrist *n.* Christ
hrišćanin *n* Christian
hrišćanski *a.* Christian
hrišćanstvo *n.* Christendom
hrišćanstvo *n.* Christianity
hrkanje *n* snore
hrkati *v.i.* snore
hrpa *n* bulk
hrpa *n* bunch
hrskav *a* crisp
hrskav *adj.* crump
hrt *n.* greyhound
hrvač *n.* wrestler
hrvanje *n.* grapple
hrvati se *v.i.* grapple
htjeti *v.t.* will
huligan *n.* hooligan
human *a.* humane
humanitarno *a* humanitarian
humka *n.* mound
humor *n.* humour
humorista *n.* humorist
humorističan *a.* humorous
humus *n* mould
huškati *v.t.* incite
hvalisanje *n* boast
hvalisanje *n* brag
hvalisati se *v. i* brag
hvalisav *a.* vainglorious
hvalisavost *n.* vainglory
hvaliti *v.t.* praise
hvaliti se *v.i* boast
hvat *n* fathom
hvatanje *n.* capture

I

hvatanje *n.* snatch
hvatati mrežom *v.t.* net

i *conj.* and
i tako dalje etcetera
iako *conj.* albeit
iako *conj.* although
ići *v.i.* go
ići na izlet *v.i.* picnic
ići tamo-ovamo *v.t.* shuttle
ići uzduž *v.t.* skirt
ideal *n* ideal
idealan *a.* ideal
idealista *n.* idealist
idealistički *a.* idealistic
idealizam *n.* idealism
idealizirati *v.t.* idealize
ideja *n.* idea
identičan *a.* identical
identificirati *v.t.* identify
identifikacija *n.* indentification
identitet *n.* identity
idiom *n.* idiom
idiomatski *a.* idiomatic
idiot *n.* idiot
idiotizam *n.* ideocy
idiotski *a.* idiotic
idol *n.* idol
igla *n.* needle
ignorirati *v.t.* ignore
igra *n.* game
igra *n.* play
igra riječima *n.* pun
igra stihovima *n.* crambo
igrač *n.* player
udarač u kriketu *n.* batsman
igračka *n.* toy

igrati *v.i* game
igrati se *v.i.* play
igrati se *v.i.* toy
igrati se *v.i* trifle
igrati se riječima *v.i.* pun
iguman *n* prior
igumanija *n.* prioress
ikad *adv* ever
ikra *n* fry
ilustracija *n.* illustration
ilustriati *v.t.* illustrate
iluzija *n.* illusion
imanje *n* estate
imati *v.t.* have
imati korist *v. t.* benefit
imbecil *n.* moron
ime *n.* name
imela *n.* mistletoe
imenica *n.* noun
imenovanje *n.* appointment
imenovanje *n.* nomination
imenovati *v.t.* appoint
imenovati *v.t.* name
imenjak *n.* namesake
imigracija *n.* immigration
imigrant *n.* immigrant
imigrirati *v.i.* immigrate
imitacija *n.* imitation
imitator *n.* imitator
imitirati *v.t.* imitate
imitirati *a.* mimic
imitirati *v.t* mimic
imovina *n.* asset
imovina *n.* property
imperativ *a.* imperative
imperator *n* emperor
imperijalizam *n.* imperialism
implementacija *n.* implement
implementirati *v.t.* implement
implikacija *n.* implication

impotencija *n.* impotence
impotentan *a.* impotent
impozantan *a.* imposing
impresionirati *v.t.* impress
impresivan *a.* impressive
impuls *n.* impulse
impuls *n.* momentum
impulsivan *a.* impulsive
imućan *a.* well-to-do
imun *a.* immune
imunitet *n.* immunity
inače *adv.* otherwise
inače *conj.* otherwise
inat *n.* spite
inauguracija *n.* inauguration
incident *n.* incident
inč *n.* inch
indeks *n.* index
indicija *n* clue
indigo *n.* indigo
indijska smokva *n.* banyan
indijska urma *n.* tamarind
indijski *a.* Indian
indikacija *n.* indication
indikativan *a.* indicative
indikator *n.* indicator
indirektan *a.* implicit
indirektan *a.* indirect
indiskrecija *n.* indiscretion
indiskretan *a.* indiscreet
individualizam *n.* individualism
individualnost *n.* individuality
industrija *n.* industry
industrijski *a.* industrial
inercija *n.* inertia
inertan *a.* inert
infantilan *a.* infantile
infekcija *n.* infection
inferioran *a.* inferior
inferiornost *n.* inferiority

inficirati *v.t.* infect
inflacija *n.* inflation
informacija *n.* information
informativan *a.* informative
infuzija *n.* infusion
inherentan *a.* inherent
inhibicija *n.* inhibition
inhibirati *v.t.* inhibit
inicijal *n.* initial
inicijativa *n.* initiative
inkvizicija *n.* inquisition
inovacija *n.* innovation
inovator *n.* innovator
inovirati *v.t.* innovate
insekt *n.* insect
insekticid *n.* insecticide
insinuacija *n.* insinuation
insinuirati *v.t.* insinuate
insolventan *a.* insolvent
insolventnost *n.* insolvency
inspekcija *n.* inspection
inspektor *n.* inspector
inspiracija *n.* inspiration
inspirirati *v.t.* inspire
instalacija *n.* installation
instalirati *v.t.* install
instinkt *n.* instinct
instinktivan *a.* instinctive
institucija *n.* institution
institut *n.* institute
instrukcija *n.* instruction
instruktor *n.* instructor
instrument *n.* instrument
instrumentalista *n.* instrumentalist
instrumentalni *a.* instrumental
integralan *a.* integral
integritet *n.* integrity
intelekt *n.* intellect
intelektualac *n.* intellectual
intelektualni *a.* intellectual

inteligencija n. intelligence
inteligencija n. intelligentsia
inteligentan a. intelligent
intenzitet n. intensity
intenzivan a. intensive
interes n. interest
interludij n. interlude
internacionalni a. international
interni a. internal
interpunkcija n. punctuation
interval n. interval
intervencija n. intervention
intervenirati v.i. intervene
intervju n. interview
intervjuirati v.t. interview
intiman a. intimate
intimnost n. intimacy
intoksikacija n. intoxication
intriga n intrigue
intrigirati v.t. intrigue
intuicija n. intuition
intuitivan a. intuitive
invalid n invalid
invazija n. invasion
investicija n. investment
investirati v.t. invest
inzistiranje n. insistence
inzistirati v.t. insist
injenjer n engineer
ipak conj however
ipak conj. nevertheless
ipak adv. notwithstanding
ipak adv. though
ipak conj. yet
iracionalan a. irrational
iritacija n. irritation
iritiranje n. irritant
ironičan a. ironical
ironija n. irony
Irski a. Irish

irski jezik, Irac n. Irish
iscediti v.t. squeeze
iscrtati v.t. line
iseckati v.i. haggle
ishod n. outcome
ishod n. upshot
ishrana n. nourishment
iskamčiti v.t. wheedle
iskaz n. utterance
isključenje n. expulsion
isključiti v. t disconnect
isključiti v. t exclude
isključiti v. t. expel
isključiv a exclusive
iskonski a. seminal
iskopati v.t. unearth
iskopavanje n. excavation
iskopavati v. t. excavate
iskopavati v.i. quarry
iskorijeniti v. t eradicate
iskorijeniti v.t. uproot
iskoristiti v.t. advantage
iskoristiti v.t. utilize
iskrcati v.i. land
iskren a. candid
iskren a. frank
iskren a. sincere
iskren a. straightforward
iskrenost n. candour
iskrenost n. sincerity
iskrivljen a. wry
iskupiti se v.t. redeem
iskupljenje n. redemption
iskusiti v. t. experience
iskustvo n experience
iskušavač n. tempter
iskušenje n. ordeal
iskušenje n. temptation
ismijavanje adj mock
ismijavanje n. ridicule

ismijavanje se v.i sneer
ismijavanje se v.t. taunt
ismijavati v.i. mock
ismijavati v.t. ridicule
ispad n. sally
isparavati v.t. aerify
isparavati v.t. vaporize
ispariti v. i evaporate
ispasti v.i. sally
ispeći v.t. bake
ispirati v.t. rinse
ispirati grlo v.i. gargle
ispitanik n examinee
ispitati v. t examine
ispitivač n examiner
ispitivanje n. examination
ispitivanje n. inquiry
ispitivanje n. scrutiny
ispitivati v.t. quiz
isplatiti v.t. repay
ispleten od pruća n. wicker
ispljuvak n spittle
ispljuvak n. sputum
ispod prep below
ispod prep beneath
ispod prep. under
ispod adv. underneath
isporuka n delivery
ispovijedati v.t. profess
ispravak n. rectification
ispraviti v. t correct
ispraviti v.i. rectify
ispraviti v.t. straighten
ispravno adv right
ispravnost n. propriety
ispred adv. ahead
isprugati v.t. stripe
ispuhati v. t. exhaust
ispuniti v.t. fulfil
ispunjen a. fraught

ispunjenje n. fulfilment
ispuštati v.t. shed
istačkati v. t dot
istaknut a. prominent
istaknut a. salient
istaknutos n. prominence
isteci v.i. expire
istek n expiry
isti a. same
istina n. truth
istinitost n. veracity
istinoljubiv a. truthful
istisnuti v.t. oust
isto n. ditto
istočni a east
istočni a eastern
istočno adv east
istočnjak n oriental
istok n east
istopiti v.t. smelt
istovremen a. instantaneous
istovremen a. simultaneous
istraga n. inquest
istraga n. investigation
istrajati v.i. persevere
istrajnost n. perseverance
istrajnost n. tenacity
istražiti v.t explore
istražiti v.t. investigate
istraživanje n exploration
istraživanje n research
istraživati v.t. probe
istraživati v.i. research
istrgnuti v.t. wrest
istrošiti v.t. stale
istući v.t. wallop
iščašenje n. wrench
iščašenje n wrick
iščašiti v.t. wrench
iščeznuti v.i. vanish

išta *n.* aught
ištanje *n.* privation
ištanje *n.* scarcity
ištanje *n.* stringency
iverica *n.* splinter
ivica *n* edge
ivičnjak *n* curb
iza *adv* behind
iza *prep* behind
izabran *a* select
izabrati *v. t.* choose
izabrati *v. t* elect
izabrati *v.t.* pick
izabrati *v.t.* select
izabrati vrijeme *v.t.* time
izadati *v.i.* issue
izaslanik *n* emissary
izazivati *v.t* foment
izazov *n.* challenge
izazvati *v. t.* challenge
izazvati *v.t.* solicit
izazvati žuticu *v.t.* jaundice
izbaciti *v. t.* eject
izbaciti iz kolosijeka *v. t.* derail
izbacivač *n* bouncer
izbacivati *v.i.* spout
izbalansirati *v.t.* poise
izbeci *v. t* evade
izbijanje *n.* outbreak
izbjegavanje *n.* avoidance
izbjegavanje *n* elusion
izbjegavanje *n* evasion
izbjegavati *v.t.* avoid
izbjegavati *v. t* elude
izbjegavati *v.t.* shun
izbjeglica *n.* refugee
izbjeljivati *v. t* bleach
izblijedjeti *v.i* fade
izbor *n.* choice
izbor *n* election
izbor *n.* pick
izbor *n.* selection
izborat *v.t.* wrinkle
izborna jedinica *n* constituency
izbosti *v.t.* pierce
izbrbljati *v. t. & i* blab
izbrbljati *v. t* blurt
izbrisati *v. t* delete
izbrisati *v. t* efface
izdaja *n* betrayal
izdaja *n.* treachery
izdaja *n.* treason
izdajnički *a.* treacherous
izdajnik *n.* traitor
izdaleka *adv.* afar
izdanak *n* offset
izdanje *n* edition
izdanje *n.* publication
izdati *v.t.* betray
izdavač *n.* publisher
izdavati *v.t* pirate
izdržati *v.t.* endure
izdržati *v.i.* persist
izdržati *v.t.* withstand
izdržavanje *n.* aliment
izdržavanje *n.* livelihood
izdržavanje *n.* sustenance
izdržljiv *n* cast-iron
izdržljiv *a* durable
izdržljiv *a* endurable
izdržljiv *adj.* hardy
izdržljivost *n.* endurance
izdržljivost *n* last
izdržljivost *n.* persistence
izdržljivost *n.* stamina
izdupsti *v.t* hollow
izdvojiti *v. t* extract
izgled *n* appearance
izgled *n.* guise
izgled *n.* prospect

izgledi *n.* odds
izgnan *a* outcast
izgnanik *n.* outcast
izgovarati *v.t.* pronounce
izgovor *n* excuse
izgovor *n* pretext
izgovor *n.* pronunciation
izgovoriti *v.t.* voice
izgrditi *v.t.* lambaste
izgrditi *v.t.* snub
izgubiti *v.t* forfeit
izgubiti *v.t.* lose
izigrati *n.* artifice
izjava *n.* statement
izjaviti *v.t.* allege
izjaviti sućut *v. i.* condole
izjednačavanje *n* assimilation
izjednačen *a* level
izjednačiti *v.* assimilate
izjednačiti *v. t* equal
izjednačiti *v. t.* equalize
izjednačiti *v.t.* level
izjednačiti *v.t.* offset
izlaz *n.* exit
izlaz *n.* output
izleći *v.i.* incubate
izlet *n.* outing
izliven *a.* molten
Izložba *n.* exhibition
izložiti *v. t* exhibit
izložiti *v. t* expose
izložiti *v.t.* table
izludjeti *v.t* dement
izlupati *v. t* belabour
izlječiv *a* curable
izljev *n.* outburst
između *prep.* amongst
između *prep* between
izmicanje *n* dodge
izmicati *v. t* dodge

izmijeniti *v.t.* alter
izmirenje *n.* reconciliation
izmisliti *v. t* concoct
izmisliti *v. t* devise
izmišljen *a.* imaginary
izmišljotina *n.* concoction
izmišljotina *n* figment
izmjena *n* alteration
izmlatiti *v.t* maul
izmoriti *v.t.* tire
izmrviti *v. t* crumble
iznajmiti pašnjak *v.t.* agist
iznajmljivanje *n.* rent
iznajmljivati *v.t.* rent
iznenada *adv.* suddenly
iznenaditi *v.t.* startle
iznenaditi *v.t.* surprise
iznenadnost *n.* sudden
iznenađenje *n.* surprise
iznos *n* amount
iznos *v.* amount
iznositi *v.i* amount
iznošen *a.* worn
iznova *adv.* anew
iznova brojati *v.t.* recount
iznuren *a.* prostrate
iznurenost *n* debility
iznurenost *n.* prostration
izobara *n.* isobar
izobilje *n.* riches
izobličiti *v. t* distort
izolacija *n.* insulation
izolacija *n.* isolation
izolator *n.* insulator
izolirati *v.t.* insulate
izolovati *v.t.* isolate
izopačenost *n.* perversity
izostaviti *v.t.* omit
izostavljanje *n.* omission
izoštriti *v.t* focus

izoštriti *v.t.* sharpen
izračunati *v. t.* calculate
izrada *n.* workmanship
izraslina *n.* wen
izravan *a* direct
izravan *a* outright
izravan *a* through
izravnati *v. t* even
izravnati *v.t.* plane
izravno *adv.* outright
izraz *n.* expression
izraz *n.* locution
izraz lica *n.* countenance
izrazit *a* emphatic
izraziti *v. t.* express
izraziti *v.t.* phrase
izraziti *a.* wordy
izraziti mimikom *v.i* mime
izražajan *a.* expressive
izreka *n* dictum
izručiti *v.t.* consign
izrugivanje *n.* mockery
izrugivati se *v.t.* lampoon
izumeti *v.t.* invent
izumro *a* extinct
izustiti *v.t.* mouth
izustiti *v.t.* utter
izuzetak *n* exception
izuzeti *v. t* except
izuzev *prep* save
izvaditi iz korica *v.t.* unsheathe
izvan *prep.* beyond
izvan *prep* outside
izvan *adv.* without
izvanredan *a.* extraordinary
izvanredan *a.* outstanding
izvanredan *a.* remarkable
izvanredan *a.* superb
izvediv *a.* manageable
izvesti *v. t.* derive

izvesti *v.t.* perform
izviđač *n* scout
izviđati *v.i* scout
izvijač *n.* spanner
izvijati se *v.i.* snake
izvijestiti *v.t.* account
izvijestiti *v.t.* report
izviniti se *v.i.* apologize
izvinjenje *n.* apology
izvirti *v.i.* well
izvjesnost *n.* certainty
izvjesnost *n.* surety
izvjestitelj *n.* informer
izvješće *n.* report
izvlačenje *n* draw
izvod *n.* precis
izvodljiv *a* feasible
izvodljiv *a.* practicable
izvodljivost *n.* practicability
izvođač *n.* performer
izvođač radova *n* contractor
izvođenje *n.* performance
izvođenje *n.* pursuance
izvor *n.* source
izvoz *n* export
izvoziti *v. t.* export
izvrsnost *n.* excellence
izvršenje *n* execution
izvršitelj *n.* executioner
izvršiti *v. t* execute

J

ja *pron.* I
jabuka *n.* apple
jad *n.* woe
jadan *a* deplorable
jadan *a.* pitiable
jadan *a.* poor

jadikovanje *n* wail
jadikovati *v.i.* wail
jagnješce *n.* lambkin
jagoda *n.* strawberry
jahač *n.* rider
jahta *n.* yacht
jaje *n* egg
jajnik *n.* ovary
jak *a.* strong
jak *n.* yak
jaka pamučna tkanina *n.* jean
jaka točka *n.* forte
jakna *n.* jacket
jalovo *adj.* acarpous
jama *n.* pit
jamac *n.* warrantor
jamčiti *v.i.* vouch
janje *n* agnus
janje *n.* lamb
jarac *n* Capricorn
jarak *n* ditch
jaram *n.* yoke
jarbol *n.* mast
jasle *n.* manger
jaslice *n.* nursery
jasmin *n.* jasmine, jessamine
jasno *a* clear
jasnoca *n* clarity
jastog *n.* lobster
jastreb *n* hawk
jastuk *n* cushion
jastuk *n.* pad
jastuk *n* pillow
jato divljih ptica *n.* skein
javiti putem radija *v.t.* radio
javni *a.* public
javnost *n.* public
javor *n.* sycamore
jazavac *n.* badger
jazbina *n.* burrow

jazbina *n* den
jazbina *n.* lair
jecaj *n* sob
jecati *v.i.* sob
ječam *n.* barley
jedan *a.* one
jedan slog *n.* monosyllable
jedanaest *n* eleven
jedini *a.* only
jedini *a.* single
jedini *a* sole
jedinica *n.* unit
jedinstven *a.* inimitable
jedinstven *a.* unique
jedinstvo *n.* oneness
jedinstvo *n.* unity
jednadžba *n* equation
jednake vrijednosti *a.* tantamount
jednako *adv.* alike
jednako *a* equal
jednakost *n* equality
jednakost *n.* par
jednakostranični *a* equilateral
jednoglasan *a.* unanimous
jednoglasje *n.* unison
jednoglasnost *n.* unanimity
jednoličan *a.* humdrum
jednom *adv.* once
jednom *adv.* sometime
jednook *a.* monocular
jednosložan *a.* monosyllabic
jednostavan *a.* plain
jednostavan *a.* simple
jednostavnost *n* ease
jednostavnost *n.* simplicity
jednostran *a* ex-parte
jednostrano *adv* ex-parte
jedrilica *n.* glider
jedriti *v.i.* sail
jedro *n.* sail

jedva *adv.* barely
jedva *adv.* hardly
jedva *adv.* scarcely
jeftin *a* cheap
jeftin *a.* inexpensive
jela *n* fir
jelen *n* deer
jelen *n.* stag
jelo *n* dish
jelovnik *n.* menu
jemčiti *v. t.* bail
jemstvo *n.* bail
jen *n.* Yen
jer *conj.* because
jer *conj.* for
jesen *n.* autumn
jesen *n* fall
jesti *v. t* eat
jestiv *a* eatable
jestivo *a* edible
jestivost *n.* eatable
jetra *n.* liver
jeza *n.* chill
jeza *n* shudder
jezero *n.* lake
jezgra *n.* core
jezgro *n.* nucleus
jezični *a.* lingual
jezični *a.* linguistic
jezik *n.* language
jezik *n.* tongue
jeziv *a.* ghastly
ježiti se *v.i.* shudder
jogunast *a.* restive
jogunast *a.* unruly
jorgan *n.* quilt
jorgovan *n.* lilac
još *a.* more
još *adv.* yet
još uvijek *adv.* still

jubilej *n.* jubilee
jučer *adv.* yesterday
jučerašnji dan *n.* yesterday
jug *n.* south
juha *n* broth
juha *n.* soup
junaštvo *n.* heroism
junaštvo *n.* prowess
junaštvo *n.* valour
june *n* bullock
junior *n.* junior
jupiter *n.* jupiter
jurisprudencija *n.* jurisprudence
juriš *n.* onslaught
jurišati *v.i.* storm
juriti *v. t.* chase1
jurnuti *v. i.* dash
juta *n.* jute
jutro *n.* morning
jutro *n.* morrow
jutro (jedinica za površinu) *n.* acre
juvelir *n.* jeweller
južni *a.* southerly
južni *a.* southern
južni krajevi *n.* south
južno *adv* south

K

ka *prep.* towards
kabare *n.* cabaret
kabel *n.* cable
kabel *n* cord
kabina *n* booth
kabinet *n.* cabinet
kaciga *n.* helmet
kad *conj.* when
kad god *adv. conj* whenever
kada *n.* tub

kada *adv.* when
kadet *n.* cadet
kadionica *n* censer
kaditi *v. t* cense
kaditi *tamjanom* *v.t.* incense
kadmij *n* cadmium
kafić *n.* cafe
kajsija *n.* apricot
kakav *a.* what
kako *adv.* how
kaktus *n.* cactus
kalajisati *v.t.* tin
kalcij *n* calcium
kalem *n.* graft
kalem *n.* reel
kalemiti *v.t* graft
kalemiti *v.t.* inoculate
kalemljenje *n.* inoculation
kalendar *n.* calendar
kaligrafija *n* calligraphy
kalij *n.* potassium
kalkulator *n* calculator
kalorija *n.* calorie
kaluđer *n.* votary
kaluđerica *n.* nun
kaluđerički veo *n.* wimple
kalup *n.* mould
kaljati *v.t.* soil
kamelot *n* camlet
kamen *n.* stone
kamenit *a.* stony
kamenolom *n.* quarry
kamenovati *v.t.* stone
kamera *n.* camera
kamfor *n.* camphor
kamila *n.* camel
kamion *n.* lorry
kamion *n.* truck
kamp *n.* camp
kampanja *n.* campaign

kampirati *v. i.* camp
kanadska kuna *n.* mink
kanal *n.* canal
kanal *n* channel
kanalizacija *n.* sewerage
kancelar *n.* chancellor
kandidat *n.* applicant
kandidat *n.* candidate
kandidat *n* nominee
kandža *n* claw
kanister *n.* canister
kanon *n* canon
kanonada *n. v. & t* cannonade
kanta *n* bucket
kanta *n.* pail
kantina *n.* canteen
kanton *n* canton
kao *conj.* as
kao što *v.t.* like
kaos *n.* chaos
kap *n* drop
kapa *n* bonnet
kapa *n.* cap
kapa *n* coif
kapacitet *n.* capacity
kapanje *n* drip
kapati *v. i* drip
kapati *v. i* drop
kapati *v.i.* trickle
kapela *n.* chapel
kapetan *n.* captain
kapetan *n.* skipper
kapija *n.* gate
kapital *n.* capital
kapitalista *n.* capitalist
kapitulirati *v. t* capitulate
kapljica *n.* minim
kapric *n.* whim
kapriciozan *a.* capricious
kapriciozan *a.* whimsical

kaput *n* coat
kaput *n.* overcoat
karakter *n.* character
karakteristika *n.* attribute
karamela *n.* toffee
karanfil, ružičasta boja *n.* pink
karat *n.* carat
karavan *n.* caravan
karbida *n.* carbide
kardinal *n.* cardinal
kardinalan *a.* cardinal
karfiol *n.* cauliflower
karijera *n.* career
karika *n* fetter
karikatura *n.* caricature
karneval *n* carnival
karta *n* fare
karta *n.* ticket
kartica *n.* card
karton *n.* cardboard
karton *n* carton
kas *n* trot
kasapin *n* butcher
kasati *v.i.* trot
kaseta *n.* cassette
kaskada *n.* cascade
kasnije *adv.* afterwards
kasniji *a.* latter
kasno *a.* late
kasta *n* caste
kastrirati *v.t.* geld
kaša *n.* mash
kaša *n.* mush
kaša *n.* porridge
kašalj *n.* cough
kašika *n.* spoon
kašljati *v. i.* cough
kat *n.* storey
katalog *n.* catalogue
katarakt *n.* cataract

katastrofa *n* disaster
katastrofalan *a* disastrous
katedrala *n.* cathedral
katedrala *n.* minster
kategoričan *a.* categorical
kategorija *n.* category
katolički *a.* catholic
katran *n.* tar
kauč *n.* couch
kava *n* coffee
kavaljer *n* gallant
kavez *n.* cage
kavez za ptice *n.* aviary
kavga *n* affray
kavga *n.* scuffle
kazališni *a.* theatrical
kazalište *n.* theatre
kazna *n* fine
kazna *n.* penalty
kazna *n.* punishment
kazneni *a.* penal
kazneni *a.* punitive
kazneni *a.* tortuous
kazneno *a* criminal
kazniti *v. t.* castigate
kazniti *v.t* find
kazniti *v.t.* penalize
kazniti *v.t.* punish
kažiprst *n* forefinger
kecelja *n.* apron
kečap *n.* ketchup
kedar *n.* cedar
keks *n* biscuit
kemičar *n.* chemist
kemija *n.* chemistry
kemijski *a.* chemical
kemikalija *n.* chemical
keramika *n* ceramics
kerozin *n.* kerosene
kesten *n.* chestnut

kestenjast *a* maroon
kestenjasta boja *n.* maroon
kicoš *n* dandy
kičma *n.* spine
kičmeni *a.* spinal
kidisati *v.i.* swoop
kidnapovati *v.t.* kidnap
kihanje *n* sneeze
kikotati se *v.i.* giggle
Kina *n.* china
kinin *n.* quinine
kino *n.* cinema
kino *n.* movies
kinuti *v.i.* sneeze
kipar *n.* sculptor
kipeti *v.i.* seethe
kirurg *n.* surgeon
kirurgija *n.* surgery
kiselina *n* acid
kiselost *n.* acidity
kiseo *a* acid
kiseo *a.* sour
kisik *n.* oxygen
kiša *n* rain
kišobran *n.* umbrella
kišovit *a.* rainy
kit *n.* whale
kita cveća *n.* nosegay
kitnjast *a.* gaudy
kitova kost *n.* baleen
kladiti se *v.i* bet
kladiti se *v.i.* wager
klasa *n* class
klasičan *a* classic
klasičan *a* classical
klasifikacija *n.* classification
klasik *n* classic
klati *v. t* butcher
klatiti *v. t* dangle
klatno *n.* pendulum

klaun *n* clown
klauzula *n* clause
klavir *n.* piano
kiesati *v. t.* chisel
kleti se *v.i.* sweat
kletva *n* curse
kleveta *n* defamation
kleveta *n.* libel
kleveta *n.* slander
klevetati *v. t.* calumniate
klevetati *v. t.* defame
klevetati *v.t.* malign
klevetati *v.t.* slander
klevetnički *a.* slanderous
klica *n.* chit
klica *n.* germ
klicanje *n* acclamation
klijanje *n.* germination
klijati *v.i.* germinate
kliječati *v.i.* kneel
klijent *n..* client
kliješta *n. pl.* tongs
klima *n.* climate
klimati *v.i* wobble
klimati glavom *v.i.* nod
klin *n.* peg
klin *n.* wedge
klinika *n.* clinic
klip *n.* piston
klizaljka *n.* skate
klizati *v.t.* skate
klizav *a* slick
klizav *a.* slippery
kliziti *v.t.* glide
kliziti *v.i.* slide
klopotati *n. & v. i* clack
klor *n* chlorine
kloroform *n* chloroform
klub *n* club
klupa *n* bench

klupko *n.* clew
kljova *n.* tusk
kljucanje *n.* peck
kljucati *v.i.* peck
ključ *n.* key
ključanje *n* boil
ključati *v.i.* boil
ključati *v.t* ferment
kljun *n* beak
kmet *n.* serf
kneževski *a.* princely
knjiga *n* book
knjigovođa *n* book-keeper
knjiški *n.* bookish
knjiški moljac *n* book-worm
književni *a.* literary
književnost *n.* literature
koalicija *n* coalition
kobalt *n* cobalt
kobila *n.* mare
kobra *n* cobra
kocka *n* cube
kockanje *n* gamble
kockar *n.* gambler
kockast *a* cubical
kockati *v. i.* dice
kockati se *v.i.* gamble
kocke *n.* dice
kočija *n.* carriage
kočija *n* chariot
kočija, trener *n* coach
kočijaš *n* coachman
kočiti *v. t* brake
kočnica *n* brake
kočnica *n* skid
kočoperenje *n* stalk
kod *prep* by
kod *n* code
koedukacija *n.* co-education
koeficijent *n.* coefficient

koegzistencija *n* co-existence
koegzistirati *v. i* co-exist
koga *pron.* whom
koji *pron.* as
koji *rel. pron.* that
koji *pron.* which
koji *a* which
koji draži *a.* irritant
koji god *pron* whichever
koji izgleda *a* look
koji je kao tkivo *a.* webby
koji je obvezan *n.* incumbent
koji nije plemenit *a.* ignoble
koji opominje *a.* monitory
koji oživljava *a.* resurgent
koji podsjeća *a.* reminiscent
koji preživa *a.* ruminant
koji sadrži obećanje *a.* promissory
koji se hrani drvetom *a.* xylophagous
koji se može baciti *a* projectile
koji se može dobiti *a.* obtainable
koji se može prati *a.* washable
koji se može prodati *a.* marketable
koji se može prodati *a.* salable
koji se rađa *a.* nascent
koji se sastavlja *adj.* confluent
koji se tiče zapešća *adj* carpal
koji zadržava *a.* retentive
koji živi na drvetu *a.* xylophilous
kokain *n* cocaine
kokodakati *v. i* cackle
kokos *n* coconut
kokosovo vlakno *n* coir
kokoš *n.* bantam
kokoš *n.* chicken
kokoš *n.* hen
kokošinjac *n.* roost
kokpit *n.* cock-pit
koks *v. t* coke
kola *n.* wain

kolabirati *v. i* collapse
kolac *n.* pale
kolac *n.* picket
kolebati se *v.i.* shilly-shally
kolebati se *v.i.* vacillate
kolebljiv *n.* shilly-shally
koledž *n* college
kolega *n* colleague
kolega *n* fellow
kolekcija *n* collection
kolekcionar *n* collector
kolektivno *a* collective
kolera *n.* cholera
koliba *n.* cabin
koliba *n* cottage
koliba *n.* hut
kolica *n.* cart
količina *n.* quantity
količnik *n.* quotient
kolijevka *n* cradle
kolonija *n* colony
kolonijalan *a* colonial
kolosijek *n.* gauge
kolosijek *n.* rut
kolovoz *n* august
koljeno *n.* knee
koma *n.* coma
komad *n.* piece
komadić *n* bit
komarac *n.* mosquito
kombi *n.* van
kombinacija *n* combination
kombinirati *v. t* combine
kojemu se može naći trag *a.* traceable
komedija *n.* comedy
komemoracija *n.* commemoration
komemoracija *n.* memorial
komemorativan *a* memorial
komentar *n* comment

komentar *n* commentary
komentator *n* commentator
komentirati *v. i* comment
komešanje *n.* fuss
kometa *n* comet
komičan *a* comic
komičar *n.* comedian
komičar *n* comic
komonvelt *n.* commonwealth
komora *n.* chamber
kompaktan *a.* compact
komparativno *a* comparative
kompenzacija *n* compensation
kompleks *n* complex
kompletan *a* complete
kompletirati *v. t* complete
komplicirati *v. t* complicate
komplikacija *n.* complication
kompliment *n.* compliment
komšija *n.* neighbour
komšiluk *n.* neighbourhood
komuna *v. t* commune
komunalan *a* communal
komunicirati *v. t* communicate
komunikacija *n.* communication
komunizam *n* communism
konačan *a* final
konačan *a* finite
konačište *n.* lodging
konačni *a.* terminal
konačno *adv.* eventually
koncepcija *n* conception
koncept *n* concept
koncert *n.* concert
kondenzirati *v. t* condense
kondukter *n* conductor
konferencija *n* conference
konfiskacija *n* confiscation
konfiskovati *v. t* confiscate

konflikt *n.* conflict
kongres *n* congress
konkretan *a* concrete
konkubina *n* concubine
konkubinat *n.* concubinage
konkurentan *a* competitive
konobar *n.* waiter
konobarica *n.* waitress
konoplja *n.* hemp
konsenzus *n.* consensus
konsolidacija *n* consolidation
konsolidirati *v. t.* consolidate
konspirator *n.* conspirator
konstruirati *v. t.* construct
konstrukcija *n* construction
kontakt *n.* contact
kontaktirati *v. t* contact
kontaminirati *v.t.* contaminate
kontekst *n* context
kontinent *n* continent
kontinentalni *a* continental
kontinuitet *n* continuity
kontracepcija *n.* contraception
kontradikcija *n.* antinomy
kontradikcija *n* contradiction
kontrast *n* contrast
kontrola *n* control
kontrolirati *v. t* control
kontrolor *n.* controller
kontura *n* contour
kontuzovati *v.t.* contuse
konvencija *n.* convention
konzerva *n.* tin
konzervativan *a* conservative
konzervativanost *n* conservative
konzervirati *v. t.* can
konzola *n* ancon
konzola *v. t* console
konzultacije *n* consultation
konzultirati *v. t* consult

konzumacija *n* consumption
konj *n.* horse
konj *n.* steed
konjanik *n* chevalier
konjica *n.* cavalry
konjukcija *n.* conjuncture
koordinacija *n* co-ordination
kopač *n.* pitman
kopanje *n* dig
kopati *v.t.* dig
kopati *v.t.* shovel
kopati lopatom *v.t.* spade
kopča *n* buckle
kopča *n* clasp
kopija *n* copy
kopile *n.* bastard
kopirati *v. t* copy
kopito *n.* hoof
kopljanik *n.* lancer
koplje *n.* javelin
koplje *n.* lance
koplje *n.* spear
kopriva *n.* nettle
koprologija *n.* coprology
kora *n.* bark
kora *n.* crust
kora *n.* peel
koračati *v.i.* pace
koračati *v.i.* step
koračati *v.i.* stride
koračati *v.t.* tread
korak *n* pace
korak *n.* step
korak *n* stride
koral *n* coral
koraljno ostrvo *n.* atoll
korekcija *n* correction
korelacija *n.* correlation
korice *n.* scabbard
koridor *n.* corridor

korijander *n.* coriander
korijen *n.* root
Korint *n.* Corinth
korisnički *n.* tutorial
korisnost *n.* utility
korist *n* behalf
korist *n* benefit
korist *n.* sake
korist *n.* subservience
koristan *a* beneficial
koristan *a.* helpful
koristan *a.* subservient
koristan *a.* useful
koristiti aliteraciju *v.* alliterate
korištenje *n.* utilization
koriti *v.t.* rebuke
kormilo *n.* helm
kormoran *n.* cormorant
kornet *n.* cornet
kornjača *n.* tortoise
kornjača *n.* turtle
korov *n.* weed
korozivan *adj.* corrosive
korpa *n.* basket
korporacija *n* corporation
korpus *n* corps
korumpiran *a.* corrupt
korumpirati *v. t.* corrupt
korupcija *n.* corruption
korupcija *n.* jobbery
kosa *n* hair
kosa *n.* scythe
kosina *n* bias
kositi *v.t.* mow
kosmički *adj.* cosmic
kost *n.* bone
kostim *n.* costume
kostur *n.* skeleton
košnica *n.* beehive
košnica *n.* hive
koštati *v.t.* cost
koštica *n.* kernel
košulja *n.* shirt
košuljica zmije *n.* slough
kotač *a.* wheel
kotar *n.* county
kotar *n* district
kotlar *n.* tinker
kotrljati *v.i.* roll
kotrljati *v.t.* wheel
kotur *n.* pulley
kovač *n* blacksmith
kovač *n.* smith
kovačnica *n* forge
kovanica *n* coinage
kovati *v.t.* mint
kovati zavjeru *v. i.* conspire
kovčeg *n.* ark
kovčeg *n* casket
koverat *n* envelope
kovitlac *n.i.* whirl
kovnica *n* mint
koza *n.* goat
kozmetički *a.* cosmetic
kozmetika *n.* cosmetic
koža *n.* cutis
koža *n.* leather
koža *n.* skin
kožar *n.* tanner
kožara *n.* tannery
kožuh *n.* jerkin
kraba *n* crab
kradljivac stoke *n* abactor
krađa *n.* theft
krađa stoke *n* abaction
kraj *n.* end
kraj *n.* terminus
kraj *n.* tip
krajnik *n.* tonsil
krajnost *n* utmost

krajnji *a.* ultimate	**krevet** *n* bed
krajnji *a.* utmost	**krevetac** *n.* cot
kralj *n.* king	**krevetac** *n.* crib
kraljevina *n.* kingdom	**krez** *n.* croesus
kraljevski *a.* regal	**krhak** *a.* fragile
kraljevski *a.* royal	**krigla** *n.* mug
kraljevstvo *n.* royalty	**krilat** *adj.* aliferous
kraljica *n.* queen	**krilatica** *n* byword
kraljoubojstvo *n.* regicide	**krilo** *n.* wing
krastavac *n* cucumber	**kriminal** *n* criminal
krasuljak *n* daisy	**kripta** *n* cist
kratak *a.* brief	**kriptografija** *n.* cryptography
kratak *a.* short	**kristal** *n* crystal
kratica *n* abbreviation	**krišom** *adv.* stealthily
kratko *adv.* short	**kriterij** *n* criterion
kratkoća *n* brevity	**kritičan** *adj* censorious
kratkovid *a.* myopic	**kritičan** *a* critical
kratkovidost *n.* myopia	**kritičar** *n* critic
krava *n.* cow	**kritika** *n.* censure
kravata *n* tie	**kritika** *n* criticism
krčag *n.* jug	**kritizirati** *v. t.* censure
krčag *n.* pitcher	**kritizirati** *v. t* criticize
krčiti *v.t.* pioneer	**kriv** *a* culpable
krčkati *v.i.* simmer	**kriv** *a.* guilty
krčma *n.* inn	**kriva** *v. t* curve
krčma *n.* saloon	**krivac** *n* culprit
krčma *n.* tavern	**krivina** *n* curve
kreativan *adj.* creative	**kriviti** *v. t* blame
kredit *n* credit	**krivnja** *n.* guilt
kredo *n* creed	**krivokletstvo** *n.* perjury
kreirati *v. t* create	**krivotvoren** *a.* counterfeit
kreker *n* cracker	**krivotvoriti** *v.t.* adulterate
krema *n* cream	**krivudav** *adj* anfractuous
kremiranje *n* cremation	**kriza** *n* crisis
kremirati *v. t* cremate	**kriza** *n.* slump
kresta *n.* aigrette	**križ** *n* cross
kreštav *a.* strident	**križarski pohod** *n* crusade
kretanje *n.* motion	**krma** *n.* stern
kretati se *v.t* ambulate	**krmača** *n.* sow
krevet *n* bearing	**krojač** *n.* tailor

krojiti *v.t.* tailor	**krzno** *n.* fur
krokodil *n* crocodile	**ksilofon** *n.* xylophone
krom *n* chrome	**kucati** *v.t.* knock
krom *a.* lame	**kucati** *v.i.* pulsate
kroničan *a.* chronic	**kucati** *v.i.* tick
kronograf *n* chronograph	**kuća** *n* house
kronologija *n.* chronology	**kućica** *n.* lodge
krotak *a.* meek	**kućište** *n.* casing
krov *n.* roof	**kuda** *adv.* whither
kroz *prep.* through	**kuditi** *v.t* upbraid
krpa *n.* rag	**kuga** *n.* pestilence
krpiti *v.t.* stitch	**kuga** *a.* plague
krstarica *n* cruiser	**kuglati se** *v.i* bowl
krstariti *v.i.* cruise	**kuhar** *n* cook
krstiti *v.t.* baptize	**kuhati** *v. t* cook
krš *n.* rubble	**kuhati** *n.* ulcer
kršan *a.* robust	**kuhinja** *n.* cuisine
kršenje *n.* violation	**kuhinja** *n.* kitchen
krštenje *n.* baptism	**kuja** *n* bitch
krt *a.* brittle	**kuk** *n* hip
krtica *n.* mole	**kuka** *n.* crotchet
krug *n.* circle	**kuka** *n.* hook
krug *n* cycle	**kukavica** *n.* coward
kruh *n* bread	**kukavica** *n* cuckoo
krumpir *n.* potato	**kukavičluk** *n.* cowardice
kruna *n* crown	**kukolj** *v. i* cockle
krunisanje *n* coronation	**kukuruz** *n* corn
krunisati *v. t* crown	**kukuruz** *n.* maize
krupan *a.* massy	**kula** *n.* rook
krupan *a.* stout	**kulminirati** *v.i.* culminate
kruška *n.* pear	**kult** *n* cult
krut *n.* stiff	**kultura** *n* culture
kruženje *n.* circuit	**kulturni** *a* cultural
kružni *a* circular	**kuna** *n.* marten
kružni *a* cyclic	**kupac** *n.* buyer
krv *n* blood	**kupac** *n* customer
krvariti *v. i* bleed	**kupanje** *n* bath
krvav *a* bloody	**kupati se** *v. t* bathe
krvni srodnik *adj* cognate	**kupidon** *n* Cupid
krvoproliće *n* bloodshed	**kupiti** *v. t.* buy

kupiti *v.t.* purchase
kuplet *n.* couplet
kupola *n* dome
kupon *n.* coupon
kupovati *v.i.* shop
kupovina *n.* purchase
kupus *n.* cabbage
kurir *n.* courier
kurir *n.* messenger
kurkuma *n.* turmeric
kurtizana *n.* courtesan
kurva *n.* slut
kurziv *n.* italics
kurzivan *a.* italic
kut *n.* angle
kut *n* corner
kutak *n.* nook
kutija *n* box
kutlača *n.* ladle
kutni *a.* angular
kutnjak *n.* molar
kvačilo *n* clutch
kvadrat *n.* square
kvaka *n.* latch
kvalificirati se *v.i.* qualify
kvalifikacija *n.* qualification
kvalitativan *a.* qualitative
kvalitetu *n.* quality
kvant *n.* quantum
kvantitativan *a.* quantitative
kvarenje *n.* adulteration
kvarljiv *a.* perishable
kvasac *n* ferment
kvasac *n.* yeast
kvašenje *n.* soak
kviz *n.* quiz
kvorum *n.* quorum
kvota *n.* quota

L

labav *a.* lax
labav *a.* loose
labav *n.* vent
labavost *n.* laxity
labijalni *a.* labial
labirint *n.* labyrinth
laboratorij *n.* laboratory
laboratorijska posuda *n.* cuvette
labud *n.* swan
ladica *n* drawer
lagan dodir *n* graze
lagano *adv.* leisurely
lagati *v.i.* lie
laguna *n.* lagoon
laik *n.* layman
lajanje *n* yap
lajati *v.t.* bark
lajati *v.i.* yap
lak *a* facile
lak *n* lac, lakh
lak *n.* varnish
lakat *n* elbow
lakej *n.* lackey
laki galop *n* canter
lakirati *v.t.* varnish
lako *a* easy
lako *a* light
lakomislenost *n* flippancy
lakomislenost *n.* levity
lakomo *adv* avidly
lakonski *a.* laconic
lakovjernost *adj.* credulity
lakrdijaš *n* antic
lakrdijaš *n* buffoon
lakrdijaš *n.* pantaloon
laksativ *n.* laxative

laktoza *n.* lactose
lama *n.* lama
lampa *n.* lamp
lanac *n* chain
lanac *n.* tether
lanceta *a.* lancet
laneno sjeme *n.* linseed
lansiranje *n.* launch
lansirati *v.t.* launch
lapor *n.* marl
larmadžija *a.* rowdy
lascivan *a.* lascivious
laskanje *n* flattery
laskati *v.t* flatter
lasta *n.* swallow
latica *n.* petal
laureat *n* laureate
lav *n.* Leo
lav *n* lion
lava *n.* lava
lavanda *n.* lavender
lavica *n.* lioness
lavirint *n.* maze
lavovski *a* leonine
laž *n* lie
lažan *a* false
lažan *a* sham
lažan *a.* spurious
lažljiv *a.* mendacious
lažna vijest *n* canard
lažno se zakleti *v.i.* perjure
lažov *n.* liar
lebdjeti *v.t.* waft
leća *n.* lentil
led *n.* ice
leden *a.* icy
ledenica *n.* icicle
ledina *n.* lea
legalizovati *v.t.* legalize
legenda *n.* legend

legendaran *a.* legendary
legija *n.* legion
legionar *n.* legionary
legitiman *a.* legitimate
legitimitet *n.* legitimacy
leglo *n* brood
legura *n.* alloy
legura žive *n* amalgam
lekcija *n.* lesson
leksikografija *n.* lexicography
leksikon *n.* lexicon
lelujanje *n.* undulation
lemljenje *n.* solder
leopard *n.* leopard
lepra *n.* leprosy
lepršanje *n* flutter
lepršati *v.t* flutter
leptir *n* butterfly
leš *n* corpse
lešinar *n.* vulture
let *n* flight
letak *n.* leaflet
letargičan *a.* lethargic
letargija *n.* lethargy
letimičan pogled *n.* glimpse
letjelica *n.* aircraft
letjeti *v.i* fly
letopis *n.* chronicle
letopisi *n.pl.* annals
letva *n.* lath
ležaj *n* bunk
ležati *v.i* lie
ležeran *a.* casual
ležerno *a.* leisurely
liberalan *a.* liberal
liberalizam *n.* liberalism
licemerje *n.* hypocrisy
licemjer *n.* hypocrite
licemjeran *a.* hypocritical
licitacija *n* auction

licitirati *v.t.* auction
ličiti *v.t.* resemble
ličnost *n.* personality
liga *n.* league
lignit *n.* lignite
liječiti *v. t.* cure
liječiti *v.i.* heal
liječiti *v.t.* physic
liječiti *v.t.* treat
liječnik *n* doctor
liječnik *n.* physician
liječnik koji cijepi *n.* vaccinator
lijek *n* cure
lijek *n* drug
lijek *n.* medicament
lijek *v.t* remedy
lijen *a.* indolent
lijen *n.* lazy
lijen *n.* slothful
lijen *a.* sluggish
lijenost *n.* laziness
lijenost *n.* sloth
lijep *a* beautiful
lijep *a* fair
lijep *a.* nice
lijep *a* pretty
lijepiti *v.t.* paste
lijevica *n.* left
lijevičar *n* leftist
lijevo *a.* left
likovati *v. i* exult
likvidacija *n.* liquidation
likvidirati *v.t.* liquidate
limenka *n.* can
limeta *n.* lime
limun *n.* lemon
limunada *n.* lemonade
limunski *adj.* citric
linč *v.t.* lynch
lingvista *n.* linguist
lingvistika *n.* linguistics
linija *n.* line
lira *n.* lyre
liričar *n.* lyricist
lirika *n.* lyric
lirski *a.* lyric
lirski *a.* lyrical
lisica *n.* fox
lisica *n.* vixen
lisice *n.* handcuff
lisnat *a.* leafy
list *n.* leaf
list *n.* sheet
listopad *n.* October
lišaj (oboljenje kože) *n.* ringworm
lišće *n* foliage
lišen *a* devoid
lišiti *v. t* deprive
litar *n.* litre
literatura *n.* litterateur
litica *n.* cliff
liturgijski *a.* liturgical
livada *n.* meadow
livnica *n.* foundry
livreja *n.* livery
lizalica *n.* lollipop
lizanje *n* lick
lizati *v.t.* lick
locirati *v.t.* locate
logaritam *n.* logarithm
logičan *a.* logical
logičar *n.* logician
logika *n.* logic
loj *n.* tallow
lojalan *a.* loyal
lojalnost *n.* loyalty
lokacija *n.* location
lokalizirati *v.t.* localize
lokalni propis *n* bylaw, bye-law
lokalno *a.* local

lokomotiva *n.* locomotive	**lučiti** *v.t.* secrete
lom *n* breakage	**lud** *a* crazy
lomača *n* bonfire	**lud** *adj.* daft
lomača *n.* pyre	**lud** *a.* insane
lonac *n.* pot	**lud** *a.* lunatic
lopata *n.* shovel	**ludak** *n.* lunatic
lopata *n.* spade	**ludilo** *n.* insanity
lopov *n.* thief	**ludilo** *n.* lunacy
lopovski *a.* roguish	**ludiranje** *n.* romp
lopta *n.* ball	**luk** *n.* arc
loptica za badminton *n.* shuttlecock	**luk** *n* bow
losion *n.* lotion	**luk** *n.* onion
loš *a.* vile	**luka** *n.* harbour
loša procjena *n.* miscalculation	**luka** *n.* haven
loše *adv.* amiss	**luka** *n.* port
loše *a.* bad	**lukav** *a.* artful
loše *adv.* ill	**lukav** *a* crafty
loše poslovanje *n.* maladministration	**lukav** *a* cunning
loše pristajati *n.* misfit	**lukav** *a.* politic
loše procijeniti *v.t.* miscalculate	**lukav** *a.* shrewd
loše spojiti *v.t.* mismatch	**lukav** *a.* sly
loše upravljanje *n.* mismanagement	**lukav** *a.* tricky
loše varenje *n.* indigestion	**lukav** *a.* wily
loše vladanje *n.* misconduct	**lukavost** *n* cunning
lotos *n.* lotus	**lukavstvo** *n.* guile
lov *n* hunt	**lukavstvo** *n.* strategem
lovac *n.* hunter	**lukavstvo** *n.* wile
lovac *n.* huntsman	**luksuz** *n.* luxury
lovački pas *n.* hound	**luksuzan** *a.* luxurious
loviti *v.t.* hunt	**lunjati** *v.i.* rove
lovor *n.* laurel	**lupanje** *n.* throb
loza *n.* lineage	**lupati** *v.i.* throb
lozinka *v. t.* countersign	**lupiti** *v.t.* bang
lozinka *n.* watchword	**lupiti** *v.t.* thump
ložač *n.* stoker	**lutalica** *n.* rover
ložiti *v.t.* stoke	**lutalica** *n.* straggler
lubanja *n.* skull	**lutalica** *n* stray
lubenica *n.* water-melon	**lutanje** *n.* vagary
lucidnost *n.* lucidity	**lutati** *v.t* maroon
lučenje *n.* secretion	**lutati** *v.i.* roam

lutati *v.i.* straggle
lutati *v.i.* wander
lutka *n* doll
lutnja *n.* lute
lutrija *n.* lottery

LJ

ljekovit *a* curative
ljenjivac *n.* sluggard
ljepilo *n.* glue
ljepilo za ptice *n* birdlime
ljepljiv *n.* sticky
ljepljiva materija *n.* adhesive
ljepljiva materija *a.* adhesive
ljepota *n* beauty
ljepota *n.* prettiness
ljepotica *n* belle
ljestve *n.* ladder
ljetni *adj* aestival
ljeto *n.* summer
ljetopisac *n.* annalist
ljiljan *n.* lily
ljubav *n* love
ljubavna afera *n* amour
ljubavni *adj* amatory
ljubavnik *n.* lover
ljubavnik *n.* paramour
ljubazan *a.* affable
ljubazan *a.* amiable
ljubazno *adv.* kindly
ljubaznost *n.* amiability
ljubičast, ljubičasta boja *adj./n.* purple
ljubičica *n.* violet
ljubimac *n.* minion
ljubimac *n.* pet
ljubomora *n.* jealousy
ljubomoran *a.* jealous
ljudožderi *n.* androphagi

ljuljačka *n* swing
ljuljati *v.t.* dandle
ljuljati *v.t.* rock
ljuljati *v.i.* swing
ljuska *n.* husk
ljuštiti *v.t.* shell
ljut *a.* angry
ljut *a.* spicy
ljutina *n* acrimony
ljutnja *n.* ire

M

ma kako *adv.* however
ma koji *adv.* any
ma tko *pron.* whoever
mač *n.* sword
mačak *n.* tomcat
mačić *n.* kitten
mačka *n.* cat
mađioničar *n.* magician
magacin *v.t* warehouse
magarac *n.* ass
magarac *n* donkey
magijski *a.* magical
magistrat *n.* magistracy
magla *n* fog
maglina *n.* nebula
maglovit *a.* hazy
maglovit *a.* misty
magnat *n.* magnate
magnet *n.* loadstone
magnet *n.* magnet
magnetizam *n.* magnetism
magnetni *a.* magnetic
mahagoni *n.* mahogany
mahanje *n* wag
mahati *v.i.* wag
mahati *v.t.* wave
mahati *v.i.* waver

mahati *v.t.* whisk
mahovina *n.* moss
mahuna *n.* pod
majčinski *a.* motherlike
majka *n* mother
majmun *n* ape
majmun *n.* monkey
majmunski *a.* apish
major *n* major
majstorija *n.* sleight
majstorija *n* stunt
majstorski *a.* masterly
majstorstvo *n.* mastery
maksima *n.* maxim
maksimalan *a.* maximum
maksimalno povećati *v.t.* maximize
maksimum *n* maximum
malarična groznica *n.* ague
malarija *n.* malaria
male boginje *n* measles
malen *a.* little
malenkost *n.* modicum
mali *a.* small
mali *n* small
mali dio *n.* pittance
malignitet *n.* malignity
malo *a* few
malo *adv.* little
malobrojnost *n.* paucity
malokrvnost *n* anaemia
maloljetnik *a.* juvenile
maloljetnik *n* minor
maloprodaja *n.* retail
maloprodajni *a* retail
maloprodajno *adv.* retail
maltertirati *v.t.* manhandle
maltretirati *v.t.* mistreat
malvazija *n.* malmsey
malj *n.* maul
mama *n* mum

mamac *n* bait
mamac *n.* lure
mamica *n* mummy
mamon *n.* mammon
mamut *n.* mammoth
mamuza *n.* spur
mana *n* blemish
mana *n* flaw
mana *n.* manna
mana *n.* shortcoming
manastir *n* convent
manastir *n.* monastery
mandat *n.* mandate
mandat *n.* tenure
maneken *n.* mannequin
manevar *n.* manoeuvre
manevrirati *v.i.* manoeuvre
mangan *n.* manganese
mango *n* mango
mangup *n.* reveller
manifest *n.* manifesto
manifestacija *n.* manifestation
manifestirati *v.t.* manifest
manija *n* mania
manijak *n.* maniac
manikir *n.* manicure
manipulacija *n.* manipulation
manipulirati *v.t.* manipulate
manirizam *n.* mannerism
manjak *n.* shortage
manje *adv.* less
manje *prep.* less
manje *prep.* minus
manjeta *n* cuff
manji *a.* less
manji *a.* lesser
manji *a.* minor
manjina *n.* minority
mapa *n* map
marama *n.* kerchief

maramica *n.* handkerchief
maraton *n.* marathon
margarin *n.* margarine
margina *n.* margin
marginalni *a.* marginal
marioneta *n.* marionette
marioneta *n.* puppet
mariti *v.i.* matter
mariti *v.t.* mind
marka *n* brand
marker *n.* marker
marljiv *a* diligent
marljiv *a.* studious
marljivost *n* diligence
marmelada *n.* marmalade
mars *n* Mars
marš *n.* march
maršal *n* marshal
marširati *v.i* march
masa *n.* mass
masakr *n.* massacre
masakrirati *v.t.* massacre
masaža *n.* massage
maser *n.* masseur
masirati *v.t.* massage
masivan *a.* massive
masivan *a* molar
maska *n.* mask
maskarada *n.* masquerade
maskirati *v.t.* mask
maskirati se *v. t* bemask
maskota *n.* mascot
maslačak *n.* dandelion
maslina *n.* olive
masnica *n.* weal
mast *n* fat
mast *n* grease
mast *n.* ointment
mastan *a.* greasy
mastan *a.* oily

mastilo *n.* ink
masturbirati *v.i.* masturbate
mašta *n* fancy
mašta *n.* imagination
maštovit *a.* imaginative
mat *n* checkmate
matador *n* . matador
matematičar *n.* mathematician
matematički *a.* mathematical
matematika *n* mathematics
materijal *n* material
materijal *n.* stuff
materijalan *a.* material
materijalizam *n.* materialism
materijalizovati *v.t.* materialize
materinski *a.* maternal
materinski *a.* motherly
materinstvo *n.* maternity
materinstvo *n.* motherhood
maternica *n.* uterus
maternica *n.* womb
maternji *a.* native
materoubilački *a.* matricidal
materoubojstvo *n.* matricide
matičar *n.* registrar
matine *n.* matinee
matirati *v.t.* mate
matrica *n* matrix
matrica *n.* stencil
matrijarh *n.* matriarch
matrona *n.* matron
matura *n.* matriculation
mauzolej *n.* mausoleum
mazarija *n.* daub
mazati *v.t.* anoint
mazga *n.* mule
maziti *v. t* cocker
mazivo *n.* lubricant
meander *v.i.* meander
meč *n.* match

mećava *n* blizzard
med *n.* honey
medalja *n.* medal
medaljon *n.* locket
medeni mjesec *n.* honeymoon
medicina *n.* medicine
medicina *n.* physic
medicinska sestra *n.* nurse
medicinski *a.* medical
medicinski *a.* medicinal
medij *n* medium
meditirati *v.t.* meditate
medovina *n.* mead
medvjed *n* bear
međa *n* boundary
među *prep.* amid
među *prep.* among
međuvrijeme *n.* interim
međuzavisan *a.* interdependent
međuzavisnost *n.* interdependence
megafon *n.* megaphone
megalitski *a.* megalithic
meh *n.* bellows
mehaničar *n.* mechanic
mehanički *a* mechanic
mehanika *n.* mechanics
mehanizam *n.* mechanism
mekan *a.* pulpy
melanholičan *a.* melancholic
melanholija *n.* melancholia
melasa *n* molasses
melem *n.* balm
melez *a* mongrel
melodičan *a.* melodious
melodija *n.* melody
melodija *n.* tune
melodrama *n.* melodrama
melodramatičan *a.* melodramatic
membrana *n.* membrane
memoari *n.* memoir

memorandum *n* memorandum
memorija *n.* memory
menadžer *n.* manager
menadžerski *a.* managerial
mene *pron.* me
meningitis *n.* meningitis
menopauza *n.* menopause
menstruacija *n.* menstruation
menstrualni *a.* menstrual
mentalitet *n.* mentality
mentalni *a.* mental
mentor *n.* mentor
menzis *n.* menses
mercerizirati *v.t.* mercerise
meridijan *a.* meridian
merkur *n.* mercury
mermer *n.* marble
mesečar *n.* somnambulist
mesija *n.* messiah
mesing *n.* brass
meso *n* flesh
meso *n.* meat
mesto *n.* locus
meta *n* bull's eye
metabolizam *n.* metabolism
metafizički *a.* metaphysical
metafizika *n.* metaphysics
metafora *n.* metaphor
metak *n* bullet
metal *n.* metal
metalni *a.* metallic
metalurgija *n.* metallurgy
metamorfoza *n.* metamorphosis
metar *n.* meter
metar *n.* metre
metarski *a.* metrical
meteor *n.* meteor
meteorolog *n.* meteorologist
meteorologija *n.* meteorology
meteorski *a.* meteoric

metež *n* babel
metež *n* commotion
metež *n.* tumult
metež *n.* uproar
metla *n* broom
metla *n.* mop
metod *n.* method
metodičan *a.* methodical
metrički *a.* metric
metropola *n.* metropolis
metropolit *n.* metropolitan
metropolitski *a.* metropolitan
metvica *n.* mint
mezalijansa *n.* misalliance
mezanin *n.* mezzanine
mig *n.* beck
mig *n* wink
migracija *n.* migration
migrant *n.* migrant
migrena *n.* migraine
migrirati *v.i.* migrate
mijalgija *n.* myalgia
mijenjati *v.t.* shift
miješanje *n* amalgamation
miješati *n* blend
miješati *v.t.* mingle
miješati *v.i* mix
miješati *v.t.* temper
miješati sa živom *v.t.* amalgamate
mijoza *n.* myosis
mikrofilm *n.* microfilm
mikrofon *n.* microphone
mikrologija *n.* micrology
mikrometar *n.* micrometer
mikroskop *n.* microscope
mikroskopski *a.* microscopic
mikrovalna peć *n.* microwave
milicija *n.* militia
milijarda *n* billion
milijun *n.* million

milijunaš *n.* millionaire
militant *n* militant
milosrđe *n.* charity
milost *n.* grace
milost *n.* mercy
milostinja *n.* alms
milostiv *a.* gracious
milostiv *a.* merciful
milovanje *n* stroke
milovati *v. t.* caress
milovati *v.t* fondle
milovati *v.t.* pet
milovati *v.t.* stroke
milja *n.* mile
miljaža *n.* mileage
mimičar *n* mimic
mimika *n.* mime
mimikrija *n.* mimesis
mimikrija *n* mimicry
minaret *n.* minaret
mineral *n.* mineral
mineralni *a* mineral
mineralog *n.* mineralogist
mineralogija *n.* mineralogy
minijatura *a.* miniature
minijaturan *n.* miniature
minimalan *a.* minimal
minimalan *a* minimum
minimum *n.* minimum
ministar *n.* minister
ministarstvo *n.* ministry
ministrant *a.* ministrant
minus *n* minus
minut *a.* minute
miomirisan *a.* odorous
mir *n.* calm
mir *n.* peace
mir *n.* quiet
mir *n.* still
mir *n.* tranquility

miran *a.* mum	**mit** *n.* myth
miran *a.* peaceful	**mitariti se** *v.i.* moult
miran *a.* placid	**mito** *n* bribe
miran *a.* quiet	**mitologija** *n.* mythology
miran *a.* still	**mitološki** *a.* mythological
miran *a.* tranquil	**mitra** *n.* mitre
miraz *n* dowry	**mitski** *a.* mythical
miris *n.* fragrance	**mizantrop** *n.* misanthrope
miris *n.* odour	**mjaukati** *v.i.* mew
miris *n.* savour	**mjehur** *n* bladder
miris *n.* scent	**mjehurić** *n* bubble
miris *n.* smell	**mjera** *n.* measure
mirisan *a.* fragrant	**mjera** *n.* measurement
mirisati *v.t.* savour	**mjeriti** *v.t* measure
mirisati *v.t.* scent	**mjerljiv** *a.* measurable
mirisati *v.t.* smell	**mjerodavan** *a.* magisterial
mirisna smola *n.* myrrh	**mjesec** *n.* month
miroljubiv *a.* pacific	**mjesec** *n.* moon
miroljubiv *a.* peaceable	**mjesečarenje** *n.* somnambulism
mirovina *n.* pension	**mjesečev** *a.* lunar
mirovina *n.* retirement	**mjesečni** *a.* monthly
mirta *n.* myrtle	**mjesečnik** *n* monthly
misao *n* thought	**mjesečno** *adv* monthly
misija *n.* mission	**mjesto** *n.* place
misionar *n.* missionary	**mjesto** *n.* position
mislilac *n.* thinker	**mjesto** *n.* spot
misliti *v.t.* opine	**mješati se** *v.i.* meddle
misliti *v.i.* reason	**mješavina** *n* compound
misliti *v.t.* think	**mješavina** *n.* mixture
misterija *n.* mystery	**mješovit** *a.* miscellaneous
misteriozan *a.* mysterious	**mješovit žargon** *n.* lingua franca
misticizam *n.* mysticism	**mlad** *a.* adolescent
mističan *a.* mystic	**mlad** *a.* young
mistifikovati *v.t.* mystify	**mladenački** *a.* youthful
mistik *n* mystic	**mladi** *n* young
mistrija *n.* trowel	**mladica** *n.* offshoot
miš *n.* mouse	**mladica** *n.* sapling
mišić *n.* muscle	**mladica** *n* sprout
mišićav *a.* muscular	**mladić** *n.* youngster
mišljenje *n.* opinion	**mladih** *n.* youth

mladost *n.* adolescence
mladoženja *n.* bridegroom
mladoženja *n.* groom
mladunče *n* cub
mlađi *a.* junior
mlak *a.* lukewarm
mlatiti *v.t.* thrash
mlaz *n* spurt
mlaznica *n.* nozzle
mlaznjak *n.* jet
mlečan *a.* milky
mleti *v.t.* mill
mliječni *a.* mammary
mliječni *a.* milch
mlijeko *n.* milk
mlijekomer *n.* lactometer
mlin *n.* grinder
mlin *n.* mill
mlinar *n.* miller
mlitav *a* flabby
mljekara *n* dairy
mljeti *v.i.* grind
mnogo *a.* many
mnogo *a* much
mnogo *n.* plenty
mnogonog *n.* multiped
mnogostruk *a.* manifold
mnogostruk *a.* multiple
mnogostrukost *n.* multiplicity
mnoštvo *n.* lot
mnoštvo *n.* multitude
mnoštvo *n* shoal
množenik *n.* multiplicand
množenje *n.* multiplication
množina *a.* plural
mobilizirati *v.t.* mobilize
moć *n.* leverage
mocan *a.* powerful
moćan *adj.* mighty
močiti *v.t.* steep

močvara *n* bog
močvara *n.* marsh
močvara *n.* slough
močvara *n.* swamp
močvaran *a.* marshy
moć *n.* might
moći *v.* can
moći *v* may
moda *n* fashion
moda *n.* vogue
modalitet *n.* modality
model *n.* model
moderan *a* fashionable
moderan *a.* modern
modernizirati *v.t.* modernize
modernost *n.* modernity
modificirati *v.t.* modify
modifikacija *n.* modification
modiskinja *n.* milliner
modist *n.* milliner
modrica *n* bruise
modulirati *v.t.* modulate
moguć *a* able
moguć *a.* possible
moguć *a.* potential
mogućnost *n.* possibility
mogućnost *n.* potential
moj *pron.* mine
moj *a.* my
mokar *a.* wet
mokrenje *n.* urination
molba *n.* plea
molekul *n.* molecule
molekularni *a.* molecular
molilac *n.* petitioner
moliti *v. t.* beg
moliti *v.t.* petition
moliti *v.i.* pray
molitva *n.* prayer
molitvenik *n.* breviary

moljac *n.* moth
momak *n* carl
momak *n.* lad
monah *n.* monk
monarh *n.* monarch
monarhija *n.* monarchy
monaštvo *n* monasticism
monetarni *a.* monetary
monitor *n.* monitor
monodija *n.* monody
monogamija *n.* monogamy
monografija *n.* monograph
monogram *n.* monogram
monokl *n.* monocle
monokromatski *a.* monochromatic
monolit *n.* monolith
monolog *n.* monologue
monolog *n.* soliloquy
monopol *n.* monopoly
monopolist *n.* monopolist
monopolizirati *v.t.* monopolize
monoteist *n.* monotheist
monoteizam *n.* monotheism
monoton *a.* monotonous
monotonija *n* monotony
monstrum *n.* monstrous
monstruozan *a.* monstrous
monsun *n.* monsoon
monter *n* fitter
monumentalan *a.* monumental
moral *n.* morale
moralan *a.* moral
moralisati *v.t.* moralize
moralist *n.* moralist
moralnost *n.* morality
morati *v.* must
morbidan *a.* morbid
morbidnost *n* morbidity
more *n.* sea
morfij *n.* morphia

morgantski *a.* morganatic
mornar *n.* mariner
mornar *n.* sailor
mornarica *n.* navy
morski *a.* marine
mortalitet *n.* mortality
morž *n.* walrus
Moskovljanin *n.* muscovite
most *n* bridge
mošt *n* must
mošus *n.* musk
motač *n.* winder
motel *n.* motel
motiv *n.* motif
motiv *n.* motive
motivacija *n.* motivation
motivirati *v* motivate
motka *n* bat
moto *n.* motto
motor *n* engine
motor *n.* motor
motovilo *v.t.* windlass
mozaik *n.* mosaic
mozak *n* brain
možda *adv.* perhaps
moždani *adj* cerebral
mrak *n* dark
mrav *n* ant
mraz *n.* frost
mrdnuti *v. i. & n* budge
mreža *n.* mesh
mreža *n.* web
mreža *n.* net
mreža *n.* network
mreže *n. pl.* toils
mrežnica *n.* retina
mrijest *n.* spawn
mrijestiti *se v.i.* spawn
mrk pogled *n.* scowl
mrko gledati *v.i.* scowl

mrkva *n.* carrot
mrlja *n.* blot
mrlja *n* blur
mrlja *n.* smear
mrlja *n.* stain
mrlja *n.* taint
mrljati *v.t.* stain
mrmljati *v.i.* mumble
mrmljati *v.t.* murmur
mrskost *n.* odium
mršav *a.* lank
mršavo *n.* lean
mrštenje *n.* frown
mrštiti se *v.i* frown
mrtav *a* dead
mrtvačka nosila *n* bier
mrtvački sanduk *n* coffin
mrtvačnica *n.* morgue
mrtvačnica *n.* mortuary
mrvica *n* crumb
mrzak *a.* odious
mrzeti *v.t.* hate
mrzovoljan *a.* morose
mrzovoljan *a.* petulant
mržnja *n.* hate
mucanje *n* stammer
mucati *v.i.* stammer
mučan *a.* laborious
mučan *a.* troublesome
mučenik *n.* martyr
mučeništvo *n.* martyrdom
mučenje *n.* torture
mučiti *v.t.* agonize
mučiti *v.t.* rack
mučiti *v.t.* tantalize
mučiti *v.t.* torment
mučiti *v.t.* torture
mučiti se *v.i.* moil
mučnina *n.* nausea
mućkalica *v. t. & i.* churn

mućkati *n.* churn
mudar *a.* sagacious
mudar *a.* wise
mudrac *n.* sage
mudrost *n.* sagacity
mudrost *n.* wisdom
mudrost *n.* wisdom-tooth
muka *n.* torment
mukanje *v.i* moo
mukati *v.i.* low
mula *n.* mullah
mulat *n.* mulatto
multilateralan *a.* multilateral
multiparan *a.* multiparous
mulj *n.* silt
mulj *n.* slime
muljav *a.* slimy
mumija *n.* mummy
mungos *n.* mongoose
municija *n.* ammunition
municija *n.* munitions
munja *n.* lightening
mural *n.* mural
musketar *n.* musketeer
muslin *n.* muslin
mustang *n.* mustang
musti *v.t.* milk
mušketa *n.* musket
muški *a.* male
muški *a.* manly
muški *a.* masculine
muški *a.* virile
muški rod *n* male
muškost *n.* manhood
muškost *n* manliness
mutacija *n.* mutation
mutan *a.* lacklustre
mutativan *a.* mutative
muva *n* fly
muza *n* muse

muzej *n.* museum
muž *n* husband
muževan *a.* manlike
muževnost *n.* virility

N

na *prep.* on
na *prep* upon
na drugoj strani *adv.* overleaf
na kraju *adv.* lastly
na kraju *adv.* ultimately
na obali *adv.* ashore
na prvi pogled *adv.* prima facie
na umoru *a.* moribund
na vrijeme *a.* timely
na, po *prep.* per
nabaviti *v.t.* procure
nabavka *n.* procurement
nabob *n.* nabob
nabor *n* fold
nabor *n.* frill
nabor *n* ply
naborati *v.t.* crimple
nabrajati *v. t.* enumerate
nabrati *v.t.* ruffle
nabreknuti *v.i.* swell
nacija *n.* nation
nacionalista *n.* nationalist
nacionalizacija *n.* nationalization
nacionalizam *n.* nationalism
nacionalizirati *v.t.* nationalize
nacionalni *a.* national
nacrt *n* draught
načelo *n.* tenet
način *n.* manner
način *n.* mode
način *n.* way
način fotokopiranja *n.* xerox

način govora *n.* parlance
načiniti četverokutim *v.t.* square
načiniti paralelnim *v.t.* parallel
načitan *a.* well-read
načuti *v.t.* overhear
naći srednju vrijednost *v.t.* average
nada *n* hope
nadalje *adv.* onwards
nadaren *a.* gifted
nadati se *v.t.* hope
nadčovjek *n.* superman
nadglasati *v.t.* overrule
nadgledanje *n.* invigilation
nadgledati *v.t.* oversee
nadgledati *v.t.* supervise
nadimak *n.* nickname
nadir *n.* nadir
nadiranje *n.* onrush
nadjačati *v.t.* overpower
nadležan *a.* amenable
nadležnost *n.* jurisdiction
nadljudski *a.* superhuman
nadmašiti *v.i* excel
nadmašiti *v.t.* outdo
nadmašiti *v.t.* surpass
nadmašiti u brojnosti *v.t.* outnumber
nadmašiti u trčanju *v.t.* outrun
nadmetati se *v.t.* rival
nadmetati se *v.i.* vie
nadmoćan *a.* predominant
nadmoćan *a.* pre-eminent
nadmoćan *a.* superior
nadmoćnost *n.* pre-eminence
nadmudriti *v.t* gull
nadmudriti *v.t.* outwit
nadmudriti *v.t.* trump
nadničar *n.* jobber
nadničar *n.* peon
nadoknaditi *v.t* compensate
nadoknaditi *v.t.* recompense

nadoknaditi v.t. recoup
nadoknaditi v.t. reimburse
nadolje adv. downward
nadrilek n. nostrum
nadriliječništvo n. quackery
nadsijati v.t. outshine
nadsvoditi v.i. vault
nadvoje adv. asunder
nadvratink n. lintel
nadživjeti v.i. outlive
nadzirati v.t. invigilate
nadzor n. oversight
nadzor n. supervision
nadzor n. surveillance
nadzornik n. foreman
nadzornik n. invigilator
nadzornik n. overseer
nadzornik n. superintendent
nadzornik n. supervisor
naelektrisati v. t electrify
nafta n. petroleum
nag a. bare
nag a. naked
nagao a. impetuous
nagib n slant
nagib n. slope
nagib n. tilt
naginjati ukoso v. t bias
naglas adv. aloud
naglasak n accent
naglasak n emphasis
naglasiti v.t accent
naglasiti v. t emphasize
naglasiti v.t. punctuate
naglašavati v.t stress
naglo a abrupt
nagnati v.t urge
nagnut a downward
nagnuti v.t. slant
nagnuti v.i. slope
nagnuti se v.i. incline
nagnuti se v.i. tilt
nagodba n compromise
nagoditi se v. t compromise
nagomilati v.t. aggregate
nagomilati v.t. amass
nagomilati v.t. bank
nagomilati v. i. cluster
nagomilati v.t. lump
nagomilati se v.i. accrue
nagon n. appetite
nagon n urge
nagore adv. upwards
nagost n nude
nagovaranje n. abetment
nagovijestiti v.i hint
nagovijestiti v.t. intimate
nagovijestiti v.t. portend
nagovještaj n allusion
nagovještaj n. hint
nagovještaj n. inkling
nagovještaj n. intimation
nagovoriti v.t. abet
nagrada n. award
nagrada n. prize
nagrada n. reward
nagraditi v.t. award
nagraditi v.t. remunerate
nagraditi v.t. reward
naime adv. namely
naivan a. naive
naivnost n. naivete
naivnost n. naivety
naizmjenično a. alternate
najam n. hire
najamnik n. hireling
najaviti v.t herald
najfiniji a. superfine
najgori a worst
najgušći dio n. thick

najlon *n.* nylon
najmanje *adv.* least
najmanji *a.* least
najniža plima *a.* neap
najskriveniji *a.* inmost
najviše *adv.* most
najzad *adv.* last
nakit *n.* jewellery
naklon *n* bow
naklon *n.* obeisance
naklonost *n* favour1
naklonost *n.* like
naklonjen *a* fond
naklonjenost *n.* affection
naknada *n.* recompense
naknadni izbori *n* by-election
nakon *prep.* after
nakon *adv* after
nakon *prep.* past
nakon *adv.* post
nakon čega *conj.* whereupon
nakon toga *adv.* thereafter
nakovanj *n.* anvil
nalet *n.* gust
nalet *n* rush
nalik *a.* alike
naljepnica *n.* sticker
namamiti *v.t.* bait
namamiti *v. t.* entice
namamiti *v.t.* lure
namazati *v.t* lime
namazati puterom *v. t* butter
nametanje *n.* imposition
nametanje *n.* levy
nametati *v.t.* impose
nametnuti *v.t.* levy
namigivati *v.i.* wink
namignuti *v.t.* beckon
namiguša *n.* minx
namirisati *v.t.* perfume

namjera *n.* intention
namjeran *a* deliberate
namjeran *a.* intentional
namjeravati *v.t.* intend
namjeravati *v.t.* purpose
namjerni *a.* intent
namjerno *adv.* purposely
namjesničko *a.* vicarious
namještaj *n.* furniture
namotati *v.t.* convolve
namotati *v.i.* reel
namotati *v.t.* wind
namrštiti *v.t.* purse
nanijeti *v.t.* inflict
nanijeti štetu *v.t.* wrong
naočit *a.* sightly
naoružanje *n.* armament
naoružati *v.t.* arm
napad *n.* assault
napad *n.* attack
napad *n* fit
napad *n* offensive
napad *n.* seizure
napadački *a.* offensive
napasti *v.t.* assault
napasti *v.t.* attack
napasti *v.t.* invade
napasti iz zasjede *v.t.* waylay
napet *n.* intent
napet *a.* tense
napisati *v.t.* write
napitak *n* beverage
napojnica *n.* gratuity
napomena *n.* note
napomena *n.* remark
napomenuti *v.t.* remark
napon *n.* voltage
napor *n* effort
napo͟ran *a.* laboured
nap̲ ͟n *a.* strenuous

naprasit *a.* waspish
naprašiti *v.t.* powder
napraviti *v.t.* make
napraviti od kruha *v. t.* breaden
napraviti salto *v.i.* somersault
napredak *n.* progress
napredovanje *n.* advancement
napredovati *v.i.* progress
napredovati *v.i.* prosper
napredovati *v.i.* thrive
napregnut *a.* intense
naprezanje *n* strain
naprezati *v.t.* strain
naprijed *adv.* forth
naprijed *adv* forward
naprijed *a.* onward
naprstak *n.* thimble
napuniti *v.t.* replenish
napuniti, ispuniti *v.t.* stuff
napunjen *a.* replete
napustiti *v.t.* abandon
napustiti *v. t.* desert
napustiti *v.t.* forsake
napustiti *v.t.* vacate
napustiti logor *v. i* decamp
naracija *n.* narration
naramak pruća *n* faggot
naranča *n.* orange
narandžast *a* orange
narcis *n* narcissus
narcisizam *n.* narcissism
naredba *n* command
narediti *v. t* command
narediti *v. i* decree
narediti *v.t.* instruct
narednik *n.* sergeant
naricanje *n.* lamentation
narkotik *n.* narcotic
narkoza *n.* narcosis
narod *n.* people

narodni *a.* vernacular
naručiti *v.t* order
narukvica *a.* armlet
narukvica *n.* bangle
narukvica *n* bracelet
narušiti *v.t.* infringe
naruši̇vanje *n.* infringement
nasapunjati *v.t.* soap
nasekirati *v.t.* vex
naseliti *v.t.* people
naseliti *v.t.* populate
naseliti *v.i.* settle
naselje *n.* settlement
naselje od baraka *n.* cantonment
naseljen *a.* populous
naseljenik *n.* settler
nasilan *a.* violent
nasilno odvajanje *n.* avulsion
nasilje *n.* outrage
nasilje *n.* violence
nasip *n* causeway
nasip *n* embankment
naslaga *n.* stratum
naslanjati se *v.* abutted
nasleđenost *n.* hereditary
naslijediti *v.t.* inherit
naslijeđen *a.* ancestral
naslikati *v.t.* picture
nasloniti *v.i.* lean
naslov *n.* caption
naslov *n.* heading
naslov *n.* title
nasljedan *a.* heritable
nasljednik *n.* heir
nasljednik *n.* successor
nasljednost *n.* heredity
nasljedstvo *n.* succession
nasljeđe *n.* heritage
nasljeđe *n.* inheritance
nasljeđe *n.* legacy

nasrnuti *v.* assail	navesti *v.t.* specify
nasrnuti *v.t.* mob	navigacija *n.* navigation
nastaniti *v.t.* inhabit	navigator *n.* navigator
nastavak *n.* sequel	navijati *v.t.* wind
nastaviti *v. i.* continue	navika *n.* habit
nastaviti *v.i.* proceed	navika *n* wont
nastavljanje *n.* continuation	naviknut *a.* accustomed
nastavljanje *n.* resumption	naviknut *a.* wont
nastavni plan *n* curriculum	naviknuti *v. t.* habituate
nastojanje *n* endeavour	navlažiti *v.t.* leach
nastojati *v.i* endeavour	navod *n.* allegation
nastran *a.* queer	navoditi *v.t* state
nastranost *n.* oddity	navodnjavanje *n.* irrigation
nastup *n* bout	navodnjavati *v.t.* irrigate
nasukati *v.i.* strand	navođenje *n.* inducement
nasuprot *prep.* against	nazal *n* nasal
naš *pron.* our	nazalni *a.* nasal
nateći *v. i.* bag	nazdraviti *v.t.* toast
nategnuti *v.t.* string	nazirati *se v.i.* loom
natjecanje *n.* competition	nazvati *v.t.* term
natjecanje *n.* contest	ne *n* no
natjecatelj *n* agonist	ne *adv.* not
natjecati se *v. i* compete	ne slagati se *v. i* disagree
natjecati se *v. t* contest	ne sviđati se *v. t* displease
natjecati se *v. t* emulate	ne uspjeti *v.i* fail
natovariti *v. t* burden	ne voleti *v. t* dislike
natovariti *v.t.* lade	ne zadovoljiti *v. t.* dissatisfy
natovariti *v.t.* load	neaktivan *a.* inactive
natovariti *v.t.* stow	neaktivnost *n.* inaction
natovariti *v.t.* incur	nebeski *adj* celestial
natpis *n.* inscription	nebeski *a.* heavenly
natprirodan *a.* supernatural	nebesko tijelo *n.* orb
natrag *n.* back	nebitan *a.* irrelevant
natrpati *v. t* cram	nebo *n.* heaven
naučiti *v.i.* learn	nebo *n.* sky
nautički *a.* nautic(al)	nećak *n.* nephew
navala *n* dash	nečist *a.* impure
navesti *v.t.* adduce	nečistoća *n* filth
navesti *v. t* coax	nečistoća *n.* impurity
navesti *v.t.* induce	nečistoća *n* dirt

nečitak a. illegible
nečitkost n. illegibility
nečovjek n brute
nečujan a. inaudible
nećaka n. niece
nedavni a. recent
nedavno adv. late
nedavno adv. recently
nedisciplina n. indiscipline
nedjelo n. misdeed
nedjelotvoran a. inoperative
nedjelja n. Sunday
nedjelja n. week
nedjeljiv a. indivisible
nedolično ponašanje n. misbehaviour
nedolično se ponašati v.i. misbehave
nedopustiv a. inadmissible
nedopušten a. prohibitive
nedostajati v.t. lack
nedostatak n defect
nedostatak n demerit
nedostatak n disadvantage
nedostatak n. lack
nedostižan a elusive
nedovoljan adj. deficient
nedovoljan a. insufficient
nedovoljno razviti v.t. depauperate
nedovršen a. sketchy
nefleksibilan a. inflexible
neformalan a. informal
negacija n. negation
negativ n. negative
negativan a minus
negativan a. negative
negdje adv. somewhere
negdje adv. whereabout
negodovanje a. outcry
negostoljubiv a. inhospitable
nehotice adv. unawares
nehuman a. inhuman

neiskren a. insincere
neiskrenost n. insincerity
neiskustvo n. inexperience
neispravan a faulty
neizbježan a. inevitable
neizlječiv a. incurable
neizmjeran a. measureless
neizračunljiv a. incalculable
neizvjesnost n. abeyance
neizvjesnost n. suspense
neizvjestan a. uncertain
neizvodljivost n. impracticability
neizvršiv a. impracticable
nejasan a dim
nejasan a. indistinct
nejasan a. obscure
nejasan a. vague
nejasnost n. obscurity
nejednak a unlike
nejednakost n disparity
nekako adv. somehow
nekažnjen a. scot-free
nekažnjivost n. impunity
neki a. some
nekritički a. indiscriminate
nektar n. nectar
nelagodan a. uneasy
nelagodnost n discomfort
nelogičan a. illogical
nelojalan a disloyal
neljubazan a. impolite
nem a. mute
nema osoba n. mute
nemar n. negligence
nemaran a. negligent
nemaran a. reckless
nemaran a. slack
nemaran a. slipshod
nematerijalni a. immaterial
nemilosrdan adj. merciless

nemilosrdan *a.* pitiless
nemilosrdan *a.* relentless
nemilosrdan *a.* ruthless
nemir *n.* turmoil
nemir *n* unrest
nemjerljiv *a.* immeasurable
nemoć *n.* infirmity
nemoćan *a.* unable
nemoguć *a.* impossible
nemogućnost *n.* impossibility
nemoralan *a.* amoral
nemoralan *a.* immoral
nemoralnost *n.* immorality
nenadmašan *a.* transcendent
nenamjerno *adv.* unwittingly
nenormalan *a* abnormal
nenormalnost *n.* aberrance
neobavezan *a.* optional
neobjašnjiv *a.* inexplicable
neobrazovan *a.* ignorant
neočekivana sreća *n.* godsend
neodbranjiv *a.* indefensible
neodgovoran *a.* irresponsible
neodlučan *a.* hesitant
neodlučnost *n.* indecision
neodobravanje *n* disapproval
neodobravati *v. t* disapprove
neodoljiv *a.* adorable
neodređen *a.* indefinite
neodređen *a* pending
neodređeni član *art* an
neodređenost *n.* vagueness
neodvojiv *a.* inseparable
neograničen *a.* limitless
neokaljan *a.* spotless
neolitski *a.* neolithic
neon *n.* neon
neophodan *a.* indispensable
neopipljiv *a.* intangible
neopisiv *a.* indescribable

neopisiv *a.* nefandous
neoprezan *a.* careless
neosjetljiv *a.* insensible
neosjetljivost *n.* insensibility
neosnovan *a.* baseless
neosporan *a.* indisputable
neotesanost *n.* rusticity
neovisan *a.* independent
neovisnost *n.* independence
neozbiljan *a.* frivolous
neparan *a.* odd
nepažljiv *a.* inattentive
nepce *n.* palate
nepčano *a.* palatal
nepismen *a.* illiterate
nepismenost *n.* illiteracy
neplodnost *n* barren
nepobitan *a.* irrefutable
nepobjediv *a.* invincible
nepodmitljiv *a.* incorruptible
nepodnošljiv *a.* intolerable
nepodnošljivost *n.* intolerance
nepogrešiv *a.* infallible
nepokretan *a.* immovable
nepokretan *a.* motionless
nepokretan *a.* stagnant
nepomirljiv *a.* irreconcilable
nepopravljiv *a.* incorrigible
nepopustljiv *a.* adamant
neposlušan *a.* insubordinate
neposlušnost *n.* insubordination
neposredan *a* immediate
neposredan *a.* proximate
nepostojanje *n.* nonentity
nepošten *a* dishonest
nepošten *a.* fraudulent
nepošten *a.* underhand
nepošteno zarađivati *v.i.* profiteer
nepoštenje *n.* dishonesty
nepoštovanje *n* disrespect

nepotizam n. nepotism
nepotpun a. incomplete
nepotreban a. needless
nepouzdan a. unreliable
nepovezan a. incoherent
nepovjerenje n distrust
nepovjerenje n. mistrust
nepovoljnost v.i. skid
nepovrativ a. irrecoverable
nepoznat a. anonymous
nepoznat a. uncouth
nepravda n. injustice
nepravedan a unfair
nepravedan a. unjust
nepravilan a anomalous
nepravilan a. irregular
nepravilnost n anomaly
nepravilnost n. irregularity
neprekidan a continuous
nepremostiv a. insurmountable
neprestan a. ceaseless
neprestan adj. continual
neprestano ponavljanje n. reiteration
neprestano ponavljati v.t. reiterate
neprijatelj n enemy
neprijatelj n foe
neprijateljski a. hostile
neprijateljski a. inimical
neprijateljstvo n animosity
neprijateljstvo n enmity
neprijateljstvo n. hostility
neprijelazni a. intransitive
neprikladan a. improper
neprikladan a. inconvenient
neprikladan a. undue
neprikladnost n. impropriety
neprikosnoven a. inviolable
neprilagodljivost n. maladjustment
neprilika n fix
neprilika n. nuisance

neprilika n. predicament
neprimjenjiv a. inapplicable
neprincipijelan a. unprincipled
nepristojan a. indecent
nepristojan a. rude
nepristojnost n. indecency
nepristrasan a. impartial
nepristrasnost n. impartiality
neprobojan a. impenetrable
neprocjenjiv a. invaluable
neprohodan a. impassable
neprolazan a. imperishable
nepromišljen a. imprudent
nepromišljen a. inconsiderate
nepromišljen a. mindless
nepromočiv a. watertight
neproziran a. opaque
neprozirnost n. opacity
neptun n. Neptune
nerad a. reluctant
neraspoložen a. indisposed
nerastvoriv n. insoluble
neravan adj bumpy
neravan a. rugged
nerazborit a. injudicious
nered n. mess
nervozan a. nervous
nesavladiv a. indomitable
nesavršen a. imperfect
nesavršenost n. imperfection
nesebičan a. selfless
nesiguran a. insecure
nesigurnost n. insecurity
neskladan adj absonant
nesklon a. loath
neskroman a. immodest
neskromnost n. immodesty
nesloga n discord
nesmotrenost n. imprudence
nesnosan a. insupportable

nesporazum *n.* disagreement
nesporazum *n* misapprehension
nesporazum *n.* misunderstanding
nesposoban *a* disabled
nesposoban *a.* incapable
nesposoban *a.* incompetent
nesposobnost *n* disability
nesposobnost *n.* inability
nesposobnost *n.* incapacity
nespretan *a* clumsy
nespretan *a.* maladroit
nesreća *n.* misfortune
nesrecan *a.* unfortunate
nesrecan *a.* unhappy
nesrećan slučaj *n.* mischance
nesrećan slučaj *n.* mishap
nesreća *n* accident
nesreća *n.* adversity
nesreća *n.* calamity
nesrećan *a.* luckless
nesrećan *a.* miserable
nesretan *a.* woebegone
nestabilan *adj.* astatic
nestabilnost *n.* instability
nestajati *v. t* dwindle
nestalnost *n.* vicissitude
nestanak *n* disappearance
nestašica *n* dearth
nestaško *n.* tomboy
nestašluk *n* mischief
nestašluk *n.* prank
nestašnost *n.* petulance
nestati *v. i* disappear
nestrpljenje *n.* impatience
nestrpljiv *adj.* agog
nestrpljiv *a.* impatient
nestručan *a.* lay
nesvarljiv *a.* indigestible
nesvijest *n.* swoon
nesvjestan *a.* oblivious
nesvjestan *a.* unaware
nesvrstanost *n.* non-alignment
nešto *pron.* some
nešto *pron.* something
nešto *adv.* something
nešto *adv.* somewhat
netaknut *a.* intact
netko *pron.* one
netko *pron.* somebody
netko *n.* somebody
netko *pron.* someone
neto *a* net
netočan *a.* inaccurate
netočan *a.* incorrect
netočan *a.* inexact
netolerantan *a.* intolerant
neučinkovit *a.* ineffective
neučtiv *a* discourteous
neugodan *a.* disagreeable
neugodan *a.* uncanny
neuhranjenost *n.* malnutrition
neumetnički *a.* artless
neumjerenost *n.* gluttony
neumoljiv *a.* inexorable
neumrljan *a.* stainless
neuporediv *a.* incomparable
neuporediv *a.* nonpareil
neurolog *n.* neurologist
neurologija *n.* neurology
neuroza *n.* neurosis
neuspio *adv* abortive
neuspjeh *n* failure
neustrašiv *a* dauntless
neustrašiv *a.* interpid
neustrašivost *n.* intrepidity
neutralan *a.* neutral
neutralizirati *v.t.* neutralize
neutron *n.* neutron
nevaljalost *n.* roguery
nevaljao *a.* naughty

nevaspitan *a* unmannerly	**neživ** *a.* inanimate
nevažeći *a.* invalid	**ni** *conj.* neither
neven *n.* marigold	**nicati** *v.i.* sprout
neveseo *a* cheerless	**nigdje** *adv.* nowhere
nevesta *n* bride	**nihilizam** *n.* nihilism
nevidljiv *a.* invisible	**nijansa** *n.* nuance
nevin *a.* chaste	**nijansa** *n.* tinge
nevin *a.* innocent	**nijansirati** *v.t.* tinge
nevinost *n.* chastity	**nikada** *adv.* never
nevinost *n.* innocence	**nikako** *adv.* no
nevinost *n.* virginity	**nikako** *adv.* none
nevjerojatan *a* fabulous	**nikl** *n.* nickel
nevjerojatan *a.* incredible	**nikotin** *n.* nicotine
nevjerojatan *a.* unlikely	**nimfa** *n.* nymph
nevolja *n* ill	**nisko** *adv.* low
nevolja *n.* need	**niša** *n.* niche
nevolja *n.* trouble	**ništa** *n.* nothing
nezaboravan *a.* memorable	**ništa** *adv.* nothing
nezadovoljan *a.* malcontent	**ništa** *n.* nought
nezadovoljstvo *n* discontent	**nit** *n.* thread
nezadovoljstvo *n* displeasure	**niti** *adv.* either
nezadovoljstvo *n* dissatisfaction	**niti** *conj.* nor
nezadovoljstvo *n* malcontent	**niti jedan** *a.* no
nezahvalan *a.* thankless	**nitko** *pron.* nobody
nezahvalnost *n.* ingratitude	**nitko** *pron.* none
nezakonit *a.* illegal	**nitkov** *n* cad
nezakonit *a.* illegitimate	**nitkov** *n.* miscreant
nezakonit *a.* lawless	**nitkov** *n.* rascal
nezakonit *a.* wrongful	**nitkov** *n.* scoundrel
nezasitan *a.* insatiable	**niz** *prep* down
nezgoda *n.* misadventure	**niz** *n.* tier
nezgodan *a.* awkward	**nizak** *a.* low
nezgrapan *a.* ungainly	**nizak položaj** *n.* low
neznanje *n.* ignorance	**nizati** *v.i.* file
neznanje *n.* nescience	**niže** *adv* beneath
nezrelost *n.* immaturity	**niže** *v.t.* lower
nezreo *adj* callow	**niže** *adv* under
nezreo *a.* immature	**niže plemstvo** *n.* gentry
neženja *n* agamist	**niži** *a.* nether
neženja *n.* bachelor	**niži** *a* under

noć *n.* night
noćna mora *n.* nightmare
noćni *a.* nocturnal
noću *adv.* nightly
noćni *a* overnight
noga *n.* leg
noj *n.* ostrich
nomad *n.* nomad
nomadski *a.* nomadic
nomenklatura *n.* nomenclature
nominalan *a.* nominal
nominovati *v.t.* nominate
nonparel *n.* nonpareil
nonšalantan *a.* nonchalant
nonšalantnost *n.* nonchalance
norma *n.* norm
normalan *a.* normal
normalizirati *v.t.* normalize
normalnost *n.* normalcy
nos *n.* nose
nosač *n.* carrier
nosač *n* coolie
nosač *n.* girder
nosat *a.* nosey
nosila *n.* stretcher
nosiljka *n.* sedan
nositelj medalje *n.* medallist
nositi *v.t* bear
nositi *v. t.* carry
nosorog *n.* rhinoceros
nostalgija *n.* nostalgia
nošen *adj.* borne
nošenje *n.* portage
notacija *n.* notation
nov *a.* new
nov *a.* novel
novac *n.* lucre
novac *n.* money
novčan *a.* pecuniary
novčana pošiljka *n.* remittance
novčanik *n.* purse
novčanik *n.* wallet
novčić *n.* mite
novčić *n* coin
novela *n.* novelette
novinar *n.* journalist
novinar *n.* reporter
novinarstvo *n.* journalism
novine *n.* gazette
novost *n.* novelty
nozdrva *n.* nostril
nož *n.* knife
nož pluga *n* colter
nožni prst *n.* toe
nuklearna *a.* nuclear
nula *n.* nil
nula *a.* null
nula *n.* zero
numerički *a.* numerical
nusproizvod *n* by-product
nutritivan *a.* nutritive
nužda *n.* necessity
nužnik *n.* latrine

NJ

njakanje *n* bray
njakati *v. i* bray
njega *pron.* him
njegov *pron.* his
njegovatelj *n* tender
njegovati *v. t.* cherish
njegovati *v.t* nurse
njegovati *v.t.* nurture
njezin *a* her
nježan *a.* affectionate
nježan *a.* dainty
nježan *a* tender
nježno *a.* gentle

nježnost *n.* endearment
njih *pron.* them
njihanje *n* sway
njihati *v.i.* sway
njihov *a.* their
njihov *pron.* theirs
njoj *pron.* her
njušiti *v.t* nose
njuška *n.* muzzle
njuškalo *a.* nosy
njuškati *v.* nuzzle

O

o *prep* about
oaza *n.* oasis
oba *a* both
oba *pron* both
oba *conj* both
oba *a.*, either
obad *n.* gadfly
obala *n* coast
obala *n.* shore
obala *n* strand
obasipati *v.t.* lavish
obavezan *a* compulsory
obavezan *a* incumbent
obavezan *a.* mandatory
obavezati se *v. t.* commit
obavijest *n.* notification
obavijestiti *v.t.* apprise
obavijestiti *v.t.* inform
obavijestiti *v.t.* notify
obaviti *v.t.* transact
obazriv *adj.* circumspect
obazriv *a.* precautionary
obdanište *n.* kindergarten
obdariti *v. t* endow
obdukcija *n.* post-mortem

obdukcioni *a.* post-mortem
obećanje *n* promise
obećati *v.t* promise
obećavajući *a.* promising
obeleti *v.t.* whitewash
obeshrabriti *v.i.* dehort
obeshrabriti *v. t.* discourage
obeshrabriti *v. t* dishearten
obesmrtiti *v.t.* immortalize
obeštećenje *n* redress
obezvrijediti *v.t.i.* depreciate
običaj *n.* custom
obično *adv.* usually
obilan *a* abundant
obilan *a.* profuse
obilovati *v.i.* abound
obilje *n* abundance
obilje *n.* profusion
obilje *n.* redundance
obilježeno mjesto *n.* book-mark
obilježiti *v.t.* sign
obilježiti inicijalima *v.t* initial
obiman *a.* voluminous
obitelj *n* family
objasniti *v. t* elucidate
objasniti *v. t.* explain
objašnjenje *n* explanation
objava *n.* announcement
objaviti *v.t.* announce
objaviti *v.t.* post
objaviti *v.t.* publish
objekat *n.* object
objektiv *n.* lens
objektivan *a.* objective
objesiti *v.t.* hang
oblačan *a.* overcast
oblačenje *n* dressing
oblačiti *v. t* clothe
oblačiti *v. t* dress
oblačno *a* cloudy

oblaganje *n* coating
oblagati *v.t.* panel
oblak *n.* cloud
oblik *n.* shape
oblikovati *v.t.* model
oblikovati *v.t.* mould
oblikovati *v.t* shape
obložiti *v.t.* pad
obložiti daskama *v.t.* plank
obložiti jastucima *v. t* cushion
obljetnica *n.* anniversary
obmana *n.* delusion
obmanuti *v. t* beguile
obmanuti *v. t* deceive
obmanuti *n.t.* delude
obmanjivati *v.t.* misguide
obnova *n.* renewal
obnova *n.* renovation
obnoviti *v.t.* renew
obnoviti *v.t.* restore
obod *n* brim
obod *n.* rim
obogatiti *v. t* enrich
obojiti *v.t.* tincture
obojiti *v.t.* tint
oboljenje *n.* ailment
oboriti *v.t.* prostrate
obožavalac *n.* idolater
obožavalac *n.* worshipper
obožavanje *n.* adoration
obožavanje *n.* apotheosis
obožavanje *n.* worship
obožavati *v.t.* adore
obožavati *v.t.* worship
obraćati se *v.i.* plead
obradiv *adj.* arable
obradiv *a.* workable
obradovati *v.t.* gladden
obrađivati *v. t* cultivate
obrađivati *v.t.* till

obratiti se *v.t.* address
obraz *n* cheek
obrazac *n.* norm
obrazac *n.* pattern
obrazloženje *n.* rationale
obrazovanje *n* education
obrazovati *v. t* educate
obred *n.* ordinance
obred *n.* rite
obredni *a.* ceremonious
obrezivanje *n.* lop
obrisati spužvicom *v.t.* sponge
obrnuti *v.t.* invert
obrnuti *v.t.* reverse
obrnuto *adv.* vice-versa
obrok *n.* meal
obrok *n.* ration
obrt *n* craft
obrt *n.* twist
obrtati se *v.i.* revolve
obrubiti *v.t* fringe
obrubiti *v.t.* list
obrva *n* brow
obućar *n* cobbler
obući *v.t.* apparel
obući *v.t.* attire
obući *v.t* garb
obući *v.t.* vest
obuhvaćanje *n* comprehension
obuhvatati *v.t.* implicate
obuhvatiti *v. t* comprehend
obujam *n.* volume
obuka *n.* training
obustava *n* stop
obustava *n.* suspension
obuti *v.t.* shoe
obuzdati *v. t* curb
obuzdati *v.t.* restrain
obuzdati *v.t.* subdue
obveza *n.* must

obveza *n.* obligation
obvezan *a.* obligatory
obvezati *v.t.* oblige
obvezujuće *a* binding
ocat *n* alegar
ocean *n.* ocean
ocijeniti *v. t* evaluate
ocijeniti *v.t* grade
očajan *a* desperate
očajanje *n* despair
očajavati *v. i* despair
očekivanje *n.* expectation
očekivati *v. t* expect
očevidan *a.* manifest
očevina *n.* patrimony
očigledan *a.* evident
očigledan *a.* obvious
očigledno *adv* clearly
očijukanje *n* ogle
očijukati *v.t.* ogle
očinski *a.* paternal
očistiti *v. t* cleanse
očistiti *v.t.* purge
očistiti *v.t.* purify
očna jabučica *n* eyeball
očni *a.* ocular
očuvati *v. t* conserve
očvrsnuti *v.t.* toughen
od *prep.* from
od *prep.* since
od sada *adv.* henceforth
od sada *adv.* hereafter
oda *n.* ode
odakle *adv.* whence
odan *a.* staunch
odan *a.* whole-hearted
odande *adv.* thence
odašiljač *n.* transmitter
odbaciti *v. t* discard
odbaciti *v. t.* dismiss

odbaciti *v.t.* rebuff
odbacivanje *n.* rebuff
odbegao *a.* fugitive
odbijanje *n.* rebound
odbijanje *n.* refusal
odbijanje *n.* rejection
odbijanje *n.* repulse
odbijanje dojenčeta *n* ablactation
odbiti *v.t.* deduct
odbiti *v.t.* negative
odbiti *v.i.* rebound
odbiti *v.t.* refuse
odbiti *v.t.* reject
odbiti *v.t.* repel
odbiti *v.t.* repulse
odbiti *v.t.* stud
odbiti dojenče *v. t* ablactate
odbojan *a.* repulsive
odbojno *adv.* recoil
odbojnost *n.* repulsion
odbor *n* board
odbor *n* committee
odbrambeno *adv.* defensive
odbrana *n* defence
odcjepljenje *n.* secession
odeća *n.* garb
odeća *n.* garment
oderati *v.t* skin
odežda *n.* vestment
odgajati *v.t.* foster
odgajati *v.t.* mother
odgajivačnica zečeva *n.* warren
odgoditi *v.t.* adjourn
odgoj *n.* nurture
odgovarati *v. i* correspond
odgovarati *v.i.* match
odgovarati *v.t.* suit
odgovor *n* answer
odgovor *n.* rejoinder
odgovor *n* reply

odgovor *n.* response	**odlučujući** *a* decisive
odgovor *n.* retort	**odluka** *n* decision
odgovoran *a* accountable	**odmah** *adv.* anon
odgovoran *a.* liable	**odmah** *adv.* forthwith
odgovoran *a.* responsible	**odmah** *adv.* instantly
odgovoriti *v.t* answer	**odmarati se** *v.i.* repose
odgovoriti *v.i.* reply	**odmazda** *n.* retaliation
odgovoriti *v.i.* respond	**odmetnik** *n.* outlaw
odgovoriti *v.t.* retort	**odmjeriti** *v.t* mete
odgovorljiv *a.* answerable	**odmor** *n* break
odgovornost *n* blame	**odmor** *n.* holiday
odgovornost *n.* liability	**odmor** *n.* repose
odgovornost *n.* responsibility	**odmor** *n* rest
odijelo *n.* suit	**odmor** *n.* vacation
odjeća *n.* apparel	**odmoriti se** *v.i.* rest
odjeća *n.* attire	**odnos** *n.* intercourse
odjeća *n.* clothes	**odnos** *n.* ratio
odjeća *n* clothing	**odnos** *n.* relation
odjek *n* echo	**odnosan** *a.* respective
odjekivati *v. t* echo	**odnositi se** *v.i.* pertain
odjeknuti *v.i.* resound	**odnositi se** *v.t.* relate
odjel *n.* compartment	**odobravanje** *n* acclaim
odjel *n* department	**odobrenje** *n.* approbation
odjeljak *n.* section	**odobrenje** *n.* approval
odjenuti *v.t.* robe	**odobrenje** *n* grant
odkad *conj.* since	**odobriti** *v.t* acclaim
odlaganje *n.* adjournment	**odobriti** *v.t* approbate
odlaganje *n.* postponement	**odobriti** *v.t.* approve
odlazak *n* departure	**odobriti** *v. t.* endorse
odličan *a.* excellent	**odobriti** *v.t.* grant
odlika *n* feature	**odobriti** *v.t.* vouchsafe
odlomak *n.* passage	**odoljeti** *v.t.* resist
odložiti *v.t. & i.* delay	**odoljeti** *v.t.* weather
odložiti *v.t.* postpone	**odomaćiti** *v.t.* naturalize
odlučan *a.* resolute	**odonda** *adv.* since
odlučan *a.* stalwart	**odrasla osoba** *n.* adult
odlučan zagovornik *n* stalwart	**odrastao** *a* adult
odlučiti *v. t* decide	**odraz** *n.* reflection
odlučiti se *v.i.* opt	**odraziti** *v.t.* reflect
odlučnost *n.* determination	**odražavati** *v.t.* mirror

odreći se *v.t* forgo
odreći se *v.t,* abdicate
odreći se *v.t.* relinquish
odreći se *v.t.* renounce
odredba *n.* provision
odredba *n.* stipulation
odrediti *v.t.* allot
odrediti *v. t* determine
određen *a* definite
određen *a* express
određen *a* set
određeni *a* certain
odricanje *n* abdication
odricanje *n.* renunciation
odriješiti *v.t.* loose
odrubiti glavu *v. t.* behead
održati *v.t.* sustain
održavanje *n.* maintenance
održavanje *n* upkeep
održavati *v.t.* maintain
održiv *a.* tenable
održiv *a.* viable
odsečan *a* curt
odstupanje *n* deviation
odstupati *v. i* deviate
odsutan *a* absent
odsutnost *n* absence
odšteta *n.pl.* amends
odšteta *n.* indemnity
odučiti *v.t.* wean
odugovlačenje *n.* procrastination
odugovlačiti *v.i.* linger
odugovlačiti *v.i.* procrastinate
odustati *v.t.* waive
oduševljen *a* enthusiastic
oduzeti *v.t.* subtract
oduzimanje *n.* subtraction
odvajanje *n* detachment
odvažan *a.* mettlesome
odvjetnik *n* advocate

odvjetnik *n.* barrister
odvjetnik *n.* lawyer
odvjetnik *n.* solicitor
odvod *n* drain
odvoditi *v. t* drain
odvodni kanal *n.* culvert
odvodni kanal *n* sewer
odvodni sustav *n.* sewage
odvojen *a.* separate
odvojeno *adv.* apart
odvojiti *v. t* detach
odvojiti *v.t.* segregate
odvojiv *v.t.* separate
odvratan *a.* hideous
odvratan *a.* obnoxious
odvratan *a.* repellent
odvratan *a.* repugnant
odvratiti *v.t. & i.* deflect
odvratiti *v. t* dissuade
odvratnost *n.* repugnance
oglas *n* advertisement
oglas *n.* handbill
oglasiti *v. t* denounce
oglašavati *v.t.* advertise
ogledalo *n* mirror
ognjište *n.* hearth
ogoliti *v.t.* denude
ogovaranje *v.t.* backbite
ogovaranje *n.* gossip
ograda *n.* close
ograda *n* fence
ograda *n.* hurdle1
ograda *n.* raling
ograditi *v.t* fence
ograditi *v.t* hedge
ograditi *v.t* hurdle2
ograditi *v.t.* rail
ograditi kolcima *v.t.* picket
ograničen *a.* limited
ograničen *a.* terminable

ograničenost *n.* insularity
ograničenje *n.* confinement
ograničenje *n.* limitation
ograničenje *n.* restriction
ograničiti *v. t* confine
ograničiti *v.t.* limit
ograničiti *v.t.* restrict
ogrlica *n.* necklace
ogroman *a* enormous
ogroman *a.* huge
ogroman *a.* immense
ogroman *a* mammoth
ogroman *a.* tremendous
ogroman *a.* vast
ogrozd *n.* gooseberry
ogrtač *n.* cloak
ogrtač *n.* overall
ohol *a.* arrogant
ohol *a.* haughty
oholo *a.* lordly
oholost *n.* arrogance
ohrabriti *v. t.* embolden
ohrabriti *v. t* encourage
ojačati *v.t.* strengthen
okaljati *v.t.* spot
okeanski *a.* oceanic
okidač *n.* trigger
oklada *n* bet
oklevetati *v.t.* libel
oklijevanje *n* demur
oklijevanje *n.* hesitation
oklijevati *v. t* demur
oklijevati *v. t.* halt
oklijevati *v.i.* hesitate
okliznuće *n.* slip
okliznuti se *v.i.* slip
oklop *n.* armour
oklop *n* mail
oklopiti *v.t.* plate
oklopna rukavica *n.* gauntlet

okno *n.* pane
oko *prep.* around
oko *n* eye
okolnost *n* circumstance
okolo *adv.* around
okolo *adv.* round
okončati *v.t.* terminate
okoreo *a.* callous
okoštati *v.t.* ossify
okovati *v.t.* iron
okovati *v.t.* shackle
okovati *v.t.* tip
okovi *n.* shackle
okovratnik *n* collar
okrečiti *v.t.* plaster
okrenut uvis *a.* upward
okrenuti *v.i.* turn
okret *n* turn
okretanje *n.* spin
okretati se *v.t.* pivot
okretni *a.* nimble
okretni *a.* versed
okriviti *v.t.* impeach
okriviti *v.t.* incriminate
okrugao *a.* round
okruglost *n.* round
okrutan *a.* atrocious
okrutan *a* cruel
okrutnost *n* cruelty
okruženje *n.* environment
okruženje *n.* surroundings
okružiti *v. t.* encircle
okružiti *v.t.* ring
okruživati *v.t.* surround
oksidisati *v.* acetify
oktava *n.* octave
okular *n.* oculist
okultan *a.* occult
okupator *n.* occupier
okupiti *v.t.* gather

okus *n* flavour
okusiti *v.t.* taste
okutnost *n* atrocity
okvir *n* frame
okvir kamina *n.* mantel
olabaviti *v.t.* loosen
olabaviti *v.t.* slacken
olako *adv.* lightly
olakšanje *n.* alleviation
olakšati *v.t.* alleviate
olakšati *v.t* facilitate
olakšati *v.i.* lighten
olakšati *v.t.* relieve
olakšica *n* concession
oličavati *v.t.* impersonate
oličavati *v.t.* personify
oligarhija *n.* oligarchy
olimpijada *n.* olympiad
olovka *n.* pencil
olovni *a.* leaden
olovo *n.* lead
oltar *n.* altar
oluja *n.* gale
oluja *n.* storm
oluja *n.* tempest
olujni *a.* stormy
oluk *n.* gutter
olupina *n.* wrack
olupina *n.* wreck
olupina *n.* wreckage
oljuštiti *v.t.* peel
omalovažavanje *n.* slight
omalovažavati *v.t.* slight
omamiti *v.t.* stupefy
omašiti *v.i* blunder
omaška *n* blunder
omaž *n.* homage
omča *n* bight
omega *n.* omega
ometati *v.t.* hinder

ometati *v.t.* impede
ometati *v.t.* obstruct
omiljen *a* favourite
omladina *n. pl.* teens
omlet *n.* omelette
omogućiti *v. t* enable
omotač *n* mantle
omotač *n.* wrapper
on *pron.* he
ona *pron.* she
onaj *dem. pron.* that
onaj koji ima licencu *n.* licensee
onda *adv.* then
oneraspoložiti *v. t* deject
onesposobiti *v. t* disable
onesposobljen *a.* invalid
onesvijestiti *se v.i* faint
onesvijestiti *se v.i* swoon
ono što je glavno *n.* paramount
ono što je malo *n.* little
ono što je manje *n* less
ono što je najgore *n.* worst
onomatopeja *n.* onomatopoeia
opadanje *n.* decrement
opadanje *n* wane
opadati *v. i* ebb
opadati *v.i.* wane
opak *n.* arrant
opak *a.* vicious
opakost *n.* malignancy
opal *n.* opal
opasač *n.* waistband
opasan *n* breakneck
opasan *a* dangerous
opasan *a.* perilous
opasan *a.* venturous
opasati *v.t.* begird
opasati *v.t.* gird
opasati *v.t.* strap
opasati šancem *v.t.* moat

opasati zidom *v.t.* wall
opasivati *v.t* girdle
opasnost *n.* danger
opasnost *n.* jeopardy
opasnost *n.* peril
opasti *v.i.* subside
opatija *n.* abbey
opaziti *v. t* behold
opaziti *v.t.* perceive
opcija *n.* option
opčiniti *v. t* bedevil
opčiniti *v. t* enchant
opčinjenost *n* spell
opći *a.* general
općina *n.* municipality
općinski *a.* municipal
općinski *a.* township
opeći koprivom *v.t.* nettle
opeklina *n.* burn
opeklina *n* singe
opera *n.* opera
operacija *n.* operation
operativan *a.* operative
operator *n.* operator
opet *adv.* again
opijum *n.* opium
opipati palcem *v.t.* thumb
opipljiv *a.* palpable
opipljiv *a.* tangible
opiranje *n.* reluctance
opis *n* description
opisati *v. t* describe
opisni *a* descriptive
opkoliti *v. t* encompass
oplakivanje *n* lament
oplakivanje *n.* mourning
oplakivati *v.i.* lament
oplemeniti *v. t.* ennoble
oploditi *v.t* fertilize
opljačkati *v.t.* depredate

opljačkati *v.t.* rifle
opljačkati *v.t.* rob
opljačkati *v.t.* sack
opojno sredstvo *n.* intoxicant
oponašati *v.t.* ape
opor *a.* pungent
oporavak *n.* recovery
oporaviti se *v.t.* recover
oporba *n.* opposition
oporeziv *a.* taxable
oporezivanje *n.* taxation
oporezovati *v.t.* tax
oporost *n.* pungency
oportunizam *n.* opportunism
opovrgnuti *v.t.* confute
opovrgnuti *v. t* disprove
opoziv *n.* recall
opoziv *n.* revocation
opozivan *a.* revocable
opozivanje *n* repeal
opozvati *v.t.* countermand
opozvati *v.t.* recall
opozvati *v.t.* repeal
opozvati *v.t.* revoke
opraštanje *n.* remission
oprati *v.t.* launder
opravdan *a.* justifiable
opravdanje *n.* justification
opravdanje *n.* vindication
opravdati *v.t* excuse
opravdati *v.t.* justify
opravdati *v.t.* vindicate
opravljiv *a.* repairable
oprema *n* equipment
oprema *n.* gear
oprema *n.* kit
oprema *n.* outfit
opremiti *v. t* equip
opremiti *v.t.* furnish
oprez *n.* caution

oprezan *a.* alert
oprezan *a* careful
oprezan *a.* cautious
oprezan *a.* provident
oprezan *a.* vigilant
oprezan *a.* wary
opreznost *n.* alertness
oprljiti *v.t.* scorch
oprljiti *v.t.* singe
oprostiti *v.t.* assoil
oprostiti *v.t* forgive
oprostiti *v.t.* pardon
oprostiti *v.t.* remit
oprostiv *a.* pardonable
oprostiv *a.* venial
oproštaj *n* farewell
oproštenje *n.* condonation
oproštenje *n.* pardon
opsada *n.* siege
opscen *a.* obscene
opseg *n.* extent
opseg *n.* scope
opservatorija *n.* observatory
opsesija *n.* obsession
opsežan *a.* ample
opsjedati *v. t* besiege
opsjednuti *v.t.* obsess
opskrba *n* supply
opskrbiti *v.t.* stock
opskrbiti osobljem *v.t.* staff
opskrbiti predgovorom *v.t.* preface
opskrbljivati hranom *v. i* cater
opstajati *v.i.* subsist
opstanak *n.* subsistence
opstanak *n.* survival
opstati *v.i.* survive
opstrukcija *n.* obstruction
opstruktivan *a.* obstructive
opšta tuča *n.* melee
opteretiti *v. t.* encumber

optičar *n.* optician
optički *a.* optic
optimalan *a* optimum
optimista *n.* optimist
optimistički *a.* optimistic
optimizam *n.* optimism
optimum *n.* optimum
optužba *n* accusation
optužba *n.* impeachment
optuženi *n* defendant
optuženik *n.* accused
optuženik *n.* respondent
optužiti *v.t.* accuse
optužiti *v.* arraign
optužiti *v.t.* indict
optužnica *n.* indictment
opunomoćenik *n.* warrantee
opunomoćiti *v.t.* accredit
opustiti *v.t.* relax
opuštanje *n.* relaxation
orač *n.* ploughman
orah *n* nut
orah *n.* walnut
orao *n* eagle
orati *v.i* plough
oratorij *n.* oratory
orbita *n.* orbit
oreol *n.* nimbus
orezati *v.t.* prune
organ *n.* organ
organizacija *n.* organization
organizam *n.* organism
organizirati *v.t.* organize
organski *a.* organic
original *n* original
originalan *a.* original
originalnost *n.* originality
Orijent *n.* orient
orijentalan *a.* oriental
orijentirati *v.t.* orient

orijentisati *v.t.* orientate
orkestar *n.* orchestra
orkestarski *a.* orchestral
ormar *n.* ambry
ormar *n* cupboard
ormar *n.* locker
ornament *n.* ornament
ornamentni nož *n.* baslard
oružarnica *n.* armoury
oružje *n.* weapon
osa *n.* wasp
osakatiti *v.t.* lame
osam *n* eight
osamdeset *n* eighty
osamdesetogodišnje *a* octogenarian
osamdesetogodišnji *a.* octogenarian
osamiti *v.t.* seclude
osamljen *a.* secluded
osamljenost *n.* seclusion
osamnaest *a* eighteen
oscilacija *n.* oscillation
oscilovati *v.i.* oscillate
osedlati *v.t.* saddle
oseka *n* ebb
osigurač *n* fuse
osiguranje *n.* insurance
osigurati *v. t* ensure
osigurati *v.t.* insure
osigurati *v.i.* provide
osigurati *v.t.* secure
osim *prep* except
osim ako *conj.* unless
osim da *conj.* but
osion *a.* rampant
osip *a.* rash
osiromašiti *v.t.* impoverish
osjećaj *n* feeling
osjećati *v.t* feel
osjećaj *n.* sense
osjećaj *n.* sentience
osjećajan *a.* sentient
osjećanje *n.* sentiment
osjetiti *v.t.* sense
osjetljiv *a.* sensitive
osjetljiv *a.* touchy
osjetljivost *n.* sensibility
oskudan *a.* meagre
oskudan *a.* scant
oskudan *a.* scanty
oskudan *a.* sparse
oslabiti *v. t.* enfeeble
oslabiti *v.t.* & *i* weaken
oslikati *v.t.* portray
oslobađajuća presuda *n.* acquittal
oslobađanje roba *n.* manumission
oslobodilac *n.* liberator
osloboditi *v.t* absolve
osloboditi *v.t.* acquit
osloboditi *v. t.* exempt
osloboditi *v.t* free
osloboditi *v.t.* liberate
osloboditi *v.t.* rid
osloboditi ropstva *v.t.* manumit
oslobođen *adj.* exempt
oslobođenje *n.* liberation
oslonac *n.* backbone
osloniti *v.i.* rely
osmatrač *n.* on-looker
osmerokut *n.* octagon
osmerokutan *a.* octangular
osmijeh *n.* smile
osmina milje *n.* furlong
osnivač *n.* founder
osnivanje *n* establishment
osnov *n.* rudiment
osnova *n.* basis
osnovni *adj.* basal
osnovni *a.* base
osnovni *a.* basic
osnovni *a.* fundamental

osnovni *a.* primary
osnovni *a.* rudimentary
osoba *n* face
osoba *n.* person
osoba *n.* visage
osobina *n.* trait
osoblje *n.* personnel
osoblje *n.* staff
osobni *a* facial
osobni *a.* personal
osokoliti *v.t.* man
osovina *n.* axis
osovina *n.* axle
osposobiti *v. t* empower
osramotiti *v.t.* attaint
osramotiti *v. t.* debase
osramotiti *v. t* dishonour
osrednji *a.* mediocre
osrednji *a.* middling
osrednjost *n.* mediocrity
ostaci *n.* remains
ostario *a.* aged
ostatak *n.* remainder
ostatak *n.* residue
ostati *v.i.* remain
ostati *v.i.* stay
ostava *n.* pantry
ostaviti *v.t.* leave
ostaviti *v.t.* pot
ostaviti razmak *v.t.* space
ostavka *n.* resignation
ostriga *n.* oyster
ostvaren *a* accomplished
ostvariti *v.t.* accomplish
osuda *n* condemnation
osuda *n* conviction
osuditi *v. t.* condemn
osuditi *v. t.* convict
osuditi *v. t.* doom
osuditi *v.t.* sentence

osuditi *v.t.*, umpire
osuđenik *n* convict
osujetiti *v.t.* thwart
osumnjičen *a.* suspect
osumnjičeni *n* suspect
osumnjičiti *v.t.* suspect
osušiti *v. i.* dry
osvajanje *n* conquest
osveta *n.* revenge
osveta *n.* vengeance
osvetiti *v.t.* revenge
osvetiti *v.t.* sanctify
osvetiti se *v.i.* retaliate
osvetnik *n.* nemesis
osvetoljubiv *a.* revengeful
osvijetliti *v.t.* illuminate
osvijetliti *v.t.* light
osvijetljen *v.i.* alight
osvjetljenje *n.* illumination
osvježenje *n.* refreshment
osvježiti *v.t.* refresh
osvojiti *v. t* conquer
ošamariti *v.t.* slap
ošamutiti *v.t.* stun
ošišati *v.t* fleece
oštar *a.* acute
oštar *a.* caustic
oštar *a.* poignant
oštar *a.* severe
oštar *a.* sharp
oštar bol *n* smart
oštetiti *v. t.* damage
oštetiti *v.t* harm
oštrica *n.* blade
oštrina *n.* poignancy
oštro *adv.* sharp
oštrokondža *n.* shrew
oštrouman *adj.* argute
otac *n* father
otapalo *n* solvent

otcepiti se *v.i.* secede
oteklina *n* swell
oteti *v.t.* abduct
otici *v. i.* depart
otirač *n.* mat
otisak *n.* imprint
otisak *n* print
otjelovljenje *n* embodiment
otjerati *v.t.* repudiate
otkazati *v. t.* cancel
otkazivanje *n* cancellation
otkriće *n.* discovery
otkriti *v. t* detect
otkriti *v. t* disclose
otkriti *v. t* discover
otkriti *v. t* divulge
otkrovenje *n.* revelation
otkucaj *n.* tick
otkup *n.* ransom
otkupiti *v.t.* ransom
otmica *n* abduction
otmjenost *n.* sublimity
otočni *a.* insular
otok *n.* island
otok *n.* isle
otoman *n.* ottoman
otpaci stakla *n.* cullet
otpad *n.* waste
otpadak *n.* scrap
otplata *n.* instalment
otplata *n.* repayment
otpor *n.* resistance
otporan *a* proof
otporan *a.* resistant
otpremiti *v.t* outfit
otprilike *adv* about
otprilike *adv.* thereabouts
otpust *n.* conge
otpuštanje *n* dismissal
otrcan *a.* shabby

otrcan *a.* threadbare
otrgnuti *v.t.* pluck
otrov *n.* poison
otrov *n.* venom
otrovan *a.* poisonous
otrovan *a.* venomous
otrovati *v.t.* intoxicate
otrovati *v.t.* poison
otud *adv.* hence
otuđiti *v.t.* alienate
otvaranje *n.* opening
otvor *n.* aperture
otvoren *a.* open
otvoren *a.* outspoken
otvoren *a.* overt
otvoreno *adv.* openly
otvoriti *v.t.* open
otvoriti *v.t.* unfold
ova noć *n.* to-night
ovacija *n.* ovation
ovakav *a.* such
oval *n* oval
ovalan *a.* oval
ovamo *adv.* hither
ovan *n.* aries
ovan *n.* ram
ovaploćenje *n.* incarnation
ovaplotiti *v.t.* incarnate
ovca *n* ewe
ovca *n.* sheep
ovčetina *n.* mutton
ovde *adv.* here
ovde u okolici *adv.* hereabouts
ovenčati *v.t.* garland
ovisan *a* dependent
ovisiti *v. i.* depend
ovisnik *n.* addict
ovisnik *n* dependant
ovisnost *n.* addiction
ovisnost *n* dependence

ovisnost od drugih *n* anaclisis
ovjekovječiti *v.t.* perpetuate
ovjenčan lovorom *a.* laureate
ovlastiti *v.t.* authorize
ovlastiti *v. t* depute
ovlastiti *v. t.* entitle
ovlaštenje *n* deputation
ozakoniti *v. t* enact
ozbiljan *a* earnest
ozbiljan *a.* grave
ozbiljan *a* serious
ozbiljan *a.* stern
ozbiljnost *n.* gravity
ozbiljnost *n.* severity
ozloglašen *a.* infamous
ozloglašen *a.* notorious
ozloglašenost *n* disrepute
ozloglašenost *n.* notoriety
ozlojeđen *a.* indignant
ozlojeđenost *n.* indignation
ozlojeđenost *n.* resentment
ozljeda *n.* injury
označavati *v. i* denote
označavati *v.t.* signify
označiti *v.t* mark
označiti *v.t.* tag
oznaka *n.* tag
ozračiti *v.i.* irradiate
ožalostiti *v.t.* afflict
ožalostiti *v.t.* aggrieve
ožalostiti *v. t* distress
ožalošćeni *n.* mourner
ožiljak *n* scar
oživjeti *v.t.* animate
oživjeti *v. t.* enliven
oživjeti *v.i.* revive
oživjeti *v.t.* zip
oživljavanje *n.* revival
oživljavati *v.t.* vitalize
ožujak *n* march

P

pa *conj.* so
pacijent *n* patient
pacov *n.* rat
pad *n.* tumble
padati *v.i* hail
padati *v.i.* rain
padobran *n.* parachute
padobranac *n.* parachutist
pagoda *n.* pagoda
pajalica *n* duster
pakao *a.* hell
paket *n.* pack
paket *n.* package
pakiranje *n.* packing
pakirati *u* bale *v.t.* bale
paklen *a.* infernal
pakost *n.* meanness
pakost *n.* virulence
pakostan *a.* virulent
pakt *n.* pact
palac *n.* thumb
palača *n.* mansion
palača *n.* palace
palankin *n.* palanquin
paleta *n.* palette
palica *n* baton
palma *n.* palm
paluba *n* deck
pametan *a.* clever
pametan *a.* smart
pamflet *n.* pamphlet
pamfletista *n.* pamphleteer
pamuk *n.* cotton
panaceja *n.* panacea
panegirik *n.* panegyric
panika *n.* panic

panorama *n.* panorama
panteista *n.* pantheist
panteizam *n.* pantheism
panter *n.* panther
pantomima *n.* pantomime
pantomimičar *n.* mummer
panj *n* block
panj *n.* stub
panj *n.* stump
papa *n.* pope
papazjanija *n.* hotchpotch
papiga *n.* parrot
papinstvo *n.* papacy
papir *n.* paper
paprika *n* capsicum
paprikaš *n.* stew
papski *a.* papal
papuča *n.* slipper
papučar *a.* henpecked
par *n* couple
par *n.* pair
para *n* steam
para *n.* vapour
parabola *n.* parable
parada *n.* pageant
parada *n.* parade
paradajz *n.* tomato
paradirati *v.t.* parade
paradoks *n.* paradox
paradoksalan *a.* paradoxical
parafin *n.* paraffin
parafraza *n.* paraphrase
parafrazirati *v.t.* paraphrase
paragraf *n.* paragraph
paralelan *a.* parallel
paralelizam *n.* parallelism
paralelogram *n.* parallelogram
paralitički *a.* paralytic
paraliza *n.* palsy
paraliza *n.* paralysis

paralizirati *v.t.* paralyse
parazit *n.* parasite
parcela *n.* parcel
parče *n.* slice
parfem *n.* perfume
pariranje *n.* parry
parirati *v.t.* parry
paritet *n.* parity
pariti *v.t.* mate
pariti *v.i.* steam
pariti se *v.i.* copulate
park *n.* park
parkirati *v.t.* park
parlament *n.* parliament
parlamentarac *n.* parliamentarian
parlamentaran *a.* parliamentary
parni *a.* vaporous
parničar *n.* litigant
parničenje *n.* litigation
parničiti *v.t.* litigate
parobrod *n.* steamer
parodija *n.* parody
parodirati *v.t.* parody
paroh *n.* parson
parohija *n.* parish
parola *n.* slogan
partiotizam *n.* partiotism
partizan *n.* partisan
partizanski *a.* partisan
partner *n* co-partner
partner *n.* partner
partnerstvo *n.* partnership
pas *n* dog
pasite u krizu *v.i.* slump
pasivan *a.* passive
pasmina *n* breed
pasta *n.* paste
pastel *n.* pastel
pasti *v.i.* fall
pasti *v.t* fell

pasti v.i. graze
pasti v.t. pasture
pasti v.i. tumble
pastir n. herdsman
pastir n. shepherd
pastirski a. pastoral
pastuh n. stallion
pašnjak n. pasture
pat n. stalemate
patent n patent
patentan a. patent
patentni v.t. patent
patetičan a. pathetic
patiti v.t. suffer
patka n. duck
patos n. pathos
patriota n. patriot
patriotski a. patriotic
patrola n patrol
patrolirati v.i. patrol
patrona n. cartridge
patuljak n dwarf
patuljak n elf
patuljak n. midget
paučina n cobweb
pauk n. spider
paun n. peacock
paunica n. peahen
pauza n. pause
pavijan n. baboon
paviljon n. pavilion
paziti v.t. heed
pažljiv a. attentive
pažljiv a. mindful
pažljiv a. thoughtful
pažnja n. attention
pažnja n heed
pčela n. bee
pčelarstvo n. apiculture
pčelinjak n. apiary

peć n. furnace
peć n. oven
pecati v.i. dap
pecati v.i fish
pečat n cachet
pečat n. seal
pečat n. stamp
pečen a roast
pečenje n roast
peć n. stove
peći v.t. roast
pećina n. cave
pećina n. cavern
pedagog n. pedagogue
pedagogija n. pedagogy
pedala n. pedal
pedant n. pedant
pedantan n. pedantic
pedanterija n. pedantry
pedeset n. fifty
pedigre n. pedigree
pehar n beaker
pehar n. goblet
pejzaž n. landscape
pejzaž n. scenery
pekar n. baker
pekara n bakery
pelen n. wormwood
pelud n. pollen
penetracija n. penetration
peni n. penny
penis n. penis
pentagon n. pentagon
pentrati se v. i clamber
penjanje n. climb1
penjanje n scramble
penjati se v.i climb
penjati se v.i. shine
pepeo n. ash
perač n. washer

peraje *n* fin
percepcija *n.* perception
perceptivan *a.* perceptive
periferija *n.pl.* outskirts
periferija *n.* periphery
perika *n.* wig
periodičan *a.* periodical
perla *n* bead
permutacija *n.* permutation
pero *n* feather
pero *n.* nib
pero *n.* pen
personifikacija *n.* personification
perspektiva *n.* perspective
perut *n* dandruff
perverzan *a.* perverse
perverzija *n.* perversion
pesimista *n.* pessimist
pesimističan *a.* pessimistic
pesimizam *n.* pessimism
pesnica *n* fist
pesticid *n.* pesticide
pet *n* five
peta *n.* heel
petak *n.* Friday
peticija *n.* petition
petlja *n.* loop
petljanje *n* bungle
petnaest *n* fifteen
piće *n* drink
pigmej *n.* pigmy
pigmejac *n.* pygmy
pijaca *n.* mart
pijanac *n* bibber
pijanac *n* drunkard
pijančenje *n* debauch
pijančiti *v. i* booze
pijančiti *v. t.* debauch
pijančiti *v.i.* revel
pijanista *n.* pianist

pijanka *n.* revel
pijanka *n.* spree
pijanka *n.* wassail
pijavica *n.* leech
pijesak *n.* sand
pijetao *n* cock
pijuk *v.t.* hack
pijuk *n.* mattock
pijukati *v. i* cheep
pikantan *a.* piquant
piknik *n.* picnic
pila *n.* saw
piliti *v.t.* saw
pilot *n.* pilot
pilotirati *v.t.* pilot
pilula *n.* pill
pionir *n.* pioneer
pipati *v.t.* grope
piramida *n.* pyramid
piratstvo *n.* piracy
pisac *n.* writer
pisač *n.* printer
pisak posude *n.* spout
pisati *v.t.* pen
piskav *a.* shrill
pismen *a.* literate
pismena izjava *n* affidavit
pismenost *n.* literacy
pismo *n* letter
pisoar *n.* urinal
pištolj *n.* pistol
pitalica *n.* conundrum
pitanje *n.* issue
pitanje *n.* query
pitanje *n.* question
pitati *v.t.* ask
pitati *v.t* query
pitati *v.t.* question
piti *v. t* drink
pitom *a.* tame

piton *n.* python
pivara *n* brewery
pivo *n* ale
pivo *n* beer
pjena *n* foam
pjena *n.* lather
pjeniti se *v.t* foam
pjeskovit *a.* sandy
pjesma *n* carol
pjesma *n* chant
pjesma *n.* poem
pjesma *n.* song
pjesnik *n.* poet
pjesnikinja *n.* poetess
pješadija *n.* infantry
pješak *n.* pedestrian
pješice *adv.* afoot
pjevač *n.* singer
pjevač *n.* songster
pjevač *n.* vocalist
pjevati *v.i.* sing
plačljiv *a.* lachrymose
plaćanje *n.* payment
plaćenički *a.* mercenary
pladanj *n.* tray
plahovitost *n.* impetuosity
plakar *n.* closet
plakat *n.* placard
plakat *n.* poster
plakati *v.i.* weep
plamen *n* blaze
plamen *n* flame
plamtjeti *v.i* flame
plana *n.* plan
planeta *n.* planet
planetarni *a.* planetary
planina *n.* mountain
planinar *n.* mountaineer
planinski *a.* mountainous
planinski vrh *n.* alp

planirati *v.t.* plan
plantaža *n.* plantation
planuti *v.i* flare
plast *n.* rick
plašenje *n.* shy
plašiti se *v.i* fear
plašiti se *v.i.* shy
plašljiv *a.* timorous
plata *n* pay
plata *n.* remuneration
plata *n.* stipend
plata *n.* wage
platan *n* plane
platforma *n.* platform
platiti *v.t.* pay
plativ *a.* payable
platno *n.* canvas
platno *n.* linen
plato *n.* plateau
platonski *a.* platonic
plav *a.* blue
plava boja *n.* blue
plaža *n* beach
plebiscit *n.* plebiscite
pleme *n.* tribe
plemenit *a.* noble
plemenit *n.* noble
plemenski *a.* tribal
plemić *n.* nobleman
plemić *n.* peer
plemstvo *n.* aristocracy
plemstvo *n.* nobility
ples *n* dance
plesati *v. t.* dance
plesti *v.t.* knit
pleviti *v.t.* weed
plicak *n.* shoal
plijen *n* booty
plijen *n.* prey
plijen *n* spoil

plijesan *n* mould
plik *n* blain
plik *n* bleb
plima *n.* tide
plimski *a.* tidal
plitak *a.* shallow
plivač *n.* swimmer
plivajući *a.* natant
plivanje *n* swim
plivati *v.i.* swim
ploča *n.* panel
ploča *n.* plate
ploča *n.* slab
pločnik *n.* pavement
plodan *a* fertile
plodan *a.* fruitful
plodan *a.* prolific
plodnost *n* fertility
plombirati *v.t.* lead
plovan *a.* navigable
ploveći *adv.* afloat
ploviti *v.i* boat
ploviti *v.i* float
pluća *n* lung
plug *n.* plough
pluralitet *n.* plurality
plus *n* plus
pluta *n.* cork
pljačka *n.* loot
pljačka *n.* robbery
pljačkanje *v.t.* plunder
pljačkaš *n.* marauder
pljačkaš *n.* robber
pljačkati *v.i.* loot
pljačkati *v.i.* maraud
pljačkati *n* plunder
pljeskanje *n* clap
pljeskati *v. i.* clap
pljoska *n* flask
pljunuti *v.i.* spit

pljusak *n* downpour
pljuvačka *n.* saliva
pljuvačka *n* spit
pljuvaonica *n.* spittoon
po krmi *adv.* aback
po strani *adv.* aside
pobaciti *v.i.* miscarry
pobačaj *n* abortion
pobačaj *n.* miscarriage
pobijanje *n.* refutation
pobijediti *v.t.* vanquish
pobijediti *v.t.* win
pobijediti *v.t.* worst
pobiti *v.t.* refute
pobjeći *v.i* flee
pobjeći *v. i* elope
pobjeći *v.i* escape
pobjeći *v.i* scamper
pobjeći od zakona *v.i* abscond
pobjeda *n.* victory
pobjeda *n* win
pobjednički *a.* triumphant
pobjednik *n.* victor
pobjednik *n.* winner
pobjedonosan *a.* victorious
poboljšanje *n.* amelioration
poboljšanje *n.* betterment
poboljšanje *n.* improvement
poboljšati *v.t.* ameliorate
poboljšati *v. t* better
poboljšati *v.t.* improve
poboljšati *v.t.* meliorate
pobornik *n* bigot
pobornik *a.* combatant
pobožan *a.* pious
pobožnost *n.* piety
pobratim *n* chum
pobrkan *a.* topsy turvy
pobrkano *adv* topsy turvy
pobrkati *v. t* bungle

pobrkati v.i mess	podijeliti v.t. partition
pobuditi v.t. arouse	podijeliti na četiri dijela v.t. quarter
pobuđivanje n. solicitation	podijum n. dais
pobuna n. insurrection	podizanje n boost
pobuna n. mutiny	podizanje n. lift
pobuna n. rebellion	podizati v.t. lift
pobuna n. revolt	podjela n division
pobuna n. riot	podjela n. partition
pobuna n. sedition	podlac n. knave
pobuniti se v. i mutiny	podlaktica n forearm
pobuniti se v.i. revolt	podleći v.i. succumb
pocepati u dronjke v.t tatter	podlost n. knavery
pocrvenelo adv ablush	podložan a subject
počasni a. honorary	podmazati v.t grease
početak n. beginning	podmazati v.t. lubricate
početak n commencement	podmazivanje n. lubrication
početak n. inception	podmetanje požara n arson
početak n. onset	podmiti v. t. bribe
početak n. prime	podmitljiv a. venal
početi n begin	podmitljivost n. venality
početi v. t commence	podmladiti v.t. rejuvenate
početi v.t. start	podmornica n. submarine
početni a. initial	podmorski a submarine
početnik n. novice	podmuklost n. perfidy
počiniti grijeh v.i. sin	podne n. midday
počiniti nasilje v.t. outrage	podne n. noon
počistiti v.t. tidy	podnijeti v.t. submit
počovječiti v.t. humanize	podnositi v.t. stomach
pod n floor	podnošljiv a. tolerable
pod prep. underneath	podobnost n. suitability
podbosti v.t. spur	podrazumijevati v.t. imply
podcjenjivanje n disregard	podrečen a. subordinate
podcjenjivati v. t disregard	podređeni n subordinate
poderati v.t. tear	podređenost n. subordination
poderotina n. tear	podrhtavati v.i. palpitate
podesiti v.t fit	podrigivanje v. t belch
podesiti v.t. proportion	podrignuti n belch
podici v.t. uplift	podriti v.t. subvert
podići v. t elevate	podriti v.t. undermine
podijeliti v. t divide	podrška n. support

područje *n* area	**poezija** *n.* poetry
podrugivanje *n* sneer	**pogaziti** *v.t.* trample
podrugivanje *n* taunt	**poginuti** *v.i.* perish
podrum *n.* basement	**poglavica** *n.* chieftain
podrum *n* cellar	**poglavlje** *n.* chapter
podružnica *a.* subsidiary	**pogled** *n.* glance
podržat *v.t.* support	**pogled** *n.* sight
podržati *v.t* uphold	**pogled** *n.* view
podsjetiti *v.t.* remind	**pogledati** *v.i.* glance
podsjetnik *n.* reminder	**pognuti se** *v.i.* stoop
podstaći *v.t.* galvanize	**pognutost** *n* stoop
podstaći *v.t.* instigate	**pogodak** *n* hit
podstrekivanje *n.* instigation	**pogodan** *a* convenient
podsuknja *n.* petticoat	**pogodan** *a.* handy
podudarati *v. i* coincide	**pogodan** *a.* suitable
podudarati *v.t.* tally	**pogodan za stanovanje** *a.* habitable
podugačak *a.* lengthy	**pogodan za stanovanje** *a.* inhabitable
podupirač *n.* corbel	**pogoditi** *v.t.* hit
podupirač *n.* prop	**pogodnost** *n.* convenience
podupirač *n.* seconder	**pogoršati** *v.t.* aggravate
podupirati *v.t.* prop	**pogoršati** *v.t.* worsen
podupirati *v.t.* second	**pogoršavanje** *n.* aggravation
poduzeca *adj.* corporate	**pogrešan** *a* erroneous
poduzeće *n* enterprise	**pogrešan** *a.* wrong
poduzeti *v.t.* undertake	**pogrešan naziv** *n.* misnomer
podvala *n.* hoax	**pogrešno** *adv.* wrong
podvala *n.* imposture	**pogrešno liječenje** *n.* malpractice
podvaliti *v.t* hoax	**pogrešno nazvati** *v.t.* miscall
podvezica *n.* garter	**pogrešno otisnuti** *v.t.* misprint
podvig *n* feat	**pogrešno predstaviti** *v.t.* misrepresent
podvodačica *n.* bawd	**pogrešno procijeniti** *v.t.* misjudge
podvodna struja *n.* undercurrent	**pogrešno razumeti** *v.t.* misapprehend
podvrgnuti *v.t.* subject	**pogrešno razumjeti** *v.t.* misconceive
podvući *v.t.* underline	**pogrešno razumjeti** *v.t.* misconstrue
podzemlje *n.* underworld	**pogrešno razumjeti** *v.t.* misunderstand
podzemni *a.* subterranean	**pogrešno shvaćanje** *n.* misconception
pođoniti *v.t* sole	**pogrešno upućivanje** *n.* misdirection
poetika *n.* poetics	**pogrešno uputiti** *v.t.* misdirect
poetski *a.* poetic	**pogrešno vjerovanje** *n.* misbelief
poezija *n.* poesy	**pogrešno voditi** *v.t.* mislead

pogriješiti *v. i* err
pogriješiti *v.t.* mistake
poguban *a* malign
pohabati *v.t.* wear
pohađanje *n.* attendance
pohlepa *n* cupidity
pohlepa *n.* greed
pohlepan *adj.* avid
pohlepan *a.* greedy
pohlepno *adv.* avidity
pohotan *a.* lustful
pohotan *a.* voluptuous
pohotljivac *n.* voluptuary
pohrana *n.* storage
pohvala *n* commendation
pohvala *n* laud
pohvala *n.* praise
pohvalan *a.* laudable
pohvalan *a.* praiseworthy
pohvaliti *v. t* commend
pohvaliti *v.t.* laud
poigravati *v.t.* trip
pojačalo *n* amplifier
pojačanje *n* amplification
pojačanje *n.* reinforcement
pojačati *v.t.* amplify
pojačati *v. t* boost
pojačati *v.t.* intensify
pojačati *v.t.* reinforce
pojam *n.* notion
pojas *n* belt
pojas *n.* girdle
pojas *n.* strap
pojava *n.* advent
pojaviti se *v.i.* appear
pojaviti se *v. i* emerge
pojedinačan *a.* singular
pojedinačni *a.* individual
pojedinačno *adv.* singularly
pojedinačnost *n.* singularity

pojedinost *n.* particular
pojednostaviti *v. t* ease
pojednostaviti *v.t.* simplify
pojeftiniti *v. t.* cheapen
pojmovni *a.* notional
pokajanje *n.* atonement
pokajanje *n.* remorse
pokajanje *n.* repentance
pokajati se *v.i.* repent
pokajnički *a.* repentant
pokazati *v. t* demonstrate
pokazati *v. t* display
pokazivanje *n.* demonstration
pokazivanje *n* display
poklapati se *v.t.* correlate
poklon *n.* gift
poklon *n.* present
pokloniti *v. t* donate
pokloniti se *v. t* bow
poklopac *n.* cover
poklopac *n.* lid
poklopiti *v. t.* cap
pokolj *n* carnage
pokolj *n.* slaughter
pokop *n* burial
pokoran *a.* submissive
pokoravanje *n.* subjugation
pokoravati se *v.t.* obey
pokornost *n.* submission
pokositi *v.t.* scythe
pokrenuti *v.t.* propel
pokret *n.* movement
pokretač *n.* mover
pokretan *a.* mobile
pokretan *a.* movable
pokretan *a.* portable
pokretna imovina *n.* movables
pokretnost *n.* mobility
pokriti *v. t.* cover
pokriti *v.t* mantle

pokriti *v.t.* top
pokriti crijepom *v.t.* tile
pokriti krov *v.t.* thatch
pokriti krovom *v.t.* roof
pokriti plaštom *v.t.* shroud
pokriti slamom *v.t.* litter
pokrivač *n* blanket
pokrivač *n* wrap
pokrov *n.* shroud
pokrovitelj *n.* patron
pokroviteljstvo *n.* patronage
pokušaj *n.* attempt
pokušaj *n* try
pokušati *v.t.* attempt
pokušati *v.i.* try
pokvareno *adj.* addle
pokvarenjak *v.t.* pervert
pokvariti *v.t.* mar
pokvariti *v.t.* spoil
pokvariti *v.i.* tamper
pokvariti *v.t.* vitiate
pokvasiti *v. t* drench
pokvasiti *v.t.* wet
pol *n.* gender
pol *n.* pole
pol *n.* sex
pola *a* half
polako *adv.* slowly
polarni *n.* polar
polazak *n.* outset
polemika *n* controversy
polet *n.* zest
polica *n.* shelf
policajac *n* constable
policajac *n.* policeman
policajac *n.* trooper
policija *n.* police
policijski čas *n* curfew
poligamija *n.* polygamy
poligamski *a.* polygamous

poliglota *n.* polyglot1
poliglotski *a.* polyglot2
polirati *v.t.* polish
politehnički *a.* polytechnic
politehnika *n.* polytechnic
politeista *n.* polytheist
politeistički *a.* polytheistic
politeizam *n.* polytheism
političar *n.* politician
politički *a.* political
politika *n.* policy
politika *n.* politics
polo *n.* polo
polomiti *v.t* fracture
polovica *n.* half
položaj *n.* locality
položiti *v.t.* lay
položiti *v.t.* pillow
poluga *n.* lever
polumjer *n.* radius
poluslep *n.* purblind
polje *n* field
poljoprivreda *n.* agriculture
poljoprivredni *a.* agricultural
poljoprivrednik *n.* agriculturist
poljoprivrednik *n* farmer
poljski klozet *n.* outhouse
poljubac *n.* kiss
poljubiti *v.t.* kiss
pomagati *v.t* aid
pomagati *v.t* favour
pomagati *v.i.* minister
pomaknuti *v. t* displace
pomaknuti *v.t.* move
pomama *n* craze
pomama *n.* frenzy
pomaman *a.* frantic
pomen *v. t.* commemorate
pomiješati *v.t.* intermingle
pomirenje *n.* acquiescence

pomiriti *v.t.* reconcile
pomiriti se *v.t.* conciliate
pomlađivanje *n.* rejuvenation
pomoć *n* help
pomoći *v.t.* help
pomoćnik *n.* helpmate
pomoć *n.* aid
pomoć *n.* assistance
pomoć *n.* succour
pomoći *v.t.* assist
pomoći *v.t.* avail
pomoći *v.t.* succour
pomoćni *a.* auxiliary
pomoćnik *n.* auxiliary
pomorski *a.* maritime
pomorski *a.* naval
pompezan *a.* pompous
pompeznost *n.* pomposity
pomračenje *n* eclipse
ponašanje *n* behaviour
ponašati se *v. i.* behave
ponavljanje *n.* repetition
ponavljati se *v.i.* recur
ponedjeljak *n.* Monday
ponekad *adv.* sometimes
poni *n.* pony
poništenje *n.* nullification
poništi *v.t.* undo
poništiti *v. t.* abrogate
poništiti *v.t.* annul
poništiti *v.t.* invalidate
poništiti *v.t.* nullify
poništiti *v.t.* void
ponizan *a.* lowly
poniziti *v.t.* abase
poniziti *v.t.* humiliate
poniziti *v.t.* mortify
poniznost *n.* humility
poniževanje *n.* humiliation
poniženje *n* abasement

ponoć *n.* midnight
ponos *n.* pride
ponosan *a.* proud
ponositi se *v.t.* pride
ponoviti *v.t.* repeat
ponovno postaviti *n.* reinstatement
ponovno postavljanje *v.t.* reinstate
ponovno štampati *v.t.* reprint
ponovno zapasti u grijeh *v.i.* backsli
ponovo *adv.* afresh
ponovo pridružiti *v.t.* rejoin
ponuda *n* bid
ponuda *n* offer
ponuda *n* tender
ponuditi *v.t* bid
ponuditi *v.t.* offer
ponuditi *v.t.* tender
ponuđač *n* bidder
poplava *n* flood
poplaviti *v.t* flood
poplaviti *v.t.* swamp
poplaviti *v.t.* whelm
popločati *v.t* floor
popločati *v.t.* pave
popodnevni odmor *n.* siesta
popraviti *v.t.* amend
popraviti *v.i.* atone
popraviti *v.t* fix
popraviti *v.t.* mend
popraviti *v.t.* redress
popraviti *v.t.* repair
popravka *n.* repair
popravni *a* reformatory
popravni *a.* remedial
popravni dom *n.* reformatory
poprijeko *prep.* athwart
poprište *n.* locale
poprskati *v.i.* splash
popularan *a.* popular
popularizirati *v.t.* popularize

popularnost *n.* popularity
popuniti *v.t* fill
popust *n* discount
popustiti *v.i.* relent
popustljiv *adj.* compliant
popustljiv *a.* indulgent
popustljiv *a.* lenient
popustljivost *n.* connivance
popustljivost *n.* lenience, leniency
poput *prep* like
poput čestice *a.* particle
pora *n.* pore
porast *n* increase
porasti *v.t.* increase
poravnanje *n.* alignment
poravnati *v.t.* align
poravnati *v.i* surface
poraz *n* defeat
poraziti *v. t.* defeat
porculan *n* bisque
porculan *n.* porcelain
pored *prep.* beside
pored toga *adv.* nonetheless
porediti *v.t.* liken
poređati *v.t.* line
poređati *v.t.* tabulate
poređenje *n* comparison
poređenje *n.* simile
poremecaj *n* disorder
poremetiti *v.t.* perturb
porez *n.* tax
porez na uvezenu robu *n.* octroi
poricanje *n* abnegation
poricanje *n* denial
poricati *v. t* abnegate
poricati *v. t.* deny
poricati *v.t.* gainsay
porijeklo *n.* ancestry
porijeklo *n.* origin
poriluk *n.* leek

porok *n.* vice
porota *n.* jury
porotnik *n.* juror
porotnik *n.* juryman
portal *n.* portal
portfolio *n.* portfolio
portret *n.* portrait
portret *n.* portrayal
portretiranje *n.* portraiture
porub *n.* welt
poručnik *n.* lieutenant
poruka *n.* message
porumeneti *v.i* blush
porumeneti *v.t.* redden
poružnjavati *v.t.* uglify
posada *n.* crew
posaditi *v.t.* seed
posaditi na prijestolje *v.t.* throne
posao *n* business
posao *n.* job
poseban *a* distinct
poseban *a* especial
poseban *a.* particular
poseban *a.* special
poseban porez na plaću *n.* supertax
posipati *v. t.* sprinkle
posjeći sabljom *v.t.* sabre
posjedovanje *n.* possession
posjedovati *v.t.* own
posjedovati *v.t.* possess
posjet *n.* visit
posjetitelj *n.* visitor
posjetiti *v.t.* visit
poslanica *n.* missive
poslastica *n.* comfit
poslastica *n.* dainty
poslastičar *n* confectioner
poslati *v.t* forward
poslati *v.t.* send
poslati poštom *v.t.* mail

poslednji *a.* last1	**postaviti dijagnozu** *v. t* diagnose
poslodavac *n* employer	**posteljina** *n.* bedding
poslovanje *n.* dealing	**postepen** *a.* gradual
poslovica *n.* adage	**postići** *v.t.* achieve
poslovica *n.* proverb	**postići** *v.t.* attain
poslovičan *a.* proverbial	**postidjeti** *v.t.* abash
posluga *n* domestic	**postiti** *v.i* fast
poslušan *a* docile	**postizanje** *n.* acquirement
poslušan *a.* obedient	**posto** *adv. per* cent
poslušnost *n.* obedience	**postojan** *a.* steadfast
poslužitelj *n.* beadle	**postojanost** *n.* steadiness
poslužiti *v.t.* serve	**postojanje** *n* existence
posljedica *n* consequence	**postojati** *v.i* exist
posljedica *n.* repercussion	**postojeći** *n* being
posmrtni *a.* obituary	**postolje** *n.* mount
posmrtni *a.* posthumous	**postolje** *n.* pedestal
pospan *a.* sleepy	**postotak** *n.* percentage
pospan *n.* somnolent	**postrojenje** *n* facility
pospanost *n.* somnolence	**postrojiti** *v.t* marshal
posramiti *v. t* embarrass	**postrojiti** *v.t.* range
posramljen *a.* ashamed	**postupak** *n.* proceeding
posrebriti *v.t.* silver	**postupati** *v.i.* act
posredan *a.* oblique	**posuditi** *v. t* borrow
posrednik *n.* intermediary	**posuditi** *v.t.* lend
posrednik *n.* mediator	**posuti** *v.t.* strew
posrednik *n.* middleman	**posvecivanje** *n.* sanctification
posredovanje *n.* mediation	**posveta** *n* dedication
posredovanje *n.* mediation	**posvetiti** *v.t.* consecrate
posredovati *v.i.* mediate	**posvetiti** *v. t.* dedicate
posrnuti *v.i* falter	**posvetiti** *v. t* devote
post *n* fast	**posvijetiti** *v.t.* hallow
post skriptum *n.* postscript	**pošiljka** *n.* consignment
postaja *n.* station	**pošiljka** *n.* shipment
postati *v. i* become	**pošta** *n.* mail
postati vitak *v.i.* slim	**pošta** *n.* post-office
postava *n* lining	**poštanski** *a.* postal
postaviti *v.t.* mount	**poštar** *n.* postman
postaviti *v.t.* post	**poštarina** *n.* postage
postaviti *v.t.* right	**pošten** *a.* honest
postaviti *v.t* set	**pošteno** *adv.* fairly

poštenje n. honesty
pošto conj. after
pošto conj. whereas
poštovanje n esteem
poštovanje n. regard
poštovanje n. respect
poštovanje n. reverence
poštovati v. t esteem
poštovati v. t honour
poštovati v.t. profane
poštovati v.t. respect
poštovati v.t. venerate
pošumiti v.t. afforest
pošumljen a. sylvan
potaknuti v.t. prompt
potamnjeti v. t. blacken
potamnjeti v. t dim
potamnjeti v.t. obscure
potamnjeti v.t shadow
potapanje n. immersion
potaša n. potash
potčiniti v.t. subjugate
potčiniti v.t. subordinate
potčinjenje n. subjection
potencijal n. pontentiality
potencijalan a. prospective
potentan a. potent
potentnost n. potency
potera n. chase2
potera n. pursuit
potez n. move
pothvat n. venture
poticaj n. goad
poticaj n. incentive
poticaj n. stimulus
poticati v.t goad
potiljak n. nape
potisak n buoyancy
potisak n thrust
potisnuti v.t. repress

potka n. woof
potkazivanje n. denunciation
potkopavati v.t. sap
potkralj n. viceroy
potkrijepiti v.t. corroborate
potkrovlje n. loft
potočić n. rivulet
potočić n. streamlet
potok n. brook
potok n. creek
potok n. stream
potom adv. next
potomak n descendant
potomak n. offspring
potomstvo n. posterity
potomstvo n. progeny
potonuti v.i. sink
potopiti v.t. soak
potopiti v.i. submerge
potpaliti v.t. kindle
potpis n. signature
potpisati v.t. subscribe
potpisnik n. signatory
potpun a absolute
potpun adj. crass
potpun a downright
potpun a. sheer
potpun adv. stark
potpun a utter
potpuno adv absolutely
potpuno adv downright
potpuno adv entirely
potpuno adv. fully
potpuno adv. utterly
potpunost n. stark
potraživanje n claim
potreba n. necessary
potreba n requisite
potreba n want
potreban a necessary

potreban *a.* needful
potreban *a.* requisite
potres *n* earthquake
potres *n* quake
potres *n* shake
potrostručiti *v.t.* triplicate
potrošiti *v. t* expend
potrošnja *n* consumption
potvrda *n* affirmation
potvrda *n* confirmation
potvrdan *a* affirmative
potvrditi *v.t.* affirm
potvrditi *v.t.* attest
potvrditi *v. t.* certify
potvrditi *v. t* confirm
potvrditi *v.t.* substantiate
potvrditi *v.t.* validate
potvrđivanje *n.* substantiation
pouka *n.* moral
pouzdan *a.* reliable
pouzdan *a.* trustworthy
pouzdanje *n.* reliance
povećanje *n.* augmentation
povećati *v.t.* augment
povelik *a.* sizable
povelja *n* charter
povelja *n.* muniment
povezati *v. t.* connect
povezati *v.t.* rope
povijesni *a .* historic
povijesni *a.* historical
povijest *n.* history
povik *n.* shout
povisiti *v.t.* heighten
povjerenik *n.* commissioner
povjerenik *n* confidant
povjerenik *n.* trustee
povjerenje *n* confidence
povjerenje *n.* trust
povjeriti *v. i* confide

povjeriti *v. t.* consign
povjeriti *v. t* entrust
povjerljiv *a.* confidential
povjerljiv *a.* trustful
povjesničar *n.* historian
povjetarac *n* breeze
povlačenje *n* drag
povlačenje *n.* pull
povlačenje *n.* withdrawal
povlačiti *v. t* drag
povlačiti se *v.i.* retreat
povlašten *a.* preferential
povoljan *a.* advantageous
povoljan *a.* auspicious
povoljan *a* favourable
povoljan *a.* providential
povorka *n.* procession
povraćaj *n.* refund
povraćanje *n* vomit
povraćati *v.t.* vomit
povratak *n.* relapse
povratak *n.* return
povratak u domovinu *n.* repatriation
povratan *a.* reversible
povratiti *v.t.* refund
povratiti *v.t.* retrieve
povratni *a.* recurrent
povratni *a* reflexive
povratnik *n* repatriate
povrće *n.* vegetable
povreda *n* hurt
povremen *a.* occasional
povremeno *adv.* occasionally
povrh *adv* above
povrijediti *v.t.* hurt
povrijediti *v.t.* injure
povrijediti *v.t.* violate
površan *a* cursory
površan *a.* superficial
površina *n.* surface

površina u jutrima n. acreage
površnost n. superficiality
povrtni a. vegetable
povuci v.t. withdraw
povučen a. reticent
povučenost n. reticence
povući v.t. pull
poza n. pose
pozadina n. background
pozadina n. rear
pozajmiti v.t. loan
pozdrav n. salutation
pozdrav n salute
pozdraviti v.t. greet
pozdraviti v.t hail
pozdraviti v.t. salute
pozdraviti v.t welcome
pozdraviti se n. adieu
pozicija u kriketu n. mid-off
pozicija u kriketu n. mid-on
pozirati v.i. pose
pozitivan a. positive
poziv n. call
poziv n. calling
poziv v. invitation
poziv n. summons
pozivač n caller
pozlata a. gilt
pozlatiti v.t. gild
poznanici n. kith
poznanstvo n. acquaintance
poznat a familiar
poznat a famous
poznat a. renowned
poznat a. well-known
pozornica n. stage
pozvati v. t. call
pozvati v.t. invite
pozvati v.t. summon
poželjan a desirable

poželjan a eligible
požuda n. appetence
požuda n. lust
požuriti v. t. expedite
požutjeti v.t. yellow
praćka n. sling
prag n. threshold
pragmatičan a. pragmatic
pragmatizam n. pragmatism
prah n. powder
praksa n. practice
praktičan a. practical
praktičar n. practitioner
pralja n. laundress
pranje n ablution
pranje n wash
praotac n forefather
prapovijesni a. prehistoric
pras a snap
prasak n. bang
prasak n burst
prasak n crack
prasak n pop
prasak n snap
prasnuti v. i. burst
prastar a. primeval
prastari a. immemorial
prašina n dust
prati v.t. wash
pratilac n. attendant
pratiti v.t. accompany
pratiti v. t dog
pratiti v. t escort
pratiti v.t follow
pratnja n accompaniment
pratnja n escort
pratnja n. retinue
prav a. straight
pravac n direction
pravda n. justice

pravedan *a* equitable	**praznovjeran** *a.* superstitious
pravedan *a.* just	**praznovjerje** *n.* superstition
pravedan *a.* righteous	**pražnjenje** *n.* discharge
pravedno *adv.* aright	**prebivalište** *n* abode
pravedno *adv.* justly	**prebivalište** *n* domicile
pravi *a.* genuine	**prebivalište** *n* dwelling
pravi *a.* proper	**prebivalište** *n.* residence
pravi *a.* real	**preceniti** *v.t.* overrate
pravi *a.* right	**preciznost** *n.* precise
pravi *a.* true	**preciznost** *n.* precision
pravi *a.* veritable	**prečasni** *a.* venerable
pravilno *adv* aright	**prečka** *n.* spoke
pravilnost *n.* regularity	**prećutane** *a.* tacit
pravilo *n.* precept	**prećutna saglasnost** *v.i.* acquiesce
pravilo *n.* rule	**predaja** *n* surrender
praviti akrobacije *v.t.* stunt	**predak** *n.* ancestor
praviti dosjetke *v.i.* quibble	**predati se** *v.t.* surrender
pravni *a.* legal	**predavač** *n.* lecturer
pravni lijek *n.* remedy	**predavanje** *n.* lecture
pravnik *n.* jurist	**predavati** *v* lecture
pravo *n* right	**predbračni** *adj.* antenuptial
pravo *adv.* straight	**predbračni** *a.* premarital
pravo glasa *n.* suffrage	**predenje** *n.* purr
pravo zaloga *n.* lien	**predgovor** *n* foreword
pravokutni *a.* rectangular	**predgovor** *n.* preamble
pravokutnik *n.* rectangle	**predgovor** *n.* preface
pravoslavan *a.* orthodox	**predgrađe** *n.* suburb
pravoslavlje *n.* orthodoxy	**predikat** *n.* predicate
pravosuđe *n.* judicature	**predivan** *a.* wonderful
pravovaljanost *n.* validity	**predivo** *n.* yarn
pravovremen *a.* seasonable	**predjelo** *n* appetizer
prazan *a* blank	**predložiti** *v.t.* propose
prazan *a* empty	**predložiti** *v.t.* propound
prazan *a.* vacant	**predložiti** *v.t.* suggest
prazan *a.* void	**prednost** *n.* advantage
praznina *n* blank	**prednost** *n.* precedence
praznina *n.* lacuna	**prednja noga** *n* foreleg
praznina *n.* void	**prednjak** *n* limber
prazniti *v. t* discharge	**prednji** *a* foremost
prazniti *v* empty	**prednji** *a.* forward

prednji *a* front
predodrediti *v.t.* predetermine
predodređenje *n.* predestination
predosjećanje *n.* premonition
predosjećanje *n.* prescience
predostrožnost *n.* precaution
predozirati *v.t.* overdose
predrasuda *n.* prejudice
predsjedavati *v.i.* preside
predsjednički *a.* presidential
predsjednik *n* chairman
predsjednik *n.* president
predsoblje *n.* lobby
predstaviti *v.t.* present
predstaviti *v.t.* typify
predstavljanje *n.* impersonation
predstavljanje *n.* representation
predstavljati *v.t.* represent
predstavnik *n.* representative
predstojeći *a.* forthcoming
predstojeći *a.* imminent
predstraža *n.* outpost
preduhitriti *v.t* forestall
predujam *n.* advance
predumišljaj *n.* premeditation
preduslovan *a.* prerequisite
preduvjet *n* prerequisite
predvidjeti *v.t.* anticipate
predvidjeti *v.t* foresee
predvidjeti *v.t.* predict
predviđanje *n.* anticipation
predviđanje *n* forecast
predviđanje *n.* foreknowledge
predviđanje *n* foresight
predviđanje *n.* prediction
predviđati *v.t* forecast
predvorje *n.* lounge
prefekt *n.* prefect
preferirati *v.t.* prefer
prefiks *n.* prefix

prefinjenost *n.* sophistication
pregača *n.* rung
pregled *n.* conspectus
pregled *n.* digest
pregled *n.* overhaul
pregled *n.* perusal
pregled *n* review
pregled *n.* survey
pregled *n.* syllabus
pregledati *v.t.* inspect
pregledati *v.t.* overhaul
pregledati *v.t.* peruse
pregledati *v.t.* review
pregledati *v.t.* scrutinize
pregledati *v.t.* survey
pregledavanje *n* browse
pregovarač *n.* negotiator
pregovaranje *n.* negotiation
pregovaranje *n.* parley
pregovarati *v.t.* negotiate
pregovarati *v.i* parley
pregovor *n.* treaty
pregršt *n.* handful
pregrupisati *v.t.* deploy
prehrana *n.* nutrition
preispitivati se *v.i.* introspect
prekid *n* abruption
prekid *n.* interruption
prekidač *n.* switch
prekinuti *v.i* abort
prekinuti *v. t* break
prekinuti *v. t* discontinue
prekinuti *v. t* disrupt
prekinuti *v.t.* interrupt
prekinuti *v.t.* sever
preklapanje *n* overlap
preklapati *v.t.* overlap
preklinjanje *n* adjuration
preklinjanje *n.* entreaty
preklinjati *v. t.* entreat

preklinjati v.t. implore
preko adv. across
preko prep. over
preko prep. via
preko noći adv. overnight
preko palube adv. overboard
preko puta prep. across
prekomjeran rad n overtime
prekomjeran rad n. overwork
prekoračenje n. demurrage
prekoračenje računa n. overdraft
prekoračiti v.t exceed
prekoračiti v.t. transcend
prekoračiti račun v.t. overdraw
prekovremeno adv. overtime
prekretnica n. milestone
prekriti v.t. veil
prekrivač n. coverlet
prekrstiti v. t cross
prekršaj n. default
prekršaj a. foul
prekršaj n. misdemeanour
prekršiti v.t. transgress
prekršiti zakletvu v.t. forswear
prelat n. prelate
preliminaran a. preliminary
prelomiti v.t. page
prelja n. spinner
preljuba n. adultery
prema gore prep. up
prema tome adv. accordingly
premašivati v.i. preponderate
premazati katranom v.t. tar
premda conj. notwithstanding
premda conj. though
premija n. premium
premijer a. premier
premijer n premier
premijera n. premiere
preminuti v. i decease

premostiti v.t. span
premostiv a. negotiable
prenatalni adj. antenatal
prenemaganje n affectation
prenemaganje n whine
prenemagati se v.i. whine
prenoćiti v.i. roost
prenositi v. t. convey
prenositi v.t. relay
prenositi v.t. telecast
prenositi v.t. transfer
prenositi v.t. transmit
prenosiv a. removable
prenosiv a. transferable
preobilan a. superabundant
preobilje n. superabundance
preobraćenik n convert
preobraziti v.t. transfigure
preobraženje n. transfiguration
preokret n. reversal
preokret n. upheaval
preokupacija n. preoccupation
preopširan a. verbose
preopširnost n. verbosity
preopterećenje n overload
preopterećenje n overcharge
preopterećenje n. surcharge
preopteretiti v.t. overburden
preopteretiti v.t. overcharge
preopteretiti v.t. overload
preopteretiti v.t. surcharge
preopteretiti radom v.i. overwork
preosjetljiv a maudlin
preostali a. residual
preovlađivati v.i. predominate
preovlađivati v.i. prevail
preovlađujući a. prevalent
prepad n swoop
prepelica n. quail
prepirati se v. t bicker

prepirati se v. i dispute
prepirati se v.i. wrangle
prepirka n. altercation
prepirka v. t brangle
prepirka n. wrangle
prepisati v.t. transcribe
prepiska n. correspondence
preplanulost n., a. tan
preplanuti v.i. tan
preplašiti v.t. overawe
prepoloviti v. t bisect
prepoloviti v.t. halve
preporod n. rebirth
preporod n. resurgence
preporučiti v.t. recommend
preporučivo a. advisable
preporučivost n advisability
preporuka n. recommendation
prepoznati v.t. recognize
prepoznavanje n. recognition
prepraviti v.t. revise
prepreden a arch
prepreka n. hindrance
prepreka n. impediment
prepreka n. obstacle
preraditi v.t. refine
prerasti v.t. outgrow
prerušen n disguise
prerušiti se v. t disguise
presađivati v.t. transplant
presedan n. precedent
preskakivanje n skip
preskočiti v.i. skip
presrećan a overjoyed
presresti v.t. intercept
presretanje n. interception
prestati v. i. cease
prestati v.t. quit
presti v.i. purr
prestići v.t. overtake

prestiž n. prestige
prestižan a. prestigious
prestraviti v.t. terrify
prestravljen a. aghast
presuda n. judgement
presuda n. verdict
presudan adj. crucial
presuditi v.t. arbitrate
preštampavanje n. reprint
pretegnuti v.t. outweigh
pretenciozan a. pretentious
pretendent n. aspirant
pretenzija n. pretension
preterano uslužan a. officious
prethoditi v.t. antecede
prethoditi v. precede
prethodni a. antecedent
prethodni a former
prethodni a. previous
prethodnik n forerunner
prethodnik n. precursor
prethodnik n. predecessor
pretilost n. obesity
pretjerano čedna žena n. prude
pretjerano laskanje n adulation
pretjerati v.t. overdo
pretjerivati v.t. overact
pretplata n. subscription
pretpostaviti v.t. assume
pretpostaviti v.i guess
pretpostaviti v.t. presume
pretpostaviti v.t. presuppose
pretpostaviti v.t. suppose
pretpostaviti v.t. surmise
pretpostavka n. assumption
pretpostavka n conjecture
pretpostavka n. guess
pretpostavka n. presumption
pretpostavka n. supposition
pretpostavka n. surmise

pretpostavljanje *n.* presupposition
pretpostavljati *v. t* conjecture
pretraga *n.* search
pretrčati *v.t* overrun
pretresti *v.t.* ransack
pretrpjeti *v.t.* undergo
preturanje *n* rummage
preturati *v.i.* fumble
pretvaranje *n.* pretence
pretvarati se *v.t* feign
pretvarati se *v.t.* pretend
pretvarati se *v.i.* sham
pretvorbe *n* conversion
pretvoriti *v. t* convert
pretvoriti u kašu *v.t.* pulp
pretvoriti u stihove *v.t.* versify
preuveličavanje *n.* exaggeration
preuveličavati *v. t.* exaggerate
preuzeti *v.t.* shoulder
prevaga *n.* preponderance
prevagnuti *v.t.* out-balance
prevarantski *a* crook
prevariti *v. t.* bilk
prevariti *v.t.* hoodwink
prevariti *v.t.* swindle
prevariti *v.t.* trick
prevazići *v.t.* overcome
prevelik *a.* outsize
prevelika doza *n.* overdose
prevencija *n.* prevention
preventivan *a.* preventive
previdjeti *v.t.* overlook
prevlast *n.* predominance
prevlast *n.* prevalence
prevlast *n.* supremacy
prevodilac *n.* interpreter
prevoditi *v.t.* translate
prevođenje *n.* translation
prevoziti *v.t* ferry
prevoziti *v.t.* transport

prevremen *a.* premature
prevrnuti *v. i.* capsize
prevrnuti *v.t.* tip
prezasićenost *n* glut
prezasićenost *n.* surfeit
prezasititi *v.t.* glut
prezentacija *n.* presentation
prezervativ *n.* preservative
prezime *n.* surname
prezir *n* contempt
prezir *n* disdain
prezir *n.* scorn
prezirati *v. t* despise
prezirati *v. t.* disdain
prezirati *v.t.* loathe
prezirati *v.t.* scorn
prezriv *a* contemptuous
preživanje *v.i.* rummage
preživara *n.* ruminant
preživati *v.i.* ruminate
pribjeći *v.i.* resort
pribježište *n* resort
približan *a.* approximate
pribor *n* accessory
pribor *n. pl* paraphernalia
pribor *n.* tackle
pribor *n.* utensil
pribosti *v.t.* pin
pribranost *n.* composure
priča *n.* story
priča *n.* tale
pričati *v.i.* talk
pričljiv *a.* talkative
pričvrstiti *v.t.* affix
pričvrstiti *v.t.* attach
pričvrstiti *v.t* fasten
pričvrstiti *v.t* key
pričvrstiti *v.t.* limber
pričvrstiti klinom *v.t.* wedge
pridjev *n.* adjective

pridruženje *n.* affiliation
pridružiti *v.t.* join
pridržavanje *n.* observance
prigodan *a.* pertinent
prigovarati *v.t.* reproach
prigovor *n.* objection
prigovoriti *v.t.* object
prigradski *a.* suburban
prigrušeno se smijati *v. i* chuckle
prigušen glas *n.* undertone
prigušiti *v.t.* muffle
prigušivač *n.* muffler
prigušivač *n.* silencer
prihod *n* emolument
prihod *n.* income
prihod *n.* revenue
prihvaćanje *n* acceptance
prihvatiti & accept
prihvatljiv *a* acceptable
prihvatljiv *a.* admissible
prijatan *a* kind
prijatan *a.* pleasant
prijatelj *n.* friend
prijatelj *n.* mate
prijateljski *adj.* amicable
prijateljstvo *n.* amity
prije *prep.* afore
prije *adv.* ago
prije *prep* before
prije *nego conj* before
prije podne *n* forenoon
prijedlog *n.* preposition
prijedlog *n.* proposal
prijedlog *n.* proposition
prijedlog *n.* suggestion
prijekor *n.* reproach
prijelaz *n.* crossing
prijelaz *n.* transition
prijelazni *n.* transitive
prijelom *n.* fracture

prijem *n.* reception
prijemčiv *a.* receptive
prijemnik *n.* receiver
prijenos *n* conveyance
prijenos *n.* telecast
prijenos *n.* transfer
prijestup *n.* transgression
prijestup *n.* trespass
prijestupnik *n.* offender
prijetiti *v.t* menace
prijetiti *v.t.* threaten
prijetnja *n* menace
prijetnja *n.* threat
prijevara *n.* bam
prijevara *n* deceit
prijevara *n* deception
prijevara *n* eyewash
prijevara *n.* fraud
prijevara *n.* ruse
prijevara *n.* swindle
prijevoz *n.* transport
prikazati *v.t.* show
prikazati u profilu *v.t.* profile
prikazivanje *n.* show
prikazivati *v. t.* depict
prikladan *adj* apposite
prikladan *a.* appropriate
prikladan *a* expedient
prikladan fit
prikladan *a.* opportune
prikladan *a.* seemly
prikladno *adv* appositely
priklanjanje *n* deference
priključenje *n.* incorporation
priključiti *v.t.* incorporate
prikolica *n.* trailer
prikovati *v.t.* peg
prikradati se *v.i.* stalk
prikriti *v. t.* conceal
prikriven *a.* latent

prikriven a. ulterior
prikupiti v. t collect
prikupiti v.t. muster
prilagoditi v.t. adapt
prilagoditi v.t. adjust
prilagoditi se v.t acclimatise
prilagodljiv a. malleable
prilagođavanje n. adaptation
prilagođavanje n. adjustment
prilično adv. pretty
prilijepiti se v. i. cling
prilika n. occasion
prilika n. opportunity
prilog n. adverb
prilog n. attachment
prilog n. enclosure
priložiti v. t enclose
priložna a. adverbial
priljev n. influx
priljubljen adj cohesive
primatelj n. addressee
primatelj n. payee
primatelj n. recipient
primijećen a. notice
primijeniti v.t. apply
primijeniti v.t. appropriate
primijeniti v. t. enforce
primijetiti v.t. notice
primirje n. armistice
primirje n. truce
primitivan a. primitive
primjena n. application
primjena n. usage
primjenjiv a. applicable
primjer n example
primjer n. instance
primjerak n. specimen
primjeran a. apposite
primjetan a. appreciable
primjetan adj perceptible

primorski a. littoral
princ n. prince
princeza n. princess
princip n. principle
prinos n yield
prinuda n compulsion
prionuti v.t. tackle
priopćenje n. communiqué
priopćiti v.t. impart
prioritet n. priority
pripadanje n appurtenance
pripadati v. i belong
pripajanje n annexation
pripisati v.t. ascribe
pripisati v.t. impute
pripit a. mellow
pripit a. tipsy
pripitomiti v.t. tame
pripovijedati v.t. narrate
pripovijest n. narrative
pripovjedač n. narrator
pripovjedački a. narrative
pripravnik n. probationer
pripravnik n. trainee
priprema n preliminary
priprema n. preparation
pripremiti v.t. prepare
pripremni a. preparatory
priraštaj n. increment
prirediti v.t. stage
priroda n. nature
prirodni a. natural
prirodno adv. naturally
prirodnjak n. naturalist
priručnik n. handbook
priručnik n manual
prisilan a forcible
prisiliti v. t compel
prisnost n. rapport
pristajanje n. landing

pristalica *n.* stickler
pristanak *n.* assent
pristanak *n.* consent
pristanište *n.* dock
pristati *v.i.* assent
pristati *v. i* consent
pristati uz jednu stranu *v.i.* side
pristojan *a* becoming
pristojan *a* decent
pristojba *n.* toll
pristojba za vaganje *n.* weighage
pristojnost *n* decency
pristojnost *n* decorum
pristranost *n.* partiality
pristup *n* access
pristup *n.* admission
pristup *n.* approach
pristupanje *n* accession
pristupanje *n.* admittance
pristupiti *v.t.* accede
pristupiti *v.t.* approach
prisustvo *n.* presence
prisustvovati *v.t.* attend
prisutan *a.* present
prisvajanje *n.* appropriation
pritegnuti *v.t.* tighten
pritisnite *v.t.* press
pritisnuti *v. t* depress
pritoka *n.* tributary
pritvoren *adv.* ajar
priuštiti *v.t.* afford
privatni *a.* private
privatnost *n.* privacy
privezati *v.t.* tether
privići se *v.t.* accustom
prividan *a.* apparent
prividan *a* bogus
privilegija *n.* prerogative
privilegija *n.* privilege
privlačan *a.* attractive

privlačan *n.* sexy
privlačiti *v.t.* allure
privlačnost *n* allurement
privlačnost *n.* attraction
privoljeti *v.t.* consent3
privremen *a.* provisional
privremen *a.* temporary
privrženik *n* devotee
privrženik *n.* loyalist
privrženost *n.* adherence
privrženost *n* devotion
privući *v.t.* attract
prizivač duhova *n.* necromancer
prizivanje *n.* invocation
prizivati *v.t.* conjure
prizivati *v.t.* invoke
priznanica *n* bill
priznanje *n.* acknowledgement
priznanje *n* confession
priznati *v.* acknowledge
priznati *v.t.* admit
priznati *v.t.* avow
priznati *v. t.* confess
prkos *n* defiance
prljav *a* dirty
prljav *a* filthy
prljav *a.* sordid
proba *n.* probation
proba *n.* rehearsal
probati *v.t.* rehearse
problem *n.* problem
problematičan *a.* problematic
probni *a.* tentative
probosti *v.t.* jab
probosti kopljem *v.t.* spear
probuditi *v.t.* awake
probuditi *v.t.* wake
probuditi se *v.i.* rouse
probušiti *v.t* hole
probušiti *v.t.* perforate

probušiti *v.t.* puncture	profitabilan *a.* profitable
procedura *n.* procedure	profiter *n.* profit
proces *n.* process	profiter *n.* profiteer
procijeniti *v.t.* appraise	profitirati *v.t.* profit
procijeniti *v.t.* assess	proganjanje *n.* persecution
procijeniti *v. t* estimate	proglas *n.* proclamation
procijeniti *v.t.* rate	proglasiti *v. t.* declare
procjena *n.* assessment	proglasiti *v.t.* proclaim
procjena *n.* estimate	prognati *v. t* exile
procjena *n* estimation	prognati *v.t.* ostracize
procjena *n.* valuation	progoniti *v.t.* haunt
procvat *n* blossom	progoniti *v.t.* persecute
procvjetati *v.i* blossom	progoniti *v.t.* pursue
pročišćavajući *a* laxative	progonstvo *n.* exile
pročišćavanje *n.* purification	program *n.* programme
pročišćavanje *n.* refinement	programirati *v.t.* programme
pročišćenje *n.* purgation	progresivan *a.* progressive
proći *v.i.* pass	progutati *v.t* engulf
prodaja *n.* sale	progutati *v.t.* swallow
prodavac *n.* monger	prohladno *a* chilly
prodavač *n.* salesman	proizlaziti *v.i* ensue
prodavač *n.* seller	proizlaziti *v.i.* result
prodavač *n.* vendor	proizvod *n.* produce
prodavač knjiga *n* book-seller	proizvoditi *v.t* fabricate
prodavaonica *n.* shop	proizvoditi *v.t.* manufacture
prodavaonica *n.* store	proizvoditi *v.t.* produce
prodavati *v.t.* sell	proizvodnja *n* fabrication
prodavati robu na malo *v.t.* retail	proizvodnja *n* manufacture
prodor *n* breach	proizvodnja *n.* production
prodrijeti *v.t.* penetrate	proizvođač *n* manufacturer
produkt *n.* product	proizvoljno *a.* arbitrary
produktivan *a.* productive	projekcija *n.* projection
produktivnost *n.* productivity	projekt *n.* project
produženje *n.* prolongation	projektil *n.* missile
produžiti *v.t.* lengthen	projektil *n.* projectile
produžiti *v.t.* prolong	projektirati *v.t.* project
profesija *n.* profession	projektor *n.* projector
profesionalan *a.* professional	proklet *a.* accursed
profesor *n.* professor	prokleti *v. t* curse
profil *n.* profile	prokleti *v. t.* damn

prokletstvo *n.* damnation
prokletstvo *n.* malediction
prokrijumčariti *v.t.* smuggle
prokurator *n.* proctor
prolaz *n* pass
prolaz *n.* thoroughfare
prolazan *n.* transitory
prolaziti *v. t* elapse
prolećni *a.* vernal
prolivanje *n* spill
prolog *n.* prologue
proljeće *n* spring
promašaj *n.* miss
promašiti *v.t.* miss
promatrački *a.* observant
promatranje *n.* observation
promatrati *v.t.* observe
promijeniti *v. t.* change
promišljen *a.* considerate
promišijen *a.* prudential
promišljenost *n* forethought
promjena *n.* change
promjena *n.* variance
promjenljiv *a* fickle
promjer *n* diameter
promocija *n.* promotion
promovirati *v.t.* promote
promrmljati *v.i.* mutter
promukao *a.* hoarse
pronalazač *n.* inventor
pronalazački *a.* inventive
pronalazak *n.* invention
proneveriti *v.t.* misappropriate
pronevjera *n.* misappropriation
pronicljiv *a.* apprehensive
proniknuti *v.t* fathom
propadanje *n* decline
propadati *v. t.* decline
propaganda *n.* propaganda
propagator *n.* propagandist

propagirati *v.t.* propagate
propast *n* doom
propast *n.* rack
propast *n.* ruin
propis *n.* regulation
propisati *v.t.* prescribe
propisno *adv* duly
proporcija *n.* proportion
proporcionalan *a.* proportional
propovijed *n.* sermon
propovijedati *v.i.* preach
propovijedati *v.i.* sermonize
propovjedaonica *a.* pulpit
propovjednik *n.* preacher
propust *n* lapse
propustiti *v.i.* lapse
proračun *n.* calculation
proreći *v.t* foretell
proreći *v.t.* prophesy
proricanje *n.* auspice
proricati *v.t.* auspicate
proročanski *a.* oracular
proročanstvo *n.* oracle
proročanstvo *n.* prophecy
proročki *a.* prophetic
prorok *n.* prophet
prosijati *v.i.* riddle
prosijati *v.t.* sieve
prosilac *n.* suitor
prosinac *n* december
prositi *v. i* cadge
prosjak *n* beggar
prosječan *a.* average
prosjek *n.* average
proso *n.* millet
prospekt *n* brochure
prospekt *n.* prospectus
prost čovjek *n.* commoner
prostitucija *n.* prostitution
prostituirati *v.t.* prostitute

prostitutka n. prostitute
prostitutka n. whore
prostor n. space
prostorni a. spatial
prostran a. capacious
prostran a. roomy
prostran a. spacious
prosuti v.i. spill
prosvijetliti v. t. enlighten
prosvjetitelj n. luminary
proširenje n. expansion
proširiti v.t. expand
proširiti v. t extend
proširiti v.t. widen
prošli a. past
prošlost n. antecedent
prošlost n. past
protagonista n. protagonist
protein n. protein
protektirane gume n. retread
protektirati gumu v.t. retread
protest n. protest
protest n. protestation
protestovati v.i. protest
protiv pref. contra
protiv prep. versus
protivan a. averse
protiviti se v.t. antagonize
protivljenje n. antagonism
protivnik n. adversary
protivnik n. antagonist
protivnik n. opponent
protivnik n. rival
protjerati v.t. banish
protjerati v. t evict
protjerivanje n. banishment
protjerivanje n eviction
protok n flow
prototip n. prototype
protumačiti v.t. interpret

protuotrov n. antidote
protuotrov n. mithridate
proturječiti v. t contradict
protutužba n. countercharge
protuzakonit a. illicit
protuzračni a. anti-aircraft
prouzrokovati v.t occasion
provala n burglary
provala n. irruption
provalnik n burglar
provesti v.t. spend
provesti v.t. while
proviđenje n. providence
provincija n. province
provincijalizam n. provincialism
provincijski a. provincial
provizija n. commission
provjera n check
provjeriti v. t. check
provocirati v.t. provoke
provokacija n. provocation
provokativan a. provocative
proza n. prose
prozaičan a. prosaic
prozivka n. roll-call
prozodija n. prosody
prozor n. window
proždirati v. t devour
proždrljiv a. voracious
proždrljivac n. glutton
prožimati v.t. pervade
prskanje n splash
prskati v.t. spray
prsluk n bodice
prsluk n. vest
prsluk n. waistcoat
prst n finger
prsten n. ring
prstenčić n annulet
prstenčić n. ringlet

prtljaga *n.* baggage	**pučina** *n.* offing
prtljaga *n.* luggage	**puding** *n.* pudding
pruga *n.* stripe	**puhanje** *n* blow
prut *n.* withe	**puk** *n.* regiment
pružanje *n.* offering	**puki** *a.* mere
pružiti utočište *v.t* harbour	**pukotina** *n* fissure
prvenstveno *adv.* primarily	**pukotina** *n* gap
prvi *a* first	**pukotina** *n.* rift
prvi *n* first	**pukotina** *n* split
prvo *adv* first	**pukovnik** *n.* colonel
prvoklasan *a.* sterling	**pulover** *n.* pullover
pržiti *v.t.* fry	**pulpa** *n.* pulp
psalm *n.* psalm	**puls** *n.* pulse
pseudonim *n.* alias	**puls** *n* pulse
pseudonim *n.* pseudonym	**pulsacija** *n.* pulsation
psiha *n.* psyche	**pulsirati** *v.i.* pulse
psihički *a.* psychic	**pumpa** *n.* pump
psihijatar *n.* psychiatrist	**pumpati** *v.t.* pump
psihijatrija *n.* psychiatry	**pun** *a.* full
psiholog *n.* psychologist	**pun nade** *a.* hopeful
psihologija *n.* psychology	**pun poštovanja** *a.* respectful
psihološki *a.* psychological	**pun poštovanja** *a.* reverent
psihopata *n.* psychopath	**pun** *poštovanja* *a.* reverential
psihoterapija *n.* psychotherapy	**pun šavova** *a.* seamy
psihoza *n.* psychosis	**puna žlica** *n.* spoonful
psovati *v. t.* chide	**punč** *n.* punch
psovati *v.t.* swear	**punilac boca** *n* bottler
pšenica *n.* wheat	**puniti** *v. t.* charge
ptica *n* bird	**puno** *adv.* full
ptica pjevačica *n.* warbler	**punoća** *n.* fullness
ptičar *n.* fowler	**punomoćnik** *n.* assignee
pubertet *n.* puberty	**punjenje** *n.* charge
publicitet *n.* publicity	**punjenje** *n.* padding
publika *n.* audience	**puplin** *n.* poplin
pucanje *n* shoot	**pupoljak** *n* bud
pucati *v.i.* pop	**purgativ** *n.* purgative
pucati *v.t.* shoot	**purgativan** *a* purgative
pucketati *v. t* brustle	**purista** *n.* purist
pucketati *v. i* crack	**puritanac** *n.* puritan
pucketati *v.t.* crackle	**puritanski** *a.* puritanical

pust *a.* waste
pustinja *n* desert
pustinjačka ćelija *n.* hermitage
pustinjak *n.* hermit
pustinjak *n.* recluse
pustiti *v.t.* release
pustolovan *a.* adventurous
pustoš *n.* havoc
pustošenje *n.* ravage
pustošiti *v.t.* ravage
pustošiti *v.t.* waste
pušiti se *v.i.* smoke
puška *n* rifle
puškarnica *n.* loop-hole
puštanje *n* release
put *n.* path
put *n.* road
put *n.* route
puter *n* butter
putnik *n.* passenger
putnik *n.* traveller
putnik *n.* voyager
putnik *n.* wayfarer
putovanje *n.* journey
putovanje *n* travel
putovanje *n.* trek
putovanje *n.* trip
putovanje *n.* voyage
putovati *v.i.* journey
putovati *v.i.* tour
putovati *v.i.* travel
putovati *v.i.* voyage
putovnica *n.* passport
putujući *adj* ambulant
puzanje *n* crawl
puzati *v. i* creep
puzati *v. i.* cringe
puzati *v.t.* trail
puzavac *n* creeper
puziti *v. t* crawl

puž *n.* snail

R

rabat *n.* rebate
racija *n.* raid
racionalan *a.* rational
racionalizirati *v.t.* rationalize
racionalnost *n.* rationality
račun *n.* account
račun *n.* count
račun *n.* receipt
račun *n.* warrant
računanje *n.* computation
računati *v.t.* compute
računati *v. t.* count
računati *v.t.* reckon
računovodstvo *n.* accountancy
računovođa *n.* accountant
rad *n.* labour
rad *n.* work
radan *a.* painstaking
radij *n.* radium
radije *adv.* rather
radikalan *a.* radical
radio *n.* radio
radio *n* wireless
radionica *n.* workshop
raditi *v.i.* labour
raditi *v.t.* operate
raditi *v.t.* work
radna soba *n.* study
radni sto *n* desk
radnik *n.* labourer
radnik *n.* worker
radnik *n.* workman
radno odijelo *n.* smock
radnja modistkinje *n.* millinery
radost *n.* glee

radost *n.* joy
radostan *a.* glad
radostan *a.* jolly
radostan *n.* joyful, joyous
radovati se *v.i.* rejoice
radoznalost *n* curiosity
radoznao *a* curious
radoznao *a.* inquisitive
rađanje *n.* nativity
rafinerija *n.* refinery
rahitičan *a.* rickety
rahitis *n.* rickets
raj *n.* paradise
rak *n.* cancer
raketa *n.* rocket
rame *n.* shoulder
ran *adv* early
rana *n* sore
rana *n.* wound
randevu *n.* rendezvous
rang *n.* rank
rangirati *v.t.* rank
ranije *adv.* before
ranije *adv* formerly
raniji *a.* prior
raniji datum *n.* antedate
raniti *v.t.* wound
rano *a* early
rano djetinjstvo *n.* infancy
ranjiv *a.* sore
ranjiv *a.* vulnerable
rapir *n.* rapier
rascepiti *v.t.* splinter
rascepiti *v.i.* split
rascjep *n* cleft
rashladiti *v.t.* refrigerate
rashod *n* expenditure
rasipan *a.* prodigal
rasipan *a.* profligate
rasipan *a.* wasteful

rasipanje *n.* wastage
rasipnik *n.* spendthrift
rasipnost *n.* prodigality
rasizam *n.* racialism
raskalašne *a.* wanton
raskalašnost *n.* profligacy
raskid *n.* rupture
raskinuti *v.t.* rupture
raskol *n.* schism
raskoš *n.* luxuriance
raskoš *n.* pomp
raskošan *a.* lavish
raskošan *a.* luxuriant
raskošan *a.* sumptuous
raskrsnica *n.* intersection
raskrsnica *n.* junction
rasni *a.* racial
rasol *n* brine
raspadanje *n.* decay
raspadati *v. i* decay
raspaliti *v.t.* inflame
raspaljiv *a.* inflammatory
raspeće *n.* rood
raspitati se *v.t.* inquire
raspodijeliti *v.t.* apportion
raspodjela *n.* allocation
raspojasan *a.* licentious
raspolaganje *n* disposal
raspolagati *v. t* dispose
raspoloženje *n.* mood
raspon *n.* circumference
raspon *n.* span
raspor *n.* slit
raspored *n.* schedule
rasporediti *v.t.* array
rasporediti *v. t* co-ordinate
rasporediti *v.t.* regiment
rasporediti *v.t.* schedule
rasporiti *v.t.* slit
rasprava *n.* argument

rasprava *n.* treatise
raspraviti *v. t.* canvass
raspravljati *v.t.* argue
rasprostranjen *a.* widespread
raspustiti *v.t.* prorogue
rast *n.* growth
rastaviti *v.t.* sunder
rastavljanje *n.* decomposition
rasteretiti *v.t.* unburden
rastezanje *n* stretch
rastezati *v.t.* stretch
rasti *v.t.* grow
rasti *v.t.* wax
rastopiti *v.t.* fuse
rastopiti *v.t.* liquefy
rastopiti *v.i.* melt
rastrgnuti *v.t.* lacerate
rasturiti *v.t.* scatter
rastužiti *v.t.* sadden
rastvoriti *v.t* dissolve
rasuti *v. t* disperse
raščlanjen *a.* articulate
rat *n.* war
ratarstvo *n.* husbandry
ratifikovati *v.t.* ratify
ratnik *n.* warrior
ratno stanje *n* belligerency
ratoboran *a* bellicose
ratoboran *a* belligerent
ratoboran *a.* militant
ratoboran *a.* warlike
ratovanje *n.* warfare
ratovati *v.i.* militate
ratovati *v.i.* war
ravan *a* even
ravan *a* flat
ravan *n.* plain
ravan *a.* plane
ravnica *n.* plane
ravnina *n* flat

ravnodušan *a.* indifferent
ravnodušnost *n.* indifference
ravnopravnost *n* equal
ravnoteža *n.* balance
ravnoteža *n* poise
razaranje *n* destruction
razbacati *v.t.* winnow
razbijanje *n* smash
razbiti *v.t.* rout
razbiti *v.t.* shatter
razbiti *v.t.* smash
razbjesneti *v.t.* infuriate
razbjesniti *v. t* enrage
razboj *n* loom
razbojnik *n.* bandit
razbojnik *n.* dacoit
razbojnik *n.* thug
razbojništvo *n.* dacoity
razborit *a.* judicious
razborit *a.* prudent
razborit *a.* sage
razboritost *n.* prudence
razdijeliti *v.t.* parcel
razdoblje *n.* innings
razdoblje *n.* period
razdragan *a.* mirthful
razdraganost *n.* mirth
razdražljiv *a.* irritable
razdvajanje *n.* separation
razdvajanje *n.* severance
razglasiti *v.t.* rumour
razgledati *v.t.* view
razgolititi *v.t.* bare
razgovarati *v.t.* converse
razgovor *n* conversation
razgovor *n* talk
razgraničenje *n.* demarcation
razina *n.* level
razjasniti *v. t* clarify
razjasniti *v. t* clear

razjašnjenje *n* clarification
različit *a* different
različit *a* dissimilar
različit *a* diverse
različit *a.* various
razlika *n* difference
razlika *n* distinction
razlikovati *v. t.* discriminate
razlikovati *v. i* distinguish
razlikovati se *v. i* differ
razlog *n.* reason
razložiti *v. t.* decompose
razmatranje *n* consideration
razmatranje *n* deliberation
razmatrati *v. i* deliberate
razmaziti *v.t.* pamper
razmetanje *n* strut
razmetati se *v.i.* strut
razmijeniti *v. t* exchange
razmijeniti *v.* interchange
razmišljanje *n* contemplation
razmišljanje *n.* rumination
razmišljati *v. t* contemplate
razmišljati *v.i.* muse
razmišljati *v.t.* ponder
razmjena *n* exchange
razmjena *n.* interchange
razmjeran *a.* proportionate
razmnožavanje *n.* proliferation
razmnožiti se *v.i.* proliferate
razmotriti *v. t* consider
raznolik *a.* multifarious
raznolik *n.* multiform
raznolik *a.* varied
raznovrsnost *n.* variety
razočarati *v. t.* disappoint
razonoda *n.* pastime
razoriti *v.i* blast
razoružanje *n.* disarmament
razoružati *v. t* disarm

razraditi *v. t* elaborate
razrađen *a* elaborate
razred *n.* grade
razrokost *v.i.* squint
razrokost *n* squint
razrušiti *v.t.* raze
razum *n.* sanity
razuman *a.* reasonable
razuman *a.* sane
razuman *a.* sensible
razumijevanje *n.* apprehension
razumjeti *v.t.* understand
razvedriti *v. t* brighten
razvesti *v. t* divorce
razviti *v. t.* develop
razvod *n* divorce
razvod *n.* repudiation
razvodniti *v. t* dilute
razvodnjen *a* dilute
razvoj *n.* development
razvrat *n* debauchery
razvratan *a.* lewd
razvratnik *n* debauchee
razvratnost *n.* obscenity
razvrstati *v. t* classify
raž *n.* rye
rđati *v.i* rust
reagirati *v.i.* react
reakcija *n.* reaction
reakcionaran *a.* reactionary
realista *n.* realist
realističan *a.* realistic
realizacija *n.* realization
realizam *n.* realism
realizirati *v.t.* realize
realnost *n.* reality
rebreni *adj.* costal
rebro *n.* rib
recept *n.* prescription
recept *n.* recipe

recesija *n.* recession
reci *v.t.* tell
recipročan *a.* reciprocal
recitacija *n.* recitation
recital *n.* recital
recitovati *v.t.* recite
rečenica *n.* sentence
reći *n.* say
red *n.* array
red *n.* order
red *n.* queue
red *n.* row
red *n* trim
redovan *a.* ordinary
redovan *a.* regular
redovito *adv.* ordinarily
referenca *n.* reference
referendum *n.* referendum
refleks *n.* reflex
refleksan *a* reflex
refleksivan *a.* meditative
reflektor *n.* reflector
reflektujuće *a.* reflective
reforma *n.* reform
reformacija *n.* reformation
reformator *n.* reformer
reformirati *v.t.* reform
refren *n.* chorus
refren *n* refrain
regeneracija *n.* regeneration
regenerirati *v.t.* regenerate
regiji *n.* region
regionalni *a.* regional
registar *n.* register
registar *n.* registry
registracija *n.* registration
registrirati *v.t.* register
regres *n.* recourse
regrut *n.* recruit
regrutovati *v. t* enlist

regrutovati *v.t.* recruit
regulator *n.* regulator
regulirati *v.t.* regulate
rehabilitacija *n.* rehabilitation
rehabilitirati *v.t.* rehabilitate
reket *n.* racket
rekla-kazala *n.* hearsay
reklamacija *n* reclamation
rekreacija *n.* recreation
rektum *n.* rectum
rekvijem *n.* requiem
relativan *a.* relative
relej *n.* relay
relevantan *a.* relevant
relevantnost *n.* relevance
religija *n.* religion
relikvija *n.* relic
reljef *n.* relief
remek-djelo *n.* masterpiece
remi *n.* rummy
rendgen *n.* x-ray
rendgenski *a.* x-ray
renesansa *n.* renaissance
renome *n.* renown
renovirati *v.t.* renovate
renta *n.* annuity
rentijer *n* annuitant
rep *n.* tail
repa *n* beet
repa *n.* turnip
replika *n.* replica
reprezentativan *a.* representative
reproducirati *v.t.* reproduce
reprodukcija *n* reproduction
reproduktivan *a.* reproductive
reptil *n.* reptile
republika *n.* republic
republikanac *n* republican
republikanski *a.* republican
resa *n.* fringe

restauracija *n.* restoration
restoran *n.* restaurant
restriktivan *a.* restrictive
resurs *n.* resource
rešetka *n.* grate
rešetka *n.* lattice
retardiranost *n.* retardation
retorički *a.* rhetorical
retorika *n.* rhetoric
retorta *n.* crevet
retrospekcija *n.* retrospection
retrospektiva *n.* retrospect
retrospektivan *a.* retrospective
retuširati *v.t.* retouch
reumatizam *n.* rheumatism
reumatski *a.* rheumatic
revidirati *v.t.* audit
revizija *n.* audit
revizija *n.* revision
revizor *n.* auditor
revnost *n* bigotry
revnost *n.* zeal
revnostan *a.* zealous
revolucija *n.* revolution
revolucionar *n* revolutionary
revolucionaran *a.* revolutionary
revolver *n.* revolver
rez *n* cut
reza *n* bolt
rezač *n.* sharpener
rezati *v. t* cut
rezati *v.t.* lop
rezati *v.t.* trench
rezbariti *v. t.* carve
rezervat *n.* reservation
rezervirati *v.t.* reserve
rezervni *a* spare
rezervni dio *n.* spare
rezidentan *a.* resident
rezimirati *v.t.* resume

rezimirati *v.t.* summarize
rezolucija *n.* resolution
rezonanca *n.* resonance
rezonantan *a.* resonant
rezultat *n.* result
režanje *n* growl
režanje *n.* snarl
režati *v.i.* growl
režati *v.i.* snarl
režim *n.* regime
riba *n* fish
ribar *n* fisherman
ribizla *n.* currant
ribnjak *n.* pond
ricinusovo ulje *n.* castor oil
rigidan *a.* rigid
rigorozan *a.* rigorous
riječ *v.t.* say
riječ *n.* word
riječ *v.t* word
rijedak *a.* rare
rijedak *a.* scarce
rijeka *n.* river
riješiti *v.t.* resolve
riješiti *v.t.* solve
rijetko *adv.* seldom
rlka *n.* roar
rikati *v.i.* roar
rikša *n.* rickshaw
rilo *n.* snout
rima *n.* rhyme
rimovati se *v.i.* rhyme
rintanja *n.* toil
rintati *v.i.* toil
ris papira *n.* ream
riskantan *a.* venturesome
riskiranje *n* nap
riskirati *v.t* hazard
riskirati *v.t.* risk
ritam *n.* rhythm

ritmičan *a.* rhythmic
ritual *n.* ritual
ritualni *a.* ritual
rivalstvo *n.* rivalry
rizičan *a.* risky
rizik *n.* hazard
rizik *n.* risk
riža *n.* paddy
riža *n.* rice
rječit *a* eloquent
rječitost *n* eloquence
rječnik *n* dictionary
rječnik *n.* glossary
rječnik *n.* vocabulary
rješenje *n.* solution
rob *n.* slave
rob *n.* thrall
roba *n.* commodity
roba *n.* merchandise
roba *n.* ware
robot *n.* robot
robovati *v.i.* slave
roda *n.* stork
rodbina *n.* kin
roditelj *n.* parent
roditeljoubojstvo *n.* parricide
roditeljski *a.* parental
roditeljstvo *n.* parentage
roditi *v.* born
roditi *v.t* breed
rodni *a.* natal
rođak *n.* cousin
rođak *n.* relative
rođen bogat *adj.* born rich
rođenje *n.* birth
rog *n.* antler
rog *n.* horn
rogonja *n.* cuckold
roj *n.* swarm
rojalistički *n.* royalist

rojiti se *v.i.* swarm
rok *n.* term
roktanje *v.i.* grunt
roktati *n.* grunt
rola *n.* roll
roman *n* novel
romanopisac *n.* novelist
romantičan *a.* romantic
romantika *n.* romance
rominjati *v. i* drizzle
roniti *v. i* dive
ronjenje *n* dive
ronjenje *n* plunge
ropski *a.* slavish
ropstvo *n* bondage
ropstvo *n.* captivity
ropstvo *n.* slavery
ropstvo *n.* thraldom
rosa *n.* dew
rotacija *n.* rotation
rotacijski *a.* rotary
rotirati *v.i.* rotate
rotkvica *n.* radish
rov *n.* sap
rov *n.* trench
rožnjača *n* cornea
rt *n.* cape
rub *n.* brink
rub *n.* list
rub *n.* verge
rubin *n.* ruby
rublja *n.* rouble
rublje *n.* laundry
ručak *n.* lunch
ručati *v.i.* lunch
ručka *n.* handle
ručna burgija *n.* wimble
ručni rad *n.* handiwork
ručni zglob *n.* wrist
ručnik *n.* towel

ručno *a.* manual
ruda *n.* ore
rudar *n.* miner
rudnik *n* mine
ruganje *n* gibe
ruganje *n.* scoff
rugati se *v.i.* gibe
rugati se *v.i.* jeer
rugati se *v.i.* scoff
rujan *n.* September
ruka *n.* arm
rukav *n* sleeve
rukavica *n.* glove
rukavica bez prstiju *n.* mitten
rukopis *n.* manuscript
rukotvorina *n.* handicraft
rukovati *v.t* handle
rukovati *v.t.* wield
rukovoditi *v.t.* superintend
rum *n.* rum
rumen *a.* rosy
rumenilo *n* blush
rumenilo *n* flush
runo *n* fleece
rupa *n* hole
rupa *n.* puncture
rupica *n* eyelet
rupija *n.* rupee
rušenje *n* overthrow
ruševina *n* debris
rutina *n.* routine
rutinski *a* routine
ruža *n.* rose
ružan *a.* ugly
ružičast *a* pink
ružičast *a.* pinkish
ružičast *a.* roseate
ružičnjak, brojanice *n.* rosary
ružnoca *n.* ugliness
rvati se *v.i.* wrestle

rzanje *n.* neigh
rzati *v.i.* neigh

S

sa *prep.* with
sa dva kuta *adj.* biangular
sabat *n.* sabbath
sablja *n.* sabre
sabotaža *n.* sabotage
sabotirati *v.t.* sabotage
saće *n.* honeycomb
sada *adv.* now
sada *conj.* now
sadista *n.* sadist
saditi *v.t.* plant
sadizam *n.* sadism
sadržaj *n* content
sadržavati *v.t.* contain
sadržitelj *n* multiple
safir *n.* sapphire
saharin *n.* saccharin
sahrana *n.* funeral
sahrana *n.* sepulture
sajam *n.* fair
sakaćenje *n.* mutilation
sakatiti *v.t.* mutilate
sakrament *n.* sacrament
sakriti *v.t* hide
sakriti se *v.i.* cower
sakriti se *v.i.* darkle
sakrivanje *n.* hide
salata *n.* salad
salo *n.* lard
salon *n* drawing-room
salto *n.* somersault
salveta *n.* napkin
sam *a.* alone
sam am

sam *a.* solo
samac *n.* single
samo *adv.* only
samo što *conj.* only
samoglasnik *n.* vowel
samoispitivanje *n.* introspection
samostan *n.* cloister
samostan *n.* nunnery
samoubilački *a.* suicidal
samoubojstvo *n.* suicide
samouvjeren *a.* confident
samozadovoljan *adj.* complacent
samozadovoljan *a.* smug
san *n* dream
san *n.* sleep
sanatorijum *n.* sanatorium
sandala *n.* sandal
sandalovina *n.* sandalwood
sanduk *n.* crate
sangviničan *a.* sanguine
sanitarni *a.* sanitary
sankcija *n.* sanction
sankcionirati *v.t.* sanction
santa leda *n.* iceberg
sanjalački *a.* shadowy
sanjarenje *n.* reverie
sanjati *v. i.* dream
saobraćaj *n.* traffic
saosecajan *a.* sympathetic
saosjećanje *n* compassion
sapun *n.* soap
sapunast *a.* soapy
sarkastičan *a.* sarcastic
sarkazam *n.* sarcasm
saslušavanje *n.* interrogation
saslušavati *v.t.* interrogate
sastanak *n.* meeting
sastanak *n.* tryst
sastanak u četiri oka *n.* tete-a-tete
sastav *n* composition

sastav *n* compound
sastav *n.* texture
sastaviti *v.t.* assemble
sastaviti *v. t* compile
sastaviti *v. t* compose
sastaviti *v. i* compound
sastaviti *v.t.* piece
sastavljač *n.* compounder
sastavni *adj.* component
sastavni *adj.* constituent
sastojak *n.* ingredient
sastojati se *v. i* consist
sasvim *adv.* quite
sat *n.* clock
sat *n.* hour
sat *n.* watch
satelit *n.* satellite
satira *n.* lampoon
satira *n.* satire
satiričan *a.* satirical
satiričar *n.* satirist
satirizovati *v.t.* satirize
saučesnik *n* accomplice
saučešće *n* condolence
sav *a.* all
savez *n.* alliance
saveznik *n.* ally
savijanje *n* bend
savijati *v.t.* crankle
saviti *v. t* bend
saviti *v.t* fold
savitljiv *a.* supple
savjest *n* conscience
savjestan *a* dutiful
savjet *n* advice
savjet *n.* council
savjet *n.* counsel
savjet *n.* tip
savjetnik *n.* counsellor
savjetovati *v.t.* advise

savjetovati v. t. counsel	**sedlo** n. saddle
savjetovati v.t. tip	**sedmi** a. seventh
savladati v.t. master	**sedmo-** a seven
savladati v.t. overwhelm	**sednica** n. session
savladati v.t. surmount	**segment** n. segment
savršen a. perfect	**segmentirati** v.t. segment
savršenstvo n. perfection	**segregacija** n. segregation
sazivač n convener	**seizmički** a. seismic
sazivanje n. convocation	**sekiracija** n vexation
sazivati v.t. convoke	**seksualan** a. sexual
sazrijevati v.i. ripen	**seksualnost** n. sexuality
sazvati v. t convene	**sekta** n. sect
sazvežđe n. asterism	**sektaški** a. sectarian
sazvežđe n. constellation	**sektor** n. sector
sažaljenje n. pity	**sekunda** n second
sažaljevati v.t. pity	**sekundaran** a. secondary
sažaljiv a. pitiful	**sekvenca** n. sequence
sažet a summary	**selektivan** a. selective
sažet a. terse	**seliti se** v.i. trek
sažetak n abstract	**selo** n. village
sažetak n. resume	**seljak** n boor
sažetak n. summary	**seljak** n. peasant
sažeti v.t abstract	**seljak** n rustic
sažeti v. t. compress	**seljak** n. villager
scena n. scene	**seljaštvo** n. peasantry
scenski a. scenic	**sem toga** adv besides
sebe pron. myself	**sem toga** adv. wIthal
sebičan a. selfish	**semestar** n. semester
secesionist n. secessionist	**seminar** n. seminar
seciranje n dissection	**senat** n. senate
secirati v. t dissect	**senator** n. senator
seći v. t chop	**senatorski** a. senatorial
seći v.t. intersect	**senatski** a senatorial
seći v.t. poll	**sendvič** n. sandwich
sedam n. seven	**senf** n. mustard
sedamdeset n., a seventy	**senilan** a. senile
sedamdeseti a. seventieth	**senilnost** n. senility
sedamnaest n., a seventeen	**senior** n. senior
sedamnaesti a. seventeenth	**senka** n. shadow
sedativ n sedative	**sentimentalan** a. sentimental

senzacija *n.* sensation
senzacionalan *a.* sensational
senzualan *a.* sensual
seoba *n.* transmigration
seoce *n.* hamlet
seoski *a.* rural
seoski *a.* rustic
seosko *dvorište n.* barton
separabilan *a.* separable
sepsa *n.* sepsis
septičan *a.* septic
septička jama *n.* cesspool
serija *n* batch
serija *n.* series
serijski *a.* serial
serpentina *n.* serpentine
servilan *a.* menial
servilan *a.* servile
servilnost *n.* servility
servisirati *v.t* service
serž *n.* serge
sesti *v.t.* seat
sestra *n.* sister
sestrinski *a.* sisterly
sestrinstvo *n.* sisterhood
sezona *n.* season
sezonski *a.* seasonal
sfera *n.* sphere
sferni *a.* spherical
shema *n.* scheme
shvatiti *v.t.* apprehend
shvatljiv *a.* intelligible
sićušan *a.* tiny
sićušnost *adv.* smallness
sidrište *n.* moorings
sidro *n.* anchor
signal *n.* signal
signalizirati *v.t.* signal
siguran *a.* safe
siguran *a.* secure

siguran *a.* sure
sigurno *adv.* certainly
sigurno *adv.* surely
sigurnost *n.* safe
sigurnost *n.* safety
sigurnosti *n.* security
sijati *v.i.* glitter
sijati *v.i.* glow
sijati *v.t.* sift
sijati *v.t.* sow
siktanje *n* hiss
siktati *v.i* hiss
sila *n* force
silazak *n.* descent
siledžija *n* bully
siledžija *n.* ruffian
siliti *v.t* force
silom *adv.* perforce
silovanje *n.* rape
silovati *v.t.* rape
silueta *n.* silhouette
simbol *n.* symbol
simboličan *a.* symbolic
simbolizam *n.* symbolism
simbolizirati *v.t.* symbolize
simetričan *a.* symmetrical
simetrija *n.* symmetry
simfonija *n.* symphony
simpatičan *a.* lovable
simpatija *n.* sympathy
simpozijum *n.* symposium
simptom *n.* symptom
simptomatičan *a.* symptomatic
sin *n.* son
singlirati *v.t.* single
sinonim *n.* synonym
sinoniman *a.* synonymous
sinopsis *n.* synopsis
sintaksa *n.* syntax
sintetički *a.* synthetic

sintetika *n* synthetic
sinteza *n.* synthesis
sipati *v.i.* pour
sir *n.* cheese
sirce *n.* vinegar
sirena *n.* mermaid
sirena *n.* siren
siroče *n.* orphan
siromah *n.* pauper
siromašan *a.* needy
siromaštvo *n.* poverty
sirotinjski kraj *n.* slum
sirotište *n.* orphanage
sirov *a* crude
sirov *a.* raw
sirup *n.* syrup
sisa *n.* teat
sisanje *n.* suck
sisar *n.* mammal
sisati *v.t.* suck
sistematičan *a.* systematic
sistematizirati *v.t.* systematize
sitan *a.* petty
sitnica *n.* jot
sitnica *n.* trifle
sito *n.* sieve
sitost *n.* satiety
situacija *n.* situation
siva *a.* grey
sjaj *n* glitter
sjaj *n.* gloss
sjaj *n* glow
sjaj *n.* lustre
sjaj *n* polish
sjaj *n.* radiance
sjaj *n.* refulgence
sjaj *n* shine
sjaj *n.* sparkle
sjaj *n.* splendour
sjajan *a.* glossy

sjajan *a.* lustrous
sjajan *a.* radiant
sjajan *a.* refulgent
sjajan *a.* resplendent
sjajan *a.* splendid
sjajiti *v.i.* sparkle
sjećanje *n.* recollection
sjećanje *n.* remembrance
sjeći *v.t.* slice
sjedeći *a.* sedentary
sjediniti *v.t. & i.* conjugate
sjedište *n.* seat
sjediti *v.i.* sit
sjekira *n.* axe
sjekira *n.* hatchet
sjeme *n.* seed
sjeme *n.* semen
sjenica *n* bower
sjeno *n.* hay
sjetiti se *v.t.* recollect
sjever *n.* north
sjeverni *a* north
sjeverni *a.* northerly
sjeverni *a.* northern
sjeverno *adv.* north
sjeverno *adv.* northerly
skakanje *n* hop
skakati *v.i.* romp
skakavac *n.* locust
skala *n.* scale
skalp *n* scalp
skandal *n* scandal
skandalizovati *v.t.* scandalize
skeč *n.* skit
skele *n.* scaffold
skenirati *v.t.* scan
skepticizam *n.* scepticism
skeptičan *a.* sceptical
skeptik *n.* sceptic
skica *n* draft

skica n. outline	skratiti v. t curtail
skica n. sketch	skratiti v.t. shorten
skicirati v. t draft	skrbništvo v custody
skicirati v.t. outline	skrbništvo n. wardship
skicirati v.t. sketch	skrenuti v. t divert
skiptar n. sceptre	skrenuti v.t. shunt
skitalački a vagabond	skrenuti v.t. switch
skitanje v.t. ramble	skrenuti pozornost v. advert
skitati n ramble	skresati v.t volley
skitnica n. ranger	skripte n. script
skitnica n. vagabond	skriven a. allusive
sklad n. conformity	skroman a. humble
sklad n. consonance	skroman a. modest
skladan a. shapely	skromnost n. lowliness
skladatelj n. compositor	skromnost n modesty
skladište n cache	skroz adv. through
skladište n. godown	skroz adv. throughout
skladište n. repository	skulptura n. sculpture
skladištiti v.t. store	skup a expensive
sklon a. prone	skup n. social
sklonište n. shelter	skupina n cluster
sklonost n affinity	skupljač trofeja n. scavenger
sklonost n bent	skupljanje v.t. rally
sklonost n. inclination	skupljanje n. shrinkage
sklonost n. preference	skupljati se v.i troop
sklonost n. proclivity	skupo a. costly
sklop n. assembly	skut n. lap
skočiti v. i hop	skuter n. scooter
skočiti v.i jump	slab a faint
skočiti v.i. leap	slab a feeble
skočiti v.i. spring	slab a. frail
skok n. jump	slab a. infirm
skok n leap	slab a. weak
skok n. vault	slabašan a. puny
skolastičar a. scholastic	slabić n. weakling
skoro adv. nearly	slabina n. loin
skorojević n. upstart	slabost n. malaise
skraćivanje n abridgement	slabost n. weakness
skratiti v.t. abbreviate	slad n. malt
skratiti v.t abridge	sladak a. sweet

sladunjav *a.* mawkish	slijeganje ramenima *n* shrug
slagalica *n.* puzzle	slijep *a* blind
slagati se *v.t.* accord	slijepiti *v.t.* conglutinate
slajd *n* slide	slijepo crijevo *n.* appendix
slama *n.* litter	slika *n* effigy
slama *n.* straw	slika *n.* image
slama *n.* thatch	slika *n.* painting
slan *a.* saline	slika *n.* picture
slan *a.* salty	slikar *n.* painter
slanina *n.* bacon	slikarev potporni štap *n.* maulstick
slanoća *n.* salinity	slikarski *a.* pictorical
slanje u selo *n.* rustication	slikati *v.t.* pencil
slast *n* relish	slikovit *a.* picturesque
slastičarnica *n* confectionery	slikovito izlaganje *n.* imagery
slatkiš *n.* candy	sloboda *n.* freedom
slatkiš *n* sweet	sloboda *n.* liberty
slatkiš *n.* sweetmeat	slobodan *a.* free
slatkoća *n.* sweetness	slobodan *a* leisure
slava *n* fame	slobodno vrijeme *n.* leisure
slava *n.* glory	slobodnjak *n.* yeoman
slavan *a.* glorious	slobodoumnik *n.* libertine
slavina *n.* tap	slog *n.* syllable
slaviti *v. t. & i.* celebrate	sloga *n.* concord
slavlje *n.* celebration	slogovni *n.* syllabic
slavlje *n.* jubilation	sloj *n.* layer
slavljenje *n.* glorification	slom *n* breakdown
slavna *osoba n* celebrity	slom *n* downfall
slavuj *n.* nightingale	slon *n* elephant
sledeći *a.* subsequent	slonovača *n.* ivory
slegnuti ramenima *v.t.* shrug	složen *a* complex
sleng *n.* slang	složen *a* compound
slezena *n.* spleen	složiti se *v.i.* agree
sličan *a.* like	slučaj *n.* case
slične *a.* similar	slučajan *a* accidental
sličnost *n.* likeness	slučajan *a.* haphazard
sličnost *n.* resemblance	slučajan *a.* incidental
sličnost *n.* semblance	slučajan *a.* random
sličnost *n.* similarity	slučajnost *n.* contingency
sličnost *n.* similitude	sluga *n* menial
slijediti *v.t.* track	sluga *n.* servant

slušalac *n.* listener	**smeće** *n.* trash
slušati *v.i.* listen	**smeđa** *a* brown
slušni *adj.* auditive	**smeđa boja** *n* brown
slutiti *v.t.* misgive	**smetnja** *n* drawback
slutnja *n.* hunch	**smijanje** *n.* laugh
slutnja *n.* misgiving	**smijanje** *n.* laughter
slutnja *n.* omen	**smijati se** *v.i* laugh
sluz *n.* mucus	**smiješan** *n.* funny
sluzav *a.* mucous	**smiješan** *a.* hilarious
sluznica *n.* conjunctiva	**smiješan** *a.* laughable
služavka *n.* maid	**smiješan** *a.* ridiculous
služba *n.* service	**smiješan** *a.* zany
službeni *a.* official	**smiješiti se** *v.i.* smile
službenik *n* clerk	**smio** *a* daring
službenik *n* employee	**smiriti** *v. t.* calm
službeno *adv.* officially	**smišljati** *v.t.* plot
službovati *v.i.* officiate	**smjelost** *n.* daring
služiti se polugom *v.t.* lever	**smjena** *n* shift
služiti vojsku *v.i.* soldier	**smjer** *n* lay
sljedbenik *n* follower	**smjesta** *adv.* straightway
sljedbenik *n.* henchman	**smjestiti** *v.t* accommodate
sljedeći *a.* next	**smjestiti** *v.t* house
sljepilo *n* ablepsy	**smjestiti** *v.t.* place
sljepilo *n* blindness	**smještaj** *n.* accommodation
sljepoočnica *n* temple	**smog** *n.* smog
smanjenje *n.* abatement	**smokva** *n* fig
smanjenje *n* decrease	**smola** *n.* pitch
smanjenje *n.* reduction	**smotati** *v.t.* furl
smanjiti *v.t.* abate	**smotra** *n* muster
smanjiti *v. t* decrease	**smrad** *n.* stench
smanjiti *v. t* diminish	**smrad** *n* stink
smanjiti *v.t* lessen	**smrdeti** *v.i.* stink
smanjiti *v.t.* reduce	**smrt** *n* death
smanjiti izdatke *v.t.* retrench	**smrt** *n* decease
smanjiti se *v.i* shrink	**smrtan** *a.* mortal
smaragd *n* emerald	**smrtnik** *n* mortal
smatrati *v.i.* deem	**smrtno** *adj.* alamort
smatrati *v.t.* repute	**smrtonosan** *a* deadly
smeće *n.* garbage	**smrtonosan** *a.* lethal
smeće *n.* refuse	**snabdijevati** *v.t.* supply

snaga *n* main	solidarnost *n.* solidarity
snaga *n.* power	solista *n.* soloist
snaga *n.* strength	soliti *v.t* salt
snalažljiv *a.* resourceful	solo *n* solo
snalažljiv *a.* shifty	solo *adv.* solo
snažan *a* forceful	solventan *a.* solvent
snažan *a.* hefty	solventnost *n.* solvency
snežan *a.* snowy	somot *n.* velvet
snežiti *v.i.* snow	sonda *n* probe
snijeg *n.* snow	sonet *n.* sonnet
snimati *v.t* film	sortirati *v.t.* size
snob *n.* snob	sortirati *v.t* sort
snobizam *n.* snobbery	sos *n.* sauce
snobovski *v* snobbish	sotona *n.* satan
snop *n* beam	sova *n.* owl
snop *n* bundle	spajalica *n.* staple
snop *n.* sheaf	spajanje žicom *n.* wiring
so *n.* salt	spakovati *v. t* encase
soba *n.* room	spanac *n.* spinach
soba za posjete *n.* parlour	sparan *a.* muggy
socijalistički *n,a* socialist	sparan *a.* sultry
socijalizam *n* socialism	spariti *v.t.* pair
sociologija *n.* sociology	spasavanje *n* rescue
sočan *a.* juicy	spasavanje *n.* salvage
sočan *a.* luscious	spasenje *n.* salvation
sočan *a.* lusty	spasitelj *n.* saviour
sodomija *n.* sodomy	spasiti *v.t.* rescue
sodomita *n.* sodomite	spasiti *v.t.* salvage
sofa *n.* sofa	spavaćica *n.* nightie
sofista *n.* sophist	spavač *n.* sleeper
sofisticiran *a.* sophisticated	spavati *v.i.* sleep
sofisticirati *v.t.* sophisticate	specifičan *a.* specific
sofizam *n.* sophism	specifikacija *n.* specification
sojka *n.* jay	specijalista *n.* specialist
sok *n* juice	specijalitet *n.* speciality
sokak *n.* lane	specijalizacija *n.* specialization
soko *n* falcon	specijalizirati se *v.i.* specialize
sokolar *n* hawker	spektakl *n.* spectacle
sokolovski *adj* accipitral	spektakularan *a.* spectacular
solarni *a.* solar	spekulacija *n.* speculation

spekulisati *v.i.* speculate
spelovati *v.t.* spell
sperma *n.* sperm
spirala *n.* spiral
spiralni *a.* spiral
spiritista *n.* spiritualist
spiritualizam *n.* spiritualism
spis *n.* writ
spletkariti *v.i.* scheme
spljoštiti *v.t.* laminate
spoj *n.* juncture
spojiti *v. t* couple
spojiti *v.t* link
spojiti *v.t.* merge
spojiti se *v.t.* interlock
spojni *adj.* annectant
spokoj *n.* calm
spokoj *n.* serenity
spokojan *a.* serene
spoljašnjost *n* outside
spomenik *n.* monument
spominjanje *n.* mention
spominjati *v.t.* mention
spona *n* brace
spona *n.* link
spontan *a.* spontaneous
spontanost *n.* spontaneity
sponzor *n.* sponsor
sponzorirati *v.t.* sponsor
spor *n* dispute
spor *a* slow
sporadičan *a.* sporadic
sporan *n.* moot
sporazum *n.* agreement
sporazum *n.* compact
sporost *n.* slowness
sport *n.* sport
sportaš *n.* athlete
sportaš *n.* sportsman
sposoban *a.* apt

sposoban *a.* capable
sposoban *a.* competent
sposoban za brak *a.* marriageable
sposoban za jamstvo *a.* bailable
sposobnost *n* ability
sposobnost *n.* acumen
sposobnost *n.* aptitude
sposobnost *n.* capability
sposobnost *n* competence
spotaći se *v.i.* stumble
spoticanje *n.* stumble
spoznaja *n* cognizance
sprati *v.i* flush
sprej *n.* spray
spreman *a.* ready
spreman *a.* stock
spremiti *v.t.* preserve
spremiti *v.t.* save
spremnik *n.* reservoir
spremnik *n.* tank
spremno *adv.* readily
spremnost *n.* readiness
spremnost *n.* willingness
spretan *adj.* deft
sprijateljiti se *v. t.* befriend
spriječiti *v.t.* avert
spriječiti *v.t.* prevent
sprint *n* sprint
sprintati *v.i.* sprint
spržiti *v.t.* parch
spustiti se *v.i.* perch
spuštati se *v. i.* descend
sputati *v.t* fetter
sputnik *n.* sputnik
spužva *n.* sponge
sraman *a.* shameful
sramota *n* dishonour
sramota *n.* infamy
sramota *n.* shame
sramotan *a* flagrant

sramotiti *v.t.* shame	**srodan** *a* congenial
sramotiti *v.t.* vilify	**srodnik** *n.* in-laws
srastanje *n.* concrescence	**srodstvo** *n.* kinship
srasti *v.t.* accrete	**srp** *n.* sickle
srce *n.* heart	**srušiti** *v.t.* overthrow
srcolik *adj.* cordate	**srušiti se** *v.i.* topple
srčani *adj* cardiacal	**stabilan** *a.* stable
srdačan *a* cordial	**stabilizacija** *n.* stabilization
srdačno *adv.* heartily	**stabilizirati** *v.t.* stabilize
srdit *a.* irate	**stabilnost** *n.* stability
srebrn *a* silver	**stabla** *n.* stem
srebro *n.* silver	**stablo** *n.* trunk
sreća *n.* fortune	**stabljika** *n.* stalk
sreća *n.* happiness	**stacionaran** *a.* stationary
sreća *n.* luck	**stacionirati** *v.t.* station
srećan *a.* fortunate	**stadion** *n.* stadium
srećan *a.* lucky	**stado** *n* flock
srećom *adv.* luckily	**stado** *n.* herd
sredina *n.* mean	**stagnacija** *n.* stagnation
sredina *n* middle	**stagnirati** *v.i.* stagnate
sredina *n.* midst	**staja** *n.* cote
sredina ljeta *n.* midsummer	**stajanje** *n.* standing
srednjeg roda *a.* neuter	**stajati** *v.i.* stand
srednji *a.* intermediate	**staklo** *n.* glass
srednji *a.* median	**staklorezac** *n.* glazier
srednji *a* medium	**stalan** *a* constant
srednji *a.* mid	**staložen** *a.* sedate
srednji *a.* middle	**staložen** *a.* staid
srednji rod *n* neuter	**stampedo** *n.* stampede
srednjovjekovni *a.* medieval	**stan** *n.* apartment
sredovječan *a.* medieval	**stanar** *n.* inmate
sredstvo *n* means	**stanar** *n.* occupant
sredstvo za umirenje *adj* calmative	**stanar** *n.* tenant
sredstvo protiv insekata *n* repellent	**standard** *n.* standard
sresti *v.t.* meet	**standardan** *a* standard
sretan *a.* happy	**standardizacija** *n.* standardization
srijeda *n.* Wednesday	**standardizirati** *v.t.* standardize
srna *n* doe	**stanični** *adj* cellular
srna *n.* roe	**stanište** *n.* habitat
srodan *a.* akin	**stanovanje** *n.* habitation

stanovanje n. occupancy
stanovati v. i dwell
stanovište n angle
stanovište n. standpoint
stanovnik n. inhabitant
stanovnik n resident
stanovništvo n. populace
stanovništvo n. population
stanje n. plight
stanje, država n. state
star a. old
staratelj n custodian
starešinstvo n. seniority
starije a elderly
stariji a elder
stariji a. senior
starinar n. antiquary
starinski a. antiquarian
starinski a. antique
starješina n elder
starješina n. martinet
starješina n. principal
staromodan a. outmoded
start n start
stas n. physique
stas n. stature
stasala za udaju a. nubile
statičnost n. static
statika n. statics
statističar n. statistician
statistički a. statistical
statistika n. statistics
statua n. statue
status n. status
statut n. statute
statutarne a. statutory
stavak n. attitude
stavak n. posture
staviti v.t. position
staviti v.t. put

staviti kasniji datum v.t. post-date
staviti lisice v.t handcuff
staviti na policu v.t. shelve
staviti pod pritisak v.t. pressurize
staviti povez preko očiju v. t blindfold
staviti u džep v.t. pocket
staviti u jamu v.t. pit
staviti van zakona v.t outlaw
staviti veto v.t. veto
stavka n. item
staza n. track
stažirati v.t. intern
stečaj n. bankruptcy
steći v.t. acquire
stega n clamp
stegnuti v.t. constrict
stenograf n. stenographer
stenografija n. stenography
stenjanje v.i. groan
stenjanje n. moan
stenjati n groan
stenjati v.i. moan
stepa n. steppe
stepenik n. stair
stereotip n. stereotype
stereotipizirati v.t. stereotype
sterilan a. sterile
sterilitet n. sterility
sterilizacija n. sterilization
sterilizirati v.t. sterilize
sterling n. sterling
stetoskop n. stethoscope
stidljiv a. bashful
stidljiv a. timid
stigma n. stigma
stih n. verse
stihoklepac n. poetaster
stihopisac n. rhymester
stihotvorstvo n. versification
stijena n boulder

stijena *n.* rock
stil *n.* style
stimulans *n.* stimulant
stimulirati *v.t.* stimulate
stipendija *n.* scholarship
stipendista *n.* scholar
stisak *n* grip
stiskati *v.t* wring
stisnuti *v.t.* grip
stisnuti *v.* pinch
stišati *v.t.* tranquillize
stjuard *n.* steward
sto *n.* hundred
sto *n.* table
sto stupnjeva *a.* centigrade
stočna hrana *n* fodder
stoga *adv.* thus
stogodišnjak *n* centenarian
stogodišnji *adj.* centennial
stogodišnjica *n.* centenary
stoik *n.* stoic
stoka *n.* cattle
stolar *n.* carpenter
stolar *n.* joiner
stolarija *n.* carpentry
stolica *n.* chair
stolica *n* chaise
stolica *n.* stool
stoljeće *n.* century
stomačni *a.* abdominal
stomak *n* abdomen
stomak *n.* stomach
stomatolog *n* dentist
stonoga *n.* centipede
stonoga *n.* millipede
stopa *n.* rate
stopalo *n* foot
stovarište *n* depot
stožer *n.* pivot
straćara *a.* shanty

stradanje *n.* tribulation
strah *n* dread
strah *n* fear
strah *n.* fright
strah *n.* scare
strahopoštovanje *n.* awe
strahopoštovanje *n.* veneration
strahovati *v.t* dread
strana *n.* aside
strana *n.* page
strana *n.* side
stranac *a.* alien
stranac *n* foreigner
stranac *n.* stranger
strani *a* foreign
stranka *n.* party
strast *n.* passion
strastven *a.* passionate
strašan *a* dire
strašan *a* dread
strašan *a.* horrible
strašan *a.* terrific
strašno *a.* fearful
strateg *n.* strategist
strategija *n.* strategy
strateški *a.* strategic
straža *n.* sentry
stražar *n.* guard
stražar *n.* sentinel
stražnjica *n* buttock
strelast korijen *n.* arrowroot
strelica *n.* dart
stres *n.* stress
stric, tetak, ujak *n.* uncle
strigati *v.t.* shear
strijela *n.* arrow
strijelac *n.* archer
strijelac *n.* marksman
strm *adj.* declivous
strm *a.* steep

strmina *n* bluff	**subjekat** *n.* subject
strmoglav *adv.* headlong	**subjektivan** *a.* subjective
strnjika *n.* stubble	**sublimirati** *v.t.* sublimate
strofa *n.* stanza	**subota** *n.* Saturday
strog *a.* austere	**subvencija** *n.* subsidy
strog *a.* strict	**subvencionirati** *v.t.* subsidize
strog *a.* stringent	**subverzija** *n.* subversion
strogost *n.* rigour	**subverzivan** *a.* subversive
strojno *a.* mechanical	**sud** *n.* court
strop *n.* ceiling	**sud** *n.* tribunal
strpljenje *n.* patience	**sudac** *n.* judge
strpljiv *a.* patient	**sudac** *n.* umpire
stršljen *n.* hornet	**sudac za prekršaje** *n.* magistrate
stručan *a* expert	**sudaca** *n.* arbiter
stručnjak *n* expert	**sudaca** *n.* referee
strug *n.* lathe	**sudar** *n.* clash
strugar *n.* turner	**sudar** *n* collision
strugati *v.t* grate	**sudar** *n* crash
strugati *v.t.* whittle	**sudariti se** *v. t.* clash
struja *n* current	**sudariti se** *v. i.* collide
struk *n.* waist	**sudariti se** *v. i* crash
struktura *n.* structure	**sudbina** *n* destiny
strukturni *a.* structural	**sudbina** *n* fate
studeni *n.* november	**sudionik** *n.* participant
student *n.* student	**suditi** *v.i.* judge
student *n.* undergraduate	**sudjelovati** *v.i.* partake
student medicine *n.* medico	**sudjelovati** *v.i.* participate
studio *n.* studio	**sudopera** *n* sink
stup *n.* pillar	**sudski** *a.* judicial
stupac *n* column	**sudski izvršitelj** *n.* bailiff
stupanj *n* degree	**sudski nalog** *n.* injunction
stvar *n.* matter	**sudski progon** *n.* prosecution
stvar *n.* thing	**sudstvo** *n.* judiciary
stvaran *a.* actual	**suđenje** *n.* trial
stvaranje *n* creation	**sufiks** *n.* suffix
stvarno *adv.* really	**sufler** *n.* prompter
stvor *n.* wight	**sugestivan** *a.* suggestive
stvorenje *n* creature	**suglasan** *a.* agreeable
stvrdnuti *v.t.* harden	**suglasnik** *n.* consonant
sub *n.* post	**suglasnost** *n.* accord

suglasnost *n.* conformity
suh *adj.* arid
suh *a.* torrid
suho *a* dry
suho grožđe *n.* raisin
sujeta *n.* vanity
suknar *n* draper
suknja *n.* skirt
sukob *n.* strife
sukobiti se *v. i* conflict
suma *n.* sum
sumaglica *n* drizzle
sumaglica *n.* haze
sumaglica *n.* mist
sumirati *v.t.* sum
sumnja *n* doubt
sumnja *n.* suspicion
sumnjati *v. t.* distrust
sumnjati *v. i* doubt
sumnjiv *a.* questionable
sumnjiv *a.* suspicious
sumoran *a.* gloomy
sumoran *a.* sullen
sumornost *n.* gloom
sumpor *n.* sulphur
sumporni *a.* sulphuric
sunce *n.* sun
sunčan *a.* sunny
sunčati *v.t.* sun
suočenje *n.* confrontation
suočiti se *v.t* face
suosjećati *v. t* commiserate
suosjećati *v.i.* sympathize
superiornost *n.* superiority
superlativ *n.* superlative
superlativan *a.* superlative
supersoničan *a.* supersonic
suprotan *a* adverse
suprotan *a.* opposite
suprotan *a.* reverse

suprotno *a* contrary
suprotnost *n* reverse
suprotstaviti *v.t.* contrapose
suprotstaviti *v. t* contrast
suprotstaviti *v.t.* counteract
suprotstaviti *v.t.* oppose
supruga *n.* wife
supstanca *n.* substance
suptilan *n.* subtle
suptilnost *n.* subtlety
suradnik *n.* associate
suradnik *n.* companion
suradnja *n* collaboration
suradnja *n* co-operation
surađivati *v.t.* associate
surađivati *v. i* collaborate
surađivati *v. i* co-operate
surf *n.* surf
surovost *n.* barbarity
surutka *n* buttermilk
surutka *n* curd
susjedni *a.* adjacent
susjedski *a.* neighbourly
suspendirati *v.t.* suspend
susresti *v. t* encounter
susret *n.* encounter
sustav *n.* system
suša *n* drought
sušara *n.* kiln
suština *n* essence
suština *n.* gist
suština *n.* quintessence
suštinski *a* essential
suton *n* dusk
suton *n* twilight
sutra *adv.* tomorrow
sutrašnji dan *n.* tomorrow
suvenir *n.* souvenir
suveren *a* sovereign
suverenost *n.* sovereignty

suvišan *a* excess
suvišan *a.* redundant
suviše *adv.* too
suvišno *a.* superfluous
suvremen *a* contemporary
suvremen *a.* up-to-date
suza *n.* tear
suzan *a.* tearful
suzbijanje *n.* repression
suzbijanje *n.* suppression
suzbijati *v.t.* suppress
suzdržan *a.* taciturn
suziti *v.t.* narrow
suziti *v.t.* straiten
svadba *n.* nuptials
svadba *n.* spousal
svadbeni *a.* nuptial
svadljiv *a.* quarrelsome
svadljivac *n.* barrator
svađa *v. i.* & *n* brawl
svađa *n.* quarrel
svađa *n.* row
svađati se *v.i.* quarrel
svakako *adv.* needs
svaki *a.* any
svaki *a* each
svaki *pron.* each
svaki *a* every
svaki čas *adv.* minutely
svakidašnji *a.* commonplace
svakidašnji *a.* workaday
svariti *v. t.* digest
svečan *a.* ceremonial
svečan *a* festive
svečan *a.* solemn
svečanost *n* festivity
svečanost *n.* solemnity
svećenica *n.* priestess
svećenički *a* clerical
svećenik *n.* priest

svećenstvo *n* clergy
svećenstvo *n.* priesthood
svemir *n.* universe
svemoć *n.* omnipotence
svemoguć *a.* omnipotent
svemoguć *a.* almighty
sveobuhvatan *a* comprehensive
sveprisutan *a.* omnipresent
sveprisutnost *n.* omnipresence
svestran *a.* versatile
svestranos *n.* versatility
svetac *n.* saint
svetački *a.* saintly
sveti *a.* holy
sveti *a.* sacred
sveti *a.* sacrosanct
svetinja *n.* shrine
svetište *n.* sanctuary
svetiti se *v.t.* avenge
svetkovati *v.t.* solemnize
svetogrdan *a.* sacrilegious
svetogrđe *n.* sacrilege
svetost *n.* sanctity
svetovan *a.* profane
sveučilište *n.* university
sveukupno *adv.* altogether
svezati *v.t.* lace
svezati trakom *v.t* tape
svezati žicom *v.t.* wire
sveznajući *a.* omniscient
sveznanje *n.* omniscience
svi *pron.* all
svibanj *n.* May
svijeća *n.* candle
svijet *n.* globe
svijet *n.* world
svijetao *a* bright
svijetao *a.* lucent
svila *n.* silk
svilen *a.* silken

svilenkast *a.* silky	**svrbež** *n.* itch
svinja *n.* pig	**svrbjeti** *v.i.* itch
svinja *n.* swine	**svrdlo** *n.* auger
svinjac *n.* sty	**svrgnuti** *v. t* depose
svinjsko meso *n.* pork	**svrha** *n.* purpose
svirati flautu *v.i* flute	**svrstavati** *v.t.* assort
svirati na fruli *v.i* pipe	**svršena učenica** *n* alumna
svirep *a* ferocious	
svitak *n.* scroll	
svitati *v. i.* dawn	

Š

svjedočanstvo *n.* testimony	
svjedočiti *v.i.* testify	**šafran** *n.* saffron
svjedočiti *v.i.* witness	**šah** *n.* chess
svjedok *n.* deponent	**šaht** *n.* manhole
svjedok *n.* witness	**šaka** *n* hand
svjestan *a.* aware	**šakal** *n.* jackal
svjestan *a* conscious	**šal** *n.* scarf
svjetionik *n* beacon	**šal** *n.* shawl
svjetleći *a.* luminous	**šala** *n.* jest
svjetlo *n.* light	**šala** *n.* pleasantry
svjetlucanje *n.* scintillation	**šaliti se** *v.i.* jest
svjetlucanje *n.* twinkle	**šamar** *n.* slap
svjetlucati *v.i.* scintillate	**šamar** *n* smack
svjetlucati *v.i.* twinkle	**šampion** *n.* champion
svjetovni *a.* mundane	**šampon** *n.* shampoo
svjetovnl *a.* worldly	**šamponirati** *v.t.* shampoo
svjetski čovjek *n.* worldling	**šanac** *n.* moat
svjež *a.* fresh	**šansa** *n.* chance
svlačiti *v.t.* slough	**šapa** *n.* paw
svlačiti *v.t.* strip	**šapat** *n* whisper
svo *adv.* all	**šaputati** *v.t.* whisper
svod *n* arcade	**šara** *n.* mottle
svod *n.* arch	**šarlatan** *n* quack
svod *n.* vault	**šarm** *n.* charm
svoja ličnost *n.* self	**šarmirati** *v. t.* charm
svoje *a.* own	**šarolik** *a.* motley
svojevoljan *a.* wayward	**šator** *n.* tent
svojina *n.* belongings	**šav** *n.* seam
svojstvenost *n.* peculiarity	**šav** *n.* stitch
svraka *n.* magpie	**ščepati** *v.t.* grasp

ščepati *v.t.* nab	**škare** *n.* scissors
ščepati *v.t.* snap	**škare** *n. pl.* shears
šećer *n.* sugar	**škljocaj** *n.* click
šećerni *a.* saccharine	**škodljiv** *a.* maleficent
šef *n* boss	**škodljiv** *a.* pernicious
šegrt *n.* apprentice	**škola** *n.* school
šepurenje *n* swagger	**školarina** *n.* tuition
šepuriti se *v.i.* swagger	**školjka** *n.* conch
šesnaest *n., a.* sixteen	**školjka** *n.* shell
šesnaesti *a.* sixteenth	**školjke** *n* barnacles
šest *n., a* six	**škorpija** *n.* scorpion
šesti *a.* sixth	**škot** *n.* Scot
šešir *n.* hat	**škotski** *a.* scotch
šetati *v.i.* walk	**škrabanje** *n.* scribble
šetkati se *v.i.* lounge	**škrabati** *v.t.* scrawl
šetnja *n* walk	**škrabati** *v.t.* scribble
ševa *n.* lark	**škrabotina** *n* scrawl
šezdeset *n., a.* sixty	**škriljevac** *n.* slate
šezdeseti *a.* sixtieth	**škripanje** *n* creak
šibati *v. t.* cane	**škripati** *v. i* creak
šibati *v.t* flog	**škrob** *n.* starch
šibica *n* match	**škrt** *a.* niggardly
šiling *n.* shilling	**škrt** *a.* stingy
šiljak *n.* spike	**škrtica** *n.* niggard
šiljat *adj.* cultrate	**škrtost** *n.* avarice
šina *n.* rail	**šljiva** *n.* plum
šipka *n.* bar	**šljokica** *n.* tinsel
širenje *n.* propagation	**šljunak** *n.* pebble
širenje *n.* spread	**šmrkanje** *n* sniff
širina *n* breadth	**šmrkati** *v.i.* sniff
širina *n.* latitude	**šofer** *n.* chauffeur
širina *n.* width	**šok** *n.* shock
širiti *v.i.* spread	**šokirati** *v.t.* shock
širok *a* broad	**šolja** *n.* cup
širok *a.* wide	**šorts** *n. pl.* shorts
široko *adv.* wide	**španijel** *n.* spaniel
šišarka *n.* cone	**španjolac** *n.* Spaniard
šišmiš *n* bat	**španjolski** *a.* Spanish
šiti *v.t.* seam	**španjolski jezik, španjolac** *n.* Spanish
šiti *v.t.* sew	**špijun** *n.* spy

špijunirati v.i. spy
špric n. syringe
špricati v.i. spurt
šta pron. what
šta interj. what
štagod pron. whatever
štaka n crutch
štala n. bawn
štala n byre
štala n stable
štala n. stall
štand n. stand
štap n. rod
štap n. stick
štapić n. wand
štaviše adv. moreover
štedjeti v.t. spare
štedljiv a. frugal
štedljiv a. thrifty
štednja n. retrenchment
štednja n. thrift
štednjak n cooker
štenara n. kennel
štene n. puppy
štene n. whelp
šteta n. damage
šteta n. harm
štetan a. baleful
štetan a. injurious
štetan a. noxious
štetan utjecaj n blight
štetočina n. pest
štićenik n. ward
štirkati v.t. starch
štit n. shield
štititi v.t. patronize
štititi v.t. shelter
štrajk n strike
štrajkač n. striker
štrcnuti v.t. syringe

štucanje n. hiccup
štula n. stilt
šuga n. scabies
šuma n forest
šuma n. woods
šumar n forester
šumarak n. coppice
šumarstvo n forestry
šumovit kraj n. woodland
šunjati se v.i. sneak
šupalj a. hollow
šupljina n. hollow
šuškanje n lisp
šuškati v.t. lisp
šut n. kick
šutirati v.t. kick
švercer n. smuggler
švicarska n. swiss
švicarski a swiss

T

tabak za pisanje n foolscap
tabelisanje n. tabulation
tableta n. tablet
tablični a. tabular
tabu n. taboo
tabulator n. tabulator
tadašnji a then
taj a. that
tajan adj. clandestine
tajanstven a. secretive
tajfun n. typhoon
tajna n. secret
tajni a. secret
tajni sporazum n collusion
tajnik n. secretary
tajništvo n. secretariat (e)
tajnost n. secrecy

tak *n* cue
takav *pron.* such
tako *adv.* as
tako *adv.* so
tako *adv.* that
također *adv.* likewise
također *adv.* also
taksa za vezivanje broda *n.* wharfage
taksi *n.* cab
taksi *n.* taxi
takt *n.* tact
taktičan *a.* tactful
taktičar *n.* tactician
taktika *n.* tactics
taktilni *a.* tactile
talac *n.* hostage
talasanje *n.* ripple
talasati *v.t.* ripple
talasati se *v.i* billow
talasati se *v.i.* undulate
talenat *n.* talent
talijanski *a.* Italian
talijanski jezik, Talijan *n.* Italian
talisman *n.* talisman
talog *n.* sediment
taman *a* dark
tamjan *n.* incense
tamničar *n.* jailer
tamno-crven *n* crimson
tamo *adv.* there
tamo *adv.* thither
tamo *adv.* yonder
tamošnji *a.* yonder
tanak *a* flimsy
tanak *a.* thin
tangenta *n.* tangent
tanka voštana svijeća *n* taper
tanker *n.* tanker
tanjiti *v.t.* thin
tanjurić *n.* saucer

tapiserija *n.* tapestry
tapkanje *n* pat
tapkati *v.t.* pat
tapkati *v.t.* tap
tarifa *n.* tariff
tata *n* dad, daddy
tečaj *n.* course
tečan *a* fluent
tečan *a.* liquid
teći *v.i* flow
teći *v.i.* stream
tegla *n.* jar
tegoban *a* burdensome
tegoban *a.* onerous
tehničar *n.* technician
tehnički *n.* technical
tehnika *n.* technique
tehnolog *n.* technologist
tehnologija *n.* technology
tehnološki *a.* technological
teista *n.* theist
teizam *n.* theism
tekovina *n* acquest
tekst *n.* text
tekstil *n* textile
tekstilni *a.* textile
tekstualni *n.* textual
tekući *a* fluid
tekućina *n* fluid
tekućina *n* liquid
tele *n.* calf
telefon *n.* phone
telefon *n.* telephone
telefonirati *v.t.* telephone
telegraf *n.* telegraph
telegrafija *n.* telegraphy
telegrafisati *v.t.* telegraph
telegrafista *n.* telegraphist
telegrafski *a.* telegraphic
telegram *n.* telegram

telepata *n.* telepathist
telepatija *n.* telepathy
telepatski *a.* telepathic
teleskop *n.* telescope
teleskopski *a.* telescopic
televizija *n.* television
tema *n.* theme
tema *n.* topic
tematski *a.* thematic
tematski *a.* topical
temeljan *a* thorough
temperament *n.* mettle
temperament *n.* temper
temperament *n.* temperament
temperamentan *a.* temperamental
temperatura *n.* temperature
ten *n* complexion
tendencija *n.* tendency
tenis *n.* tennis
tenzija *n.* tension
teokracija *n.* theocracy
teolog *n.* theologian
teologija *n.* theology
teološki *a.* theological
teorem *n.* theorem
teoretičar *n.* theorist
teoretizirati *v.i.* theorize
teorija *n.* theory
teorijski *a.* theoretical
tepih *n.* carpet
terapija *n.* therapy
terasa *n.* terrace
teret *n* burden
teret *n.* cargo
teret *n.* load
teret *n.* onus
terevenka *n.* revelry
terijer *n.* terrier
teritorija *n.* territory
teritorijalni *a.* territorial

termalni *a.* thermal
terminal *n* terminal
terminologija *n.* terminology
terminološki *a.* terminological
termometar *n.* thermometer
termos (boca) *n.* thermos (flask)
teror *n.* terror
terorisati *v.t.* terrorize
terorista *n.* terrorist
terotizam *n.* terrorism
terpentin *n.* turpentine
tesati *v.t.* hew
test *n* test
testament *n.* testament
testirati *v.t.* test
testis *n.* testicle
teško koračati *v.i.* plod
teškoća *n.* hardship
teškoća *n* difficulty
tetka, strina, ujna *n.* aunt
tetoviranje *n.* tattoo
tetovirati *v.i.* tattoo
teturanje *n.* stagger
teturati se *v.i.* stagger
teza *n.* thesis
težak *a* difficult
težak *a* gross
težak *a.* hard
težak *a.* tough
težak *a.* trying
težak hod *n.* shuffle
težina *n.* weight
težiti *v.t.* aspire
težiti *v.i.* strive
težiti ka *v.i.* gravitate
težnja *n.* aspiration
tifozan *n.* typhoid
tifus *n.* typhus
tigar *n.* tiger
tigrica *n.* tigress

tih *a.* silent
tijara *n.* tiara
tijelo *n* body
tijesto *n* dough
tik *n.* teak
tikva *n.* gourd
tikvan *n* blockhead
tikvan *n.* loggerhead
tim *n.* team
timariti *v.t* groom
time *adv.* thereby
tinejdžer *n.* teenager
tinjac *n.* mica
tinjati *v.i.* smoulder
tip *n.* type
tipičan *a.* typical
tipkati *v.t.* type
tirada *n.* tirade
tiranija *n.* tyranny
tiranin *n.* tyrant
tiranski *a.* oppressive
tisak *n* press
tiskarska greška *n.* misprint
tiskati *v.t.* print
tisuća *n.* chiliad
tisuća *n.* thousand
tisućljeće *n.* millennium
tisuću *a* thousand
tišina *n* hush
tišina *n.* silence
tišina *n.* stillness
titanski *a.* titanic
titularni *a.* titular
tjedni *a.* weekly
tjednik *n.* weekly
tjedno *adv.* weekly
tjelesni *a* bodily
tjelesni *a* corporal
tjelohranitelj *n.* bodyguard
tjesnac *n.* defile
tjesnac *n.* ravine
tjesnac *n.* strait
tkač *n.* weaver
tkanina *n* cloth
tkanina *n* fabric
tkati *v.t.* weave
tkivo *n.* tissue
tko *pron.* who
tlačitelj *n.* oppressor
tlak *n.* pressure
tlo *n.* ground
tlo *n.* soil
tmuran *a.* sombre
to *pron.* it
toalet *n.* lavatory
toalet *n.* toilet
tobolac *n.* quiver
tobožnji *a.* would-be
točan *a.* accurate
točan *a* correct
točan *a* exact
točan *a.* punctual
točka *n* dot
točka *n.* point
točno *adv* due
točnost *n.* accuracy
točnost *n.* punctuality
toga *n.* toga
tolerancija *n.* tolerance
tolerancija *n.* toleration
tolerantan *a.* tolerant
tolerirati *v.t.* tolerate
toljaga *n* cudgel
tom *n.* tome
tona *n.* ton
tona *n.* tonne
toničan *a.* tonic
tonik *n.* tonic
tonzura *n.* tonsure
top *n.* cannon

topao *v.t.* warm
topaz *n.* topaz
topiti se *v.i* thaw
topiv *a.* soluble
toplina *n.* warmth
toplota *n.* heat
topljenje *n* thaw
topljivost *n.* solubility
topograf *n.* topographer
topografija *n.* topography
topografski *a.* topographical
topola *n.* poplar
toranj *n.* tower
torba *n.* bag
torba *n.* satchel
torbar *n.* marsupial
tornado *n.* tornado
torpedo *n.* torpedo
torpedovati *v.t.* torpedo
torta *n.* cake
tovar *n.* freight
traciti *v.t.* squander
traćiti vrijeme *v.i.* dawdle
tradicija *n.* tradition
tradicionalan *a.* traditional
trag *n.* trace
trag *n.* trail
trag *n.* vestige
traganje *n.* quest
tragati *v.t.* quest
tragati *v.t.* trace
tragedija *n.* tragedy
tragičan *a.* tragic
tragičar *n.* tragedian
trajan *a* abiding
trajan *a.* lasting
trajan *a.* permanent
trajanje *n* duration
trajati *v.i.* last
trajekt *n* ferry

trajnica *n.* perennial
trajnost *n.* permanence
traka *n.* ribbon
traka *n.* streamer
traka *n.* strip
traka *n.* tape
trakt *n.* tract
traktat *n* tract
traktor *n.* tractor
trampa *n.* barter
trampiti *v.t.* barter
tramvaj *n.* tram
trans *n.* trance
transakcija *n.* transaction
transformacija *n.* transformation
transformirati *v.* transform
transkripcija *n.* transcription
transmisija *n.* transmission
transparentan *a.* transparent
transport *n.* transportation
tranzit *n.* transit
trava *n* grass
travnjak *n.* lawn
traženje *n.* requirement
tražiti *v.t.* require
tražiti *v.t.* search
tražiti *v.t.* seek
trbuh *n* belly
trčanje *n.* run
trčati *v.i.* run
trčati za ženama *v.t.* womanize
trebati *v.t.* need
trebovanje *n.* requisition
trebovati *v.t.* requisition
treće *adv.* thirdly
treći *a.* third
trećina *n.* third
trend *n.* trend
trenirati *v.t.* train
trenutak *n.* instant

trenutak n. moment
trenutan a. momentary
trenutni a. current
trenutni a. instant
trenje n. friction
trepavica n eyelash
treperenje n flicker
treperenje n. palpitation
treperenje n warble
treperiti v.t flicker
treperiti v.i. warble
treptati v. t. & i blink
tresak n slam
treset n. turf
tresnuti v.t. slam
tresti v.i. shake
tresti se v.i. quake
tretman n. treatment
trezan a. sober
trezvenost n. sobriety
trezvenjačkim a. teetotal
trezvenjak n. teetotaller
trgovac n dealer
trgovac n. merchant
trgovac n. trader
trgovac n. tradesman
trgovac konjima n. coper
trgovac na malo n. retailer
trgovac pisaćim priborom n. stationer
trgovački a commercial
trgovački a. mercantile
trgovati v.t market
trgovati v.i trade
trgovati v.i. traffic
trgovina n commerce
trgovina n. trade
tri n. three
tri a three
tricikl n. tricycle
tričav a. paltry

trideset n. thirty
trideset a thirty
trideseti a. thirtieth
tridesetina n thirtieth
trijem n. portico
trijumf n. triumph
trijumfalan a. triumphal
trijumfovati v.i. triumph
trik n trick
trinaest n. thirteen
trinaest a thirteen
trinaesti a. thirteenth
trio n. trio
triplikatu n triplicate
triput adv. thrice
triton n. merman
trivijalan a. trivial
trkač n. runner
trkati se v.i race
trljanje n rub
trljati v.t. rub
trn n. thorn
trnovit a. thorny
trobojni a. tricolour
trobojnica n tricolour
trodelan a. tripartite
trofej n. trophy
trojstvo n. trinity
trokratan a. triplicate
trokut n. triangle
trokutni a. triangular
trom n. laggard
trom a. listless
tromjesečni a. quarterly
tromo se kretati v.t. maunder
tron n. throne
tronožac n. tripod
tropski a. tropical
tropski pojas n. tropic
trostruk a. triple

trošak *n.* expense	tup *a* dull
trošarina *n* excise	tup *a.* obtuse
trošiti *v. t* consume	tup udarac *n.* thump
trpjeti *v.i* abide	tupiti *v. t.* dull
trska *n.* cane	tura *n.* tour
truba *n.* trumpet	turban *n.* turban
trubiti *v. t* blare	turbina *n.* turbine
trubiti *v.i* hoot	turbulencije *n.* turbulence
trubiti *v.i.* trumpet	turbulentan *a.* turbulent
trubljenje *n.* hoot	turista *n.* tourist
trudna *a.* pregnant	turizam *n.* tourism
trudnoća *n.* pregnancy	turnir *n.* tournament
trulež *n.* rot	turšija *n.* pickle
truliti *v.i.* rot	tuš *n.* shower
trunčica *n.* mote	tуširati *v.t.* shower
truo *adj* carious	tutnjati *v.i.* rumble
trupa *n* rout	tutnjava *n.* rumble
trzaj *n.* jerk	tutnjava *n.* thud
trzaj *n.* lurch	tutnjiti *v.i.* thud
trzanje *n* pluck	tutor *n.* tutor
trzati *v.t.* tug	tužan *adj* melancholy
trzati se *v.i.* wince	tužan *a.* sad
tržište *n* market	tužan *n.* woeful
tuberkuloza *n.* tuberculosis	tužitelj *n* claimant
tuce *n* dozen	tužitelj *n.* plaintiff
tuča *n* fray	tužitelj *n.* prosecutor
tući se *v.i.* scuffle	tužiti *v.t.* sue
tuga *n.* grievance	tvorac *n* creator
tuga *n.* melancholy	tvorac *n.* maker
tuga *n.* sorrow	tvorac *n.* originator
tugovati *v.t.* grieve	tvorevina *n* make
tugovati *v.i.* mourn	tvornica *n* factory
tumač *n* exponent	tvrdica *n.* miser
tumaranje *n* stroll	tvrditi *v.t.* assert
tumarati *v.i.* loiter	tvrdnja *n* contention
tumarati *v.t.* saunter	tvrdoća *n.* adamant
tumarati *v.i.* stroll	tvrdoglav *adj.* asinine
tumor *n.* tumour	tvrdoglav *a.* headstrong
tunel *n.* tunnel	tvrdoglav *a.* mulish
tup *a* blunt	tvrdoglav *a.* obstinate

tvrdoglav *a.* stubborn	ubilački *a.* murderous
tvrdoglavost *n.* obstinacy	ubiti *v.t.* assassinate
tvrdokoran *a.* obdurate	ubiti *v.t.* kill
tvrđava *n.* citadel	ubiti *v.t.* murder
tvrđava *n.* fortress	ubiti *v.t.* slay
tvrtka *n.* company	ubjedljiv *adj.* cogent
tvrtka *n.* firm	ublažavanje *n.* mitigation

U

u *prep.* at
u *prep.* in
u *prep.* into
u *prep.* within
u blizini *adv.* near
u cijelosti *adv.* bodily
u dobroj namjeri *a* bonafide
u gomili *adv.* aheap
u inozemstvu *adv* abroad
u izobilju *adv.* galore
u kome *adv.* wherein
u krivi čas *a.* inopportune
u međuvremenu *adv.* meanwhile
u obliku uha *adj.* auriform
u okviru *adv.* within
u pokretu *adv.* astir
u posljednje vrijeme *adv.* lately
u postelji *adv.* abed
u potpunosti *adv.* wholly
u samoj unutrašnjosti *a.* innermost
u snu *adv.* asleep
u svakom slučaju *adv.* anyhow
u tijeku *prep.* pending
u unutrašnjosti *a.* inland
u usporedbi sa *prep* besides
ubediti *v. t* convince
ubediti *v.t.* persuade
ubeležiti *v.t* file
ubijanje *n.* kill

ublažiti *v.t.* allay
ublažiti *v.t.* assuage
ublažiti *v.t.* mince
ublažiti *v.t.* mitigate
ublažiti *v.t.* moderate
ublažiti *v.t.* soften
ublažiti *v.t.* soothe
ubod *n.* prick
ubod *n.* stab
ubod *v.t.* sting
ubojica *n.* murderer
ubojstvo *n.* homicide
ubojstvo *n.* murder
ubojstvo oca *n.* patricide
ubosti *v.t.* lance
ubosti *v.t.* prick
ubosti *v.t.* stab
ubrizgati *v.t.* inject
ubrizgavanje *n.* injection
ubrzanje *n* acceleration
ubrzati *v.t* accelerate
ubrzati *v.i.* hasten
ubrzati *v.i.* speed
ubuduće *adv.* henceforward
ucijeniti *v.t* blackmail
ucjena *n* blackmail
ucrtati *v.t.* map
ucveliti *v. t.* bereave
ucveljenost *n* bereavement
učen *a.* learned
učenik *n* disciple
učenik *n.* learner
učenik *n.* pupil

učenje *n.* learning
učenje napamet *n.* rote
učestalost *n.* frequent
učešce *n.* participation
učetvorostručiti *v.t.* quadruple
učiniti *v.t.* render
učiniti dragim *v.t* endear
učiniti imunim *v.t.* immunize
učiniti nepromočivim *v.t.* waterproof
učiniti siročetom *v.t* orphan
učiniti udovicom *v.t.* widow
učiniti vitezom *v.t.* knight
učinkovit *a* effective
učinkovit *a* efficient
učinkovitost *n* efficiency
učitelj *n.* preceptor
učitelj *n.* teacher
učiteljski *a.* tutorial
učiti *v.i.* study
učiti *v.t.* teach
učtiv *a.* mannerly
učtiv *a.* polite
učtiv *a.* urbane
učtivost *n.* courtesy
učtivost *n.* politeness
učtivost *n.* urbanity
učvrstiti *v. t* bolt
učvrstiti *v.t.* steady
ud *n.* limb
udaljen *a* distant
udaljenost *n* distance
udar *n.* coup
udar *n.* impact
udarac *n* beat
udarac *n.* jostle
udarac *n.* stroke
udarac bičem *n* lash
udarac bičem *n* slash
udarati *v. t.* beat
udarati u bubanj *v.i.* drum

udariti *v.t.* punch
udariti *v.t.* strike
udariti *v.t.* whack
udariti da poleti visoko *v.t.* sky
udariti motkom *v. i* bat
udariti o *v.t.* jostle
udariti šapom *v.t.* paw
udati *v.t.* marry
udenuti *v.t* thread
udio *n.* share
udisati *v.i.* inhale
udoban *a* comfortable
udoban *a.* cosy
udoban *adj.* cozy
udoban *n.* snug
udostojiti *v.t* dignify
udovac *n.* widower
udovica *n.* widow
udovoljavanje *n.* compliance
udovoljiti *v. i* comply
udružen *a.* associate
udruženje *n.* association
udruživanje *n.* merger
udubljen *adj.* concave
udubljenje *n.* recess
udvaranje *n.* courtship
udvarati se *v. l.* court
udvarati se *v.t.* woo
udvostručiti *v. t.* double
udvostručiti *v. t* duplicate
udvostručiti *v.t.* redouble
ugađanje *n.* indulgence
ugađati *v.t.* indulge
ugađati *v.t.* tune
uganuce *n.* sprain
uganuti *v.t.* sprain
ugar *n* fallow
ugasiti *v.t* extinguish
ugasiti *v.t.* quench
uglađen *a.* sleek

uglađenost n. nicety
uglavnom adv. generally
uglavnom adv. mainly
ugled n. reputation
ugled n. repute
ugledati v.t. sight
ugledna ličnost n. personage
ugljen n coal
ugljik n. carbon
ugnijezditi v.t. nest
ugnjetavanje n. oppression
ugnjetavati v.t. oppress
ugoditi v.t. please
ugostiti v.t. banquet
ugovor n contract
ugovor n. covenant
ugovoriti v. t contract
ugravirati v. t engrave
ugristi v. t. bite
ugriz n bite
ugroziti v. t. endanger
ugroziti v.t. imperil
ugroziti v.t. jeopardize
ugroziti v.t. peril
ugrušak n. clot
ugušiti v.t. quell
ugušiti v.t. smother
ugušiti v.t. stifle
ugušiti v.t. strangle
ugušiti v.t suffocate
uhićenje n. arrest
uhiti v.t. imprison
uhititi v.i. lag
uhvatiti v. t. capture
uhvatiti u mrežu v.t mesh
uhvatiti u zamku v.t. noose
uhvatiti u zamku v.t. snare
uhvatiti u zamku v.t. trap
ujarmiti v.t. yoke
ujediniti v.t. unite

ujediniti se v.t. ally
ujedinjenje n. unification
ukalupljen a. stereotyped
ukaljati v. asperse
ukazati v.t. indicate
ukidanje v abolition
ukinuti v.t abolish
ukinuti ograničenje v.t. decontrol
ukiseliti v.t pickle
ukiseliti v.t. sour
uklanjanje n. removal
ukloniti v.t. remove
uključen a. incorporate
uključiti v.t. involve
uključivanje n. inclusion
uključivati v.t. include
uključivo a. inclusive
uknjižiti v. t. book
ukočen a. numb
ukonačiti v.t. lodge
ukor n. rebuke
ukor n. reprimand
ukor n. reproof
ukorijeniti v.i. root
ukorijenjen a. ingrained
ukoriti v.t. reprimand
ukras za nogu n anklet
ukras za vrat n. necklet
ukrasiti v.t. bedight
ukrasiti v. t deck
ukrasiti v. t decorate
ukrasiti v.t. grace
ukrasiti v.t. ornament
ukrasiti draguljima v.t. jewel
ukrasiti zvijezdama v.t. star
ukrasna palma n areca
ukrasni a. ornamental
ukrasti v.t. pilfer
ukrasti v.i. steal
ukrašavanje n. ornamentation

ukratko *adv.* summarily
ukrcano *adv* aboard
ukrcati *v. t.* board
ukrcati *v. t* embark
ukrcati *v.t.* ship
ukršten *a* cross
ukrutiti *v.t.* stiffen
ukuhano voće *n.* preserve
ukupan *a* overall
ukupan *a.* total
ukus *n.* smack
ukus *n.* taste
ukusan *a* delicious
ukusan *a.* palatable
ukusan *a.* tasteful
ukusan *a.* tasty
ukusan *a.* toothsome
ulaz *n* entrance
ulazak *n* entry
ulaziti *v. t* enter
ulazni *n.* input
ulica *n.* street
uličarka *n.* strumpet
ulijevati *v.t.* instil
uliti *v.t.* infuse
ulizica *n.* sycophant
ulizivanje *n.* sycophancy
ulog *n* stake
ulog *n.* wager
uloga *n.* role
ulov *n.* catch
uloviti *v. t.* catch
uložiti *v.t.* stake
ultimatum *n.* ultimatum
ulje *n.* oil
uljepšati *v. t* beautify
uljepšavati *v.t.* adorn
uljiti *v.t* oil
uljudan *a.* courteous
um *n.* mind

umakanje *n.* dip
umakati *v. i.* dabble
umalo *adv.* almost
umanjiti *v.t.* avale
umanjivati *v.t.* minimize
umarati *v.t* fatigue
umetanje *n.* insertion
umetnuti *v.t.* insert
umetnuti *v.t.* sandwich
umiješati *v. t* blend
umiranje *n* die
umirati od gladi *v.i.* starve
umiriti *v.t.* appease
umiriti *v.t.* pacify
umiriti *v.t.* quiet
umiriti *v.t.* still
umiroviti *v.t.* pension
umiroviti *v.i.* retire
umirovljenik *n.* pensioner
umirujući *a.* sedative
umjeren *a.* moderate
umjeren *a.* temperate
umjerenost *n.* moderation
umjerenost *n.* temperance
umjesto *n.* lieu
umjetak *n.* parenthesis
umjetnički *a.* artistic
umjetnik *n.* artist
umjetno *a.* artificial
umjetnost *n.* art
umnožavati na ciklostilu *v. t* cyclostyle
umnožiti *v.t.* multiply
umnožiti matricom *v.i.* stencil
umočiti *v. t* dip
umor *n* fatigue
umoran *a.* weary
umoriti *v.t. & i* weary
umotati *v.t.* sheet
umrijeti *v. i* die
umrljati *v. t* blot

unaprijed *adv.* beforehand
unaprijed oružati *v.t* forearm
unaprijed smisliti *v.t.* premeditate
unaprijediti *v.t.* advance
unaprijediti *v.t* further
unatoč *prep.* notwithstanding
unazad *adv.* back
unazad *a.* backward
unazad *adv.* backward
unca *n.* ounce
uneti u zapisnik *n.* minute
unezveren *a.* haggard
unija *n.* union
unionista *n.* unionist
uništenje *n* annihilation
uništiti *v.t.* annihilate
uništiti *v. t* destroy
uništiti *v.t.* obliterate
uništiti *v.t.* wreck
univerzalan *a.* universal
univerzalnost *n.* universality
unosan *a.* lucrative
unosan *a.* remunerative
unovčiti *v. t.* cash
unutar *prep.* inside
unutarnji *a.* indoor
unutarnji *adv.* inland
unutarnji *a.* inner
unutarnji *a* inside
unutarnji *a.* interior
unutarnji *a.* intrinsic
unutarnji *a.* inward
unutra *adv.* indoors
unutra *adv.* inside
unutra *adv.* inwards
unutrašnjost *n.* inside
unutrašnjost *n.* interior
unutrašnjost *n.* midland
unutrašnjost *n.* within
uobičajen *a* customary

uobičajen *a.* usual
uobičajen *a.* wonted
uobličiti *v.t* figure
uobraženost *n* conceit
upad *n.* intrusion
upadljiv *a.* conspicuous
upakirati *v.t.* pack
upala slijepog crijeva *n.* appendicitis
upaljač *n.* lighter
upasti *v.t.* intrude
upasti *v.t.* raid
upetljati *v. t* entangle
upisati *v. t* enrol
upisati *v.t.* inscribe
upisati visoku školu *v.t.* matriculate
upiti *v.t* absorb
upitni *a.* interrogative
upitnik *n* interrogative
upitnik *n.* questionnaire
uplašen *a.* afraid
uplašiti *v. t* daunt
uplašiti *v.t.* frighten
uplašiti *v.t.* scare
uplesti *v.t.* wreathe
uplitanje *n.* interference
uplitati se *v.i.* interfere
uporaba *n.* use
uporan *a.* insistent
uporan *a.* persistent
uporan *a.* tenacious
uporan *a.* untoward
uporedo *adv* abreast
uporište *n.* stronghold
uposliti *v.t.* task
upotrebljavati *v.t.* ply
upotrijebiti *v.t.* use
upoznat *a* conversant
upoznati *v.t.* acquaint
upozorenje *n.* admonition
upozorenje *n.* warning

upozoriti *v.t.* admonish
upozoriti *v. t.* caution
upozoriti *v.t* forewarn
upozoriti *v.t.* warn
uprava *n.* administration
uprava *n.* governance
upravljanje *n* conduct
upravljanje *n.* management
upravljanje *n.* ruling
upravljati *v.t.* administer
upravljati *v. t* conduct
upravljati *v.t.* govern
upravljati *v.t.* manage
upravljati *v.i.* navigate
upravljati *v.t.* steer
upravni *a.* administrative
upravnik pošte *n.* postmaster
upravnik zatvora *n.* warden
upravo *adv.* just
upravo *adv* pat
upražnjeno mjesto *n.* vacancy
upregnuti *v.t* harness
uprljati *v. t* bemire
uprljati *n.* slur
uprljati *v.t.* taint
upropastiti *v.t.* ruin
uprošćavanje *n.* simplification
upućen *adj.* conversant
uputiti *v.i.* motion
uputiti *v.t.* refer
ura *interj.* hurrah
uragan *n.* hurricane
uramiti *v.t.* frame
uravnotežiti *v.t.* balance
uravnotežiti *v.t.* sedate
urbani *a.* urban
ured *n.* office
uredan *a.* neat
uredan *a.* orderly
uredan *a.* tidy

uredan *a.* trim
urediti *v.t.* arrange
urediti *v. t* edit
urediti *v.t.* trim
urednički *a* editorial
urednik *n* editor
uredno *n.* orderly
urednost *n.* tidiness
uredski pribor *n.* stationery
uređaj *n.* appliance
uređaj *n* device
uređenje *n.* arrangement
urez *n.* scotch
urezati *v.t.* score
urin *n.* urine
urinarni *a.* urinary
urinirati *v.i.* urinate
urlati *v. i* bellow
urna *n* urn
urnebes *n.* pandemonium
urođen *a.* inborn
urođen *a.* innate
urođenici *n. pl* aborigines
urođenički *a.* indigenous
urođenik *a* aboriginal
urođenik *n* native
uručiti *v.t* hand
usamljen *a* forlorn
usamljen *a.* lone
usamljen *a.* lonely
usamljen *a.* lonesome
usamljen *a.* solitary
usamljenost *n.* loneliness
usamljenost *n.* solitude
usavršiti *v.t.* perfect
usedelica *n.* spinster
ushićen *a.* jubilant
ushićen *a.* rapt
ushititi *v. t* enrapture
usidrenje *n* anchorage

usidriti brod *v.t* moor
usjev *n* crop
uska ulica *n.* alley
uskladiti *v. t* equate
usklađen *a.* co-ordinate
uskomešati *se v.i.* stir
uskoro *adv.* presently
uskoro *adv.* shortly
uskoro *adv.* soon
uskratiti *v. t.* debar
uskrs *n* easter
usluga *n.* serve
uslužan *adj.* complaisant
uslužan *a.* serviceable
uslužnost *n.* complaisance
usmen *a.* oral
usmen *a* viva-voce
usmeni ispit *n* viva-voce
usmeno *adv.* orally
usmeno *adv.* verbally
usmeno *adv.* viva-voce
usmjeriti *v. t* direct
usna *n.* lip
uspavanka *n.* lullaby
uspjeh *n.* achievement
uspjeh *n.* success
uspješan *a.* prosperous
uspješan *a* successful
uspjeti *v.i.* succeed
uspomena *n.* keepsake
uspomena *n.* memento
uspomena *n.* reminiscence
uspon *n.* ascent
usporediti *v. t* compare
usporiti *v.t.* retard
usporiti *v.i.* slow
uspostaviti *v. t.* establish
uspraviti *v. t* erect
uspravljen *a* erect
usredotočenost *n.* concentration

usredotočiti *v. t* concentrate
usta *n.* mouth
ustajao *a.* mouldy
ustajao *a.* stale
ustanak *n.* uprising
ustanoviti *v. t* constitute
ustanoviti *v. t.* essay
ustanoviti *v.t.* stipulate
ustati *v.i.* arise
ustav *n* constitution
ustoličiti *v. t* enthrone
ustostručiti *n.* & *adj* centuple
ustuknuti *v.i.* recoil
ustupiti *v.t.* concede
usuditi se *v. i.* dare
usuditi se *v.t.* venture
usvajanje *n* adoption
usvojiti *v.t.* adopt
uš *n.* louse
ušće *n* confluence
ušna mast *n* cerumen
ušna resa *n.* lobe
uštinuti *v.t* nip
uštinuti *v.t.* pinch
ušutkati *v.t* muzzle
utakmica *n.* meet
utaknuti *v.t.* jack
utemeljenje *n.* foundation
utemeljiti *v.t.* found
utičnica *n.* jack
utičnica *n.* socket
utikač *n.* plug
utilitaristički *a.* utilitarian
utisnuti *v.t.* imprint
utišati *v.i* hush
utišati *v.t.* lull
utišati *v.t.* silence
utjecaj *n.* influence
utjecajan *a.* influential
utjecati *v.t.* affect

utjecati *v.t.* influence
utjeha *n.* comfort
utjeha *n* consolation
utjeha *n.* solace
utjeloviti *v. t.* embody
utjelovljen *a.* incarnate
utjerivanje u rupu *n.* gobble
utješiti *v. t* comfort
utješiti *v.t.* solace
utočište *n* haunt
utočište *n.* refuge
utoliti *v.t.* slake
utonuti *v.t.* immerse
utopija *n* . utopia
utopijski *a.* utopian
utopiti *v.i* drown
utrka *n.* race
utroba *n.* entrails
utrostručenje *n.* triplication
utrostručiti *v.t.*, triple
utučenost *n* dejection
utuviti *v.t.* inculcate
utvara *n.* wraith
utvrditi *v.t.* ascertain
utvrditi *v.t.* fortify
utvrđenje *n.* fort
uvecanje *v. t* enlarge
uveličati *v.t.* magnify
uvenuti *v.i.* wither
uvertira *n.* overture
uvesti *v.t.* induct
uvesti *v.t.* introduce
uvesti *v.t.* prelude
uvesti *v.t.* usher
uvid *n.* insight
uvijek *adv.* always
uviti *v.t.* twist
uvjeravanje *n.* persuasion
uvjeravati *v.t.* reassure
uvjerenje *n.* assurance

uvjerenje *n.* testimonial
uvjeriti *v.t.* assure
uvjet *n.* proviso
uvjet, stanje *n* condition
uvjetni *a* conditional
uvjetni otpust *n.* parole
uvjetno otpustiti *v.t.* parole
uvježbavati *v.t.* practise
uvo *n* ear
uvod *n.* introduction
uvod *n.* prelude
uvodni *a.* inaugural
uvodni *a.* introductory
uvodnik *n* editorial
uvođenje *n.* induction
uvojak *n.* curl
uvojak *n* forelock
uvojak *n* lock
uvoz *n.* import
uvoziti *v.t.* import
uvreda *n* affront
uvreda *n.* insult
uvreda *n.* offence
uvredljiv *a.* abusive
uvrijediti *v.t.* affront
uvrijediti *v.t.* insult
uvrijediti *v.t.* offend
uzajamno djelovanje *n.* interplay
uzak *a.* narrow
uzalud *adv.* vainly
uzaludan *a.* futile
uzaludan *a.* vain
uzaludnost *n.* futility
uzastopan *a.* successive
uzastopni *adj.* consecutive
uzastopno *adv* consecutively
uzbuditi *v. t* excite
uzbuditi *v.t.* thrill
uzbuđenje *n.* thrill
uzbuna *n* alarm

uzbuniti *v.t* alarm	**uzrujati se** *v.i.* surge
uzburkati *v.t.* trouble	**uzurpacija** *n.* usurpation
uzda *n* bridle	**uzurpirati** *v.t.* usurp
uzda *n.* rein	**uzvik** *n* cry
uzdah *n.* sigh	**uzvik** *n* exclamation
uzdahnuti *v.i.* sigh	**uzvik** *n.* interjection
uzdignuće *n* elevation	**uzviknuti** *v.i* exclaim
uzdignuće *n* uplift	**uzvišen** *a.* lofty
uzdizati se *v.t.* ascend	**uzvišen** *a.* sublime
uzdržati se *v.i.* abstain	**uzvišenost** *n* sublime
uzdržavati se *v.i.* refrain	**uzvraćati** *v.t.* reciprocate
uzduž *adv.* along	**uzvratiti** *v. t* counter
uzengija *n.* stirrup	**užaren** *adv.* aglow
uzeti *v.t* take	**užaren** *a.* ardent
uzeti žlicom *v.t.* spoon	**užaren** *a* fiery
uzgajivač *n.* grower	**užas** *n.* horror
uzica biča *n.* whipcord	**užasan** *a.* awful
uzimajuci u obzir *prep.* considering	**užasan** *a.* terrible
uzmaći *v.i.* recede	**uže** *n.* rope
uznemiravanje *n.* harassment	**užina** *n.* snack
uznemiravati *v. t* disturb	**uživanje** *n* delight
uznemiravati *v.t.* harass	**uživanje** *n* enjoyment
uznemiren *a* anxiety	**uživati** *v.i.* bask
uznemirenost *n* disquiet	**uživati** *v. t.* delight
uznemiriti *v. t* commove	**uživati** *v. t* enjoy
uznemiriti *v.t.* unsettle	**uživati** *v.t.* relish
uznemiriti *v.t.* upset	**užljebiti** *v.t* groove
uznemiriti se *v.i* fuss	**užurban** *a.* hasty
uzor *n.* paragon	
uzorak *n.* sample	# V
uzoran *a.* commendable	
uzorkovati *v.t.* sample	
uzročan *adj.* causal	**vagati** *v.t.* scale
uzročnost *n* causality	**vagati** *v.t.* weigh
uzrok *n.* cause	**vagina** *n.* vagina
uzrokovati *v.t* cause	**vagon** *n.* wagon
uzrujanost *n* agitation	**vajarski** *a.* sculptural
uzrujanost *n.* fret	**vakcina** *n.* vaccine
uzrujati *v.t.* agitate	**vakcinacija** *n.* vaccination
uzrujati se *v.t.* fret	**vakuum** *n.* vacuum

val *n* billow
val *n.* surge
val *n.* wave
validan *a.* valid
valuta *n* currency
valjak *n.* roller
valjanost *n* good
valjati rublje *v.t.* mangle
valjati se *v.i.* wallow
van *adv.* out
van *adv* outward
vanbračan *a* bastard
vani *adv.* afield
vani *a.* outdoor
vani *adv* outside
vani *adv* outwards
vani *adv.* outwardly
vanjski *a* external
vanjski *a.* outer
vanjski *a.* outside
vanjski *a.* outward
vapno *n.* lime
varalica *n.* impostor
varalica *n.* sharper
varalica *n.* swindler
varalica *n.* trickster
varanje *n.* cheat
varanje *n* sham
varanje *n.* trickery
varati *v. t.* cheat
varati *v.t.* rook
varenje *n* digestion
varijabla *a.* variable
varijacija *n.* variation
varirati *v.t.* vary
variti *v. t.* brew
varnica *n.* spark
varničiti *v.i.* spark
vat *n.* watt
vatra *n* fire

vatren *a* fervent
vatreno oružje *n.* gun
vaučer *n.* voucher
vazdušast *adj.* aeriform
vazdušast *a.* airy
vazektomija *n.* vasectomy
vazelin *n.* vaseline
važan *a* considerable
važan *a.* weighty
važno *a.* important
većina *n.* majority
večer *n* evening
večera *n* dinner
večera *n.* supper
večeras *adv.* tonight
večerati *v. t.* dine
već *adv.* already
većina *n* most
većinom *a.* most
vegetacija *n.* vegetation
vegetarijanac *n.* vegetarian
vegetarijanski *a* vegetarian
vekna *n.* loaf
velelepnost *n.* festivity
veleposlanik *n.* ambassador
veleposlanstvo *n* embassy
veleprodaja *n.* wholesale
veleprodajni *a* wholesale
veleprodajno *adv.* wholesale
veletrgovac *n.* wholesaler
veličanstven *a.* magnificent
veličanstven *a.* majestic
veličanstven *a.* marvellous
veličanstven *a.* palatial
veličanstven *a.* stately
veličanstvenost *n.* grandeur
veličanstvo *n.* majesty
veličati *v. t* exalt
veličati *v. t.* extol
veličati *v.t.* glorify

veličina *n.* magnitude
veličina *n.* size
velignton *n.* wellignton
velik *a* big
velik *a.* grand
velik *a* great
velik *a.* large
velike boginje *n.* smallpox
velikodušan *a.* generous
velikodušan *a.* magnanimous
velikodušnost *n.* generosity
velikodušnost *n.* liberality
velikodušnost *n.* magnanimity
veljača *n* February
vena *n.* vein
ventil *n.* valve
ventilacija *n.* ventilation
ventilator *n.* ventilator
ventilirati *v.t.* ventilate
veo *n.* veil
veoma *adv* much
veoma *a.* very
vepar *n* boar
veranda *n.* porch
veranda *n.* verendah
verati se *v.i.* scramble
verbalni *a.* verbal
veridba *n.* betrothal
verificirati *v.t.* verify
verifikacija *n.* verification
veriti *v. t* betroth
vertikala *n.* perpendicular
vertikalan *a.* perpendicular
vertikalan *a.* vertical
verzija *n.* version
veseliti se *v.i.* frolic
veselost *n.* gaiety
veselost *n.* joviality
veseljak *n.* spark
veselje *n.* hilarity

veselje *n.* jollity
veselje *n.* merriment
veseo *a.* cheerful
veseo *a.* gay
veseo *a.* jovial
veseo *a* merry
veseo *a.* sportive
veslač *n.* oarsman
veslanje *n* row
veslati *v.i.* paddle
veslati *v.t.* row
veslo *n.* oar
veslo *n* paddle
vestern *a.* western
veteran *n.* veteran
veteranski *a.* veteran
veterinarski *a.* veterinary
veto *n.* veto
vez *n* berth
vez *n* embroidery
veza *n* bond
veza *n* connection
veza *n.* liaison
vezati *v.t* bind
vezati *v.t.* knot
vezati *v.t.* tie
vezati kabelom *v. t.* cable
vezivanje *n* deligate
vibracija *n.* vibration
vibrirati *v.i.* vibrate
vic *n.* joke
vidik *n.* vista
vidikovac *n* belvedere
vidjeti *v.t.* see
vidljiv *a.* visible
vidljivost *n.* visibility
vidokrug *n.* purview
vidovnjak *n.* seer
vidra *n.* otter
vigvam *n.* wigwam

vihor *n.* whirlwind
vijak *n.* screw
vijećnik *n.* councillor
vijenac *n.* coronet
vijenac *n* festoon
vijenac *n.* garland
vijenac *n.* wreath
vijenac za glavu *n* anadem
vijesti *n.* news
vijesti *n. pl.* tidings
vijuganje *n* wriggle
vijugati *v.i.* wriggle
vijugati se *v.i.* zigzag
vijugav *a.* sinuous
vijugav *a.* zigzag
vika *n.i.* bawl
vikanje *n* yell
vikar *n.* vicar
vikati *v. i* cry
vikati *v.i.* shout
vikati *v.i.* yell
vila *n* fairy
vila *n.* villa
vilica *n.* jaw
vime *n.* mamma
vime *n.* udder
vino *n.* wine
vinova loza *n.* vine
vinuti se *v.i.* soar
vinjak *n* brandy
violina *n* fiddle
violina *n.* violin
violinista *n.* violinist
virenje *n* peep
viriti *v.i.* peep
virtualan *a* virtual
virus *n.* virus
visak *n.* lead
visina *n.* altitude
visina *n.* height

visinomjer *n* altimeter
viski *n.* whisky
visok *a.* high
visok *a.* tall
visoko *adv.* aloft
visoko *adv.* highly
Visost *n.* Highness
višak *n* excess
višak *n* over
višak *n.* superfluity
višak *n.* surplus
više *adv* more
više *adv* over
više *a* several
više ponuditi *v.t.* outbid
višegodišnji *a.* perennial
višestruk *a.* multiplex
viši dvorski službenik *n* chamberlain
vitak *n.* slender
vitak *a.* slim
vitalan *a.* vital
vitalnost *n.* vitality
vitamin *n.* vitamin
viteški *a.* chivalrous
viteštvo *n.* chivalry
vitez *n.* knight
vizija *n.* vision
vizionar *n.* visionary
vizionarski *a.* visionary
vizualizovati *v.t.* visualize
vizualni *a.* visual
vječan *adj.* eternal
vječan *a.* everlasting
vječit *a.* perpetual
vječnost *n* eternity
vjenčanje *n.* wedding
vjenčati *v.t.* wed
vjera *n.* creed
vjera *n* faith
vjeran *a* faithful

vjeran *n.* trusty
vjernost *n.* allegiance
vjernost *n* fidelity
vjerodostojan *a* credible
vjerojatan *a.* probable
vjerojatno *a.* likely
vjerojatno *adv.* probably
vjerojatnost *n.* likelihood
vjerojatnost *n.* probability
vjerojatnost *n.* verisimilitude
vjerovanje *n* belief
vjerovati *v. t* believe
vjerovati *v.t* trust
vjerovnik *n* creditor
vjerski *a.* religious
vješala *n. .* gallows
vješt *a.* adept
vješt *a.* proficient
vješt *a.* skilful
vještica *n.* hag
vještica *n.* witch
vještina *n.* adept
vještina *n.* proficiency
vještina *n.* skill
vjetar *n.* wind
vjetrenjača *n.* windmill
vjetrovit *a.* windy
vjeverica *n.* squirrel
vježba *n.* exercise
vježbati *v. t* exercise
Vlada *n.* government
vladar *n.* ruler
vladar *n.* sovereign
vladati *v.i.* reign
vladati *v.t.* rule
vladavina *n* reign
vlaga *n* damp
vlaga *n.* moisture
vlak *n.* train
vlakno *n* fibre

vlasnički *a.* proprietary
vlasnik *n.* owner
vlasnik *n.* proprietor
vlasništvo *n.* ownership
vlast *n.* authority
vlast *n* dominion
vlastelin *n.* squire
vlastelinski *a.* manorial
vlastelinstvo *n.* manor
vlažan *a* damp
vlažan *adj.* dank
vlažan *a.* humid
vlažan *a.* moist
vlažiti *v. t.* damp
vlažiti *v.t.* moisten
vlažnost *n.* humidity
vlažnost *n.* wetness
vo *n.* ox
voće *n.* fruit
voćnjak *n.* orchard
vod *n.* platoon
vod *n.* squad
vode *n.* water
vodeni *a.* watery
vodič *n.* guide
vodik *n.* hydrogen
voditi *v.t.* guide
voditi *v.t* head
voditi *v.t.* wage
voditi napad *v.t.* spearhead
voditi porijeklo *v.t.* originate
vodoinstalater *n.* plumber
vodolija *n.* aquarius
vodootporan *a.* waterproof
vodootpornost *n* waterproof
vodopad *n.* waterfall
vođa *n.* leader
vođstvo *n.* guidance
vođstvo *n.* leadership
vojni *a.* martial

vojni *a.* military
vojnička truba *n* bugle
vojnik *n.* soldier
vojska *n.* army
vojska *n* military
vojvoda *n* duke
vokalni *a.* vocal
volej *n.* volley
volonter *n.* volunteer
volontirati *v.t.* volunteer
volovska koža *n* buff
volt *n.* volt
volja *n.* volition
volja *n.* will
voljan *a.* willing
voljen *a.* loving
voljeti *v.t.* love
vosak *n.* wax
voštana mast *adj.* cerated
vozač *n* driver
vozač *n.* motorist
vozilo *n.* vehicle
voziti *v. t* drive
voziti *v.t.* ride
voziti bicikl *v.t.* pedal
voziti se *v.i.* motor
voziti se na jahti *v.i* yacht
voziti se u taksiju *v.i.* taxi
vožnja *n* drive
vožnja *n* ride
vrabac *n.* sparrow
vračanje *n.* witchcraft
vraćanje *n.* recurrence
vraćanje u pritvor *n* remand
vragolast *a.* mischievous
vrana *n* crow
vrat *n.* neck
vrata *n* door
vratar *n.* porter
vratar *n.* usher

vratilo *n.* shaft
vratiti *v.t.* reclaim
vratiti *v.t.* requite
vratiti se *v.i.* relapse
vratiti se *v.i.* return
vratiti se *v.i.* revert
vratiti se istim putem *v.t.* retrace
vratiti u domovinu *v.t.* repatriate
vratiti u pritvor *v.t.* remand
vratnice *n.* wicket
vrba *n.* willow
vrbovnik *n* crimp
vrebati *v.i.* lurk
vrebati *v.i.* prey
vreca *n.* sack
vreća *n.* poke
vrećica *n.* pouch
vremenski *a.* temporal
vremenski period *n.* while
vreo *a.* hot
vresište *n.* moor
vreteno *n.* spindle
vrh *n.* apex
vrh *n.* peak
vrh *n.* summit
vrh *n.* tip
vrh *n.* top
vrh koplja *n.* spearhead
vrhovni *a.* supreme
vrhovni nadzor *n.* superintendence
vrhunac *n.* climax
vrhunac *n.* heyday
vrhunac *n.* pinnacle
vrijedan *a.* industrious
vrijedan *a.* valuable
vrijedan *a* worth
vrijedan pažnje *a.* noteworthy
vrijednost *n.* value
vrijednost *n.* worth
vrijeđati *v.t.* resent

vrijeme n. time
vrijeme n weather
vrijeme za spavanje n. bed-time
vrisak n scream
vrisak n. shriek
vrištati v.i. scream
vrištati v.i. shriek
vrli a. virtuous
vrlina n. virtue
vrpca n. string
vrsta n. kind
vrsta n. sort
vrsta n. species
vrsta baruta n. amberite
vrsta biljke n. cardamom
vrsta cigare n cheroot
vrsta konja n. bayard
vrsta krojača n. cosier
vrsta ponošanja v.t. condite
vrsta tijela n. cornicle
vršalice n. thresher
vršat v.t. thresh
vrtlog n whirl
vrtlog n. whirlpool
vrtoglav a. giddy
vruć a. warm1
vrućina n. ardour
vrveti v.i. teem
vuča n. traction
vući v.t draw
vući noge v.i. shuffle
vuk n. wolf
vulgaran a. vulgar
vulgarnost n. vulgarity
vulkan n. volcano
vulkanski a. volcanic
vuna n. wool
vunena tkanina n woollen
vuneni a. woollen

Z

za prep for
za divljenje a. admirable
za razliku od prep unlike
za vrijeme prep during
zabava n amusement
zabava n. entertainment
zabava n. frolic
zabava n. fun
zabaviti v. t entertain
zabavljati v.t. amuse
zabavljati se v.i. sport
zabilježiti v.t. jot
zabilježiti n. log
zabiti v.t. nail
zabluda n fallacy
zaborav n. oblivion
zaboravan a. forgetful
zaboraviti v.t forget
zabosti v.t. stick
zabrana n. ban
zabrana n. prohibition
zabraniti v.t bar
zabraniti v.t forbid
zabraniti v.t. prohibit
zabraniti v.t. taboo
zabranjen a taboo
zabranjujući a. prohibitory
zabrinut a. anxious
zabrinut a. solicitous
zabrinutost n. solicitude
zabrljati v.t. mull
zabuna n confusion
zabušant n. shirker
zabušavati v.t. shirk
začarati v.t bewitch
začepiti n. gag

začepiti *v.t.* plug
začeti *v. t* beget
začeti *v. t* conceive
začin *n.* spice
začiniti *v.t.* season
začiniti *v.t.* spice
začuditi *v.t.* astonish
zadatak *n* errand
zadatak *n.* task
zaderati *v.t.* scar
zadesiti *v. t* befall
zadimljen *a.* smoky
zadirati *v. i* encroach
zadirkivanje *n.* banter
zadirkivanje *n.* raillery
zadirkivati *v.t.* banter
zadirkivati *v.t.* rag
zadirkivati *v.t.* tease
zadiviti *v.t.* amaze
zadivljenost *n.* amazement
zadnji *a* after
zadovoljan *a.* content
zadovoljavajući *a.* satisfactory
zadovoljavati *v.i.* suffice
zadovoljiti *v. t* content
zadovoljiti *v.t.* satisfy
zadovoljstvo *n.* content
zadovoljstvo *n* contentment
zadovoljstvo *n.* gratification
zadovoljstvo *n.* pleasure
zadovoljstvo *n.* satisfaction
zadružni *a* co-operative
zadržati *v. t* detain
zadržati *v.t.* retain
zadržati *v.t.* withhold
zadržavanje *n.* retention
zadubljen u misli *a.* pensive
zadužen *a.* indebted
zaduženje *n* debit
zadužiti *v. t* debit

zagaditi *v.t.* pollute
zagađenje *n.* pollution
zagledano *adv.* agaze
zaglibiti *v.i* bog
zagonetka *n.* riddle
zagorčati *v. t* embitter
zagrijati *v.t* heat
zagrliti *v. t.* embrace
zagrljaj *n* embrace
zagubiti *v.t.* misplace
zagušljiv *a.* stuffy
zahrđao *a.* rusty
zahtijevati *v. t* claim
zahtijevati *v. t* demand
zahtijevati *v.t.* necessitate
zahtijevati *v.t.* request
zahtjev *n* demand
zahtjev *n* request
zahvalan *a.* grateful
zahvalan *a.* thankful
zahvaliti *v.t.* thank
zahvalnost *n.* appreciation
zahvalnost *n.* gratitude
zahvalnost *n.* thanks
zahvat *n* grasp
zainteresiran *a.* interested
zaista *adv.* indeed
zajam *n.* loan
zajažljiv *a.* satiable
zajednica *n.* community
zajednički *a.* common
zajednički *a.* mutual
zajedničko *adv.* jointly
zajedno *adv.* together
zajedno živjeti *v. t* cohabit
zakašnjelo *adj.* belated
zakašnjelo *a.* overdue
zaklanjati *v.t.* screen
zaklati *v.t.* slaughter
zakletva *n.* oath

zaklon n. lee
zaključak n. conclusion
zaključati v.t lock
zaključiti v. t conclude
zaključiti v.t. infer
zaključivanje n. inference
zaključni a conclusive
zakon n. law
zakonit a. lawful
zakonitost n. legality
zakonodavac n. legislator
zakonodavan a. legislative
zakonodavstvo n. legislature
zakopati v. t. bury
zakopčati v. t. button
zakovati v.t. rivet
zakovica n. rivet
zakrčiti v. t clutter
zakrčiti v.t. ram
zakrpa n patch
zakrpiti v. t botch
zakrpiti v.t. patch
zakucati v.t. jam
zakup n. lease
zakup n. tenancy
zakupac n. lessee
zakupiti v.t. lease
zalazak n set
zalemiti v.t. solder
zalet n pounce
zaleteti se v.i. pounce
zaliha n. stock
zalijevati v.t. water
zaliti v.t. pitch
zaloga n. pledge
zalogaj n. morsel
zalogaj n. mouthful
založiti v. t deposit
založiti v.t. mortgage
založni dužnik n. mortgagor

založni vjerovnik n. mortagagee
zaluđivati v.t. infatuate
zalutao adv., astray
zalutao a stray
zalutati v.i. stray
zaljev n bay
zaljev n. gulf
zaljubiti se v. t enamour
zaljubljiv a. amorous
zamagliti v. t blear
zamah n. lunge
zamah n. sweep
zamah n whisk
zamazati v. t. daub
zamazati v.t. smear
zamijeniti v. t commute
zamijeniti v.t. replace
zamijeniti v.t. substitute
zamijeniti v.t. supersede
zamisliti v.t fancy
zamisliti v.t. imagine
zamišljen a. wistful
zamjena n. replacement
zamjena n. substitute
zamjena n. substitution
zamjenica n. pronoun
zamjenik n deputy
zamjenski n. joker
zamjenjivati v.t. alternate
zamjerka n. stricture
zamka n. noose
zamka n. pitfall
zamka n. snare
zamka n. trap
zamoran a. irksome
zamoran a. tiresome
zamotati v. t envelop
zamotati v.t. wrap
zamrsiti v.t. tangle
zamrznuti v.i. freeze

zamuljiti *v.t.* silt
zanatlija *n.* artisan
zanatlija *n* craftsman
zanemariti *v.t.* neglect
zanemarivanje *n* neglect
zanemarljiv *a.* negligible
zanesenost *n.* rapture
zanimanje *n.* occupation
zanimanje *n.* vocation
zanimljiv *a.* interesting
zanovijetanje *n.* nag
zanovijetati *v.i.* grumble
zanovjetalo *v.t.* nag
zao *a* evil
zao *a.* malignant
zao *a.* nefarious
zao *a.* wicked
zaobilaznica *n* bypass
zaobliti *v.t.* round
zaokupiti *v.t* engross
zaokupiti *v.t.* preoccupy
zaoštriti *v.t.* point
zapad *n.* occident
zapad *n.* west
zapadni *a.* west
zapadni *adv.* westerly
zapadno *adv.* west
zapadno *a.* westerly
zapadnjački *a.* occidental
zapaliti *v.t* fire
zapaljeno *adv.* aflame
zapaljenje *n.* inflammation
zapaljenje pluca *n.* pneumonia
zapaljiv *a.* inflammable
zapamtiti *v.t.* remember
zapanjeno *adv.* agape
zapanjenost *n* daze
zapanjiti *v.t* astound
zapanjiti *v. t* daze
zapečatiti *v.t.* seal
zapečatiti *v.i.* stamp
zapetljan *a.* intricate
zapisati *v.t.* note
zapisati *v.t.* record
zapisničar *n.* recorder
zapisničar *n.* scorer
zapisnik *n.* record
zaplet *n.* plot
zaplet *n.* tangle
zaplijeniti *v.t.* sequester
započeti *v.t.* initiate
zaposlenje *n* employment
zaposliti *v. t* employ
zaposliti *v.t* hire
zapovjednički *a.* authoritative
zapovjednik *n* commandant
zapovjednik *n* commander
zaprašiti *v.t.* dust
zapravo *adv.* actually
zapreka *n.* hitch
zaprepastiti *v.t.* horrify
zaptivač *n.* gasket
zaraćena strana *n* belligerent
zarada *n.* salary
zaraditi *v.t.* net
zarazan *a* contagious
zarazan *a.* infectious
zaraziti *v.t.* plague
zarez *n* comma
zarez *n.* nick
zarez *n.* notch
zarobiti *v. t.* captivate
zarobiti *v.t.* enslave
zarobiti *v. t.* entrap
zarobljen *a.* captive
zarobljenik *n.* captive
zaroniti *v.i.* duck
zaroniti *v.t.* plunge
zasićenje *n.* saturation
zasijati *v.t* flash

zasipati *v. t* bestrew
zasititi *v.t.* satiate
zasititi *v.t.* saturate
zasjeda *n.* ambush
zasjeniti *v. t.* dažle
zasjeniti *v.t.* overshadow
zasjeniti *v.t.* shade
zasladiti *v. t.* candy
zasladiti *v.t.* sugar
zaslijepljenost *n.* infatuation
zaslon *n.* screen
zasluga *n.* merit
zaslužan *a* creditable
zaslužan *a.* meritorious
zaslužiti *v. t.* deserve
zaslužiti *v. t* earn
zaslužiti *v.t* merit
zasnovati *v.t.* base
zastario *a.* antiquated
zastario *a.* obsolete
zastario *a.* outdated
zastati *v.i.* pause
zastava *n.* banner
zastava *n* flag
zastoj *n* halt
zastoj *n.* standstill
zastoj *n* stoppage
zastrašiti *v. t.* cow
zastrašiti *v.t.* intimidate
zastrašivanje *n.* intimidation
zastrašivati *v. t.* bully
zastupati *v.t.* advocate
zastupnik *n.* attorney
zastupnik *n.* proxy
zasvoditi *v.t.* arch
zašećeriti *v.t.* sweeten
zašiljiti *v.t.* spike
zašiljiti *v.i.* taper
zašrafiti *v.t.* screw
zaštita *n.* protection

zaštita *n.* safeguard
zaštititi *v.t.* protect
zaštitne naočale *n.* goggles
zaštitni *a.* preservative
zaštitni *a.* protective
zaštitnik *n.* protector
zašto *adv.* why
zatajiti *v.i.* misfire
zateturati se *v.i.* lurch
zatišje *n.* lull
zatvarač *n.* shutter
zatvaranje *n.* closure
zatvor *n.* constipation
zatvor *n.* jail
zatvor *n.* prison
zatvoren *a.* close
zatvorenik *n.* prisoner
zatvoriti *v. t* close
zatvoriti *v.t.* pound
zatvoriti *v.t.* shut
zatvoriti u svetište *v. t* enshrine
zaustaviti *v.t.* arrest
zaustaviti *v.i.* stem
zaustaviti *v.t.* stop
zauške *n.* mumps
zauvek *adv* forever
zauzdati *v.t.* rein
zauzet *a* busy
zauzeti *v.t.* occupy
zavada *n.* feud
zavaliti se *v.i.* loll
zavarak *n* weld
zavarivati *v.t.* weld
zaveštati *v. t.* bequeath
zavetovati *v.t.* vow
zavežljaj *n.* packet
zavidan *a* enviable
zavidjeti *v. t* envy
zavidljiv *a* envious
zavidnik *n* grudge

zavijanje *n* howl
zavijati *v.t.* howl
zavirivati *v.i.* pry
zaviti *v.t* bandage
zavjera *n.* conspiracy
zavjesa *n* curtain
zavjet *n.* vow
zavoditi *n.* seduce
zavodljiv *a* seductive
zavođenje *n.* seduction
zavoj *n.* bandage
završetak *n.* completion
završetak *n* finish
završetak *n.* termination
završiti *v. t* end
završiti *v.t* finish
zavrtjeti *v.i.* spin
zbaciti *v. t* dethrone
zbaciti *v.t.* toss
zbacivanje *n* toss
zbijati šalu *v.i.* joke
zbirka *n.* miscellany
zbogom *interj.* adieu
zbogom *interj.* bye-bye
zbogom *interj.* farewell
zbogom *interj.* good-bye
zbor *n* rally
zbrinuti *v. t* bestow
zbrka *n.* jumble
zbrka *n.* muddle
zbrka *n.* welter
zbrkano *adv.* pell-mell
zbrkati *v.t.* jumble
zbrkati *v.t.* muddle
zbrojiti *v.t.* total
zbuniti *v. t.* baffle
zbuniti *v. t* bemuse
zbuniti *v. t* bewilder
zbuniti *v.t.* nonplus
zbuniti *v.t.* perplex

zbuniti *v.t.* pužle
zbuniti *v.t* stump
zbunjenost *v. t* confuse
zbunjenost *n.* perplexity
zdjela *n* bowl
zdrav *a.* healthy
zdrav *a.* salutary
zdrav *a.* sound
zdrav *a.* wholesome
zdravica *n.* toast
zdravlje *n.* health
združeno *adj.* conjunct
zebra *n.* zebra
zec *n.* hare
zec *n.* rabbit
zefir *n.* zephyr
zelen *a.* green
zelen *a.* verdant
zelena boja *n* green
zelenaš *n.* usurer
zelenaštvo *n.* usury
zelenilo *n.* greenery
zelenkada *n.* daffodil
zemaljski *a* earthly
zemlja *n.* country
zemlja *n* earth
zemljan *a* earthen
zemljano posuđe *n.* crockery
zemljište *n.* land
zenit *n.* zenith
zgodan *a.* handsome
zgrabiti *v.t.* grab
zgrabiti *v.t.* seize
zgrabiti *v.t.* snatch
zgrada *n* building
zgriješiti *v.i.* trespass
zgrušati *v. t* clot
zgusnuti *v.i.* thicken
zid *n.* wall
zidar *n.* mason

zidarstvo n. masonry
zidni a. mural
zijevanje n. yawn
zijevati v.i. gape
zijevati v.i. yawn
zima n. winter
zimovati v.i winter
zimski a. wintry
zimzelen a evergreen
zlatan a. golden
zlatar n. goldsmith
zlato n. gold
zlikovac n. villain
zlo n evil
zloba n. malice
zloba n. rancour
zloban a. sardonic
zločin n crime
zločinac n. malefactor
zlokoban a. inauspicious
zlokoban a. sinister
zlonamjeran a. malicious
zlonamjernosti n animus
zloslustan a. ominous
zlostavljanje n. abuse
zlostavljanje n. mal-treatment
zlostavljanje n. molestation
zlostavljati v.t. abuse
zlostavljati v.t. molest
zloupotreba n. misapplication
zloupotreba n. misuse
zloupotrijebiti v.t. misuse
zmaj n dragon
zmaj n. kite
zmija n. serpent
zmija n. snake
značaj n. importance
značaj n. significance
značajan a. meaningful
značajan a. momentous

značajan a. notable
značajan a. significant
značajnost n. notability
značenje n. meaning
značenje n. purport
značenje n. signification
značiti v.t mean
značiti a. mean
značiti v.t. purport
značka n. badge
znak n. mark
znak n. sign
znak n. token
znamenit a. signal
znanost n. science
znanstveni a. scholarly
znanstveni a. scientific
znanstvenik n. scientist
znanje n. knowledge
znanje n. lore
znatan a formidable
znatan a. substantial
znati v.t. know
znoj n. sweat
znojenje n. perspiration
znojiti se v.i. perspire
zob n. oat
zodijak n zodiac
zona n. zone
zonski a. zonal
zoolog n. zoologist
zoologija n. zoology
zoološki a. zoological
zoološki vrt n. zoo
zora n aurora
zora n dawn
zračenje n. radiation
zračiti v. i beam
zračiti v.t. radiate
zračna n aerodrome

zračni *a.* aerial	**zvjezdolik** *adj.* asteroid
zračni duh *n.* sylph	**zvonik** *n.* steeple
zrak *n.* air	**zvoniti** *v.t.* toll
zrak *n.* ray	**zvono** *n* bell
zrakoplov *n.* aeroplane	**zvonjava** *n* toll
zrelost *n.* maturity	**zvrk** *n.* whirligig
zreo *a.* mature	**zvučati** *v.i.* sound
zreo *v.i* mature	**zvučni** *a.* sonic
zreo *a* ripe	**zvučnik, govornik** *n.* speaker
zrno *n.* grain	**zvučnost** *n.* sonority
zub *n.* tooth	**zvuk** *n* sound
zubac *n* cog	**zvuk** *n.* tone
zubobolja *n.* toothache	**zvuk trube** *n.* clarion
zujanje *n.* buž	
zujanje *n* hum	# Ž
zujanje *n.* whir	
zujanje *v.i.* whiz	
zujati *v. i* buž	**žaba** *n.* frog
zujati *v. i* hum	**žaba krastača** *n.* toad
zum *n.* zoom	**žacnuti** *v.i* smart
zumirati *v.i.* zoom	**žad** *n.* jade
zurenje *n* gaze	**žalba** *n.* appeal
zuriti *v.t.* gaze	**žalba** *n* complaint
zvano *adv.* alias	**žaliti** *v. t* bewail
zveckanje *n.* jingle	**žaliti** *v.i.* regret
zveckati *v.i.* jingle	**žaliti** *v.t.* rue
zveckati *v.i.* rattle	**žaliti** *v.i.* sorrow
zvečka *n* rattle	**žaliti se** *v.t.* appeal
zvekan *n.* soft	**žaliti se** *v. i* complain
zveket *n.* clink	**žalost** *n.* affliction
zveknuti *v.i.* smack	**žalost** *n.* grief
zvezdan *a.* starry	**žalostan** *a.* grievous
zvezdan *a.* stellar	**žalostan** *a.* lamentable
zvijer *n* beast	**žalostan** *n.* mournful
zvijezda *n.* star	**žalostan** *a.* rueful
zvijezda vodilja *n.* loadstar	**žalostan** *a.* sorry
zviždati *v.i.* whistle	**žaljenje** *n* regret
zvižduk *n* whistle	**žamor** *n.* murmur
zvjerski *a* beastly	**žaoka** *n.* sting
zvjezdica *n.* asterisk	**žargon** *n.* jargon

žargon *n.* lingo
žarišni *a* focal
žarulja *n.* bulb
žbuka *v.t.* mortar
žbun *n.* shrub
žedan *adj.* athirst
žedan *a.* thirsty
žeđ *n.* thirst
žele *n.* jelly
želudačni *a.* gastric
želja *n* desire
želja *n.* wish
željan *a* desirous
željan *a* eager
željan *a.* wishful
željeti *v.t* desire
željeti *v.t.* want
željeti *v.t.* wish
željeznica *n.* railway
željezo *n.* iron
željno *adj.* appetent
žena *n* female
žena *n.* woman
ženska košulja *n* chemise
ženski *a* female
ženski *n.* womanish
ženskog roda *a* feminine
ženstven *a* effeminate
ženstvenost *n.* womanhood
žestina *n* fervour
žestina *n.* vehemence
žestok *a* fierce
žestok *a.* vehement
žetelac *n.* haverster
žetelac *n.* reaper
žeti *v.t.* reap
žetva *n.* harvest
žica *n.* wire
židov *n.* Jew
žig *n.* hallmark

žiganje *n.* pang
žir *n.* acorn
žirafa *n.* giraffe
žitarica *n.* cereal
žitni *a* cereal
živ *a.* alive
živ *a.* live
živ *a.* vivid
živa *n.* quicksilver
živa ograda *n.* hedge
živac *n.* Nerve
živac *n* quick
živahan *adj* alacrious
živahan *a.* animate
živahan *a.* living
živahan *a.* spirited
živahan *a.* sprightly
živahnost *n.* alacrity
živahnost *n.* vivacity
živi pijesak *n.* quicksand
živin *a.* mercurial
živina *n.* fowl
živina *n.* poultry
živjeti *v.i.* live
živjeti na selu *v.t.* rusticate
živo *a.* lively
život *n* life
život *n* living
životinja *n.* animal
životopisac *n* bioscope
žižak *n.* weevil
žlijeb *n.* groove
žlijezda *n.* gland
žongler *n.* juggler
žonglirati *v.t.* juggle
žrtva *n.* oblation
žrtva *n.* victim
žrtva nesreće *n.* casualty
žrtveni *a.* sacrificial
žrtveni jarac *n.* scapegoat

žrtvovanje *n.* sacrifice	žumance *n.* yolk
žrtvovati *v.t.* sacrifice	žurba *n.* haste
žrtvovati *v.t.* victimize	žurba *n* hurry
žuč *n* bile	žurba *n.* rush
žućkast *a.* yellowish	žuriti *v. t* bustle
žudjeti *v.t.* covet	žuriti *v.t.* hurry
žudjeti *v.t.* crave	žuriti *v.t.* rush
žudjeti *v.i.* hanker	žustar *adj* brisk
žudjeti *v.i.* yearn	žut *a.* yellow
žudnja *n.* yearning	žut poput šafrana *a* saffron
žulj *n* blister	žuta boja *n* yellow
	žutica *n.* jaundice
	žvakati *v. t* chew
	žvakati *v.t.* masticate
	žvakati *v.t.* munch